BIM 思维与技术丛书

BIM 改变了什么——BIM + 工程项目管理

主编 商大勇
参编 杨晓方 徐树峰 孙兴雷 马立棉
　　　邓 海 梁 燕 孙 丹 刘彦林
　　　贺太全 张 英 张计锋 毛新林
　　　万雷亮

机械工业出版社
CHINA MACHINE PRESS

本书对 BIM 在建设工程项目中应用的基本现状、常用软件、项目管理特点、项目实施目标、项目技术资源配置、协同平台建设、深化设计、预制加工管理、工程进度管理、质量管理、安全管理、成本管理、物料管理、工程变更管理以及竣工交付等，结合工程实践和实际案例，进行了深入浅出的分析讲解；从而为工程项目管理人员如何理解和应用 BIM 这一智能集成平台提供了必要的技术支持和解决方案，也方便项目管理人员在工程建设 BIM 化的大形势下，迅速掌握这一先进的技术工具，跟上我国建筑业发展的技术要求提供了必要的学习保障。

本书适合于工程项目管理人员、BIM 技术人员、BIM 相关培训人员等参考使用。

图书在版编目（CIP）数据

BIM 改变了什么：BIM+工程项目管理/商大勇主编.—北京：机械工业出版社，2018.3（2023.9 重印）

（BIM 思维与技术丛书）

ISBN 978-7-111-59435-2

Ⅰ.①B… Ⅱ.①商… Ⅲ.①工程项目管理-应用软件 Ⅳ.①F284-39

中国版本图书馆 CIP 数据核字（2018）第 051379 号

机械工业出版社（北京市百万庄大街 22 号　邮政编码 100037）
策划编辑：薛俊高　责任编辑：薛俊高
责任校对：刘时光　责任印制：邓　博
北京盛通商印快线网络科技有限公司印刷
2023 年 9 月第 1 版第 4 次印刷
184mm×260mm · 16.5 印张 · 395 千字
标准书号：ISBN 978-7-111-59435-2
定价：49.00 元

电话服务	网络服务
客服电话：010-88361066	机 工 官 网：www.cmpbook.com
010-88379833	机 工 官 博：weibo.com/cmp1952
010-68326294	金 书 网：www.golden-book.com
封底无防伪标均为盗版	机工教育服务网：www.cmpedu.com

前言

随着经济全球化和技术需求的迅猛发展，BIM 技术在土木工程各个领域的应用越来越广泛。特别是在国内，BIM 已从单纯的理论研究、BIM 建模和管线综合等初级应用，上升为规划、设计、建造和运营等各个阶段的深入应用。高校、科研院所、设计院和施工单位等针对各自的应用需求也展开了相关 BIM 工程应用和科学研究。尤其是近两年，BIM 技术在国内可谓是百花齐放、百家争鸣。可以说 BIM 技术带来的不仅是技术，也将带来新的工作流程、新的行业标准及规则。

建筑信息模型（Building Information Modeling，BIM）是以建筑工程项目的各项相关信息数据作为模型的基础，进行模型的建立，通过数字信息仿真技术来模拟建筑物所具有的真实信息。BIM 不是简单地将数字信息进行集成，而是一种数字信息的应用，是利用数字模型对建筑进行规划、设计、建造和运营的全过程。采用 BIM 技术可使整个工程项目在设计、施工和运营维护等阶段都能够有效地实现建立资源计划、控制资金风险、节省能源、节约成本、降低污染和提高效率，从真正意义上实现工程项目的全生命周期管理。

当前，我国的建筑业面临着转型升级，BIM 技术将会在这场变革中起到关键作用；也必定成为建筑领域实现技术创新、转型升级的突破口。围绕住房和城乡建设部《关于推进建筑信息模型应用的指导意见》，在建设工程项目规划设计、施工项目管理、绿色建筑等方面，更是把推动建筑信息化建设作为行业发展总目标之一。国内各省市行业主管部门已相继出台关于推进 BIM 技术推广应用的指导意见，标志着我国工程项目建设、绿色节能环保、集成住宅、3D 打印房屋、建筑工业化生产等要全面进入信息化时代。

如何高效利用网络化、信息化为建筑业服务，是我们面临的重要问题；尽管 BIM 技术进入我国已经有很长时间，所创造的经济效益和社会效益只是星星之火。不少具有前瞻性与战略眼光的企业领导者，开始思考如何应用 BIM 技术来提升项目管理水平与企业核心竞争力，却面临诸如专业技术人才、数据共享、协同管理、战略分析决策等难以解决的问题。

BIM 作为一种更利于建筑工程信息化全生命期管理的技术，其未来在建筑领域的普遍应用已不容置疑。住房和城乡建设部于 2015 年 6 月 16 日发布了《住房城乡建设部关于印发推进建筑信息模型应用指导意见的通知》（建质函 [2015] 159 号），要求到 2020 年年末，建筑行业甲级勘察、设计单位以及特级、一级房屋建筑工程施工企业应掌握并实现 BIM 与企业管理系统和其他信息技术的一体化集成应用；到 2020 年年末，以下新立项项目勘察设计、施工、运营维护中，集成应用 BIM 的项目比率达到 90%：以国有资金投资为主的大中型建筑；申报绿色建筑的公共建筑和绿色生态示范小区。各地市也出台了相关推动和规范 BIM 技术应用的文件。

数字信息技术为基本特征的全球新一轮科技革命和产业变革开启了中国建筑业数字化、

网络化、精益化、智慧化发展的新阶段。BIM则是划时代的一项重大新技术，它引导人们由二维思维向三维思维甚至是虚拟的多维思维的转变，并以此广泛应用于建设开发、规划设计、工程施工、建筑运维各阶段，最终走向建筑全寿命周期状态和性能的实时显示与把控。第四次工业革命已经悄然来临，BIM技术在推动和发展建筑工业化、模块化、数字化、智能化产品设计和服务模式方面起到了独特的作用，特别是它可以实时反映和管控规划、设计和建造甚至运行使用中建筑物产品的节能、减排效应的状况。因此，BIM在建筑产业中的推广应用，已经成为当今时代的必然选择。

  本书主要从BIM应用的信息化、便捷化、可视化、绿色化等管理特点进行阐述，对项目管理BIM应用具有指导性和参考价值。

  限于时间及水平，书中不妥请读者朋友批评指正，另本书编写过程中参考了相关技术资料，在此表示感谢！

编 者

目 录

前言

第一章 工程项目管理简介 … 1

第一节 工程项目管理概念 … 1
一、项目、管理 … 1
二、项目管理 … 1
三、项目管理的步骤方法 … 3
四、施工项目管理 … 4
五、管理制度 … 8
六、管理好经验性项目 … 10
七、施工项目管理的特点 … 12

第二节 工程项目全过程管理 … 12
一、传统工程项目管理常见问题 … 12
二、加强工程项目管理的对策与建议 … 14
三、全过程管理的必要性 … 15
四、工程项目全过程阶段划分 … 16

第三节 基于 BIM 的项目管理 … 17
一、BIM 工程项目管理的意义 … 17
二、BIM 技术项目管理应用简介 … 19

第二章 基于 BIM 的项目协同平台 … 24

第一节 BIM 技术简介 … 24
一、BIM 的定义 … 24
二、BIM 在国内应用现状 … 24
三、BIM 发展前景 … 30

第二节 BIM 软件简介 … 31
一、BIM 相关软件 … 31
二、BIM 软件中国战略目标 … 37

第三节 BIM 技术管理平台 … 38
一、协同平台的概念 … 39
二、协同平台的功能 … 39

三、项目各方的协同管理 …………………………………………………… 40
　　四、基于BIM技术的全过程管理 …………………………………………… 43
　　五、BIM协同平台管理的意义 ……………………………………………… 46
　第四节　基于BIM的项目管理体系 …………………………………………… 46
　　一、基于BIM的管理总目标 ………………………………………………… 46
　　二、BIM管理系统结构组成 ………………………………………………… 46
　　三、基于BIM管理实施流程 ………………………………………………… 47
　　四、BIM建模要求 …………………………………………………………… 51
　　五、工作集拆分 ……………………………………………………………… 51
　　六、建模范围 ………………………………………………………………… 52
　　七、BIM审查及优化标准 …………………………………………………… 53
　　八、模型调整 ………………………………………………………………… 57
　第五节　项目BIM技术资源配置 ……………………………………………… 58
　　一、软件配置 ………………………………………………………………… 58
　　二、硬件配置计划 …………………………………………………………… 59
　第六节　基于BIM的项目5D协同管理平台应用实例——RIB-iTWO …… 61
　　一、概况 ……………………………………………………………………… 61
　　二、协同内容 ………………………………………………………………… 62

第三章　BIM项目决策阶段应用管理 ………………………………………… 70
　第一节　BIM设计阶段技术管理范围 ………………………………………… 70
　　一、适合BIM运用的项目类型 ……………………………………………… 70
　　二、BIM设计模型 …………………………………………………………… 71
　　三、BIM实施模式 …………………………………………………………… 71
　第二节　BIM设计阶段管理清单 ……………………………………………… 72
　第三节　BIM设计阶段协同应用管理 ………………………………………… 75
　　一、三维设计 ………………………………………………………………… 75
　　二、BIM协同设计 …………………………………………………………… 75
　　三、设计效果图及动画展示 ………………………………………………… 76
　　四、设计各阶段BIM实施 …………………………………………………… 77
　第四节　BIM方案设计阶段应用管理 ………………………………………… 78
　　一、BIM概念设计 …………………………………………………………… 78
　　二、场地规划方案 …………………………………………………………… 80
　　三、方案比选 ………………………………………………………………… 82
　第五节　BIM初步设计阶段的应用管理 ……………………………………… 83
　第六节　BIM施工图阶段应用管理及案例 …………………………………… 88
　　一、BIM施工图阶段应用管理 ……………………………………………… 88
　　二、Revit施工图设计综合案例 ……………………………………………… 91
　第七节　绿色BIM应用 ………………………………………………………… 95

一、BIM 绿色建筑评价标准的协同 …………………………………… 97
　　二、基于 BIM 绿色设计软件协同管理 …………………………………… 98
第八节　BIM 设计变更应用管理 …………………………………… 104
第九节　BIM 技术的设计应用管理软件 …………………………………… 105

第四章　BIM 招标投标应用管理 …………………………………… 107

第一节　BIM 招标应用管理 …………………………………… 107
第二节　BIM 投标应用管理 …………………………………… 108
　　一、基于 BIM 的施工方案模拟 …………………………………… 108
　　二、基于 BIM 的 4D 进度模拟 …………………………………… 108
　　三、基于 BIM 的资源优化与资金计划 …………………………………… 109
　　四、碰撞检查 …………………………………… 109
　　五、虚拟施工 …………………………………… 110
　　六、排除施工隐患 …………………………………… 110
　　七、材料分区域统计 …………………………………… 110
　　八、工程量计算及报价 …………………………………… 110
第三节　BIM 招标投标管理趋势 …………………………………… 113
第四节　BIM 投标应用管理案例 …………………………………… 114
　　一、案例一 …………………………………… 114
　　二、案例二 …………………………………… 118

第五章　BIM 项目模型建立、应用清单及深化设计 …………………………………… 131

第一节　BIM 建立及维护 …………………………………… 131
第二节　BIM 应用清单 …………………………………… 132
第三节　深化设计 …………………………………… 134
　　一、BIM 深化设计的类别 …………………………………… 134
　　二、深化设计流程 …………………………………… 135
　　三、深化设计主体职责分配 …………………………………… 137
　　四、深化设计组织协调 …………………………………… 138
　　五、深化设计示例 …………………………………… 138

第六章　BIM 建造准备阶段应用管理 …………………………………… 141

第一节　BIM 施工方案管理 …………………………………… 141
第二节　BIM 工艺模拟 …………………………………… 145
第三节　BIM 施工过程模拟 …………………………………… 146
第四节　BIM 虚拟施工模拟优点 …………………………………… 148

第七章　BIM 预制加工应用管理 …………………………………… 150

第一节　BIM 下料控制 …………………………………… 150

第二节　构件详细信息查询 …………………………………………………… 151
　　第三节　构件加工详图 ……………………………………………………… 152
　　第四节　BIM预制加工控制案例 …………………………………………… 154
　　　一、基于BIM的风管预制加工 ……………………………………………… 154
　　　二、基于BIM的水管预制加工流程 ………………………………………… 158

第八章　BIM项目进度应用管理 …………………………………………… 162
　　第一节　传统进度管理存在的缺陷 ………………………………………… 162
　　　一、传统进度管理存在的问题 ……………………………………………… 162
　　　二、传统进度管理技术缺陷 ………………………………………………… 163
　　第二节　BIM进度管理具体应用 …………………………………………… 163
　　　一、基于BIM的项目进度管理流程 ………………………………………… 163
　　　二、BIM技术在进度管理中的具体应用 …………………………………… 164
　　　三、4D-BIM的应用 ………………………………………………………… 164
　　　四、4D-BIM优化 …………………………………………………………… 165
　　　五、BIM技术控制施工进度的办法 ………………………………………… 167
　　　六、基于BIM成本架构系统的构建 ………………………………………… 167
　　　七、BIM进度检查施工安全与冲突分析 …………………………………… 168
　　　八、BIM建筑施工优化系统 ………………………………………………… 168
　　　九、三维技术交底及安装指导 ……………………………………………… 169
　　　十、移动终端现场管理 ……………………………………………………… 171
　　第三节　BIM进度管理的优势及发展前景 ………………………………… 171
　　　一、BIM进度管理的优势 …………………………………………………… 171
　　　二、BIM进度管理发展前景 ………………………………………………… 172
　　　三、基于BIM的项目进度管理案例 ………………………………………… 172

第九章　BIM项目质量应用管理 …………………………………………… 180
　　第一节　BIM传统项目质量管理现存问题及BIM质量管理的优势 ……… 180
　　　一、传统质量管理现存问题 ………………………………………………… 180
　　　二、BIM技术对建设工程质量管理的优势 ………………………………… 181
　　第二节　BIM质量管理具体应用及案例 …………………………………… 183
　　　一、BIM质量管理应用 ……………………………………………………… 183
　　　二、BIM质量应用管理案例 ………………………………………………… 187

第十章　BIM项目安全应用管理 …………………………………………… 194
　　第一节　BIM项目安全管理现有问题及BIM项目安全管理的优势 ……… 194
　　　一、传统安全管理现有问题 ………………………………………………… 194
　　　二、技术安全管理优势 ……………………………………………………… 195
　　第二节　BIM项目安全管理具体应用 ……………………………………… 196

一、BIM 项目全过程控制流程 196
　　二、BIM 项目安全管理具体应用 196

第十一章　BIM 物料及成本应用管理 205
第一节　BIM 物料管理 205
第二节　BIM 项目成本管理 208
　　一、传统成本管理特点 209
　　二、成本管理的难点 209
　　三、基于 BIM 的工程成本管理简介 210
　　四、建筑信息模型（BIM）在成本管理中的应用 212
　　五、BIM 项目成本案例应用 213
　　六、某大型地标性建筑基于 BIM 的成本管理案例 216

第十二章　BIM 项目变更应用管理 223
第一节　传统工程项目变更管理简介 223
　　一、决定是否变更的标准 223
　　二、工程变更的内容 223
　　三、工程变更的原则 223
　　四、工程变更的因素 224
　　五、工程变更分析 224
　　六、工程变更对策 225
第二节　BIM 在工程变更中的应用 225

第十三章　BIM 运维应用管理 227
第一节　BIM 运维管理的特点及优势 227
　　一、运维与设施管理的内容 227
　　二、运维与设施管理的特点 228
　　三、传统运维管理存在的问题 228
　　四、BIM 技术在项目运维管理中的优势 229
第二节　BIM 技术在运维与设施管理中的应用 230
　　一、BIM 空间管理 230
　　二、资产管理 233
　　三、维护管理 234
　　四、公共安全管理 236
　　五、能耗管理 240
第三节　BIM 项目的综合管理案例 242

参考文献 253

第一章　工程项目管理简介

第一节　工程项目管理概念

一、项目、管理

项目是指一系列独特的、复杂的并相关联的活动，这些活动有着一个明确的目标或目的，必须在特定的时间、预算、资源限定内，依据规范完成。美国管理协会则认为，项目是完成某一独特的产品或服务所做的一次性努力。项目具有预定的目标；具有时间、财务、人力和其他限制条件，具有专门的组织。

工程项目是以工程建设为载体的项目，是作为被管理对象的一次性工程建设任务。它以建筑物或构筑物为目标产出物，需要支付一定的费用，按照一定的程序，在一定时间内完成，并符合质量要求。建筑项目一旦无序失控，不但是项目部之灾，还是建筑企业之祸，安全质量事故频发，经营管理的成本成几何级放大，难以兑现企业投标竞争时的承诺，企业的社会信誉扫地。

管理是一个广泛的概念，作为名词，中国古人把中间空而贯通的长条物称为"管"，以后引申为约束、限制、规范、准则和法规等。作为动词，"管"有主宰、包揽和控制之意。

"理"，古时有整治土地、雕琢玉器和治疗疾病之意，以后引申为处理事务。再后来人们把这两个意思相近的字合在一起组成"管理"一词，意为"管辖和疏导或约束与引导"，接近于现代管理的含义。

通俗地讲，管理就是"为了实现某一目标管人理事"。综合现代林林总总的管理概念，我们可以认为所谓管理就是：在某种特定的环境下，为了实现既定的目标，主导者对拥有的资源，进行有效的计划、组织、领导、控制和创新的一系列活动。

二、项目管理

1. 概念

项目管理（PM）就是项目的管理者，在有限的资源约束下，运用系统的观点、方法和理论，对项目涉及的全部工作进行有效的管理。即从项目的投资决策开始到项目结束的全过程进行计划、组织、指挥、协调、控制和评价，以实现项目的目标。

项目管理是指把各种系统、方法和人员结合在一起，在规定的时间、预算和质量目标范围内完成项目的各项工作。在项目管理方法论上主要有：阶段化管理、量化管理和优化管理三个方面。

项目管理的十大原则：
(1) 工欲善其事，必先利其器。
(2) 名不正则言不顺，言不顺则事不成。
(3) 其身正，不令而行。
(4) 凡事预则立，不预则废。
(5) 磨刀不误砍柴功。
(6) 统筹兼顾。
(7) 无以规矩不成方圆。
(8) 欲速则不达。
(9) 众人拾柴火焰高。
(10) 不知言，无以知人也。

建设工程项目管理工作是指运用系统工程的观点、理论和方法对建设工程项目的所有工作，包括项目建议书、可行性研究、评估论证、设计、采购、施工、验收后评价等，进行计划、组织、指挥、协调和控制的过程。建设工程项目管理指从事工程项目管理的企业受业主委托，按照合同约定，代表业主对工程项目的组织实施进行全过程或若干阶段的管理和服务。目前采用较多的主要有：工程项目管理服务（PM）、工程项目管理承包（PMC）、一体化项目管理及工程代建管理等方式。

建设工程项目管理自项目开始至项目完成，通过项目策划和项目控制，以使项目的费用目标、进度目标和质量目标得以实现，其中"自项目开始至项目完成"指的是项目的实施阶段。"项目策划"指的是目标控制前的一系列筹划和准备工作。"费用目标"对业主而言是投资目标，对施工方而言是成本目标。

2. 工程项目管理的任务

(1) 业主方和项目其他参与方项目管理的目标和任务。

1) 业主方项目管理服务于业主的利益，其项目管理的目标包括项目的投资目标、进度目标和质量目标。其中投资目标指的是项目的总投资目标。进度目标指的是项目动用的时间目标，也即项目交付使用的时间目标，如工厂建成可以投入生产、道路建成可以通车、办公楼可以启用、旅馆可以开业的时间目标等。

业主方的项目管理工作涉及项目实施阶段的全过程，即在设计前的准备阶段、设计阶段、施工阶段、动用前的准备阶段和保修期分别进行如下工作：安全管理、投资控制、进度控制、质量控制、合同管理、信息管理、组织和协调。其中安全管理是项目管理中的最重要的任务。设计方项目管理的目标包括设计的成本目标、设计的进度目标和设计的质量目标，以及项目的投资目标。

2) 设计方项目管理的任务包括：与设计工作有关的安全管理、设计成本控制和与设计工作有关的工程造价控制、设计进度控制、设计质量控制、设计合同管理、设计信息管理、与设计工作有关的组织和协调。

(2) 建设项目工程总承包方项目管理的目标和任务。建设项目工程总承包方作为项目建设的一个重要参与方，其项目管理主要服务于项目的整体利益和建设项目工程总承包方本身的利益，其项目管理的目标应符合合同的要求，包括工程建设的安全管理目标；项目的总投资目标和建设项目工程总承包方的成本目标（其前者是业主方的总投资目标；后者是建设项目工程总承包方本身的成本目标);建设项目工程总承包方的进度目标;建设项目工程总承包方的质量目标。

建设项目工程总承包方项目管理的主要任务包括:安全管理、项目的总投资控制和建设项目工程总承包方的成本控制、进度控制、质量控制、合同管理、信息管理、与建设项目工程总承包方有关的组织和协调等。

(3)施工方项目管理的目标和任务。施工方作为项目建设的一个重要参与方,其项目管理不仅应服务于施工方本身的利益,也必须服务于项目的整体利益。

施工方项目管理的目标应符合合同的要求,它包括:施工的安全管理目标、施工的成本目标、施工的进度目标和施工的质量目标。

施工方项目管理的任务包括:施工安全管理、施工成本控制、施工进度控制、施工质量控制、施工合同管理、施工信息管理及与施工有关的组织和协调等。

3. 工程项目管理业务范围

(1)协助业主方进行项目前期策划,经济分析,专项评估与投资确定。

(2)协助业主方办理土地征用、规划许可等有关手续。

(3)协助业主方提出工程设计要求,组织评审工程设计方案,组织工程勘察设计招标、签订勘察设计合同并监督实施,组织设计单位进行工程设计优化、技术经济方案比选并进行投资控制。

(4)协助业主方组织工程监理、施工、设备材料采购招标。

(5)协助业主方与工程项目总承包企业或施工企业及建筑材料、设备、构配件供应等企业签订合同并监督实施。

(6)协助业主方提出工程实施用款计划,进行工程竣工结算和工程决算,处理工程索赔,组织竣工验收,向业主方移交竣工档案资料。

(7)生产试运行及工程保修期管理,组织项目后评估。

(8)项目管理合同约定的其他工作。

4. 委托管理

工程项目业主方可以通过招标或委托等方式选择项目管理企业,并与选定的项目管理企业以书面形式签订委托项目管理合同。合同中应当明确履约期限,工作范围,双方的权利、义务和责任,项目管理酬金及支付方式,合同争议的解决办法等。

工程勘察、设计、监理等企业同时承担同一工程项目管理和其资质范围内的工程勘察、设计、监理业务时,依法应当招标投标的应当通过招标投标方式确定。

施工企业不得在同一工程从事项目管理和工程承包业务。

三、项目管理的步骤方法

传统的方法需要识别一系列需要完成的步骤。

在传统的项目管理方法中,项目的开发被分成5个阶段:

(1)项目启动:启动项目,包括发起项目,授权启动项目,任命项目经理,组建项目团队,确定项目利益相关者。

(2)项目策划:包括制订项目计划,确定项目范围,配置项目人力资源,制订项目风险管理计划,编制项目预算表,确定项目预算表,制订项目质量保证计划,确定项目沟通计划，制订采购计划。

（3）项目执行：当项目启动和策划中要求的前期条件具备时，项目即开始执行。

（4）项目监测：实施、跟踪与控制项目，包括实施项目，跟踪项目，控制项目。

（5）项目完成：又称收尾项目，包括项目移交评审，项目合同收尾，项目行政收尾。

不是每个项目都必须经过以上每一个阶段，因为有些项目可能会在达到完成阶段之前被停止；有些项目不需要策划或者监测；有的项目需要重复多次上述阶段。

许多工业也使用这些阶段的变种。例如在砖混结构的设计中，项目通常包含以下步骤：预计划、概念设计、初步设计、深化设计、工程图（或合同文本）和施工管理。尽管在不同的工业中阶段的名称不同，实际的阶段通常是一些问题解决的基本步骤：定义问题、权衡选项、选择路径、实现和评估。

项目管理试图获得对五个变量的控制：时间、成本、质量、范围、风险。其中，有三个变量可以由内部或者外部的客户提供。其余的变量则由项目经理，理想地基于一些可靠的估计技术来设定。这些变量的最终的值还需要在项目管理人员与客户的协商过程确定。通常，时间、成本、质量和范围将以合同的方式固定下来。

为了从项目开始到自然结束的整个过程中保持控制，项目经理需要使用各种不同的技术：如项目策划、净值管理、风险管理、进度计划和过程改进等。

四、施工项目管理

施工项目管理就是指施工单位在完成所承揽的工程建设施工项目的过程中，运用系统的观点和理论以及现代科学技术手段对施工项目进行计划、组织、安排、指挥、管理、监督、控制、协调等全过程的管理。

项目管理的对象是项目，项目管理的职能同所有管理职能是一样的。由于项目的特殊性，带来了项目管理的复杂性和艰巨性，项目管理要按照科学的理论、方法和手段来进行，特别是要用系统工程的观念、理论和方法进行管理。施工项目管理是建筑企业运用系统的观点、理论和方法对施工项目进行的计划、组织、监督、控制、协调等全过程、全方位的管理，是工程建设实施阶段的项目管理。

施工单位在进行施工项目管理的过程中主要完成的任务有施工进度管理、施工质量管理、施工安全管理、施工成本管理、施工合同管理、施工信息管理以及与施工相关的组织与协调等。从施工项目的生命周期来看，施工项目的管理过程可分为投标签约阶段、施工准备阶段、施工阶段、竣工验收阶段、质量保修与售后服务阶段等。

施工单位作为一个工程项目参建单位之一，它的项目管理主要服务于项目的整体利益及其自身的利益。它的项目管理工作主要发生在施工阶段，但由于其施工过程中又涉及勘察设计等文件资料，竣工后又将进入保修阶段，因此施工单位的项目管理工作也会涉及勘察设计阶段、开工前的准备阶段及质量保修阶段。其项目管理的目标主要包括施工的进度目标、质量目标、安全目标、成本目标等。

施工单位在进行施工项目管理的过程中主要完成的任务有施工进度管理、施工质量管理、施工安全管理、施工成本管理、施工合同管理、施工信息管理以及与施工相关的组织与协调等。

施工项目的承包形式一般有施工总承包、专业施工承包、劳务施工承包等。其中的专业施工承包和劳务施工承包通常是从施工总承包的项目中分包出来的。因此，对于不同的施工承包形式，施工单位担任的角色也不同，其项目管理的任务和工作重点也会有很大的差别。

施工总承包单位应对所承包的建设工程施工任务承担总的责任。而施工分包单位则应承担起合同所规定的分包施工任务，以及相应的项目管理任务。而且不论是施工总承包单位招标的分包单位，还是由建设单位指定的分包单位，都必须接受施工总承包单位的工作指令，服从其总体的项目管理。

1. 阶段划分及主要任务

从施工项目的生命周期来看，施工项目的管理过程可分为投标签约阶段、施工准备阶段、施工阶段、竣工验收阶段、质量保修与售后服务阶段等。

2. 投标阶段

（1）对于每一次可以参与投标的机会，施工单位都应从其经营战略的角度出发，做出是否投标争取承揽该项工程施工任务的决策。

（2）如果决定投标，则应马上从多方面、多渠道尽可能地获取大量信息，继而进行认真分析梳理，做出判断。

（3）编制投标书，进行投标。

（4）若中标，则与招标单位进行合同谈判，签订合同。

3. 施工阶段

（1）按照施工组织设计组织施工并进行管理。

（2）通过施工项目目标管理的动态控制，采用适当的管理措施、技术措施、经济措施等，保证实现施工项目的进度、质量、成本、安全生产、文明施工等管理的预期目标。

（3）加强施工项目的合同管理、现场管理、生产管理、信息管理、项目组织协调工作。

（4）做好记录，及时收集和整理施工管理资料。

4. 竣工验收阶段

在整个施工项目已按设计要求全部完成和试运转合格之后，且预验结果符合工程项目竣工验收标准的前提下，组织竣工验收。竣工验收通过之后，办理竣工结算和工程移交手续。

5. 质量保修与售后服务阶段

按照《建设工程质量管理条例》的规定，竣工验收通过的工程即进入工程保修阶段。

为了保证工程的正常使用和维护施工单位的良好声誉，施工单位应定期进行工程回访，听取使用单位和社会公众的意见，总结经验教训；了解和观察使用中的问题，进行必要的维护、维修、保修和技术咨询服务。

6. 管理原则

施工项目管理是施工单位履行施工合同的过程，还是施工单位实现施工项目最终目标的过程。施工项目管理必须发挥施工单位的技术和管理的整体优势，组织和发动企业管理层、项目管理层、项目作业层等各个层面积极参与到施工项目的管理活动中来，实现全过程全方位的管理，尤其应避免"以包代管"的不良倾向。

项目经理部在制订项目管理实施计划时，应当认真研究和领会项目监理部编制的"监理规划"和"监理实施细则"。根据施工合同及相关法律、法规、规范、标准、规程等，分析和判断"监理规划""监理实施细则"中的有关要求正确与否，积极接受和配合监理工作。

项目经理部应建立和健全以项目经理责任制为核心的各项管理制度,如项目经理聘任制度、项目分包管理制度、材料及设备的采购制度、项目成本核算制度、项目管理实施规划认证及审批制度、项目管理考核评价制度等。应当利用这些合理有效的管理制度,来保证施工项目管理按照既定的程序运行,从而推进项目管理向着合理有序的方向发展。

在施工项目管理的过程中,还应充分体现 PDCA 循环的原理,即计划(Plan)、实施(Do)、检查(Check)、处理(Action)这一不断循环和持续改进的过程。从而实现不断地发现问题、解决和改正问题、反馈信息、总结经验教训,形成管理的持续改进。

7. 管理程序

施工项目管理的程序应依次为:编制项目管理规划大纲;编制投标书并进行投标;签订施工合同;选定项目经理;项目经理接受企业法定代表人的委托组建项目经理部;企业法定代表人与项目经理签订"项目管理目标责任书";项目经理部编制"项目管理实施规划",进行项目开工前的准备,施工期间按"项目管理实施规划"进行管理;在项目竣工验收阶段进行竣工结算、清理各种债权债务、移交资料和工程,进行经济分析,做出项目管理总结报告并送企业管理层有关职能部门,企业管理层组织考核委员会对项目管理工作进行考核评价并兑现"项目管理目标责任书"中的奖惩承诺;项目经理部解体;在保修期满前企业管理层根据"工程质量保修书"的约定进行项目回访保修。因此,必须通过强化组织协调的办法才能保证施工的顺利进行。

8. 管理平台

施工项目管理系统是集企业门户、办公系统、工程项目管理系统于一体的施工企业项目管理平台,是以系统工程学、控制论和信息论为理论基础,采用赢得值原理、信息集成技术和矩阵式管理结构,以高度专业化、科学化、市场化的手段,对项目实施的进度、成本、质量、合同、资源、财务、安全等建设全过程实行动态、量化管理和有效控制。整个系统采用 B/S 结构,以进度为主线,以合同为约束,以成本控制为核心,内嵌全国 30 多个省、自治区、直辖市最新定额,实现了企业的实时、多地区、多项目管理。系统兼容了微观、中观、宏观的管理思想,采取数据自下而上分层汇总,层层递进的原则。微观上,对于单个项目,以项目投标、项目规划、施工进度、项目成本、合同管理、物资管理、质量管理、安全管理、竣工管理、资料管理为基础,着眼于项目的细节管理;中观上,则以公司多个项目的基础数据为基础进行汇总投标、报价、顾客信息、经营计划、合同立项、合同分承包、企业项目成本,对企业管理层提供企业成本、企业利润、整体进度、风险预警的总体控制;宏观上,为企业领导提供企业的产值、资金、采购、库存、项目各个业务的经营状况,通过多角度的分析,展现企业各业务的运营状况;按多期间、多单位的资产、负债、利润、费用、现金等进行分析;按部门、产品、客户、业务员、供应商对销售、采购、存货、生产制造、人力资源等进行分析;按多种分析方法对各业务报表进行叠加分析及数据钻取分析;通过挖掘数据、分析信息,帮助决策者做出科学的决策。

系统对工程项目计划、进度、采购、材料、设备、质量、安全、合同、人工、租赁等进行全面综合管理;纵向贯穿招标、分包、采购、施工、竣工的全过程,横向涉及公司的各个岗位,是一套全方位、集成的项目管理平台。

通过对成本、进度、质量、安全等方面的控制,以及对合同、变更、结算、支付、资金等要素的管理,来提高企业对工程项目的综合配套能力,同时兼顾了知识管理、持续发展的战略思路。

公司管理层可以实时获取远程项目施工过程的各种经营信息，可同时管理多个不同性质的项目并在多项目之间进行资源协调。

项目管理层可实时动态监控项目施工过程中的进度和盈亏状况，对施工全周期的各个环节进行综合管理。

系统遵循 FIDIC 合同条款要求，同时结合了中国特色管理及标准，软件工程上引入了 CMMI 体系进行规范设计，将现代项目管理理论、国内建设管理规程与习惯、项目管理专家的智慧融合到一起，做到决策层、业务管理层、协调层和项目执行层协同作业、数据共享，通过严格的角色设置，以任务指标作为驱动，业务流程导航，使原本相对独立的企业总部、各二级公司、各个项目部以及不同层次的项目管理，有效、科学地整合在同一平台上，满足建筑企业不同层次的管理需要。包括项目的进度计划、物资计划、设备计划、人工计划、成本计划等，支持多项目、单项目的多层次计划与进度数据，全方位反映项目实际进展情况，可随时追溯历史计划数据。

系统基于.NET 标准，充分利用了.NET 的优势。真正实现业务分布化、控制一体化的实施方案。同时，在数据流的设计上充分考虑到企业实行 ERP、电子商务的需要。Web Service、Date Set、XML 使得系统能力在远程服务、数据库技术、稳定内核、安全机制上得到了巨大的提高。

9. 管理内容

（1）准备阶段。开工前准备阶段主要应围绕工程施工管理阶段中所涉及的情况做好充足准备，主要包含合同审核及施工方案制订两方面。

1）合同审核。施工前应根据工程项目概况，合同制约效应以及其他风险因素等对合同进行审查，主要包括以下几方面的审查：

①工程质量约定：主要是审查合同中是否对工程质量标准及验收规范进行明确规定，以及是否具有相应的工程质量标准细则，验收依据及程序规定等。

②工程工期约定：主要是审查合同中是否有明确、详细的计划开工日、实际开工日、计划完工日、实际完工日、计划竣工日和实际竣工日等时间节点，且是否对工期延误及处理方法进行约定。

③工程量条款约定：主要是审查合同中的工程量报告材料是否具有可操作性，且特殊情况下如何根据实际情况调整工程量的约定，同时工程量计算方法是否科学。

④合同价款约定：主要是审查合同中是否明确规定合同价款的支付方式，如按月支付、分段结算、一次性结算等，以及合同中的支付条款是否具有合理性、可行性及可操作性。

2）施工方案制订。施工前应根据施工具体情况以及施工团队的技术水平，从实际出发制订相应的施工组织设计方案，其中主要应考虑工程质量及施工安全，并制订相应的施工质量保证方案以及施工问题处理方案、施工现场安全文明措施，编制作业指导书，打造样板工程。

同时，在制订施工方案时，还应考虑到工程进行过程中的统筹规划、联动管理、分级施工等情况进行详细规定，既要保障各分项工程的纵向管理，又要打通各分项工程的横向交叉。

此外，施工方案中还应包括夜间施工措施、环境保护措施、垂直运输、大型机械设施进出场、施工设备安拆、二次搬运、赶工措施等详细的规定。

(2) 施工阶段。

施工阶段的工程管理主要应针对施工质量、进度、成本等方面进行动态管理，并完成资源配置精细化，物资管理可控化，财务管控刚性化，数据分析实时化，责任考核动态化等，从而对工程施工过程进行有效管控。

1) 施工质量管理。对于施工质量管理来说主要应严把材料质量关，"无保证书、无合格证、无检验标准"的三无材料不允许进场，且应执行质量验收制度以及三检制（自检、专检、互检）。但实际工程中切忌片面依赖于事后把关以及经验论，应增强质量管控意识，重视质量管理，做好预防工作，并加强质量跟踪检查，从而合理有效地把控质量。

2) 施工进度管控。施工时应以实现施工合同约定的竣工日期为最终目标，科学、合理地编制施工进度计划，一般常采取分段施工、深交叉、流水作业的施工模式，合理安排施工工序，缩短工期，加快施工进度。

同时还应安排执行人员巡视，检查工程实施情况，监督劳动力、机具、设备及材料等使用情况，若发现问题以及工期偏差应及时进行纠正，避免造成工期延误。

3) 施工成本控制。施工成本控制主要应对人工费、材料费、施工机械使用费等进行控制，一方面要将工程施工量做相应定额规定，并减少非生产用工和无产值用工，从而保证劳动力的有效使用，控制人工成本费；另一方面要通过加强计划管理，实行实效储备，定额控制材料使用，提高施工机械的完好率和利用率来降低施工材料及施工机械费用。

(3) 竣工阶段。工程竣工阶段应先将施工日志，变更工程、施工验收及检查记录，材料试验报告，质量检查验收记录等技术资料进行整理组编，并组织进行竣工工程预检验收，检查工程遗留的问题，及时进行工程收尾，做好工程竣工验收备案。同时，还应进行成本核算以及竣工结算，根据合同调整可调价差，在竣工总价的基础上进行成本分析。

此外，在完成合同约定的各项内容且自检合格后，应及时提出交工验收申请，并报监理工程师审查，进行工程竣工验收。同时，还应及时整理竣工验收资料以及竣工成本分析资料，做好相应存档工作，为今后的工程提供参考依据。

五、管理制度

1. 制度

制度，其所对应的英文单词为"System"或"Institution"。从汉语"制度"的起源去了解其含义，按《辞海》解，制度的第一含义便是指要求成员共同遵守的、按一定程序办事的规程。汉语中的"制"有节制、限制的意思，"度"有尺度、标准的意思。这两个字结合起来，表明制度是节制人们行为的尺度。制度按照性质和范围总体可分为根本制度、基本制度与具体规章制度三个基本层次。具体规章制度是各种社会组织和具体工作部门规定的行为模式和办事程序规则。

我们所讨论的有关企业和项目范畴的制度是在根本制度和基本制度之下的组织层次管理的具体制度。

2. 管理制度

我们这里所谈到的管理制度可以这样去理解：为了能够达到管理目标所要遵循的一些程序规则、规程和行为的道德伦理规范，并有度去衡量，且有法去奖惩和激励。

3. 项目管理制度

针对项目范畴和项目特点所规范的管理制度就是项目管理制度。也就是为了达到"做正确的事,正确地做事,获取正确的结果"而制定的,需要项目团队成员遵循的、有度去衡量且有法去奖惩和激励的一些程序或规程。

项目管理制度的主要内容:

管人包括岗位设置与人员的行为规范管理。

理事需要明确各种管理事务的相互关系,处理原则、程序,应该做什么,不能做什么;应该怎么做,不能怎么做;要做到什么程度。

行为和处事的结果会得到什么样的奖惩等。

综合而论,岗位责任和管理流程都是制度的一部分,只不过岗位责任和管理流程在其重点领域更有侧重。

项目管理制度是项目成功管理的主要支撑之一。

具体而言,常用的项目管理制度包括项目范围管理制度、项目进度管理制度、项目成本管理制度、项目质量管理制度、项目人力资源管理制度、项目沟通管理制度、项目风险管理制度、项目采购管理制度、项目中止制度等。

4. 制定项目管理制度的主要原则

(1) 规范性。管理制度的最大特点是规范性,呈现在稳定和动态变化相统一的过程中。对项目管理来说,长久不变的规范不一定是适应的规范,经常变化的规范也不一定是好规范,应该根据项目发展的需要而进行相对的稳定和动态的变化。在项目的发展过程中,管理制度应具有与项目生命周期对应的稳定周期与动态的时期,这种稳定周期与动态时期是受项目的行业性质、产业特征、团队人员素质、项目环境、项目经理的个人因素等相关因素综合影响的。

项目管理制度的规范性体现在两个方面:一是客观事物、自然规律本身的规范性和科学性;二是特定管理活动所决定的规范性。

(2) 层次性。管理是有层次性的,制定项目管理制度也要有层次性。通常的管理制度可以分为责权利制度、岗位职能制度和作业基础制度三个层次。各层次的管理制度包含不同的管理要素。前两个制度包含更多的管理哲学理念与管理艺术的要素,后一个属于操作和执行层面,强调执行,具有更多的科学和硬技术要素的内容。

(3) 适应性。实行管理制度的目的是多、快、好、省地实现项目目标,是使项目团队和项目各个利益相关方尽量满意。不是为了制度而制定制度。制定制度要结合项目管理的实际,既要学习国际上先进的理论,又要结合我国的国情,要适应我国先进的文化(注意不是陋习)。

项目管理制度应该简洁明了,便于理解和执行,便于检查考核。

(4) 有效性。制定出的制度要对管理有效。要注意团队人员的认同感。在制定制度的时候,是上级定了,下级无条件执行,还是在制定的时候大家一起参与讨论,区别很大。制度的制定是为了项目管理的效率,而非简单地制约员工。管理制度必须在社会规范、国际标准、人性化尊重之间取得一个平衡。

管理制度如果不能获得大家的认可,就失去了对员工行为约束的效力;管理制度如果不能确保组织经营管理的正常有序和效率,就说明存在缺陷。管理制度没有明确的奖惩内容,员工的差错就不能简单地由员工承担责任，主要责任在管理者。反过来，尊重也不是放任，制度的存在价值在于其具有权威性与合理性，不合理可以修改，但不能形同虚设。尊重，是要面对人性和社会规范的。我们提倡人性化管理，但不是人情化管理。该管的一定要管，该遵守的原则一定要遵守，管理者不能将破坏组织的规章制度、损坏组织利益作为换取人情的筹码。即使组织现有的制度确实不合理，也要通过正当途径反馈给决策者，严格按照程序来变更或废除。将不合理的制度置若罔闻而我行我素，这种危害远大于不合理制度存在所产生的危害，这将直接导致员工对整个制度的不重视，从而使得组织上下缺乏执行力。

（5）创新性。项目管理制度的动态变化需要组织进行有效的创新，项目本身就是创新活动的载体，也只有创新才能保证项目管理制度具有适应项目的相对稳定性、规范性，合理、科学地把握好或利用好时机的创新是保持项目管理制度规范性的重要途径。

项目管理制度是管理制度的规范性实施与创新活动的产物。有人认为，管理制度＝规范＋规则＋创新，有一定的道理。这是因为：一方面，项目管理制度需按照一定的规范来编制，项目管理制度的编制在一定意义上讲，是项目管理制度的创新，项目管理制度创新过程就是项目管理制度的设计、编制，这种设计或创新是有其相应的规则或规范的；另一方面，项目管理制度的编制或创新是具有规则的，起码的规则就是结合项目实际，按照事物的演变过程依循事物发展过程中的本质规律，依据项目管理的基本原理，实施创新的方法或原则，进行编制或创新，形成规范。

项目管理制度的规范性与创新性之间的关系是一种互为基础、互相作用、互相影响的关系，是一种良性的螺旋式上升的关系，规范与创新能够使两者保持统一、和谐、互相促进的关系，非良性的关系则会使两者割裂甚至出现矛盾。

六、管理好经验性项目

（1）项目主管要认知项目。项目一进场，作为项目主管首先要扑下身子，集中精力，深入细致、全面准确地了解诸如工程数量、设计图、施工段地质情况、现场施工环境、当地的水文气候环境、人文环境、重难点工程的节点、难点、建设单位（或局指挥部）对重难点工程的节点安排意见、重难点工程的图样到位情况，围绕以上工程信息展开施工需要防范的风险和必须准备的相关资源从哪里来，如何组织安排，何时到位施工等，都要心中有数。

要科学识人、选人和用人。根据公司有关规定，除财务、经营负责人由公司指定专人担任外，其他岗位的管理人员原则上由公司负责推荐，项目经理确定是否选用。这就要求项目经理必须学习和坚持科学的识人观、选人观和用人观，把握好人员配置的基本规律和特点，在性格上做到互补，在年龄结构上互补，在优势上互补，对公司推荐的相关人员不清楚的地方，要通过各种方式和途径予以咨询。

（2）项目管理结构要合理。提倡扁平化管理，以提高管理效率和运行效率是必须坚持的原则。

（3）把握选址基本原则。不管哪个项目，一旦组织上场，首先要考虑的是项目部这个家安在哪个位置最理想，项目部安家的位置离施工现场远了，一是不便于及时地发现问题、解决问题，二是不便于组织和对施工现场的监管，三是加大了管理服务的成本。而拌和站就是服务于混凝土工程量大的分项施工的，离现场远了，无疑会加大运输成本。混凝土拌和站安在哪个地方，最有利于施工。根据正反两方面经验，项目部要选在离重点工程、难点工程最近的地方；拌和站要选在混凝土施工工程量大的地段，也就是说要把拌和站选在距离施工比较近，便道比较好的地方，既方便运输砂石料和水泥，又便于往工地运送混凝土。无论是项目部选址或拌和站选址，惟一的目的就是离现场近些，再近些，离现场近的目的就是围绕现场施工的需要靠前服务，高效运转。

（4）对"三边"要有新认识。"三边"即过去我们通常所说的边安家、边征地、边施工。按照过去的习惯性做法，安家在先，其次才是抓征地和组织施工生产。例如，随着新一轮铁路大干高潮的兴起，所有工程都紧紧围绕一个"快"字出手，"三边"的排序也倒过来了，即：边征地—边施工—边安家。紧紧抓住征地、施工不放松，项目的家没有安好，就暂时租住在临时住所里，把征地和组织现场施工、打开工作面放在重要位置上，结果是一步领先，步步领先。现在所有的项目工程，一旦通知上场，倒排工期已经不是按月排、按旬排、按周排，而是已经开始按小时排列了，时间就是金钱，时间就是胜券，时间就是信誉用在工程项目部身上已经一点也不为过。

（5）要派专人紧盯设计院。派专人盯设计院，就是要与设计院保持经常性的沟通，加强与他们的互动，增进与他们的了解，建立深厚的友情，在设计施工图和出图上，做到优先为我们设计和提供图样，满足我们的施工需要，特别是对容易开工的工程、重难点工程和关键节点工程的图样，要争取优先设计和出图，要先出图先组织施工。

（6）要派专人催促电力供应。电力及时满足供应，对于施工的正常开展太重要了，像高速铁路建设，一旦上马，就不是一两家、三五家施工单位急等电力，而是所有的施工队伍都在等着用电。千万忽视不得，必须引起高度重视。一旦供电部门的电力无法满足施工生产的需要，只有购买发电机发电，一是成本太高，二是难以满足施工生产的需要。所以，等供电部门的电力是等不起的，靠发电机发电施工是用不起的。项目一上场，必须把电力供应当作头等大事来抓，项目主要负责人要亲自抓这个问题。

（7）在修建施工便道上不能算小账。平时，我们经常听这样的说法"要想富快修路"，或看到地方有这样的标语"加快基础设施建设，打破瓶颈制约"。其实，这种说法用在项目"三通一平"身上也很合适。对于线下路基土石方、桥梁施工队伍来说，施工战线长，修建施工便道要花不少钱，在长江以南地区和长江中下游地区施工，雨季多，地表水多，如果在修建施工便道上不下大功夫，修好的便道，车子跑不了几天就坏了。项目经理要像重视征地和电力供应一样，重视便道修建工作。简单地讲，一是要集中力量快修，二是要高标准修建。一拖半个月或一个月修不好，修好了的便道三天两头坏了是不行的。

（8）要科学编制施工组织计划。施工组织计划科学与否，对整个项目的指导作用和运作效果有着重要影响。怎么才叫科学呢？就是要根据施工顺序安排工程的施工工期，尤其重要的是位置、方向，据此进行施工组织设计，分别轻重缓急，兼顾均衡地组织施工生产。

（9）资源配置要统筹兼顾。项目是生产要素资源需求量最大，需求种类最多，最活跃的地方，如果配置组织得当，充分合理地加以利用，可以以一当十，高效运行；一旦配置不尽合理，运行效率不但大打折扣，而且，还会使施工生产造成被动局面。如何做到合理配置，统筹兼顾？尽量选择机械化施工方式，减少人力施工，以提高施工效率，满足施工工期需要。要尽量考虑选择一两个内部施工队，无数事实证明，关键时候还是内部施工队顶得住，可以说内部施工队真正是靠山、是顶梁柱。小项目要选择大的内部施工队，大项目要选择专业化内部施工队，这样才能保证需要和应急处理突发性事情，攻克骨头工程。配备机械设备的原则：坚持专项机械设备、特种机械设备必须自己配备，不能受制于市场。大众化的机械设备应当通过社会化予以解决，以减少公司或项目购买机械设备的压力，把更多的资金集中起来用在刀刃上。

（10）要处理好"二八"关系。何谓"二八关系"？就是项目刚刚上场的时候，项目主管的精力80%要用在抓好对外协调，20%的精力用在对内处理一些问题。工程正式开工后，项目主管要把80%的精力用在抓施工组织和现场管理，20%的精力用在对外协调。工程进入收尾阶段，项目主管要把80%的精力用来抓变更索赔和资金到位上，20%的精力用来处理收尾工程。

七、施工项目管理的特点

施工项目管理是由建筑施工企业对施工项目进行的管理，它主要有以下特点：

（1）施工项目的管理者是建筑施工企业。建设单位（业主）和设计单位都不进行施工项目管理。监理单位只把施工单位作为监督对象，虽与施工项目管理有关，但不能算作施工项目管理。

（2）施工项目管理的对象是施工项目。施工项目管理的周期也就是施工项目的生命周期，包括工程投标、签订工程项目承包合同、施工准备、施工及交工验收等。施工项目具有的多样性、固定性及庞大性的特点给施工项目管理带来了特殊性，施工项目管理的主要特殊性是生产活动与市场交易活动同时进行；先有交易活动，后有产成品，买卖双方都投入生产管理，生产活动和交易活动很难分开。所以施工项目管理是对特殊的商品、特殊的生产活动，在特殊的市场上，进行的特殊的交易活动的管理，其复杂性和艰难性都是其他生产管理所不能比拟的。

（3）施工项目管理的内容是在一个长时间进行的有序过程之中，按阶段变化的。每个工程项目都按程序进行建设，按程序进行施工，管理者根据施工项目管理时间的推移带来的施工内容的变化，必须做出设计、签订合同、提出措施、进行有针对性的动态管理，并使资源优化组合，以提高施工效率和施工效益。

（4）施工项目管理要求强化组织协调工作。由于施工项目的生产活动的单件性，参与施工人员流动性大，需采取特殊的流水方式，组织量很大；由于施工在露天进行，工期长、需要资源多；还由于施工活动涉及复杂的经济关系、技术、法律、行政和人际关系，施工项目管理中的组织协调工作最为艰难、复杂、多变，必须采取强化组织协调的办法才能保证施工顺利进行，主要强化方法是优选项目经理、建立调度机构、配备称职的人员、建立动态的控制体系。

第二节　工程项目全过程管理

一、传统工程项目管理常见问题

现代的工程项目对管理的要求越来越高，对质量、投资回报、计划进度要求严格。无论是业主方的项目管理，还是总承包单位的项目管理，都要围绕着项目的进度、质量、成本来开展工作。

先进的项目管理理念，可以帮助项目部门科学、高效地管理项目，对项目各阶段（工程项目的勘察、设计、采购、施工、试运行、竣工验收等）实行全过程或若干阶段、各项内容合理计划，严格控制，综合平衡，有效地协调工作安排，进行项目成本、进度、范围、质量的管理，规避项目风险和对项目实现全过程的动态管理，使项目最终取得圆满成功。

1. 管理脱节

多数企业采用的是对工程项目统一领导、分级管理的形式。按项目的决策、建设、占用和使用单位来划分管理层次，并明确各自的职责。一般在总部设置职能部门，基层各厂所的基础建设由总部投资，各职能部门负责建设，完成后交由基层单位使用。这样的管理形式缺乏纵向信息沟通，基层单位无法参与建设过程，只能接受由总部交予的建设成果。很容易造成建设好的工程项目由于各种原因不适用于生产实际，或不能投产或运营效率低下而被闲置，导致资金严重浪费。

一个工程项目，从投资立项、设计勘察、招标投标、施工、采购到竣工验收，涉及科技部、设计部、基建部、物资采购部等各部门的人员。这些职能部门人员一般不从事具体的生产操作，没有生产经验，他们对每一个项目的了解往往仅限于自己所负责的片段，对前因后果不可能作深入的调查研究。每个人考虑问题的出发点往往局限于自己的专业角度，有时难免忽略实际操作的需求。当工程建成投入使用时才发现建设过程中甚至规划、设计阶段就已经存在误差，但已经很难有补救措施了，这将降低工程的实际使用效能。

2. 资产考核体系不完善

对于资产价值的正确考核评价是实现资源优化配置的重要途径。目前很少有企业拥有比较完善的资产考核体系。工程项目投产运营后生产效益和使用效益如何，能否生存和发展，没有权威部门对这些指标进行审计，即使工程投资失败资金浪费也无人承担经济责任。对长期经济效益的忽视造成企业发展缺乏整体规划，资产闲置，企业发展后劲不足。

3. 工程项目数据信息不完备

传统的工程管理方式是静态的，各部门掌握的仅仅是工程项目在某个阶段（譬如设计、建设、运营）的数据信息，没有从全局上把握工程项目的动态过程。工程项目的建设和使用管理是由不同部门负责的。负责建设的各部门在工程建设结束后就不再过问该工程投入使用的效果。实际的使用者自竣工后接收工程所进行的改造工作，参与建设的各部门并不介入，无从了解工程改造内容，不能从中吸取经验，很可能导致类似工程连续出现相同的错误。这样的管理方式使得工程项目在管理上缺乏连贯性，信息无法共享，经验无法借鉴。

近年来，工程项目管理在技术革新、管理模式创新和项目流程梳理上都有了质的飞跃，行业内的企业已普遍拥有一套适合企业和社会发展的管理体系。尽管如此，理想的项目管理体系执行难度仍非常之大。工程项目数据量大、各岗位间数据流通效率低、团队协调能力差等问题成了制约项目管理发展的主要因素，如下：

（1）在建筑物的造型日益复杂、建筑施工周期逐渐缩短的大趋势下，对建筑施工协调管理和技术交底的要求也逐步提高。由于设计院出具的施工图中各专业划分不同，设计人员的素质不同，导致各专业的相互协调难度大，图样碰撞问题、设计变更问题时有发生。设计图的碰撞问题易导致工期延误、成本增加等，给工程质量安全带来巨大隐患；施工人员在面临反复变化的设计图和按图施工的要求时显得力不从心，导致工程项目施工过程中，不同班组同一部位施工采用不同施工图的情况,建筑成品与施工图不一致的情况也屡见不鲜。

(2) 工程项目的管理决策者获取工程数据的及时性和准确性都不够,严重制约了各条线管理者对项目管理的统筹能力。在各工种、各条线、各部门协同作业时往往凭借经验进行布局管理,各方的共享与合作难以实现,工程项目的管理成本骤升、浪费严重。

(3) 工程项目开始后会产生海量的工程数据,这些数据获取的及时性和准确性直接影响到各单位、各班组的协调水平和项目的精细化管理水平。然而,现实中工程管理人员对于工程基础数据的获取能力较差,使得采购计划不准确,限额领料难执行,短周期的多算对比无法实现,过程数据难以管控。

(4) 当前工程项目的大部分资料保存在纸质媒介上,由于工程项目的资料种类繁多、体量和保存难度过大、应用周期过长等,使得工程项目从开始到竣工后大量的施工依据不易追溯。特别是变更单、签证单、技术核定单、工程联系单等重要资料的遗失,将对工程建设各方责权利的确定与合同的履行造成重要影响。

二、加强工程项目管理的对策与建议

针对以上工程项目管理的现状,企业需要改变目前的管理方式,用生命周期管理的观念对工程项目进行全方位的动态管理。

1. 转变管理观念

对工程项目采用全生命周期的管理观念,对规划、设计、建设、运营各个阶段进行计划、组织、协调和控制的管理活动,并在信息集中的基础上,向管理人员提供强大的智能决策支持,从而为组织内决策层、职能层、执行层等提供集决策、管理、维护手段为一体的工程管理全面解决方案。

2. 改变管理形式

改变以往分级分阶段的管理形式。在项目规划、设计、建设、运营各阶段都要有相关人员参与,特别是基层资产使用者要介入前期管理,充分运用自己的现场经验,帮助避免工程建设不符合现场条件和实际需要的情况。项目投产后应有专门人员负责收集实际运行中出现的问题、整改内容和效果,将其反馈给参与建设的各部门,作为其他类似工程的经验借鉴。

3. 完善资产考核体系

工程项目投资占用了企业大量的人力、物力和财力,它应该给企业带来较好的经济效益和社会效益。如果一个工程项目投产运营后亏损严重,或者甚至不能投产,造成严重的投资损失,那就应该落实经济责任制,由相关人员承担一定的责任。因此需要对工程项目进行投资效益审计,将投资产出与可行性研究水平或行业基准水平相比,检查是否达到最低要求,通过提出审计建议,促进改善经营管理水平。

企业管理是企业生存的基础,是企业发展的支柱,工程项目的管理是企业管理中的重要课题。随着经济社会的发展,传统的管理方式已经越来越不适应时代的发展,这就需要从管理理念和方法上进行创新,重新建立管理体系,引用先进科学的管理手段。对工程项目实施全过程周期管理,实现了对工程的动态跟踪,从而避免了资产闲置、资金浪费的现象。

同时能够落实经济责任,避免投资的随意性,提高经营管理水平。它能够对工程项目信息进行有效的集中、整理、分析,从而产生新的信息,为各管理层提供宝贵的决策依据,使得企业的工程投资管理形成闭环,最大化实现工程投资对于企业的经济效益。

工程项目全过程管理＝项目决策阶段的开发管理＋项目实施阶段的项目管理＋项目使用阶段的设施管理

＝DM＋PM＋FM

工程项目全过程管理的核心任务：为工程建设增值和为工程使用增值。

（1）决策阶段的项目论证：政府项目的审批，核准及备案制度；决策阶段的技术、经济和管理论证。

（2）项目设计阶段论证：设计准备阶段管理；项目设计招标；项目设计的阶段管理和过程管理。

（3）工程发包与物资采购。

（4）施工阶段管理：建设单位施工管理；施工监理；施工项目管理；动用准备阶段管理。

（5）工程项目信息化管理系统：工程项目管理信息系统的构成及工作机制；工程项目管理系统应用；基于互联网系统的工程项目信息管理、生命周期。

三、全过程管理的必要性

工程项目管理是项目管理中的一个重要和专门的领域，是一种程序和艺术，在限定的时间内，对资源作全面计划、组织、指导和控制，以实现一次性项目的既定目标。资源包括材料、设备、资金和专业人才等。

确保成功地建成一项工程项目，是工程项目管理的终极目的。因此，工程项目管理的目标，是在拟定资源内，在项目性能、工期和造价三项指标方面取得优化和平衡。这三项互相关联、互相影响的指标，其中一项发生变化时，都会引起其他两项发生相应的变化。工程项目管理的核心为全过程、全方位和系统化安全风险管理。

项目的发展，从规划立项开始，进入工程设计、施工，再到运营维护，是一个系统，其内在过程密切联系。对于具体的工程项目而言，由于政策管理等因素影响，其发展阶段通常是人为分割的。传统的工程顾问项目团队响应业主要求，割裂性地参与部分阶段的技术咨询工作，这种模式对把握项目全生命周期的优化和价值，具有一定的缺陷和局限性。而突破传统模式的有效方法，就是采用业主＋顾问公司的一体化项目管理和咨询团队，并且实施项目全过程咨询的模式。

一体化项目团队工作模式，能有效地应用价值工程方法，通过全生命周期理念对工程方案进行深入和全局性的优化。价值工程方法通过资料汇集、分析、创新、评估和发展等阶段，全面评估设计方案、施工方案和运营维护等的性能和成本，激发出创新性的解决方案。通过价值工程工作营等方式，寻求最佳的解决方案，达到既综合考虑多个方案，又降低成本、节省时间、加快决策过程、预测和管理风险等目的。

从工程发展的全过程看，工程的风险存在于工程项目的各个阶段。而各阶段的风险都不应被忽视，否则极有可能导致灾难性的后果，或者传递到下一阶段成为极高的残余风险或者又衍生出新的风险。各阶段的风险、残留风险和衍生风险，都具有很强的相关性。因此，必须从工程系统的视角，全过程、全方位有效地管理工程风险。

工程项目建设一般都是企业的重大投资，一方面它占用企业很多的资源，另一方面也能为企业带来较大的经济效益和社会效益。工程项目投资成功与否将对企业产生长期影响，甚至与企业生死攸关。如何有效管理工程项目,确保其设计合理、运行安全有效,同时降低运行和维护成本,将是现代企业管理的一个重要课题。

工程项目全过程管理具体表达及各管理方的工作范围如图1-1所示。

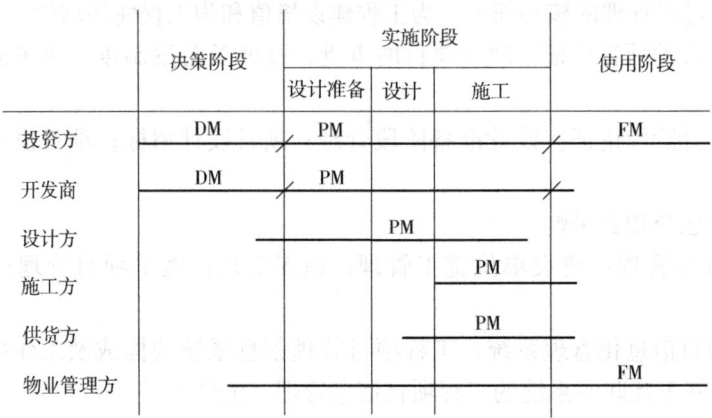

图1-1 工程项目全过程的管理
DM—开发管理 PM—项目管理 FM—设施管理

对工程项目实施有效的管理,可以避免规划、设计失误或设备选型错误造成影响工程使用效果、资金浪费的现象,帮助企业提高资产运营效率、降低运营成本、节约资源。

四、工程项目全过程阶段划分

工程项目的全过程,指项目从可行性研究、设计、设备选型、采购、安装、运营、维护到最后报废的全过程。工程项目的生命周期可以划分为5个阶段。

(1) 可行性研究阶段。以自然资源和市场预测为基础,选择建设项目,寻找有利的投资机会,判断工程项目的生命力,进行市场调查、工厂试验等专题研究,对建设规模、产品方案、建设地点、主要技术工艺、工程项目的经济效益和社会效益等进行研究、初步评价和可行性论证,深入研究市场、生产纲领、工艺、设备、建设周期、总投资额等问题,如图1-2所示。

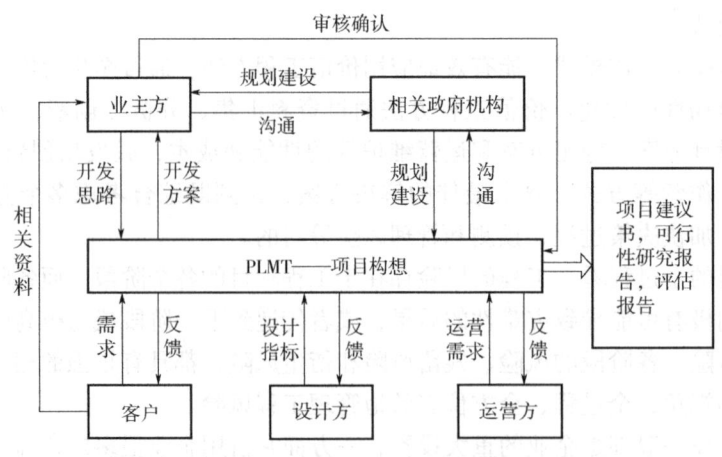

图1-2 可行性研究阶段运作流程

（2）设计、选型阶段。编制设计方案及工程项目总概算书，考虑项目实施的成本、费用支出，以及系统运行的安全性，进行设备选型。

（3）建设实施阶段。包括施工准备、组织施工和竣工前的生产准备，对设备按照设计方案进行安装与调试，如图1-3所示。

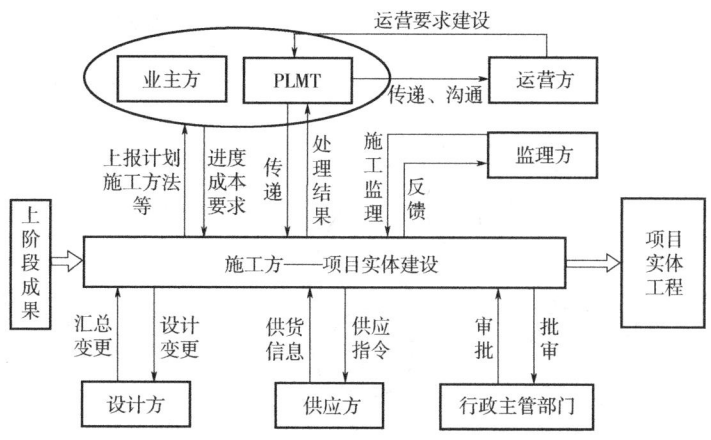

图1-3　项目实施阶段运作流程

（4）运营、维护阶段。对工程从安装调试合格进入正常使用起，直至该工程退出生产的全过程，通过组织、管理、监督等一系列措施，使工程项目处于良好的技术状态，需要对工程进行更新改造、对设备进行维护。根据工程使用情况及时做出报废、整改、替换的决定，如图1-4所示。

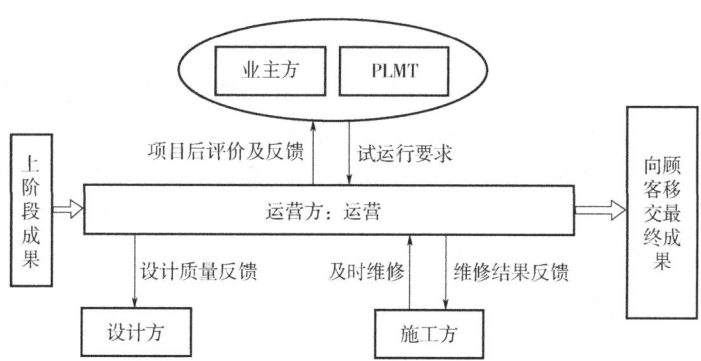

图1-4　项目运维阶段运作流程

（5）跟踪、评估期。合理选取指标，科学建立模型，选择不同的评估时点进行动态评估，实现对工程项目的跟踪管理。将评估结果及时反馈，根据实际情况做出分析，指导日后的建设管理，形成闭环管理体系。

第三节　基于 BIM 的项目管理

一、BIM 工程项目管理的意义

BIM 技术自出现以来就迅速覆盖建筑的各个领域。全国建筑业信息化发展规划纲要支持建筑业软件产业化，提升企业管理水平和核心竞争能力；"十二五"规划中提出"全面提高行业信息化水平，重点推进建筑企业管理与核心业务信息化建设和专项信息技术的应用"。我国目前存在的不足，需要信息化技术弥补，而 BIM 技术可以轻松地实现集成化管理，如图 1-5 所示。可见 BIM 技术与项目管理的结合不仅符合政策导向，也是发展的必然趋势。

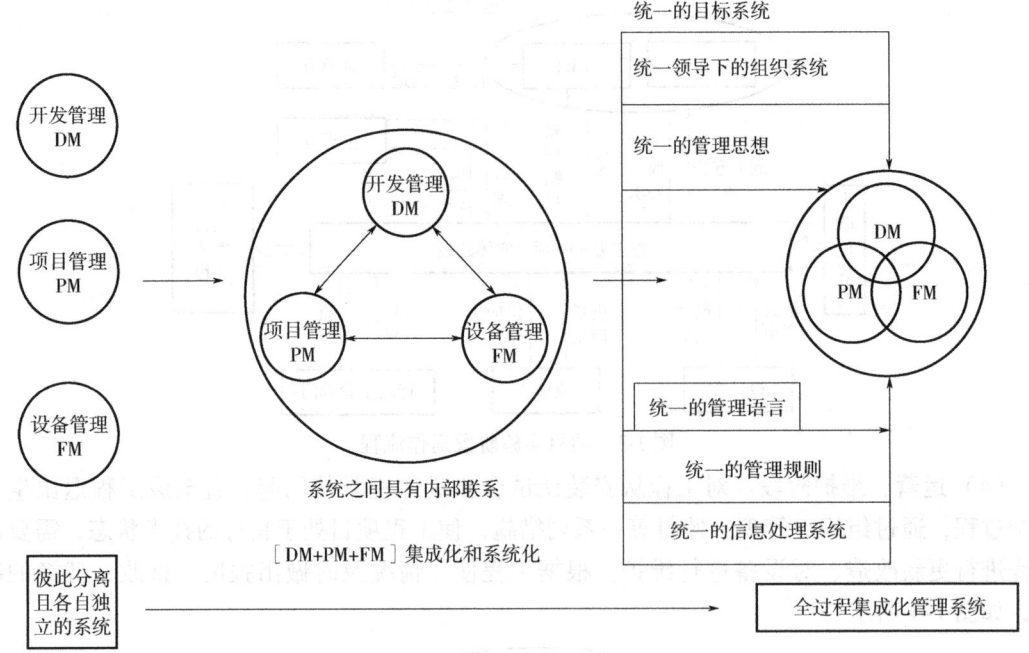

图 1-5　基于 BIM 的集成化管理

引入 BIM 技术后，将从建设工程项目的组织、管理和手段等多个方面进行系统的变革，实现理想的建设工程信息积累，从根本上消除信息的流失和信息交流的障碍。

BIM 中含有大量的工程相关的信息，可为工程提供数据后台的巨大支撑，可以使业主、设计院、顾问公司、施工总承包、专业分包、材料供应商等众多单位在同一个平台上实现数据共享，使沟通更为便捷、协作更为紧密、管理更为有效，从而弥补传统的项目管理模式的不足。BIM 引入后的工作模式转变如图 1-6 所示。

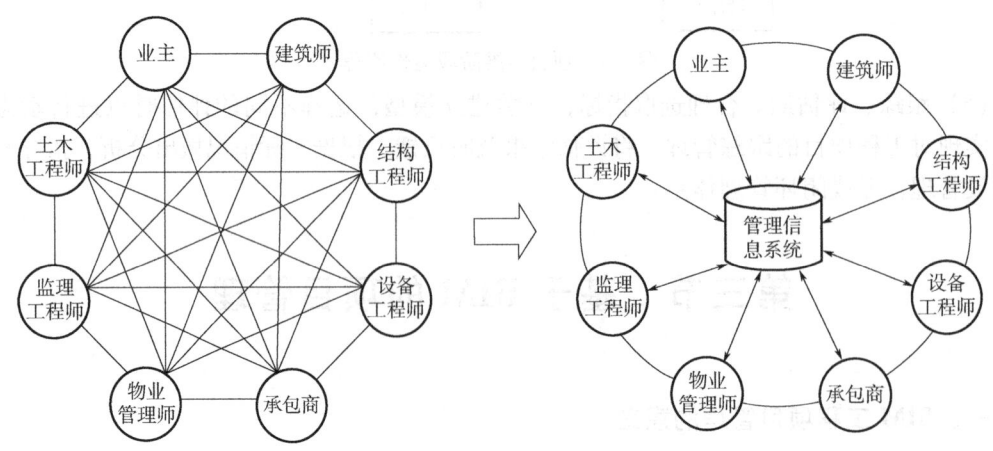

图 1-6　BIM 引入后的工作模式转变

二、BIM 技术项目管理应用简介

1. 基于 BIM 的工程设计

作为一名建筑师，首先要真实地再现他们脑海中或精致、或宏伟、或灵动或庄重的建筑造型，在使用 BIM 之前，建筑师们很多时候通过泡沫、纸盒做的手工模型展示头脑中的创意，相应调整方案的工作也在这样的情况下进行，由创意到手工模型的工作需要较长的时间，而且设计师还会反复在创意和手工模型之间进行工作。

对双重特性项目，只有采用三维建模方式进行设计，才能避免许多二维设计后期才会发现的问题。采用基于 BIM 技术的设计软件作支撑，以预先导入的三维外观造型做定位参考。

由于 BIM 其真实的三维特性，它的可视化纠错能力直观、实际，对设计师很有帮助，这使施工过程中可能发生的问题，提前到设计阶段来处理，减少了施工阶段的反复，不仅节约了成本，更节省了建设周期。BIM 的建立有助于设计对防火、疏散、声音、温度等相关的分析研究。

BIM 便于设计人员跟业主进行沟通。二维和一些效果图软件只能制作效果夸张的表面模型，缺乏直观逼真的效果；而三维模型可以提供一个内部可视化的虚拟建筑物，并且是实际尺寸比例，业主可以通过计算机的虚拟建筑物，查看任意一个房间、走廊、门厅，了解其高度构造、梁柱布局，通过直观视觉的感受，确定建筑业态高度是否满意，窗户是否合理，在前期方案设计阶段通过沟通提前解决很多现实当中的问题。

2. 基于 BIM 的施工管理

基于 BIM 进行虚拟施工可以实现动态、集成和可视化的 4D 施工管理。将建筑物及施工现场 3D 模型与施工进度相链接，并与施工资源和场地布置信息集成一体，建立 4D 施工信息模型。实现建设项目施工阶段工程进度、人力、材料、设备、成本和场地布置的动态集成管理及施工过程的可视化模拟，以提供合理的施工方案及人员、材料使用的合理配置，从而在最大范围内实现资源合理运用。在计算机上执行建造过程，虚拟模型可在实际建造之前对工程项目的功能及可建造性等潜在问题进行预测，包括施工方法试验、施工过程模拟及施工方案优化等。

3. 基于 BIM 的建筑运营维护管理

综合应用 GIS 技术，将 BIM 与维护管理计划相链接，实现建筑物业管理与楼宇设备的实时监控相集成的智能化和可视化管理，及时定位问题来源。结合运营阶段的环境影响和灾害破坏，针对结构损伤、材料劣化及灾害破坏，进行建筑结构安全性、耐久性分析与预测。

4. 基于 BIM 的全过程管理

BIM 的意义在于完善了整个建筑行业从上游到下游的各个管理系统和工作流程间的纵、横项沟通和多维性交流，实现了项目全生命周期的信息化管理。BIM 核心是一个由计算机三维模型所形成的数据库，包含了贯穿于设计、施工和运营管理等整个项目全生命周期的各个阶段，并且各种信息始终建立在一个三维模型数据库中。BIM 能够使建筑师、工程师、施工人员以及业主清楚全面地了解项目：建筑设计专业可以直接生成三维实体模型；结构专业则可取其中墙材料强度及墙上孔洞大小进行计算；设备专业可以据此进行建筑能量分析、声学分析、光学分析等；施工单位则可根据混凝土类型、配筋等信息进行水泥等材料的备料及下料；开发商则可取其中的造价、门窗类型、工程量等信息进行工程造价总预算、产品订货等。

BIM 在促进建筑专业人员整合、改善设计成效方面发挥的作用与日俱增，它将人员、系统和实践全部集成到一个流程中，使所有参与者充分发挥自己的智慧和才华，可在设计、制造和施工等所有阶段优化项目成效、为业主增加价值、减少浪费并最大限度提高效率。

基于 BIM 的工程全过程管理如图 1-7 所示。

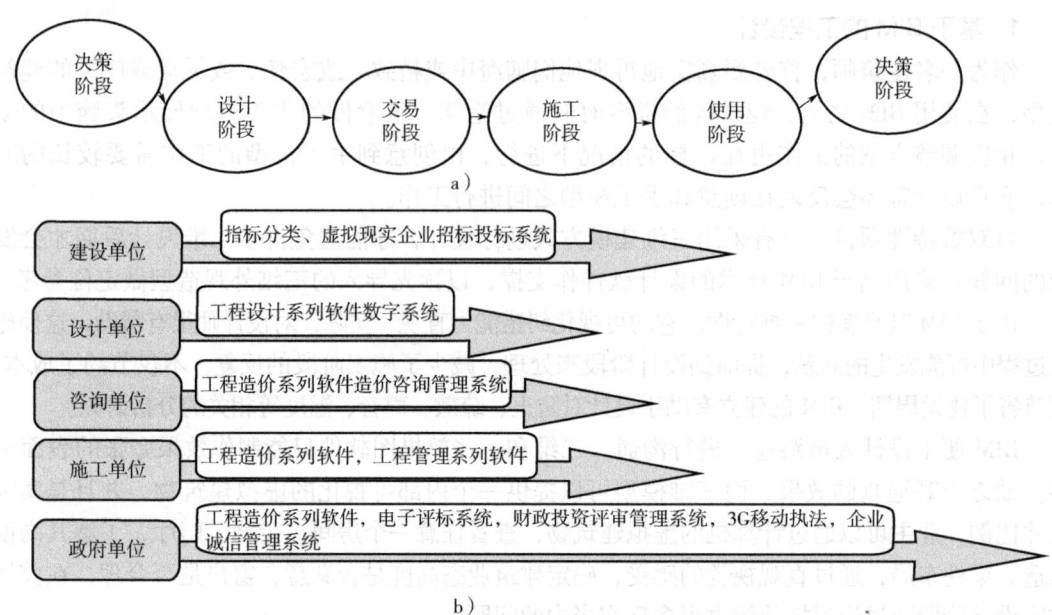

图 1-7 建设工程全过程管理
a）基于 BIM 技术的数据协同共享 b）项目各参与方全过程 BIM 管理应用

以按照工作阶段划分为例，对 BIM 在项目管理各工作阶段的具体内容进行梳理。BIM 在各阶段中的应用过程如图 1-8 所示，其具体应用内容见表 1-1。

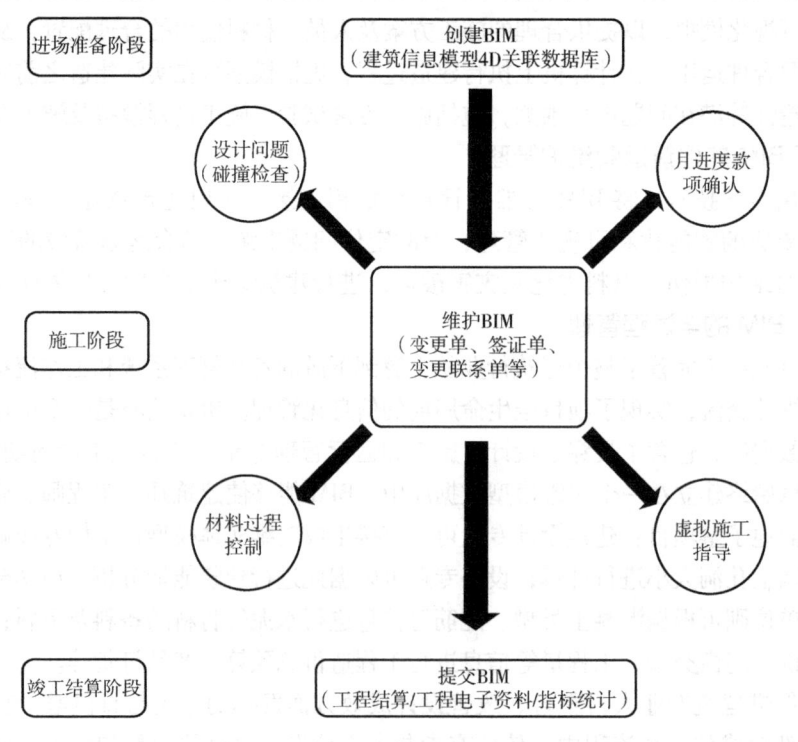

图 1-8 BIM 在各阶段中的应用过程

表 1-1 BIM 在各阶段中的应用内容

项目阶段	应用点	方法	应用效果
投标签约管理	场区规划模拟	建立三维场地模型，对施工过程中的各个阶段进行模拟，并模拟塔式起重机碰撞	三维的规划图更加清晰直观，塔式起重机模型与实际模型1:1，直接显示实际的工作方式
	通过动画或虚拟现实技术展示施工方案	根据针对项目提出的不同施工方案建立相应动画，或建立集成多方案的交互平台	比起传统的文字加口述来描述施工方案，以动画的形式或交互平台的方式，方案对比更明显，更容易展示技术实力
设计管理	建立3D信息模型	建立三维几何模型，并把大量的设计相关信息（如构件尺寸、材料、配筋信息等）录入信息模型中	取代了传统的平面图或效果图，形象地表现出设计成果，让业主全方位了解设计方案；业主及监理方可随时统计实体工程量，方便前期的造价控制、质量跟踪控制
	可视化设计交底	设计人员通过模型实现向施工方的可视化设计交底	能够让施工方清楚了解设计意图，了解设计中的每一个细节
施工管理	建立4D施工信息模型	把大量的工程相关信息（如构件和设备的技术参数、供方信息、状态信息）录入信息模型中，将3D模型与施工进度相链接，并与施工资源和场地布置信息集成一体，建立4D施工信息模型	4D施工信息模型是实现建设项目施工阶段工程进度、人力、材料、设备、成本和场地布置的动态集成管理及施工过程的可视化模拟的基础 在运营过程中可以随时更新模型，通过对这些信息快速准确地筛选调阅，能够为项目的后期运营带来很大便利
	碰撞检查	在碰撞检测软件中检查各个BIM软硬碰撞，并出具碰撞报告	能够彻底消除硬碰撞、软碰撞，优化工程设计，避免在建筑施工阶段可能发生的错误损失和返工的可能 能够优化净空，优化管线排布方案
	构件工厂化生产	基于BIM设计模型对构件进行分解，在工厂加工好后运到现场进行组装	精准度高，失误率低
	钢结构预拼装	大型钢结构施工过程中变形较大，传统的施工方法要在工厂进行预拼装后再拆开到现场进行拼装。BIM技术可以把需要现场安装的钢结构进行精确测量后在计算机中建立与实际情况相符的模型，实现虚拟预拼装	为技术方案论证提供全新的技术依据，减少方案变更
	虚拟施工	在计算机上执行建造过程，模拟施工场地布置、施工工艺、施工流程等，形象地反映出工程实体的实况	能够在实际建造之前对工程项目的功能及可建造性等潜在问题进行预测，包括施工方法实验、施工过程模拟及施工方案优化等 利用BIM的虚拟性与可视化，提前反映施工难点，避免返工

(续)

项目阶段	应用点	方　法	应用效果
施工管理	工程量统计	基于模型对各步工作的分解，精确统计出各步工作工程量，结合工作面和资源供应情况分析后，可精确地组织施工资源进行实体的修建	实现真正的定额领料并合理安排运输
	进度款管理	根据三维图形分楼层、区域、构件类型、时间节点等进行"框图出价"	能够快速、准确地进行月度产值审核，实现过程三算对比，对进度款的拨付做到游刃有余工程造价管理人员可及时、准确地筛选和调用工程基础数据
	材料领取控制	利用BIM的4D关联数据库，快速、准确获得过程中工程基础数据拆分实物量	随时为采购计划的制订提供及时、准确的数据支撑，随时为限额领料提供及时、准确的数据支撑，为材料超供、材料浪费等现场管理情况提供审核基础
	可视化技术交底	通过模型进行技术交底	直观地让工人了解自身任务及技术要求
	BIM维护与更新	根据变更单、签证单、工程联系单、技术核定单等相关资料派驻人员进驻现场配合对BIM进行维护、更新	为项目各管理条线提供最为及时、准确的工程数据
竣工验收管理	工程文档管理	将文档（勘察报告、设计图、设计变更、会议记录、施工声像及照片、签证和技术核定单、设备相关信息、各种施工记录、其他建筑技术和造价资料相关信息等）通过手工操作和BIM中相应部位进行链接	对文档快速搜索、查阅、定位，充分提高数据检索的直观性，提高工程相关资料的利用率
	BIM的提交	汇总施工各相关资料制定最终的全专业BIM，包括工程结算电子数据、工程电子资料、指标统计分析资料，保存在服务器中，并刻录成光盘备份保存	可以快速、准确地对工程各种资料进行定位大量的数据留存于服务器，经过相应处理形成建筑企业的数据库，为企业的进一步发展提供强大的数据支持
运维管理	三维动画渲染和漫游	在现有BIM的基础上，建立反映项目完成后的真实情况的动画	让业主在进行销售或有关于建筑宣传展示的时候给人以真实感和直接的视觉冲击

　　基于BIM的管理模式是创建信息、管理信息、共享信息的数字化方式，其具有很多优势，具体如下：

　　（1）通过建立BIM，能够在设计中最大限度地满足业主对设计成果的细节要求。业主可在线以任何一个角度观看设计产品的构造，甚至是小到一个插座的位置、规格、颜色，业主也可以在设计过程中在线提出修改意见，从而使精细化设计成为可能。

（2）能够对投标书、进度审核预算书、结算书进行统一管理，并形成数据对比。

（3）能够对施工合同、支付凭证、施工变更等工程附件进行统一管理，并对成本测算、招标投标、签证管理、支付等全过程造价进行管理。

（4）基于BIM的4D虚拟建造技术能够提前发现在施工阶段可能出现的问题，并逐一修改，提前制定应对措施。

（5）利用虚拟现实技术实现对资产、空间管理，建筑系统分析等技术内容，从而便于运营维护阶段的管理应用。

（6）能够对突发事件进行快速应变和处理，快速准确掌握建筑物的运营情况，如对火灾等安全隐患进行及时处理，减少不必要的损失。

（7）BIM数据模型能够保证各项目的数据动态调整，方便追溯各个项目的现金流和资金状况。

（8）根据各项目的形象进度进行筛选汇总，能够为领导层更充分地调配资源、进行决策提供有利条件。

（9）能够在短时间内优化进度计划和施工方案，并说明存在问题，提出相应的方案用于指导实际项目施工。

（10）能够使标准操作流程可视化，随时查询物料及产品质量等信息。

（11）工程基础数据如量、价等数据可以实现准确、透明及共享，能完全实现短周期、全过程对资金风险以及盈利目标的控制。

采用BIM可使整个工程项目在设计、施工和运营维护等阶段都能有效地实现制订资源计划、控制资金风险、节省能源、节约成本、降低污染及提高效率。应用BIM技术，能改变传统的项目管理理念，引领建筑信息技术走向更高层次，从而提高建筑管理的集成化程度。

第二章　基于 BIM 的项目协同平台

第一节　BIM 技术简介

一、BIM 的定义

BIM 的全称是 Building Information Modeling，即建筑信息模型，BIM 技术是一种多维（三维空间、四维时间、五维成本、N 维更多应用）模型信息集成技术，可以使建设项目的所有参与方（包括政府主管部门、业主、设计、施工、监理、造价、运营管理、项目用户等）在项目从概念产生到完全拆除的整个生命周期内都能够在模型中操作信息和在信息中操作模型，从而从根本上改变从业人员依靠符号文字形式图样进行项目建设和运营管理的工作方式，实现在建设项目全生命周期内提高工作效率和质量以及减少错误和风险的目标。

（1）BIM 是以三维数字技术为基础，集成了建筑工程项目各种相关信息的工程数据模型，是对工程项目设施实体与功能特性的数字化表达。

（2）BIM 是一个完善的信息模型，能够连接建筑项目生命期不同阶段的数据、过程和资源，是对工程对象的完整描述，提供可自动计算、查询、组合拆分的实时工程数据，可被建设项目各参与方普遍使用。

（3）BIM 具有单一工程数据源，可解决分布式、异构工程数据之间的一致性和全局共享问题，支持建设项目生命期中动态的工程信息创建、管理和共享，是项目实时的共享数据平台。

二、BIM 在国内应用现状

目前，BIM 在国内建筑业形成一股热潮，除了前期软件厂商的大声呼吁外，政府相关单位、各行业协会与专家、设计单位、施工企业、科研院校等也开始重视并推广 BIM。

中国房地产业协会商业地产专业委员会、中国建筑业协会工程建设质量管理分会、中国建筑学会工程管理研究分会、中国土木工程学会计算机应用分会组织并发布了《中国商业地产 BIM 应用研究报告 2010》和《中国工程建设 BIM 应用研究报告 2011》，一定程度上反映了 BIM 在我国工程建设行业的发展现状。关于 BIM 的知晓程度从 2010 年的 60% 提升至 2011 年的 87%。2011 年，共有 39% 的单位表示已经使用了 BIM 相关软件，而其中以设计单位居多，如图 2-1 所示。

早在 2010 年，清华大学通过研究，参考 NBIMS，结合调研提出了中国建筑信息模型标准框架（CBIMS），并且创造性地将该标准框架分为面向 IT 的技术标准与面向用户的实施

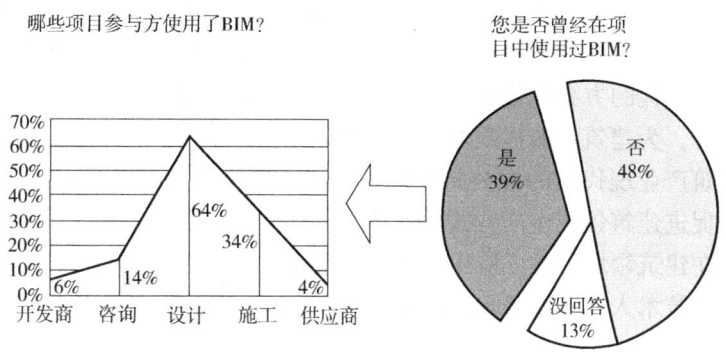

图 2-1 关于 BIM 在项目中使用情况调查

标准。

在产业界,前期主要是设计院、施工单位、咨询单位等对 BIM 进行一些尝试。最近几年,业主对 BIM 的认知度也在不断提升,SOHO 董事长潘石屹已将 BIM 作为 SOHO 未来三大核心竞争力之一;万达、龙湖等大型房产商也在积极探索应用 BIM;上海中心、上海迪士尼等大型项目要求在全生命周期中使用 BIM,BIM 已经是企业参与项目的门槛;其他项目中也逐渐将 BIM 写入招标合同,或者将 BIM 作为技术标的重要亮点。国内大中小型设计院对 BIM 技术的应用也日臻成熟,国内大型工、民用建筑企业也开始争相发展企业内部的 BIM 技术应用,山东省内建筑施工企业如青建集团股份、山东天齐集团、潍坊昌大集团等已经开始推广 BIM 技术应用。BIM 在国内的成功应用有奥运村空间规划及物资管理信息系统、南水北调工程、香港地铁项目等。目前来说,大中型设计企业基本上拥有了专门的 BIM 团队,有一定的 BIM 实施经验;施工企业起步略晚于设计企业,不过很多大型施工企业也开始了对 BIM 的实施与探索,并有一些成功案例;运维阶段目前的 BIM 还处于探索研究阶段。

我国建筑行业 BIM 技术应用正处于由概念阶段转向实践应用阶段的重要时期,越来越多的建筑施工企业对 BIM 技术有了一定的认识并积极开展实践,特别是 BIM 技术在一些大型复杂的超高层项目中得到了成功应用,涌现出一大批 BIM 技术应用的标杆项目。在这个关键时期,我国住建部及各省市相关部门出台了一系列政策推广 BIM 技术。

2011 年 5 月,住建部发布的《2011—2015 年建筑业信息化发展纲要》(建质〔2011〕67 号)中明确指出:在施工阶段开展 BIM 技术的研究与应用,推进 BIM 技术从设计阶段向施工阶段的应用延伸,降低信息传递过程中的衰减。在越来越强调分工协作的今天,BIM 技术中心将成为必不可少的保障部门。

2015 年 7 月 1 日,住建部发布了《关于推进建筑信息模型应用的指导意见》(建质函〔2015〕159 号)。本次发布指导意见,是在 2011 年发布信息化发展纲要、2014 年住建部关于推进建筑业发展和改革的若干意见之后,再次单独出台指导意见,对 BIM 未来五年的发展提出了明确的目标。本次 BIM 指导意见的落地,必将大大推动 BIM 技术的全面应用。并对推进建筑信息模型(Building Information Modeling,BIM)的应用提出以下意见。

1. BIM 在建筑领域应用的重要意义

BIM 是在计算机辅助设计(CAD)等技术基础上发展起来的多维模型信息集成技术,是对建筑工程物理特征和功能特性信息的数字化承载和可视化表达。

BIM 能够应用于工程项目规划、勘察、设计、施工、运营维护等各阶段,实现建筑全生命期各参与方在同一多维建筑信息模型基础上的数据共享，为产业链贯通、工业化建造和繁荣建筑创作提供技术保障；支持对工程环境、能耗、经济、质量、安全等方面的分析、检查和模拟，为项目全过程的方案优化和科学决策提供依据；支持各专业协同工作、项目的虚拟建造和精细化管理，为建筑业的提质增效、节能环保创造条件。

信息化是建筑产业现代化的主要特征之一，BIM 应用作为建筑业信息化的重要组成部分，必将极大地促进建筑领域生产方式的变革。

目前，BIM 在建筑领域的推广应用还存在着政策法规和标准不完善、发展不平衡、本土应用软件不成熟、技术人才不足等问题，有必要采取切实可行的措施，推进 BIM 在建筑领域的应用。

2. 指导思想与基本原则

（1）指导思想。以工程建设法律法规、技术标准为依据，坚持科技进步和管理创新相结合，在建筑领域普及和深化 BIM 应用，提高工程项目全生命期各参与方的工作质量和效率，保障工程建设优质、安全、环保、节能。

（2）基本原则。

①企业主导，需求牵引。发挥企业在 BIM 应用中的主体作用，聚焦于工程项目全生命期内的经济、社会和环境效益，通过 BIM 应用，提高工程项目管理水平，保证工程质量和综合效益。

②行业服务，创新驱动。发挥行业协会、学会组织优势，自主创新与引进集成创新并重，研发具有自主知识产权的 BIM 应用软件，建立 BIM 数据库及信息平台，培养研发和应用人才队伍。

③政策引导，示范推动。发挥政府在产业政策上的引领作用，研究出台推动 BIM 应用的政策措施和技术标准。坚持试点示范和普及应用相结合，培育龙头企业，总结成功经验，带动全行业的 BIM 应用。

3. 发展目标

到 2020 年年末，建筑行业甲级勘察、设计单位以及特级、一级房屋建筑工程施工企业应掌握并实现 BIM 与企业管理系统和其他信息技术的一体化集成应用。

到 2020 年年末，以下新立项项目勘察设计、施工、运营维护中，集成应用 BIM 的项目比率达到 90%：以国有资金投资为主的大中型建筑；申报绿色建筑的公共建筑和绿色生态示范小区。

4. 工作重点

各级住房城乡建设主管部门要结合实际，制定 BIM 应用配套激励政策和措施，扶持和推进相关单位开展 BIM 的研发和集成应用，研究适合 BIM 应用的质量监管和档案管理模式。

有关单位和企业要根据实际需求制定 BIM 应用发展规划、分阶段目标和实施方案，合理配置 BIM 应用所需的软硬件。改进传统项目管理方法，建立适合 BIM 应用的工程管理模式。构建企业级各专业族库，逐步建立覆盖 BIM 创建、修改、交换、应用和交付全过程的企业 BIM 应用标准流程。通过科研合作、技术培训、人才引进等方式，推动相关人员掌握 BIM 应用技能，全面提升 BIM 应用能力。

（1）建设单位。全面推行工程项目全生命期、各参与方的 BIM 应用，要求各参建方提供的数据信息具有便于集成、管理、更新、维护以及可快速检索、调用、传输、分析和可视化等特点。实现工程项目投资策划、勘察设计、施工、运营维护各阶段基于 BIM 标准的信息传递和信息共享。满足工程建设不同阶段对质量管控和工程进度、投资控制的需求。

建立科学的决策机制。在工程项目可行性研究和方案设计阶段，通过建立基于 BIM 的可视化信息模型，提高各参与方的决策参与度。

建立 BIM 应用框架。明确工程实施阶段各方的任务、交付标准和费用分配比例。

建立 BIM 数据管理平台。建立面向多参与方、多阶段的 BIM 数据管理平台，为各阶段的 BIM 应用及各参与方的数据交换提供一体化信息平台支持。

建筑方案优化。在工程项目勘察、设计阶段，要求各方利用 BIM 开展相关专业的性能分析和对比，对建筑方案进行优化。

施工监控和管理。在工程项目施工阶段，促进相关方利用 BIM 进行虚拟建造，通过施工过程模拟对施工组织方案进行优化，确定科学合理的施工工期，对物料、设备资源进行动态管控，切实提升工程质量和综合效益。

投资控制。在招标、工程变更、竣工结算等各个阶段，利用 BIM 进行工程量及造价的精确计算，并作为投资控制的依据。

运营维护和管理。在运营维护阶段，充分利用 BIM 和虚拟仿真技术，分析不同运营维护方案的投入产出效果，模拟维护工作对运营带来的影响，提出先进合理的运营维护方案。

（2）勘察单位。研究建立基于 BIM 的工程勘察流程与工作模式，根据工程项目的实际需求和应用条件确定不同阶段的工作内容。开展 BIM 示范应用。

工程勘察模型建立。研究构建支持多种数据表达方式与信息传输的工程勘察数据库，研发和采用 BIM 应用软件与建模技术，建立可视化的工程勘察模型，实现建筑与其地下工程地质信息的三维融合。

模拟与分析。实现工程勘察基于 BIM 的数值模拟和空间分析，辅助用户进行科学决策和规避风险。

信息共享。开发岩土工程各种相关结构构件族库，建立统一数据格式标准和数据交换标准，实现信息的有效传递。

（3）设计单位。研究建立基于 BIM 的协同设计工作模式，根据工程项目的实际需求和应用条件确定不同阶段的工作内容。开展 BIM 示范应用，积累和构建各专业族库，制定相关企业标准。

① 投资策划与规划。在项目前期策划和规划设计阶段，基于 BIM 和地理信息系统（GIS）技术，对项目规划方案和投资策略进行模拟分析。

②设计模型建立。采用 BIM 应用软件和建模技术，构建包括建筑、结构、给水排水、暖通空调、电气设备、消防等多专业信息的 BIM。根据不同设计阶段任务要求，形成满足各参与方使用要求的数据信息。

③分析与优化。进行包括节能、日照、风环境、光环境、声环境、热环境、交通、抗震等在内的建筑性能分析。根据分析结果，结合全生命期成本，进行优化设计。

④设计成果审核。利用基于 BIM 的协同工作平台等手段，开展多专业间的数据共享和协同工作，实现各专业之间数据信息的无损传递和共享，进行各专业之间的碰撞检测和管线综合碰撞检测，最大限度减少错、漏、碰、缺等设计质量通病，提高设计质量和效率。

5. 施工企业

改进传统项目管理方法，建立基于 BIM 应用的施工管理模式和协同工作机制。明确施工阶段各参与方的协同工作流程和成果提交内容，明确人员职责，制定管理制度。开展 BIM 应用示范，根据示范经验，逐步实现施工阶段的 BIM 集成应用。

（1）施工模型建立。施工企业应利用基于 BIM 的数据库信息，导入和处理已有的 BIM 设计模型，形成 BIM 施工模型。

（2）细化设计。利用 BIM 设计模型根据施工安装需要进一步细化、完善，指导建筑部品构件的生产以及现场施工安装。

（3）专业协调。进行建筑、结构、设备等各专业以及管线在施工阶段综合的碰撞检测、分析和模拟，消除冲突，减少返工。

（4）成本管理与控制。应用 BIM 施工模型，精确高效计算工程量，进而辅助工程预算的编制。在施工过程中，对工程动态成本进行实时、精确的分析和计算，提高对项目成本和工程造价的管理能力。

（5）施工过程管理。应用 BIM 施工模型，对施工进度、人力、材料、设备、质量、安全、场地布置等信息进行动态管理，实现施工过程的可视化模拟和施工方案的不断优化。

（6）质量安全监控。综合应用数字监控、移动通信和物联网技术，建立 BIM 与现场监测数据的融合机制，实现施工现场集成通信与动态监管、施工时变结构及支撑体系安全分析、大型施工机械操作精度检测、复杂结构施工定位与精度分析等，进一步提高施工精度、效率和安全保障水平。

（7）地下工程风险管控。利用基于 BIM 的岩土工程施工模型，模拟地下工程施工过程以及对周边环境影响，对地下工程施工过程可能存在的危险源进行分析评估，制定风险防控措施。

（8）交付竣工模型。BIM 竣工模型应包括建筑、结构和机电设备等各专业内容，在三维几何信息的基础上，还包含材料、荷载、技术参数和指标等设计信息，质量、安全、耗材、成本等施工信息，以及构件与设备信息等。

6. 工程总承包企业

根据工程总承包项目的过程需求和应用条件确定 BIM 应用内容，分阶段（工程启动、工程策划、工程实施、工程控制、工程收尾）开展 BIM 应用。在综合设计、咨询服务、集成管理等建筑业价值链中技术含量高、知识密集型的环节大力推进 BIM 应用。优化项目实施方案，合理协调各阶段工作，缩短工期、提高质量、节省投资。实现与设计、施工、设备供应、专业分包、劳务分包等单位的无缝对接，优化供应链，提升自身价值。

（1）设计控制。按照方案设计、初步设计、施工图设计等阶段的总包管理需求，逐步建立适宜的多方共享的 BIM。使设计优化、设计深化、设计变更等业务基于统一的 BIM，并实施动态控制。

（2）成本控制。基于 BIM 施工模型，快速形成项目成本计划，高效、准确地进行成本预测、控制、核算、分析等，有效提高成本管控能力。

（3）进度控制。基于 BIM 施工模型，对多参与方、多专业的进度计划进行集成化管理，全面、动态地掌握工程进度、资源需求以及供应商生产及配送状况，解决施工和资源配置的冲突和矛盾，确保工期目标实现。

（4）质量安全管理。基于BIM施工模型，对复杂施工工艺进行数字化模拟，实现三维可视化技术交底；对复杂结构实现三维放样、定位和监测；实现工程危险源的自动识别分析和防护方案的模拟；实现远程质量验收。

（5）协调管理。基于BIM，集成各分包单位的专业模型，管理各分包单位的深化设计和专业协调工作，提升工程信息交付质量和建造效率；优化施工现场环境和资源配置，减少施工现场各参与方、各专业之间的互相干扰。

（6）交付工程总承包BIM竣工模型。工程总承包BIM竣工模型应包括工程启动、工程策划、工程实施、工程控制、工程收尾等工程总承包全过程中，用于竣工交付、资料归档、运营维护的相关信息。

7. 运营维护单位

改进传统的运营维护管理方法，建立基于BIM应用的运营维护管理模式。建立基于BIM的运营维护管理协同工作机制、流程和制度。建立交付标准和制度，保证BIM竣工模型完整、准确地提交到运营维护阶段。

（1）运营维护模型建立。可利用基于BIM的数据集成方法，导入和处理已有的BIM竣工交付模型，再通过运营维护信息录入和数据集成，建立项目BIM运营维护模型。也可以利用其他竣工资料直接建立BIM运营维护模型。

（2）运营维护管理。应用BIM运营维护模型，集成BIM、物联网和GIS技术，构建综合BIM运营维护管理平台，支持大型公共建筑和住宅小区的基础设施和市政管网的信息化管理，实现建筑物业、设备、设施及其巡检维修的精细化和可视化管理，并为工程健康监测提供信息支持。

（3）设备设施运行监控。综合应用智能建筑技术，将建筑设备及管线的BIM运营维护模型与楼宇设备自动控制系统相结合，通过运营维护管理平台，实现设备运行和排放的实时监测、分析和控制，支持设备设施运行的动态信息查询和异常情况快速定位。

（4）应急管理。综合应用BIM运营维护模型和各类灾害分析、虚拟现实等技术，实现各种可预见灾害模拟和应急处置。

8. 保障措施

（1）大力宣传BIM理念、意义、价值，通过政府投资工程招投标、工程创优评优、绿色建筑和建筑产业现代化评价等工作激励建筑领域的BIM应用。

（2）梳理、修订、补充有关法律法规、合同范本的条款规定，研究并建立基于BIM应用的工程建设项目政府监管流程；研究基于BIM的产业（企业）价值分配机制，形成市场化的工程各方应用BIM费用标准。

（3）制订有关工程建设标准和应用指南，建立BIM应用标准体系；研究建立基于BIM的公共建筑构件资源数据中心及服务平台。

（4）研究解决提升BIM应用软件数据集成水平等一系列重大技术问题；鼓励BIM应用软件产业化、系统化、标准化，支持软件开发企业自主研发适合国情的BIM应用软件；推动开发基于BIM的工程项目管理与企业管理系统。

（5）加强工程质量安全监管、施工图审查、工程监理、造价咨询以及工程档案管理等工作中的BIM应用研究，逐步将BIM融入相关政府部门和企业的日常管理工作中。

（6）培育产、学、研、用相结合的BIM应用产业化示范基地和产业联盟；在条件具备的地区和行业，建设 BIM 应用示范（试点）工程。

（7）加强对企业管理人员和技术人员关于 BIM 应用的相关培训，在注册执业资格人员的继续教育必修课中增加有关 BIM 的内容；鼓励有条件的地区，建立企业和人员的 BIM 应用水平考核评价机制。

三、BIM 发展前景

1. 应用覆盖率

建筑业信息化"十二五"规划的结束年，住建部发布《关于推进建筑信息模型应用的指导意见》指出，到 2020 年年末，建筑行业甲级勘察、设计单位以及特级、一级房屋建筑工程施工企业应掌握并实现 BIM 与企业管理系统和其他信息技术一体化进程应用。

以国有资金投资为主的大中型建筑以及申报绿色建筑的公共建筑和绿色生态示范小区新立项项目勘察设计、施工、运营维护中，集成应用 BIM 的项目比率达到 90%。

行业内人士表示，在这个时点发布 BIM 指导意见，正是在表明政府重视 BIM 的态度，未来 BIM 的应用，应该是一个逐步深入，广泛推广的过程，如 BIM 的应用程度将更加深入，BIM 将与其他技术，如 ERP、PC、互联网、GIS 等技术相互融合，推进信息化技术的一体化进程。

2. 统一模型交付标准

BIM 在建筑领域应用的重要意义中提到，BIM 能够应用于工程项目规划、勘察、设计、施工、运营维护等各阶段，实现建筑全生命期各参与方在同一多维建筑信息模型基础上的数据共享，为产业链贯通、工业化建造和繁荣建筑创作提供技术保障。

但业内普遍的观点是，目前，规划、设计、施工、运维多个阶段是割裂的，在建筑的全生命周期中，设计阶段的设计师要面临的问题非常之多，从美学、功能、声学、日照，到力学、材料学，十分庞大。施工建造阶段的工程师则要考虑进度、质量、安全、成本、现场管理等非常庞大的课题。运维阶段的管理事情同样不会少，运营保障、财产管理、机电系统运维、保安管理等，事情不胜枚举。

一个软件平台不可能胜任，若要一个软件或平台横跨多个阶段，能够起到作用的专业水平一定是非常之低的。

未来的模式是，各阶段之间，软件的数据接口打通，后一阶段的专业 BIM 软件，全部承接前一阶段数据，并在该数据基础上加工打造，实现本阶段的多项 BIM 应用点。

3. 协同，模型与数据安全是关键

BIM 指导意见强调，BIM 能够应用于工程项目规划、勘察、设计、施工、运营维护等各阶段，支持多专业协同工作、项目的虚拟建造和精细化管理，为建筑业的提质增效、节能环保提供支撑。

强调 BIM 与数据的协同，则对存储模型与数据的云端服务器提出了安全性的要求。在 2015 年 7 月 1 日，住建部出台《关于推进建筑信息模型应用的指导意见》的当天，新的《中华人民共和国国家安全法》也开始正式实施。

其中，《中华人民共和国国家安全法》第二十五条规定，国家建设信息网络与信息安全保障体系，实现网络和信息核心技术、关键基础设施和重要领域信息系统及数据的安全可控。即将 BIM 存放于国外服务器的行为，涉嫌违反《中华人民共和国国家安全法》。

同时,《中华人民共和国国家安全法》第五十六条规定,国家将建立国家级安全风险评估机制,定期开展各领域国家安全风险调查评估,有关部门应当定期向中央国家安全领导机构提交国家安全风险评估报告。意味着住建部未来可能要建立 BIM 国家安全风险评估机制,对 BIM 和数据进行有效监控,并定期报备中央国家安全领导机构。

4. 使用自主研发的国产协同 BIM 软件或平台

BIM 指导意见多处强调,支持多专业的协同工作,强调 BIM 应用的协同和共享特征。目前市场上存在多种 BIM 的建模和应用软件,在选择 BIM 软件时,宜充分考虑软件的易用性、适用性,以及不同软件之间的信息共享和交换能力,在技术层面上,宜考虑使用协同软件或平台,以保证项目协同管理,有效实现 BIM 应用的价值。

同时,BIM 指导意见保障措施第四条表示,将支持软件开发企业自主研发适合国情的 BIM 应用软件。

考虑到单机版的 BIM 软件无法实现 BIM 的共享协同价值,李克强总理将"互联网+"提升至国家战略,未来,互联网+、具备协同平台的自主研发的 BIM 平台将是上上之选。

5. BIM 落地,与企业息息相关

(1) 创优评优,激励 BIM 应用。通过政府投资工程招投标、工程创优评优、绿色建筑和建筑产业现代化评价等工作激励建筑领域的 BIM 应用。

(2) 抓住机遇,建设当地 BIM 应用示范工程。培育产、学、研、用相结合的 BIM 应用产业化示范基地和产业联盟;在条件具备的地区和行业,建设 BIM 应用示范(试点)工程。

(3) BIM 课程成为执业资格人员继续教育必修课程。加强对企业管理人员和技术人员关于 BIM 应用的相关培训,在注册执业资格人员的继续教育必修课中增加有关 BIM 的内容。

第二节　BIM 软件简介

一、BIM 相关软件

BIM 相关软件见表 2-1。

表 2-1　BIM 相关软件

项　目	内　容
1. DP(Digital Project)	DP 是盖里科技公司(Gehry Techrtologies)基于 CATIA 开发的一款针对建筑设计的 BIM 软件,目前已被世界上很多顶级的建筑师和工程师所采用,进行一些最复杂、最有创造性的设计,优点就是十分精确,功能十分强大(抑或是当前最强大的建筑设计建模软件),缺点是操作起来比较困难
2. Revit	AutoDesk 公司开发的 BIM 软件,针对特定专业的建筑设计和文档系统,支持所有阶段的设计和施工图。从概念性研究到最详细的施工图和明细表。Revit 平台的核心是 Revit 参数化更改引擎,它可以自动协调在任何位置(例如在模型视图或图样、明细表、剖面、平面图中)所做的更改。这也是在我国普及最广的 BIM 软件,实践证明,它能够明显提高设计效率。优点是普及性强,操作相对简单

(续)

项 目	内 容
3. RhinoScript	RhinoScript 是架构在 VB（Visual Basic）语言之上的 Rhino 专属程序语言，大致上又可分为 Marco 与 Script 两大部分，RhinoScript 所使用的 VB 语言的语法基本上算是简单的，已经非常接近日常的口语。优点是灵活，无限制。缺点是相对复杂，要有编程基础和计算机语言思维方式
4. Grasshopper	基于 Rhion 平台的可视化参数设计软件，适合对编程毫无基础的设计师，它将常用的运算脚本打包成 300 多个运算器，通过运算器之间的逻辑关联进行逻辑运算，并且在 Rhino 的平台中即时可见，有利于设计中的调整。优点是方便上手，可视操作。缺点是运算器有限，会有一定限制（对于大多数的设计足够）
5. Processing	也是代码编程设计，但与 RhinoScript 不同的是，Processing 是一种具有革命前瞻性的新兴计算机语言，它的概念是在电子艺术的环境下介绍程序语言，并将电子艺术的概念介绍给程序设计师。它是 Java 语言的延伸，并支持许多现有的 Java 语言架构，不过在语法（syntax）上简易许多，并具有许多贴心及人性化的设计。Processing 可以在 Windows、MAC OS X、MAC OS 9、Linux 等操作系统上使用
6. Navisworks	Navisworks 软件提供了用于分析、仿真和项目信息交流的先进工具。完备的四维仿真、动画和照片级效果图功能使用户能够展示设计意图并仿真施工流程，从而加深设计理解并提高可预测性。实时漫游功能和审阅工具集能够提高项目团队之间的协作效率。Autodesk Navisworks 是 Autodesk 出品的一个建筑工程管理软件套装，使用 Navisworks 能够帮助建筑、工程设计和施工团队加强对项目成果的控制。Navisworks 解决方案使所有项目相关方都能够整合和审阅详细设计模型，帮助用户获得建筑信息模型工作流带来的竞争优势
7. 广联达 BIM 5D	广联达 BIM 5D 以建筑 3D 信息模型为基础，把进度信息和造价信息纳入模型中，形成 5D 信息模型。该 5D 信息模型集成了进度、预算、资源、施工组织等关键信息，对施工过程进行模拟，及时为施工过程中的技术、生产、商务等环节提供准确的形象进度、物资消耗、过程计量、成本核算等核心数据，提升沟通和决策效率，帮助客户对施工过程进行数字化管理，从而达到节约时间和成本、提升项目管理效率的目的
8. IES 分析软件	IES 是总部在英国的 Integrated Environamental Solutions 公司的缩写，IES（Virtual Environment）（IES（VE））是旗下建筑性能模拟和分析的软件。IES（VE）用来在建筑前期对建筑的光照、太阳能，及温度效应进行模拟。其功能类似 Ecotect，可以与 Radiance 兼容，对室内的照明效果进行可视化的模拟。缺点是，软件由英国公司开发，整合了很多英国规范，与中国规范不符
9. iTWO	RIB iTWO（construction Project life-cycle）建筑项目的生命周期，可以说是全球第一个数字与建筑模型系统整合的建筑管理软件，它的软件构架别具一格，在软件中集成了算量模块、进度管理模块、造价管理模块等，这就是传说中"超级软件"，与传统的建筑造价软件有质的区别，与我国的 BIM 理论体系比较吻合
10. ProjectWise	ProjectWise WorkGroup 可同时管理企业中进行的多个工程项目，项目参与者只要在相应的工程项目上，具备有效的用户名和口令，便可登录到该工程项目中根据预先定义的权限访问项目文档。ProjectWise 可实现以下功能：将点对点的工作方式转换为"火锅式"的协同工作方式；实现基础设施的共享、审查和发布；针对企业对不同地区项目的管理提供分布式储存的功能；增量传输；提供树状的项目目录结构；文档的版本控制及编码和命名的规范；针对同一名称不同时间保存的图样提供差异比较；工程数据信息查询；工程数据依附关系管理；解决项目数据变更管理的问题；红线批注；图样审查；Project 附件—魔术笔的应用；提供 Web 方式的图样浏览；通过移动设备进行校核（navigator）；批量生成 PDF 文件，交付业主

(续)

项　目	内　容
11. Green Building Studio	Green Building Studio（GBS）是 Autodesk 公司的一款基于 Web 的建筑整体能耗、水资源和碳排放的分析工具。在登入其网站并创建基本项目信息后，用户可以用插件将 Revit 等 BIM 软件中的模型导出 gbXML 并上传到 GBS 的服务器上，计算结果将即时显示并可以进行导出和比较。在能耗模拟方面，GBS 使用的是 DOE-2 计算引擎。由于采用了目前流行的云计算技术，GBS 具有强大的数据处理能力和效率。另外，其基于 Web 的特点也使信息共享和多方协作成为其先天优势。同时，其强大的文件格式转换器，可以成为 BIM 与专业的能量模拟软件之间的无障碍桥梁
12. Ecotect Analysis	Ecotect 提供自己的建模工具，分析结果可以根据几何形体得到即时反馈。这样，建筑师可以从非常简单的几何形体开始进行迭代性（iterative）分析，随着设计的深入，分析也越来越精确。Ecotect 和 RADIANCE、POV Rayr、VRML、EnergyPlus、HTB2 热分析软件均有导入导出接口。Ecotec 以其整体的易用性、适应不同设计深度的灵活性以及出色的可视化效果，已在中国的建筑设计领域得到了更广泛的应用
13. DeST	DeST 是 Designer's Simulation Toolkit 的缩写，意为设计师的模拟工具箱。DeST 是建筑环境及 HVAC 系统模拟的软件平台，该平台以清华大学建筑技术科学系环境与设备研究所十余年的科研成果为理论基础，将现代模拟技术和独特的模拟思想运用到建筑环境的模拟和 HVAC 系统的模拟中去，为建筑环境的相关研究和建筑环境的模拟预测、性能评估提供了方便实用可靠的软件工具，为建筑设计及 HVAC 系统的相关研究和系统的模拟预测、性能优化提供了一流的软件工具。目前 DeST 有 2 个版本，应用于住宅建筑的住宅版本（DeST-h）及应用于商业建筑的商建版本（DeST-c）
14. EnergyPlus	EnergyPlus 模拟建筑的供暖供冷、采光、通风以及能耗和水资源状况。它基于 BLAST 和 DOE-2 提供的一些最常用的分析计算功能，同时，也包括了很多独创模拟能力，例如模拟时间步长低于 1h，模组系统，多区域气流，热舒适度，水资源使用，自然通风以及光伏系统等。需要强调的是：EnergyPlus 是一个没有图形界面的独立的模拟程序，所有的输入和输出都以文本文件的形式完成
15. BIM 可持续（绿色）分析软件	可持续或者绿色分析软件如图 2-2 所示，可以使用 BIM 的信息对项目进行日照、风环境、热工、景观可视度、噪声等方面的分析，主要软件有国外的 Echotect、Green Building Studio、IES 以及国内的 PKPM 等 BIM 为建筑物的运营管理阶段服务是 BIM 应用重要的推动力和工作目标，在这方面美国运营管理软件 ArchiBUS 是最有市场影响的软件之一 图 2-3 是由 FacilityONE 提供的基于 BIM 的运营管理整体框架，对同行认识和了解 BIM 技术的运营管理应用有所帮助
16. BIM 造价管理软件	造价管理软件利用 BIM 提供的信息进行工程量统计和造价分析，由于 BIM 结构化数据的支持，基于 BIM 技术的造价管理软件可以根据工程施工计划动态提供造价管理需要的数据，这就是所谓 BIM 技术的 5D 应用 国外的 BIM 造价管理有 Innovaya 和 Solibri、RIB iTWO，鲁班是国内 BIM 造价管理软件的代表，如图 2-4 所示 鲁班对以项目或业主为中心的基于 BIM 的造价管理解决方案应用给出了如下整体框架，如图 2-5 所示，这无疑会对 BIM 信息在造价管理上的应用水平提升起到积极作用，同时也是全面实现和提升 BIM 对工程建设行业整体价值的有效实践，因此我们知道，能够使用 BIM 信息的参与方和工作类型越多，BIM 对项目能够发挥的价值就越大

(续)

项目	内容
17. BIM 相关技术	近些年随着 BIM 应用的发展，相关技术很多，本书在以下方面作简要介绍，如图 2-6 所示 (1) BIM 和 GIS GIS 是在计算机软、硬件支持下，对地理空间数据进行采集、输入、存储、操作、分析、建模、查询、显示和管理，以提供资源、环境及各种区域性研究、规范、管理决策所需信息的人机模型，从而能够解决问题：某个地方有什么，符合那些条件的实体在哪里，实体在地理位置上发生了哪些变化，某个地方如果具备某种条件会发生什么问题等。它对于城市规划这样的宏观领域是一项重要的技术 GIS 可以在城市规划的各个阶段发挥重要的作用，包括专题制图（图框、图例、风玫瑰）、空间叠加技术分析（现状容积率统计、城市用地适宜性评价）、三维分析技术（三维场景模拟、地形分析和构建、景观视域分析）、交通网络分析技术（交通网络构建、设施服务区分析、设施优化布局分析、交通可达性分析）、空间研究分析（空间句法、空间格局分析）、规划信息管理技术（规划管理信息系统、规划信息资源库）等，可以方便制作各类专题图和三维模拟，而且软件模块丰富，可以嵌套编程，方便灵活嵌入其他系统中 其缺点主要是：优点即是缺点，正因为 ESRI 定位大视角巨系统，所以系统比较庞大，前期数据整理比较费精力，所以上手比较慢。而且此软件在规划领域应用广泛，在建筑设计领域的具体视角体现较少，故主要用于环境分析。此外对硬件要求也比较高，价格昂贵 BIM 与 GIS 的契合性主要体现在技术方面，首先二者的专业基础技术相似，包括数据库管理和图形图像处理等技术，这为 BIM 和 GIS 的可视化功能提供了较好的基础；其次二者的数字化信息处理方式相同，二者的数据可以转换为统一标准下的数字化数据，因此可将 BIM 中的数据导入 GIS 中，同时也将 GIS 中的数据应用于 BIM 中，互为对方的数据源，用来确定施工场地的合理化布置和物料运输路线的最佳选择 BIM 技术可以将施工阶段和设计阶段的物料属性信息（形状、大小、所占空间）进行相互比较，而 GIS 技术是对与建设项目相关的环境、现有建筑的分布和建设项目外形的客观描述，是一个具备查询和分析功能的平台 (2) BIM 和 FM BIM 技术的价值并不仅仅局限于建筑的设计与施工阶段，在运营维护阶段，BIM 同样能产生极其巨大的价值，在运维阶段重要的一门技术就是 FM，又叫设施管理系统，BIM 中包含的丰富信息可以为 FM 的决策和实施提供有力的信息支撑 现代设施管理的业务范围已超越了物业维修和保养的工作范畴，覆盖设施的全生命周期，其职能范围包括维护运营、行政服务、空间管理、建筑工程设计和工程服务、不动产管理、设施规划、财务规划、能源管理、健康安全等。它从建筑物业主、管理者和使用者的利益出发，对业务运营涉及的所有设施与环境进行全生命周期的规划、管理，对可预见性风险进行规避和控制。设施管理注重并坚持与新技术应用同步发展，在降低成本、提高效率的同时，保证了管理与技术数据分析处理的准确，促进科学决策，为核心业务的发展提供服务和支撑 某国外研究机构对办公建筑全生命周期的成本费用分析，设计和建造成本只占到了整个建筑生命周期费用的 20% 左右，而运营维护的费用占到了全生命周期费用的 67% 以上。在运营维护阶段，充分发挥利用 BIM 的价值，不但可以提高运营维护的效率和质量，而且可以降低运营维护费用，基于 BIM 的空间管理、资产管理、设施故障的定位排除、能源管理、安全管理等功能实现，在可视化、智能化、数据精确性和一致性方面都大大优于传统的运维软件。大数据、传感器、定位系统、移动互联、社交媒体、BIM 建筑等新技术的集成应用，也是智慧化运维的必然趋势 国外 FM 系统软件主要有 IBM TRIRIGA + Maximo、Archibus。TRIRIGA 是 IBM 公司 2011 年收购的软件，基于 WEB 开发，与 IBM Maximo 资产管理软件结合为用户提供投资项目管理、空间管理、资产组合规划、能源管理等全面的设施和房地产管理解决方案。Archibus 是全球知名的设施管理系统软件，可以管理所有不动产及设施，Archibus 包含"不动产及租赁管理""工作场所管理""设备资产管理""大厦运维管理""可持续管理"等主要模块。它可以集中资产信息、控制支出和执行规范、优化设施

(续)

项 目	内 容
17. BIM 相关技术	使用、有效执行流程。目前国外的设施管理软件也已开始对 BIM 提供支持，并尝试向云平台服务模式转化 虽然在国外 FM 体系已经比较成熟，但 FM 在国内还处在发展期，比如上海现代建筑设计集团率先通过申都大厦的运维管理平台实践。整体还缺少与 BIM 及物联网相结合的、适合国内 FM 运维管理需求的系统化管理云平台，这个云平台远期将以 BIM 和网络为基础，共用操作界面环节，将完美融合建筑的后期应用：物业及设施管理（PM + FM）、建筑设备管理（BMS）、综合安全管理（SMS）、信息设施管理（ITSI），从而实现智慧化各应用系统之间信息资源的共享与管理、各应用系统的交互操作和快速响应与联动控制，以达到自动化监视与控制的目的。基于云计算和 BIM 的建筑管理信息平台如图 2-7 所示 （3）BIM 和三维激光扫描技术 BIM 具有可视化、协调性、模拟性、优化性和可出图性的特点，而三维激光扫描仪则具有数据真实性、准确特点。通过三维激光扫描施工现场得到真实、准确的数据；通过对比检测得知施工现场是否在施工质量控制范围之内；旧的建筑物因为图样不齐全或长年累月的位移导致在对其改造时因无法获取准确的数据信息，也就无法正确地实施改造；通过三维激光扫描改造现场，建立 BIM 体系模型，通过 BIM 体系模型建立整套的 BIM 改造方案。目前参与的项目应用点：①三维激光扫描仪结合 BIM 施工环节；②检测控制施工质量；③根据现有的施工情况进行合理的二次设计；④三维激光扫描仪结合 BIM 翻新环节；⑤图样不足造成改造方案不准确问题。图 2-8 为经三维扫描后拼接而成的 Revit 模型 但是三维扫描的物体是大量的点云，一个小房子可能达到数以亿级的点数，对计算机的硬件要求会更高，后期处理的工作量也会增大，随着硬件和软件技术的进步，激光扫描技术将会成为 BIM 的数据测量利器 （4）BIM 与 3D 打印技术 3D 打印机（3D Printers）是一位名为恩里科·迪尼（Enrico Dini）的发明家设计的一种神奇的打印机。1995 年，麻省理工创造了"三维打印"一词，当时的毕业生 Jim Bredt 和 TimAnderson 修改了喷墨打印机方案，把墨水挤压在纸张上的方案变为把约束溶剂挤压到粉末床的解决方案 三维打印机被用来制造样品，节约了设计样品到产品生产时间，打印的原料可以是有机或者无机的材料，通过 3D 打印机打印出更实用的物品。3D 打印机广泛应用于政府、航天和国防、医疗设备、高科技、教育业以及制造业 目前，国外已经有学者使用 3D 打印机成功地"打印"出一幢完整的建筑，以及所有房间内立体物品。3D 打印技术的前景广阔，3D 打印的前提是有三维模型，BIM 技术与 3D 打印机技术相结合，扩展应用范围，如虎添翼，可以想象，在未来的工业 4.0 精细定制领域，大型的 3D 打印设备将会极大改变目前的建筑业态面貌

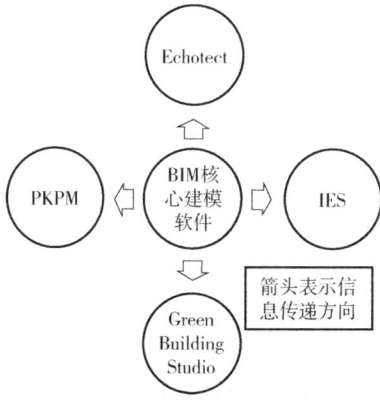

图 2-2　BIM 可持续（绿色）分析软件

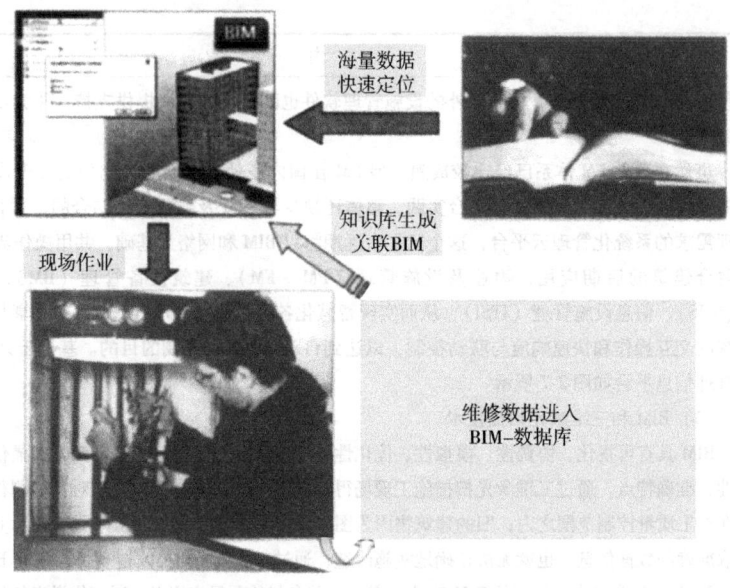

图 2-3 基于 BIM 的运营管理整体框架

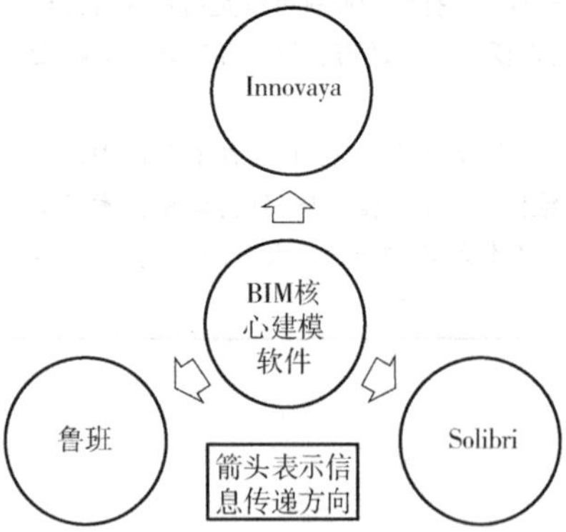

图 2-4 BIM 造价管理软件

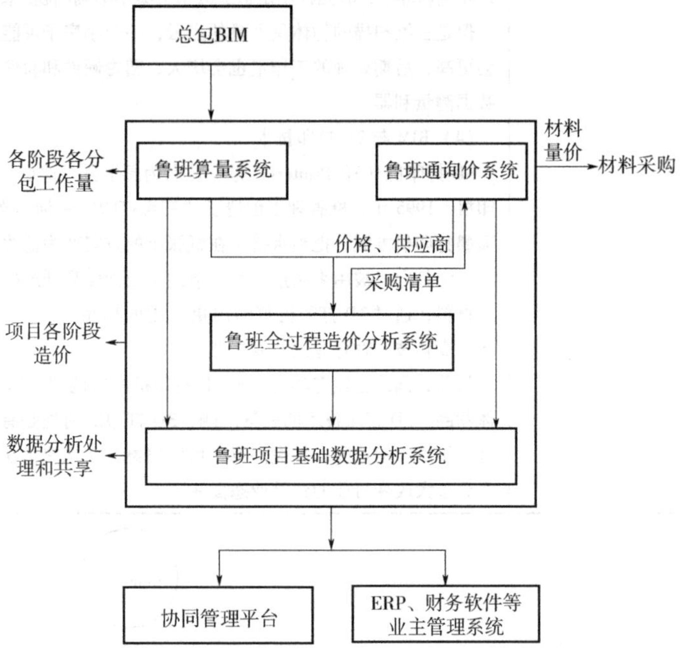

图 2-5 鲁班软件

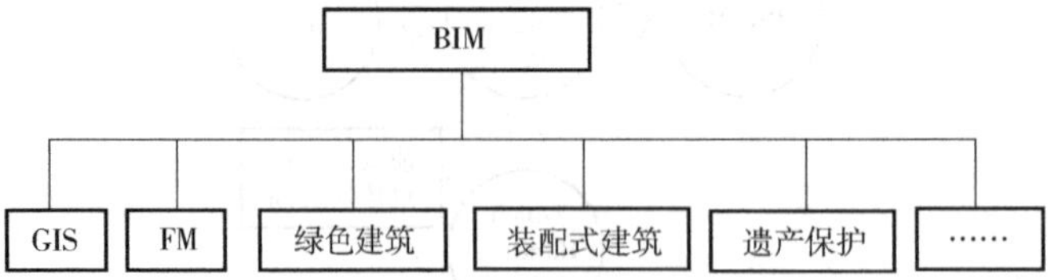

图 2-6 BIM 相关技术

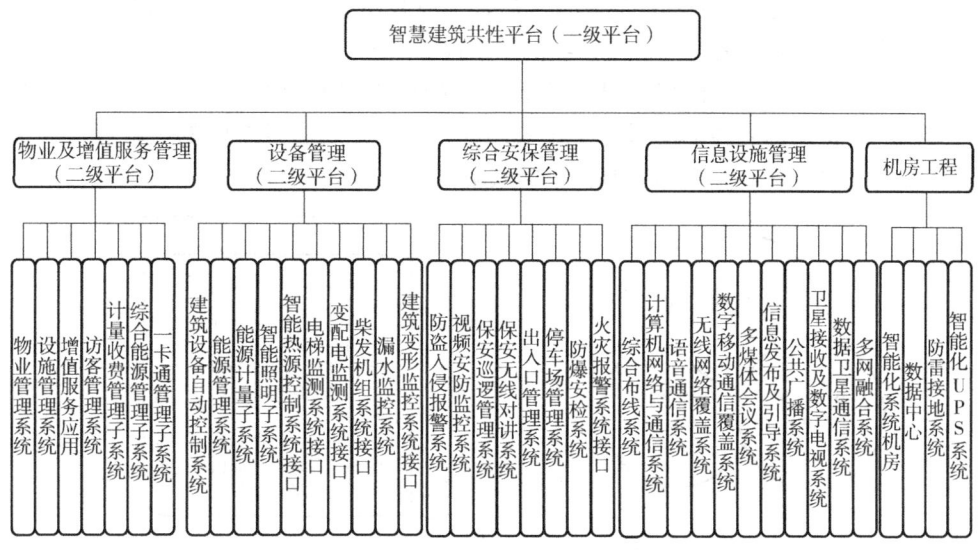

图 2-7 基于云计算和 BIM 的建筑管理信息平台

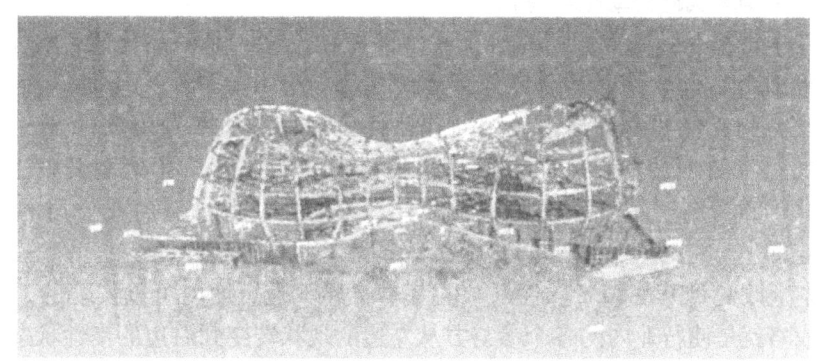

图 2-8 经三维扫描后拼接而成的 Revit 模型

二、BIM 软件中国战略目标

1. BIM 软件中国战略目标的提出

我国建筑业软件市场规模不足建筑业本身这个市场规模的千分之一,而美欧的经验普遍认为 BIM 应该能够为建筑业带来 10% 的成本节省,即使我们把整个建筑业软件市场都归入 BIM 软件,那么从前面两个数字去分析,这里也有超过 100 倍投资回报的潜力。退一步考虑,哪怕通过 BIM 只降低 1% 的成本,从行业角度计算其投资回报也在 10 倍以上。

因此站在工程建设全行业的立场上,我国的 BIM 软件战略就应该以最快速度、最低成本让 BIM 软件实现最大行业价值,在保证目前质量、工期、安全水平的前提下降低建设成本 1%、5%、10% 甚至更多,从而把 BIM 软件完全应用作为实现这个目标的工具和成本中心。

怎样的 BIM 软件组合才能够最大限度地服务于中国工程建设行业,以实现建设质量、工期、成本、安全的最优结果呢?站在 BIM 软件市场的立场上,就是要研究我国需要哪种类型和功能的 BIM 软件,这些 BIM 软件如何得到,这些软件各自的市场规模、市场影响力和市场占有率如何？这一系列的问题不仅是软件适应客户还是客户适应软件的问题，也是一个简单的供求关系问题，更是一个市场经济话语权的问题。

BIM 软件使用者的话语权和 BIM 软件开发者的话语权如何在博弈中获得共赢和平衡，是中国 BIM 软件战略需要考虑的又一个重要问题，而在上述两者之间的是政府行业主管部门。根据上述分析，提出下列 BIM 软件中国战略目标，如图 2-9 所示。

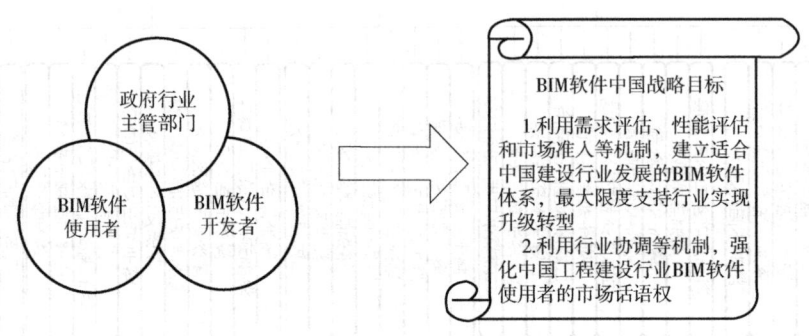

图 2-9　BIM 软件中国战略目标

2. BIM 软件中国战略行动路线探讨

我国的基本情况是：一方面研究成果大多停留在论文、非商品化软件、示范案例上，即缺乏机制形成商品化软件，其研究成果也无法为行业共享；另一方面，由于缺乏基础理论研究的支持和资金实力，国内大型商业软件公司只能从事专用软件开发，依靠中国市场和行业的独特性生存发展。而小型商业公司则只能在客户化定制开发上寻找机会，这种经营模式严重受制于平台软件的市场和技术策略，使得小型商业公司的生存和发展变得极不稳定。

要从根本上改变我国在 BIM 软件领域的基本格局不是短期内可以实现的，要实现这个目标的基本战略就是使行业内的各个参与方从左边的现状转变到右边的良性状态上来，如图 2-10 所示。

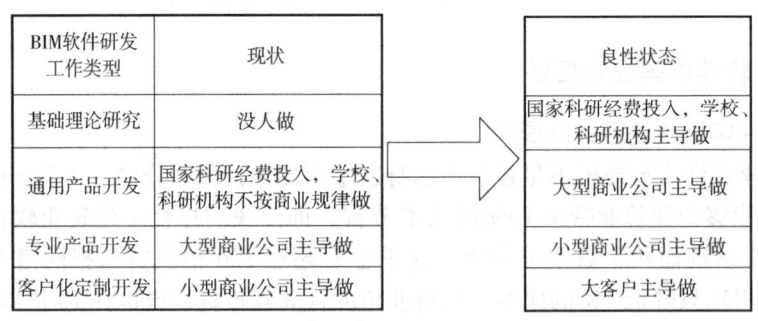

图 2-10　BIM 软件应用现状转变

第三节　BIM 技术管理平台

BIM 具有单一工程数据源，可解决分布式、异构工程数据之间的一致性和全局共享问题，支持建设项目生命期中动态的工程信息创建、管理和共享。工程项目各参与方使用的是单一信息源，确保信息的准确性和一致性。实现项目各参与方之间的信息交流和共享。从根本上解决项目各参与方基于纸介质方式进行信息交流形成的"信息断层"和应用系统之间的"信息孤岛"问题。

连接建筑项目生命期与不同阶段数据、过程和资源的一个完善的信息模型是对工程对象的完整描述，建设项目的设计团队、施工单位、设施运营部门和业主等各方人员共用，进行有效的协同工作，节省资源、降低成本以实现可持续发展。促进建筑生命期管理，实现建筑生命期各阶段的工程性能、质量、安全、进度和成本的集成化管理，对建设项目生命期总成本、能源消耗、环境影响等进行分析、预测和控制。

一、协同平台的概念

协同即 BIM 系统协调，即两个或两个以上的不同资源或者个体，协同一致地完成某一目标的过程或能力。BIM 协同平台是对于 BIM 数据进行存储和管理，通过 BIM 为媒介将各专业各阶段的数据信息导入平台之中，通过互联网技术，让项目参与各方对工程数据实现共享，从而满足不同人群的需求。

一个高效的协同平台应可以有针对性地面对项目中各个参与方，它能展示的数据内容、形式及所实现的功能都是具有特定意义的。目前，国内的一般项目，BIM 协同平台服务于三方，设计、施工、业主。设计方协同平台可以贯穿设计阶段的各个环节，当信息实现无阻碍交流，通过统一的平台来跨越专业间不同的设计工具、不同的设计方所带来的信息鸿沟，让设计各专业能够实现信息共享，资源共享，数据之间无阻碍的交流。通过 BIM 协同平台施工方可以在平台上很清楚地看到可视化模型，通过对模型细部的观察来判读设计的成果是否能够施工，同时对于构件信息可直接阅读，了解采购渠道与单价，进行施工成本预算。通过协同平台进行二次深化或碰撞检查，提前检测施工难点及冲突点，再进行施工模拟以减少返工现象，提高施工现场的管理水平，大大提高施工效率，业主也能够基于 BIM 协同平台从专业的角度对项目进行观察，更加清晰地、全面地进行察看。通过对 BIM 协同平台的检查，随时随地对工程的进度、成本状态及后期返维的资产管理进行查阅及管控。

二、协同平台的功能

1. 信息存储功能

工程项目中各部门各专业设计人员协同工作的基础是信息模型的共享与转换，这同时也是 BIM 技术实现的核心基础。所以，基于 BIM 技术的协同平台应具备良好的存储功能。目前在建筑领域中，大部分建筑信息模型的存储形式仍为文件存储，这样的存储形式对于处理包含大量数据，且改动频繁的建筑信息模型效率是十分低下的，更难以对多个项目的工程信息进行集中存储。而在当前信息技术的应用中，以数据库存储技术的发展最为成熟、应用最为广泛。并且数据库具有存储容量大、信息输入输出和查询效率高、易于共享等优点，所以协同平台采用数据库对建筑信息模型进行存储，从而可以解决上文所述的当前 BIM 技术发展所存在的问题。

2. 具有图形编辑平台

在基于 BIM 技术的协同平台上，各个专业的设计人员需要对 BIM 数据库中的建筑信息模型进行编辑、转换、共享等操作。这就需要在 BIM 数据库的基础上，构建图形编辑平台。图形编辑平台的构建可以对 BIM 数据库中的建筑信息模型进行更直观的显示，专业设计人员可以通过它对 BIM 数据库内的建筑信息模型进行相应的操作。不仅如此，存储整个城市建筑信息模型的 BIM 数据库与 GIS（Geographic Infommtion System，地理信息系统）、交通信息等相结合，利用图形编辑平台进行显示，可以实现真正意义上的数字城市。

3. 兼容建筑专业应用软件

建筑业是一个包含多个专业的综合行业，如设计阶段，需要建筑师、结构工程师、暖通工程师、电气工程师、给水排水工程师等多个专业的设计人员进行协同工作，这就需要用到大量的建筑专业软件，如结构性能计算软件、光照计算软件等。所以，在 BIM 协同平台中，需兼容专业应用软件以便于各专业设计人员对建筑性能的设计和计算。

4. 人员管理功能

由于在建筑全生命周期过程中有多个专业设计人员的参与，如何能够有效地管理是至关重要的。通过此平台可以对各个专业的设计人员进行合理的权限分配，对各个专业的建筑功能软件进行有效的管理，对设计流程、信息传输的时间和内容进行合理的分配，从而实现项目人员高效的管理和协作。

下面以某施工单位在项目实施过程中的协同平台为例，对协同平台的功能和相关工作做具体介绍。

例如协同办公平台工作模块包括：族库管理模块、模型物料模块、采购管理模块、统计分析模块、数据维护模块、工作权限模块、工程资料模块。所有模块通过外部接口和数据接口进行信息的提取、查看、实时更新数据。在 BIM 协同平台搭建完毕后，邀请发包方、设计及设计顾问、QS 顾问、监理、专业分包、独立承包商和供应商等单位参加并召开 BIM 启动会。会议应明确工程 BIM 应用重点，协同工作方式，BIM 实施流程等多项工作内容。

三、项目各方的协同管理

项目在实施过程中参与方较多（图 2-11），且各自职责不同，但各自的工作内容之间却联系紧密，故各参与方之间良好的沟通协调意义重大。

项目各参与方之间的协同合作有利于各自任务内容的交接，避免不必要的工作重复或工作缺失而导致的项目整体进度延误甚至工程返工。一般基于 BIM 技术的各参与方协同应用主要包括基于协同平台的信息、职责管理和会议沟通协调等内容。

1. 基于 BIM 协同平台的信息管理

协同平台具有较强的模型信息存储能力，项目各参与方通过数据接口将各自的模型信息数据输入协同平台进行集中管理，一旦某个部位发生变化，与之相

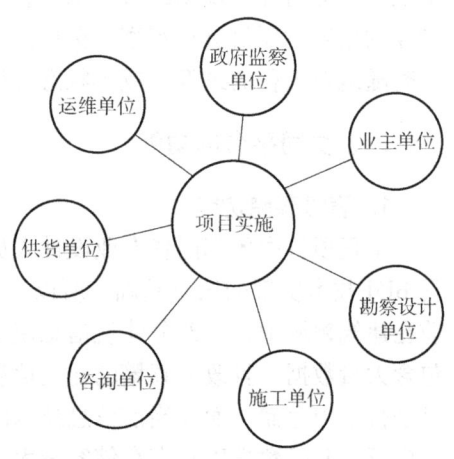

图 2-11 项目各参与方图

关联的工程量、施工工艺、施工进度、工艺搭接、采购单等信息都自动发生变化，且在协同平台上采用短信、微信、邮件、平台通知等方式统一告知各相关参与方，他们只需重新调取模型相关信息，便轻松完成了数据交互的工作。项目 BIM 协同平台信息交互共享如图 2-12 所示。

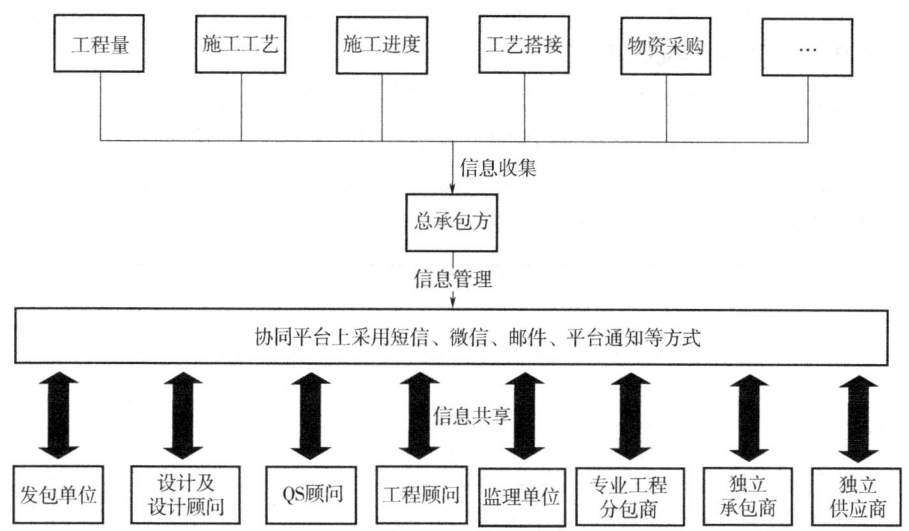

图 2-12 项目 BIM 协同平台信息交互共享示意图

2. 基于协同 BIM 平台的职责管理

面对工程专业复杂、体量大、专业图样数量庞大的工程，利用 BIM 技术，将所有的工程相关信息集中到以模型为基础的协同平台上，依据图样如实进行精细化建模，并赋予工程管理所需的各类信息，确保出现变更后，模型及时更新。

为保证本工程施工过程中 BIM 的有效性，对各参与单位在不同施工阶段的职责进行划分，让每个参与者明白自己在不同阶段应该承担的职责和完成的任务，与各参与单位进行有效配合，共同完成 BIM 的实施。

某工程项目实施施工阶段中各参与方职责划分见表 2-2。

表 2-2 某工程各参与方职责划分

施工阶段	业主	设计方	总包 BIM	分包
低区（1～36层）结构施工阶段	监督 BIM 实施计划的进行；签订分包管理办法	与甲方、总包方配合，进行图样深化，并进行图样签认	模型维护，方案论证，技术重难点的解决	配合总包 BIM 对各自专业进行深化和模型交底
高区（36层以上）结构施工阶段				
装饰装修、机电安装施工阶段	监督 BIM 实施计划的进行；签订分包管理办法，进行模型确认	与甲方、总包方配合，进行图样深化，并进行图样签认	施工工艺模型交底，工序搭接，样板间制作	按照模型交底进行施工
系统联动调试、试运行	模型交付	竣工图的确认	模型信息整理、模型交付	模型确认

在对项目各参与方职责划分后，根据相应职责创建"告示板"式团队协作平台，项目组织中的 BIM 成员根据权限和组织构架加入协同平台，在平台上创建代办事项、创建任务，并可做任务分配，也可对每项任务创建一个卡片，可以包括活动、附件、更新、沟通内容等信息。

团队人员可以上传各自创建的模型，也可随时浏览其他团队成员上传的模型，发布意见，进行便捷的交流,并使用列表管理方式,有序地组织模型的修改、协调,支持项目顺利进行。

3. 基于BIM协同平台的流程管理

项目实施过程中,除了让每个项目参与者明晰各自的计划和任务外,还应了解整个项目模型建立的状况、协同人员的动态、提出问题及表达建议的途径。从而使项目各参与方能够更好地安排工作进度,实现与其他参与方的高效对接,避免不必要的工期延误。

某项目管理的BIM协同工作流程如图2-13所示。

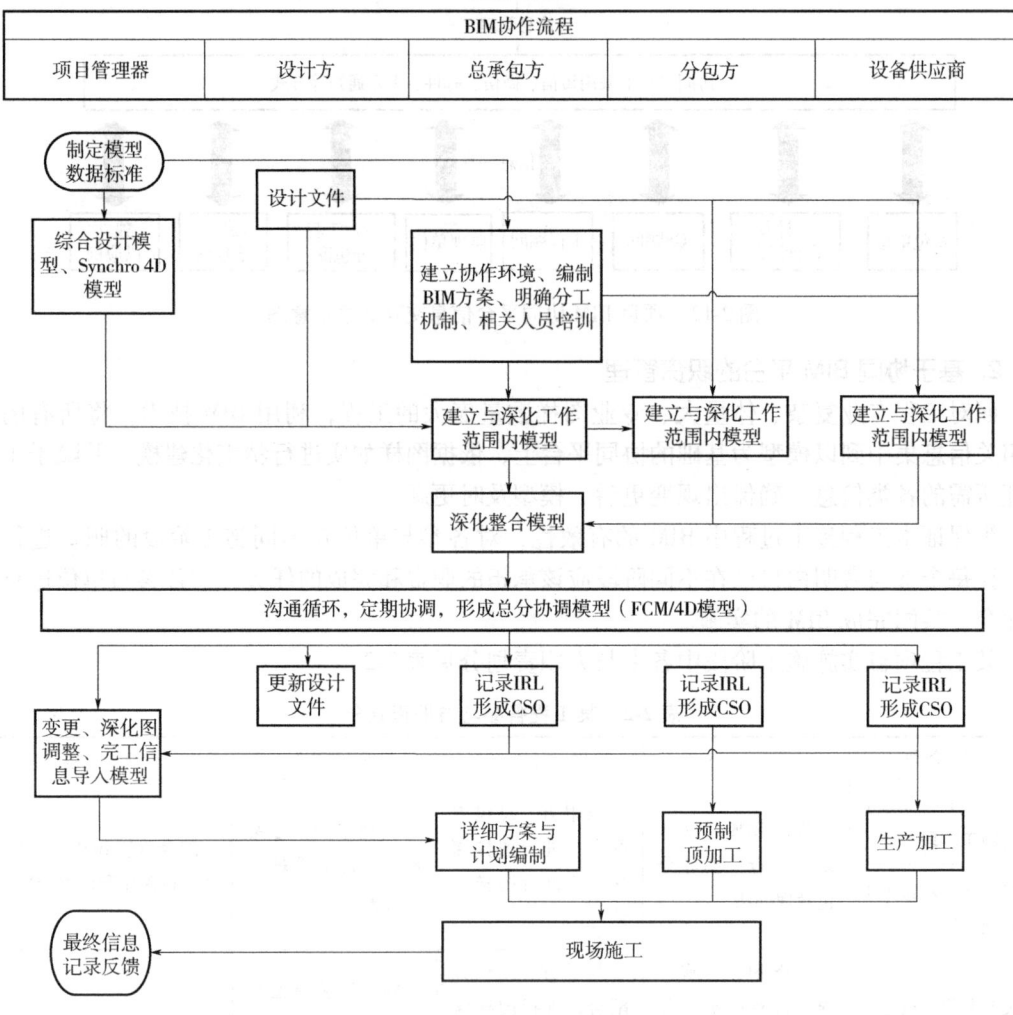

图2-13 BIM协同工作流程

4. 会议沟通协调

基于协同平台可以使各参与方能够更好地把握各自相应的工作任务,但项目管理实施过程中仍会存在各种问题需要沟通解决,协同平台只能解决项目管理中的部分内容,故还需要各参与方定期组织会议进行直接沟通协调。协调会议由BIM专职负责人与项目总工每周定期召开BIM例会,会议将甲方、监理、总包、分包、供应商等各相关单位参加。会议将生成相应的会议纪要,并根据需要延伸出相应的图样会审、变更洽商或是深化图等施工资料,由专人负责落实。例会上应协调以下内容:

(1) 进行模型交底,介绍模型的最新建立和维护情况。

(2) 通过模型展示,实现对各专业图样的会审,及时发现图样问题。

(3) 随着工程的进展,提前确定模型深化需求,并进行深化模型的任务派发、模型交付以及整合工作,对深化模型确认后出具二维图,指导现场施工。

(4) 结合施工需求进行技术重难点的 BIM 辅助解决,包括相关方案的论证,施工进度的 4D 模拟等,让各参与单位在会议上通过模型对项目有一个更为直观、准确的认识,并在图样会审、深化模型交底、方案论证的过程中,快速解决工程技术重难点。

四、基于 BIM 技术的全过程管理

项目全过程管理就指工程项目管理企业按照合同约定,在工程项目决策阶段,为业主编制可行性研究报告,进行可行性分析和项目策划;在工程项目设计阶段,负责完成合同约定的工程设计(基础工程设计)等工作;在工程项目实施阶段,为业主提供招标代理、设计管理、采购管理、施工管理和试运行(竣工验收)等服务,代表业主对工程项目进行质量、安全、进度、费用、合同、信息等管理和控制。

科学地进行工程项目施工管理是一个项目取得成功的必要条件。对于一个工程建设项目而言,争取工程项目的保质保量完成是施工项目管理的总体目标,具体而言就是在限定的时间、资源(如资金、劳动力、设备材料)等条件下,以尽可能快的速度,尽可能低的费用(成本投资)圆满完成施工项目任务。

BIM 是项目各专业相关信息的集成,适用于从设计到施工到运营管理的全过程,贯穿工程项目的全生命周期。应用 BIM 技术进行全过程项目管理的流程,如图 2-14 所示。

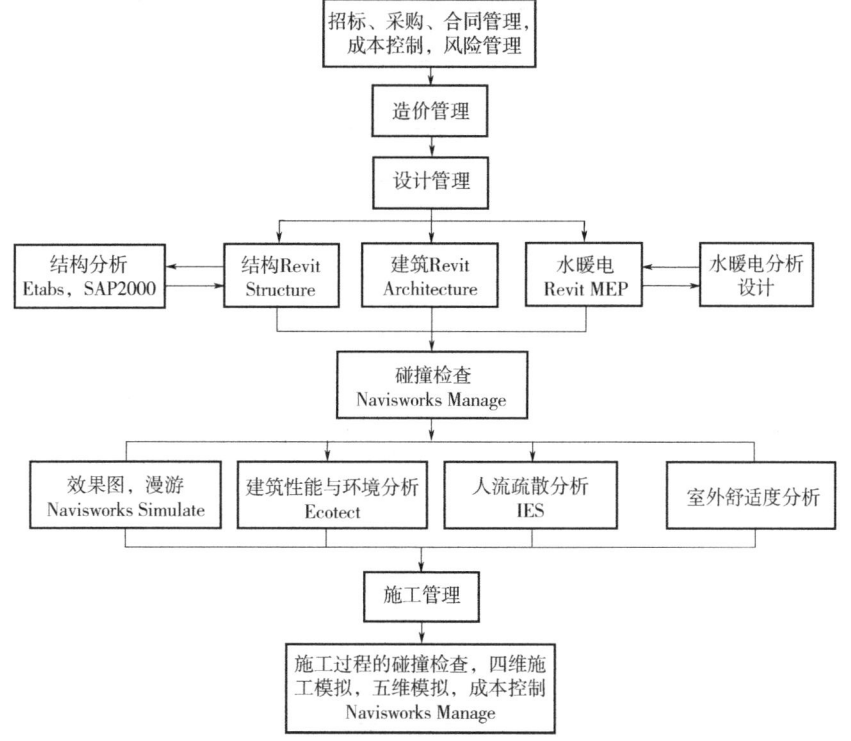

图 2-14 全过程 BIM 项目管理流程

项目的实施、跟踪是一个控制过程，用于衡量项目是否向目标方向进展，监控偏离计划的偏差，在项目的范围、时间和成本三大限制因素之间进行平衡，采取纠正措施使进度与计划相匹配。此过程跨越项目生命周期的各个阶段，涉及项目管理的整体、范围、时间、成本、质量、沟通和风险等各个知识领域。图2-15、图2-16分别为项目的进度控制流程图、成本控制流程图。

在BIM中集成的数据包括任务的进度（实际开始时间、结束时间、工作量、产值、完成比例）、成本（各类资源实际使用、各类物资实际耗用、实际发生的各种费用）、资金使用（投资资金实际到位、资金支付）、物资采购、资源增加等内容。根据采集到的各期数据，可以随时计算进度、成本、资金、物资、资源等各个要素的本期、本年和累积发生数据，与计划数据进行比较，预测项目将提前还是延期完成，是低于还是超过预算完成。

如果项目进展良好，就不需要采取纠正措施，在下一个阶段对进展情况再做分析；如果认为需要采取纠正措施，必须由项目法人、总包、分包及监理等召开联席会议，做出如何修订进度计划或预算的决定，同时更新至BIM，以确保BIM中的数据是最新的、有效的。

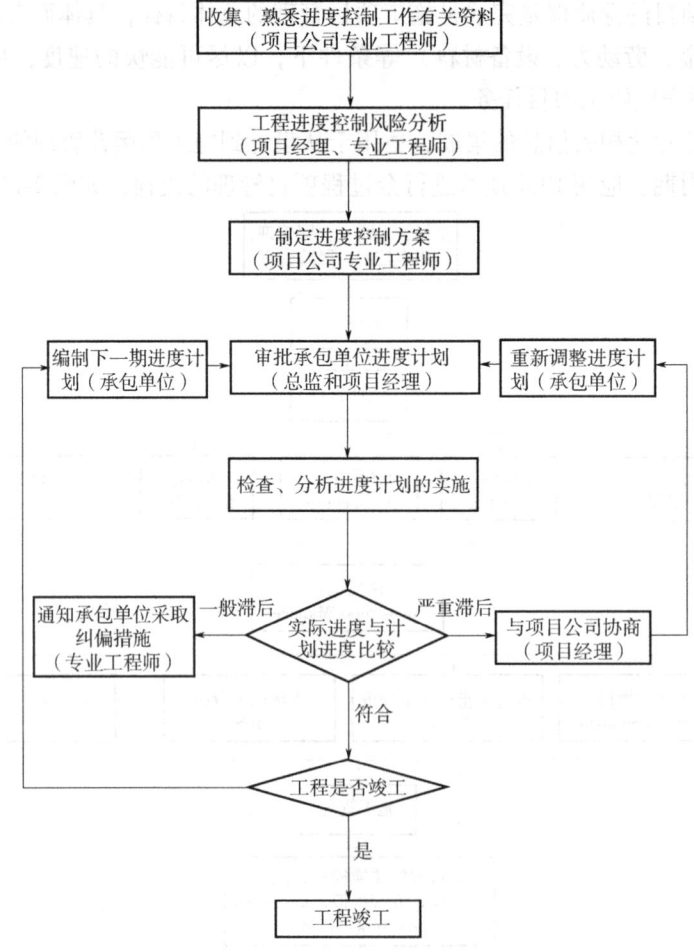

图2-15 项目进度控制流程图

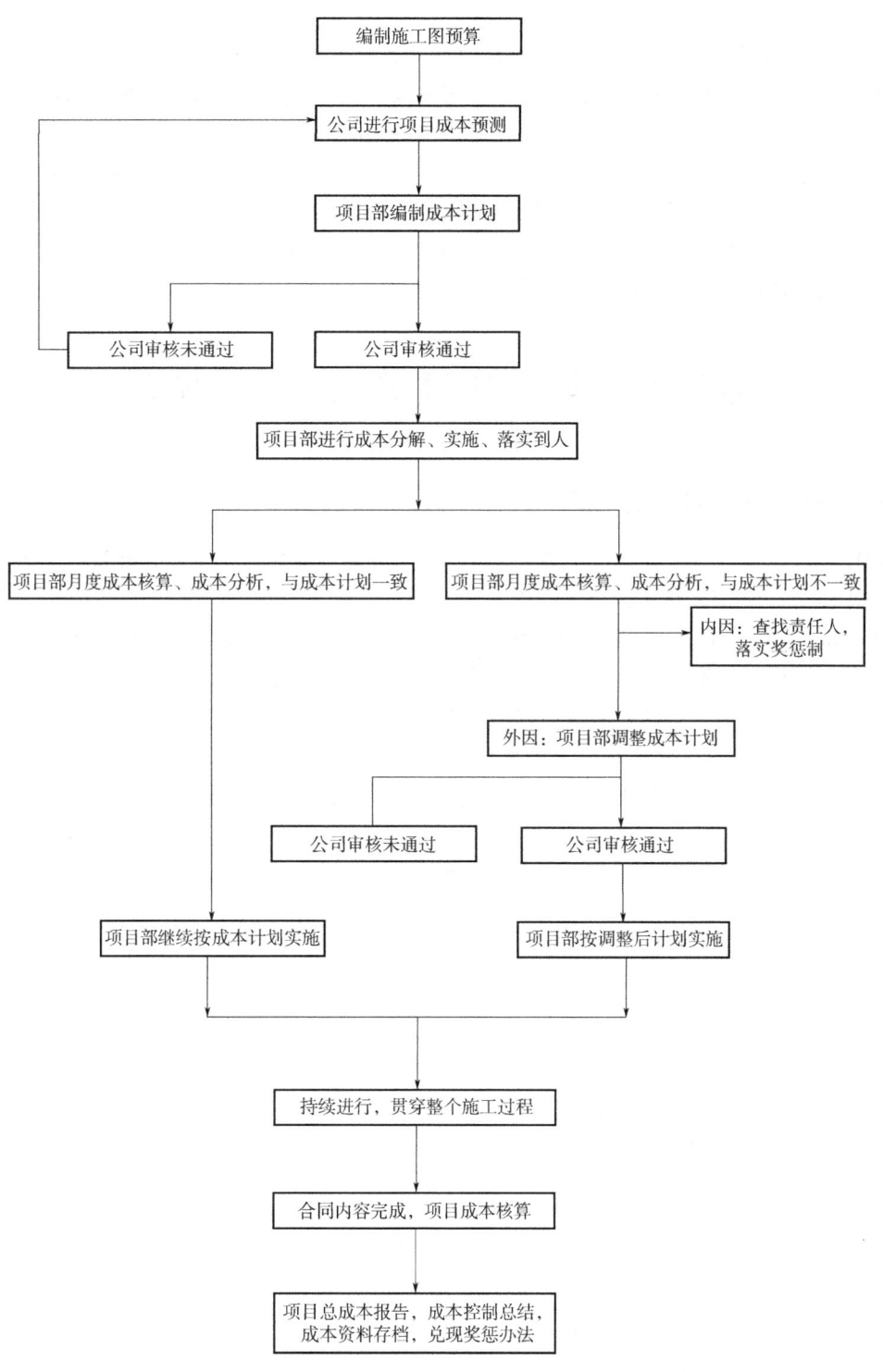

图 2-16 项目成本控制流程图

五、BIM 协同平台管理的意义

基于 BIM 技术创建三维可视化高仿真模型，各个专业设计的内容都以实际的形式存在于模型中。各参与方在各阶段中的数据信息可输入模型中，各参与方可根据模型数据进行相应的工作任务，且模型可视化程度高便于各参与方之间的沟通协调，同时也利于项目实施人员之间的技术交底和任务交接等，大大减少了项目实施中由于信息和沟通不畅导致的工程变更和工期延误等问题的发生，很大程度上提高了项目实施管理效率，从而实现项目的可视化、参数化、动态化协同管理。另外，基于 BIM 技术的协同平台的利用，实现了各信息、人员的集成和协同，大大提高了项目管理的效率。

第四节 基于 BIM 的项目管理体系

一、基于 BIM 的管理总目标

BIM 技术在项目中的应用点众多，只有结合实际建立有切实意义的管理目标，才能有效提升技术实力，使 BIM 技术发挥其效能。

为完成 BIM 应用目标，各企业应紧随建筑行业技术发展步伐，结合自身在建筑领域全产业链的资源优势，确立 BIM 技术应用的战略思想。如某施工企业根据其"提升建筑整体建造水平、实现建筑全生命周期精细化动态管理、实现建筑生命周期各阶段参与方效益最大化"的 BIM 应用目标，确立了"以 BIM 技术解决技术问题为先导、通过 BIM 技术实现流程再造为核心，全面提升精细化管理，促进企业发展"的 BIM 技术应用战略思想。BIM 管理总目标如图 2-17 所示。

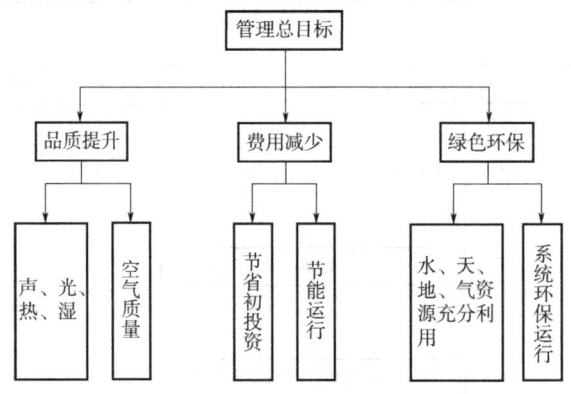

图 2-17 BIM 管理总目标

二、BIM 管理系统结构组成

1. BIM 管理系统结构

BIM 团队中应包含各专业 BIM 工程师、软件开发工程师、管理咨询师、培训讲师等。项目级 BIM 团队的组建应遵循以下原则：

(1) 团队中包含进度管理组管理人员若干名，要求具备相关专业本科以上学历，具有类似工程施工经验。

(2) 团队中包含建筑、结构、机电各专业管理人员若干名，要求具备相关专业本科以上学历，具有类似工程设计或施工经验。

(3) 团队中除配备建筑、结构、机电系统专业人员外，还需配备相关协调人员、系统维护管理员。

(4) 在项目实施过程中，可以根据项目情况，考虑增加团队角色，如增设项目副总监、BIM 技术负责人等。

2. BIM 人员培训

在组建企业 BIM 团队前，建议企业挑选合适的技术人员及管理人员进行 BIM 技术培训，了解 BIM 概念和相关技术，以及 BIM 实施带来的资源管理、业务组织、流程变化等，从而使培训成员深入学习 BIM 在施工行业的实施方法和技术路线，提高建模成员的 BIM 软件操作能力，加深管理人员 BIM 施工管理理念，加快推动施工人员由单一型技术人才向复合型人才转变。进而将 BIM 技术与方法应用到企业所有业务活动中，构建企业的信息共享、业务协同平台，实现企业的知识管理和系统优化，提升企业的核心竞争力。BIM 人员培训应遵循以下原则：

(1) 应采取脱产集中学习方式，授课地点应安排在多媒体计算机房，为学员配备计算机，在集中授课时，配有助教随时辅导学员上机操作。技术部负责制订培训计划、组织培训实施、跟踪检查并定期汇报培训情况，培训最后要进行考核，以确保培训的质量和效果。

(2) 应普及 BIM 的基础概念，从项目实例中剖析 BIM 的重要性，深度分析 BIM 的发展前景与趋势，多方位展示 BIM 在实际项目操作中与各个方面的联系；围绕市场主要 BIM 应用软件进行培训，同时要对学员进行测试，将理论学习与项目实战相结合，并要对学员的培训状况及时反馈。

BIM 在项目中的工作模式有多种，总承包单位在工程施工前期可以选择在项目部组建自己的 BIM 团队，完成项目中一切 BIM 技术应用（建模、施工模拟、工程量统计等）；也可以选择将 BIM 技术应用委托给第三方单位，由第三方单位 BIM 团队负责 BIM 建立及应用，并与总承包单位各相关专业技术部门进行工作对接。总承包单位可根据需求，选择不同的 BIM 工作模式，并成立相应的项目级 BIM 团队。

3. BIM 团队建设的应用实例

某项目部整体组织机构如图 2-18 所示，其中，BIM 实施团队具体人员、职责及 BIM 能力要求见表 2-3。

三、基于 BIM 管理实施流程

为了能有效地利用 BIM 技术，企业有必要在项目开始阶段建立针对性强、目标明确的企业级乃至于项目级的 BIM 实施办法与标准，全面指导项目 BIM 工作的开展。总承包单位可依据已发行的 BIM 标准，设计院提供的蓝图、版本号、模型参数等内容，制定企业级、项目级 BIM 实施标准。

依照 BIM 标准应用 BIM 进行工作对接、碰撞检查、施工进度检查流程分别如图 2-19 ~ 图 2-21 所示。

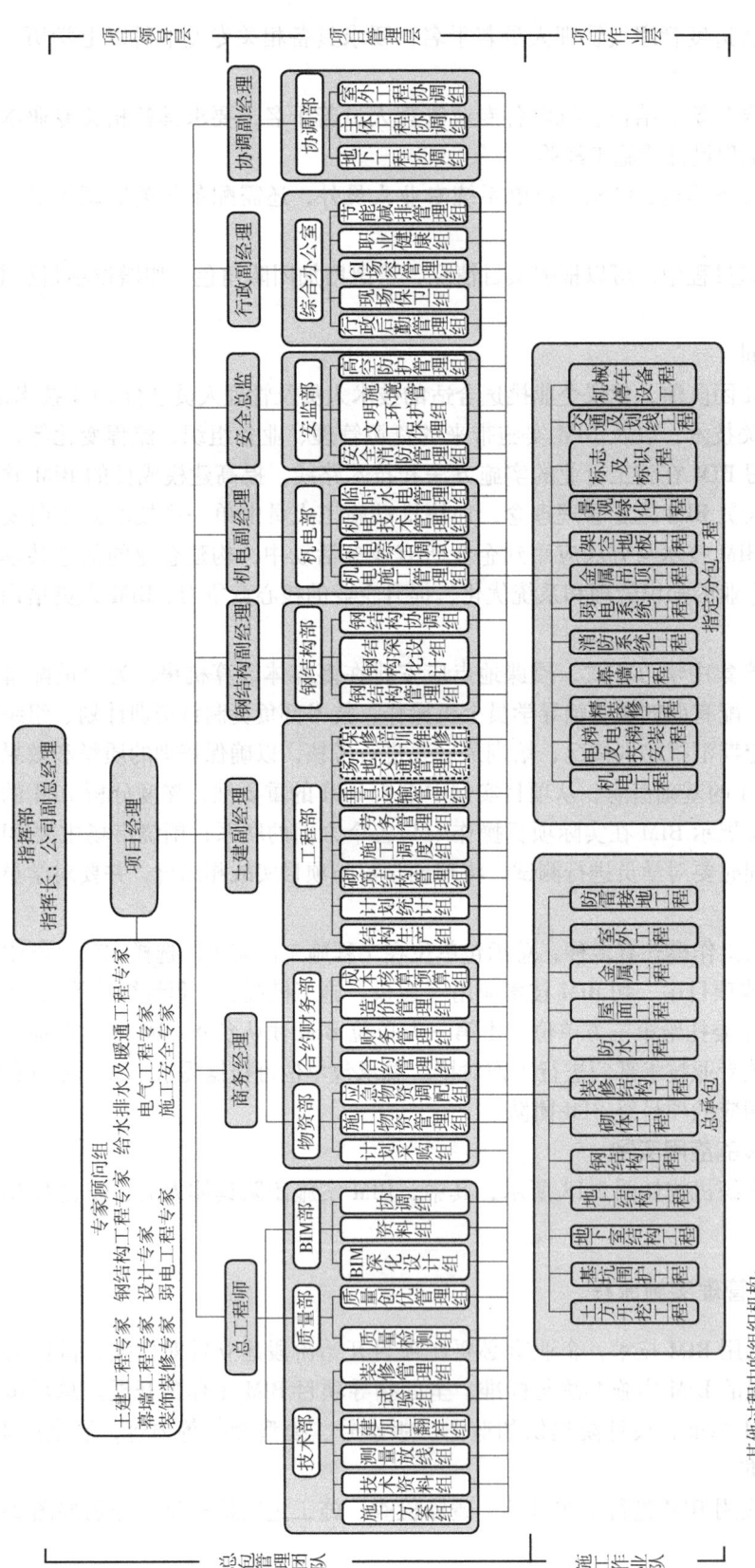

图2-18 项目部整体组织机构

表2-3 实施团队一览表

团队角色	姓名	电话	BIM工作及责任	BIM能力要求
项目经理			监督、检查项目执行进展	基本应用
BIM小组组长			制订BIM实施方案并监督、组织、跟踪	基本应用
项目副经理			制订BIM培训方案并负责内部培训考核、评审	基本应用
测量负责人			采集及复核测量数据,为每周BIM竣工模型提供准确数据基础;利用BIM导出测量数据指导现场测量作业	熟练运用
技术管理部			利用BIM优化施工方案,编制三维技术交底	熟练运用
深化设计部			运用BIM技术展开各专业深化设计,进行碰撞检测并充分沟通、解决、记录;图样及变更管理	精通
BIM工作室			预算及施工BIM建立、维护、共享、管理;各专业协调、配合;提交阶段竣工模型,与各方沟通;建立、维护、每周更新和传送问题解决记录(IRL)	精通
施工管理部			利用BIM优化资源配置组织	熟练运用
机电安装部			优化机电专业工序穿插及配合	熟练运用
商务合约管理部			确定预算BIM建立的标准。利用BIM对内、对外的商务管控及内部成本控制,三算对比	熟练运用
物资设备管理部			利用BIM生成清单,审批、上报准确的材料计划	熟练运用
安全环境管理部			通过BIM可视化展开安全教育、危险源识别及预防预控,指定针对性应急措施	基本运用
质量管理部			通过BIM进行质量技术交底,优化检验批划分、验收与交接计划	熟练运用

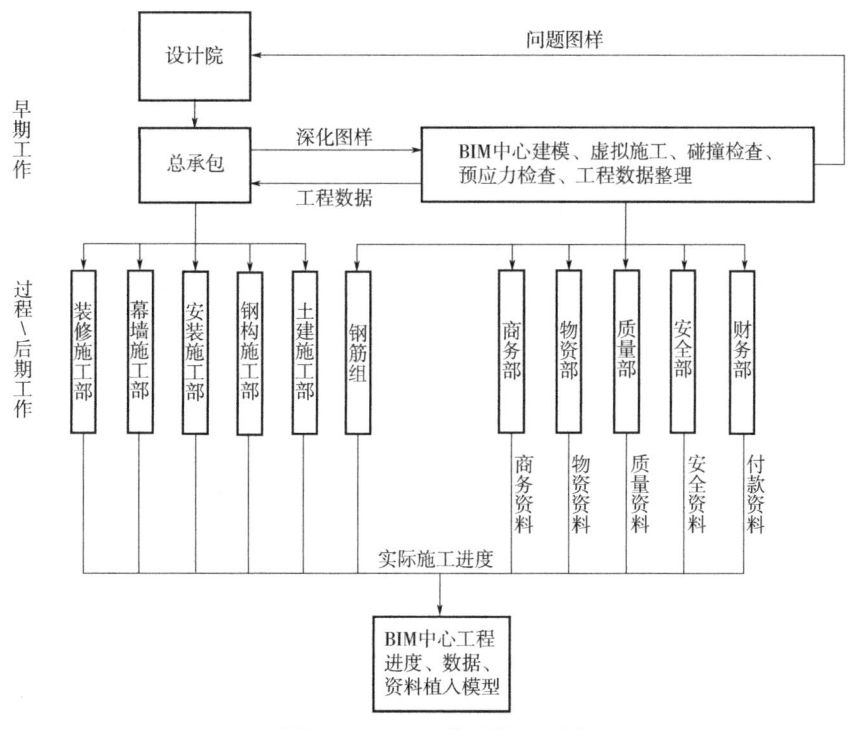

图2-19 BIM工作对接流程图

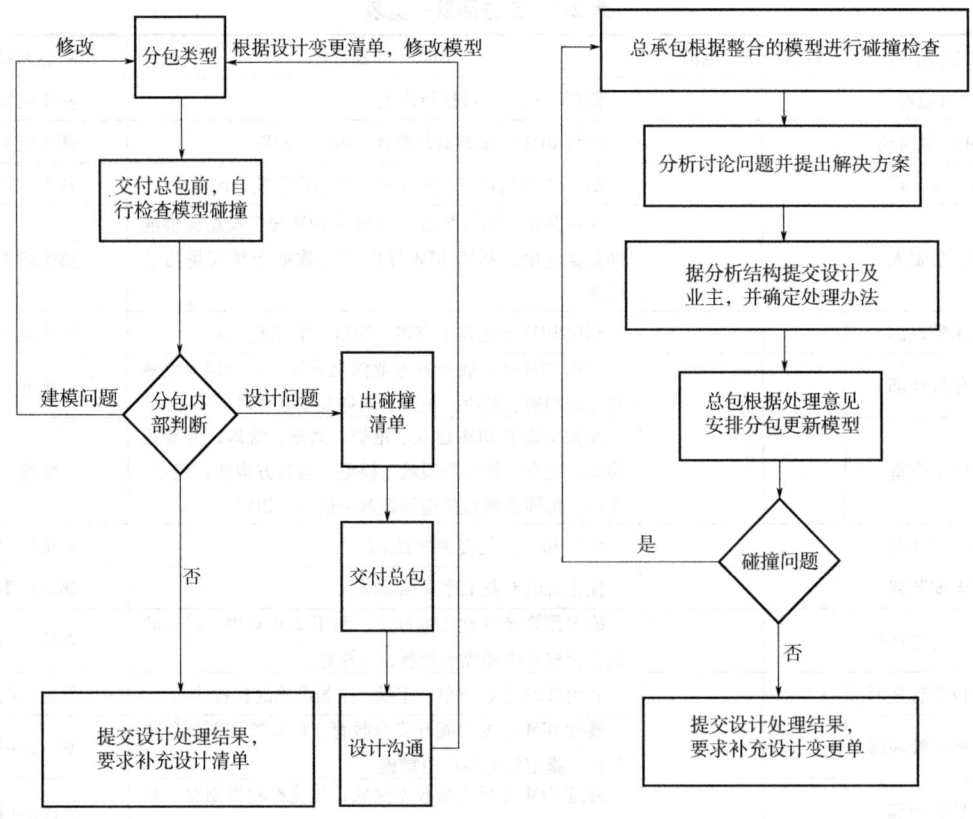

图 2-20　碰撞检查流程图

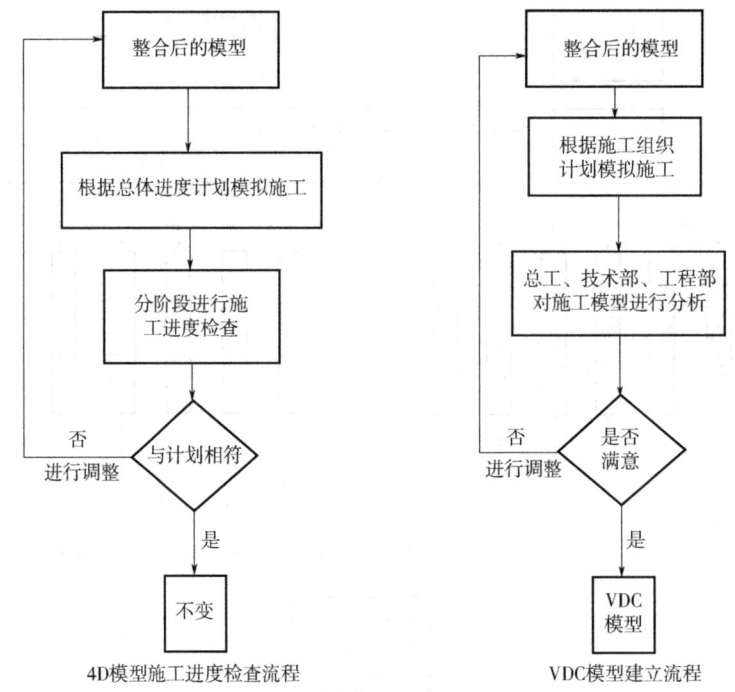

4D模型施工进度检查流程　　　VDC模型建立流程

图 2-21　施工进度检查流程图

四、BIM 建模要求

BIM 的建立一般是分层、分区、分专业。为了保证各专业建模人员以及相关分包在模型建立过程中，能够进行及时有效的协同，确保大家的工作能够有效对接，同时保证模型的及时更新，BIM 团队在建立模型时应遵从一定的建模规则，以保证每一部分的模型在合并之后的融合度，避免出现模型质量、深度等参差不齐的现象。对 BIM 建立的要求见表 2-4。

表 2-4 BIM 建立要求

建模要求	具体内容
模型命名规则	大型项目模型分块建立，建模过程中随着模型深度的加深、设计变更的增多，BIM 文件数量成倍增长。为区分不同项目、不同专业、不同时间创建的模型文件，缩短寻找目标模型的时间，建模过程中应统一使用一个命名规则
模型深度控制	在建筑设计、施工的各个阶段，所需要的 BIM 的深度不同，如建筑方案设计阶段仅需要了解建筑的外观、整体布局，而施工工程量统计则需要了解每一个构件的尺寸、材料、价格等。这就需要根据工程需要，针对不同项目、项目实施的不同阶段建立对应标准的 BIM
模型质量控制	BIM 的用处大体体现在以下两个方面：可视化展示与指导施工。不论哪个方面，都需要对 BIM 进行严格的质量控制，才能充分发挥其优势，真正用于指导施工
模型准确度控制	BIM 是利用计算机技术实现对建筑的可视化展示，需保持与实际建筑的高度一致性，才能运用到后期的结构分析、施工控制及运维管理中
模型完整度控制	BIM 的完整度包含两部分：一是模型本身的完整度，二是模型信息的完整度。模型本身的完整度应包括建筑的各楼层、各专业到各构件的完整展示。信息的完整度包含工程施工所需的全部信息，各构件信息都为后期工作提供有力依据。如钢筋信息的添加给后期二维施工图中平法标注自动生成提供属性信息
模型文件大小控制	BIM 软件因包含大量信息，占用内存大，建模过程中控制模型文件的大小，避免对电脑的损耗及建模时间的浪费
模型整合标准	对各专业、各区域的模型进行整合时，应保证每个子模型的准确性，并保证各子模型的原点一致
模型交付规则	模型的交付完成建筑信息的传递，交付过程应注意交付文件的整理，保持建筑信息传递的完整性

五、工作集拆分

为保证建模工作的有效协同和后期的数据分析，需对各专业的工作集划分、系统命名进行规范化管理，并将不同的系统、工作集分别赋予不同颜色加以区分，方便后期模型的深化调整。

由于每个项目需求不同，在一个项目中的有效工作集划分标准未必适用于另一个项目，故应尽量避免把工作集想象成传统的图层或者图层标准，划分标准并非一成不变。建议综合考虑项目的具体状况和人员状况，按照表的工作集拆分标准进行工作集拆分。

为了确保硬件运行性能，工作集拆分的基本原则是：对于大于 50MB 的文件都应进行检查，考虑是否能进行进一步拆分。理论上，文件的大小不应超过 200MB。

六、建模范围

在每次建模任务执行前,制定模型交底单和模型建立范围清单,明确建模依据的图样版本、系统划分、构件要求、添加参数范围、明细表要求等,对模型的建立指令要求进行有效传达。

BIM 建立范围、模型数据明细及模型交底内容见表 2-5 ~ 表 2-7。

表 2-5 BIM 建立范围清单

专业模型	构件系统	模型构件名称①	模型包含信息②	备注
结构				
建筑				
暖通				
给水排水				
电气专业				
机房大样				

①模型中需要表示出的单个构件,如门、窗、梁、板、柱、风管、弯头等。
②模型信息指每个构件所带有的参数。如材质、标高、规格、专业、系统等参数。

表 2-6 模型数据明细表

明细表名称	明细表包含内容①	交付格式	备注

①明细表包含材质、标高、楼层、工程量(要求写明工程量单位)、系统名称、规格尺寸等内容。

表 2-7 BIM 交底单

BIM 交底单				
工程名称:				
委托单位:				
建模单位:				
单位		参会人员 BIM 配套 CAD 图		
CAD 专业	图样名称	提供人	图样路径	存档日期	备注
结构					
建筑					
暖通					
给水排水					
电气					
其他					

七、BIM 审查及优化标准

各专业 BIM 审查及优化标准见表 2-8。

表 2-8　各专业 BIM 审查及优化标准

专业	内　容	说　明
建筑专业	已完成的建筑施工图全面核对	含地下室
	消防防火分区的复核与确认	按批准的消防审图意见梳理，包括：防火防烟分区的划分，垂直和水平安全疏散通道、安全出口等
	防火卷帘、疏散通道、安全出口距离及建筑消防设施核对	如防火门位置、开启方向、净宽；消火栓埋墙位置、喷淋头、报警器、防排烟设施等
	扶梯电梯门洞的净高、基坑及顶层机房，楼梯梁下净高核对	扶梯：含观光电梯平台外观及交叉处净高等
	各种变形缝位置的审核	变形缝：含主楼与裙楼，抗震与沉降缝等
	专业间可能发生的各种碰撞校审	如室内与室外，建筑与结构和机电的标高等，重点是消防疏散梯、疏散转换口的复核，室内砌墙图、橱窗及其他隔断布置图的复核
	所有已发生和待发生的建筑变更图的复核	
	设计是否符合规范及审图要求	如商业防火玻璃的使用部位
	是否满足消防要求	如消防门的宽度及材料与内装设计要求是否一致
结构专业	屋顶及后置钢结构计算书的审核	
	天窗等二次钢结构图样、滑移天窗结构图样、天窗侧面钢结构及幕墙结构图样审核	
	梁、板、柱图样审核	主要检查标高及点位
	结构缝的处理方式	如缝宽优化
	室内看室外有未封闭部位复核与整合	
	基坑部位等二次钢结构复核	
	电梯井道架结构复核	
	室内 LED 屏幕连接复核	主要为与钢结构或二次结构的连接
	室内外挂件、雕塑结构位置的复核	
	幕墙结构与室内入口门厅位置结构的复核	
	结构变更图样的复核	
	现场已完成施工的结构条件与机电、内装碰撞点整合	

(续)

专业	内 容	说 明
设备专业	是否符合管线标高原则	风管、线槽、有压和无压管道均按管底标高表示,考虑检修空间,考虑保温后管道外径变化情况
	是否符合管线避让原则	有压管让无压管;小管线让大管线;施工简单管让施工复杂管;冷水管道避让热水管道;附件少的管道避让附件多的管道;临时管道避让永久管道
	审核吊顶标高	整合建筑设计单位及装饰单位图样
	审核走廊、中庭等净高度、宽度、梁高	审查结构和机电图样给定的条件
	确定管道保温厚度、管道附件设置	审查机电管线综合图样
	审定管道穿墙、穿梁预留空洞位置标高	审查结构和机电专业图样碰撞点
	公共部位暖通风管、消防排烟风管的走向、标高及设备位置的复核	提出要求,满足效果要求下修正尺寸
	通风口、排风口的位置是否正确,风口的大小是否符合要求	提出要求,满足效果要求下修正尺寸
	室内 LED 屏大小、尺寸、荷载重量、安装维护方式的复核	
	雨污水管道位置,煤气、自来水管道位置的复核涉及内装楼层的监控、探头等装置的复核	
	消防喷淋、立管、消防箱位置的复核;挡烟垂壁、防火卷帘位置的复核	
	综合管线排布审核,强电桥架线路图的复核;弱电桥架、系统点位的复核	

设备专业 BIM 审图内容和具体要求见表 2-9。

表 2-9 设备专业 BIM 审图内容和具体要求

图样种类	专业划分	程 序	审图内容	具体要求
与土建专业配合图样	给水排水专业	审图 管线协调 管线/基础定位 留洞及基础图	各层给水排水、消防水一次墙及二次墙及楼板留洞图	洞口尺寸,洞口位置
			卫生间墙板留洞图	
			生活、消防水泵房水泵基础图	基础尺寸,基础位置,基础标高
			水箱基础图	
			各种机房设备基础图	
	暖通专业	审图 管线协调 管线/基础定位 留洞及基础图	各层空调水、空调风留洞图	洞口尺寸,洞口位置
			冷冻机房设备基础图	基础尺寸,基础位置,基础标高
			热力设备基础图	
			各类空调机房基础图	

（续）

图样种类	专业划分	程 序	审图内容	具 体 要 求
与土建专业配合图样	强电专业	审图 桥架/线槽协调 桥架/线槽线定位留洞及基础图	各层桥架、线槽穿墙及楼板留洞图	洞口尺寸，洞口位置
			电气竖井小间楼板留洞图	
			变电所母线桥架高低压柜基础留洞图	
			变配电所土建条件图	
			高低压进户线穿套管留洞图	
			防雷接地引出接点图	
	弱电专业	审图 桥架/线槽/管线协调 桥架/线槽/管线定位留洞及基础图	各层桥架、线槽穿墙及楼板留洞图	洞口尺寸，洞口位置
			竖井小间楼板留洞图	
			弱电管线进户预留预埋图	
			弱电各机房线槽穿墙及楼板留洞图	
			弱电机房接地端子预留图	尺寸，位置
			卫星接收天线基座图	基础尺寸，位置
综合协调图	各专业	各专业管线综合协调综合管线图叠加综合协调图	机电管线综合协调平面图	管道及线槽尺寸及定位，标高及相关专业的平面协调关系
			机电管线综合协调剖面图	管道及线槽尺寸及定位，标高及相关专业的空间位置
深化设计图	给水排水专业	专业指导 管线/设备定位 专业深化设计	各层给水平面图，系统图	管道尺寸及平面定位、标高
			各层雨水、污水平面图，系统图	
			各层消防水平面图，系统图	
		卫生洁具选型 管线/器具定位 大样图	卫生间大样图	设备及管道尺寸及平面定位、标高
		设备选型 设备定位 专业深化设计	生活、消防水泵房大样图	设备及管道尺寸及平面定位、标高
			水箱间大样图	
			各类机房大样图	
	暖通专业	专业指导 管线/设备定位 专业深化设计	空调水平面图	水管尺寸定位及标高、位置、坡度等
			空调风平面图	风管尺寸定位及标高，风口的位置及尺寸等

(续)

图样种类	专业划分	程序	审图内容	具体要求
深化设计图	暖通专业	设备选型 设备定位 专业深化设计	冷冻机房大样图	水管管径、定位及标高、坡度等
			空调机房大样图	新风机组的位置及附件管线连接
			屋顶风机平面图	正压送风机、卫生间等的排风机定位
			楼梯间及前室加压送风系统图	加压送风口尺寸及所在的楼梯间编号
			排烟机房大样图	风机具体位置、编号及安装形式等
			卫生间排风大样图	排气扇位置及安装形式
			冷却塔大样图	设备、管线平面尺寸、定位、标高等
	电气专业	专业指导 管线/线槽/桥架定位 专业深化设计	室内照明平面图	灯具及开关平面布置、管线选取、管线的敷设
			插座供电平面图	插座布置、管线选取及敷设
			动力干线平面图 动力桥架平面图	配电箱、桥架、母线、线槽的协调定位、选取、平面图的绘制
			动力配电箱系统图 照明配电箱系统图	动力、照明配电箱系统图的绘制、二次原理图的控制要求的注明
			室内动力电缆沟剖面图	尺寸,位置,标高
			防雷平面图	尺寸,位置
			设备间接地平面图	接地线、端子箱的位置、高度;平面图的绘制
			弱电接地平面图	接地线、端子箱的位置、高度;平面图的绘制
			变配电室照明平面图	灯具及开关的平面布置、管线选取、管线的敷设
			变配电室动力平面图,动力干线平面图,动力桥架平面图	配电箱、桥架、母线、线槽的协调定位、选取、平面图的绘制
			变配电室平面布置图	高、低压柜,模拟屏,直流屏,变压器等的布置
			高压供电系统图	系统图
			低压供电系统图	系统图
			变配电室接地干线图	系统图
			应急发电机房照明平面图	系统图
			动力部分	要求同室内工程的动力系统部分
			发电机房接地系统图	原理,配置,系统情况

(续)

图样种类	专业划分	程 序	审图内容	具体要求
深化设计图	弱电专业	专业指导 管线/线槽/桥架定位 专业深化设计	火灾报警系统/平面图 安全防范系统/平面图 综合布线系统/平面图 楼宇自控系统/平面图 卫星及有线电视平面/平面图 公共广播系统平面/平面图	桥架、管线的规格尺寸、标高、位置

八、模型调整

基础模型建立完成后,针对建模过程中发现的图样问题,包括各种碰撞问题,我们将会如实反馈给设计方,然后根据设计方提供的修改意见进行模型调整。同时,对于图样更新、设计变更等,我们也需要在规定时间内完成模型的调整工作。而对于需要进行深化的管综、钢结构等节点,将由建设方、设计方、总包方、分包方等共同制定出合理的调整原则,再据此进行模型的深化和出图工作,保证调整后模型能够有效指导现场施工。BIM 调整原则及 CAD 出图调整原则见表 2-10 和表 2-11。

表 2-10　BIM 调整原则

BIM 调整原则			
专业模型	调整前	调整后	调整原则	备注
结构专业				
建筑专业				
暖通专业				□综合专业 □分专业
给水排水专业				
电气专业				

填表说明:调整前模型:要打"√",不要打"×"。
　　　　　调整后模型:要打"√",不要打"×"。

表 2-11　CAD 出图调整原则

CAD 出图调整原则		
专业图样	剖面图		备注
	轴号	标识信息	
结构专业			
建筑专业			
暖通专业			□综合专业 □分专业
给水排水专业			
电气专业			

第五节 项目 BIM 技术资源配置

一、软件配置

BIM 工作覆盖面大，应用点多。因此任何单一的软件工具都无法全面支持。需要根据工程实施经验，拟定采用合适的软件作为项目的主要模型工具，并自主开发或购买成熟的 BIM 协同平台作为管理依托。软件构成如图 2-22 所示。

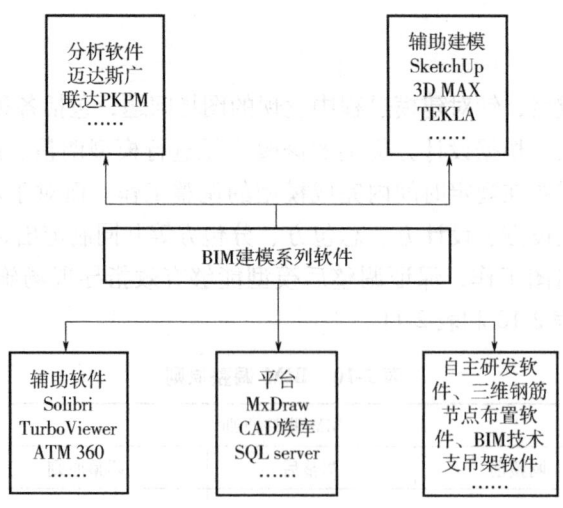

图 2-22　软件系统示意图

为了保证数据的可靠性，项目中所使用的 BIM 软件应确保正常工作，且甲方在工程结束后可继续使用，以保证 BIM 数据的统一、安全和可延续性。同时根据公司实力可自主研发用于指导施工的实用性软件，如三维钢筋节点布置软件，其具有自动生成三维形体、自动避让钢骨柱翼缘、自动干涉检查、自动生成碰撞报告等多项功能；BIM 技术支吊架软件，其具有完善的产品族库、专业化的管道受力计算、便捷的预留孔洞等多项功能模块。在工作协同、综合管理方面，通过自主研发的施工总包 BIM 协同平台，来满足工程建设各阶段需求。根据工程特点，制订的 BIM 软件应用计划见表 2-12。

表 2-12　BIM 软件应用计划

实施内容	应用工具
全专业模型的建立	Revit 系列软件、Bentley 系列软件、ArchiCAD Digital Project、Xsteel
模型的整理及数据的应用	Revit 系列软件、PKPM、RTABS、ROBOT
碰撞检测	Revit Architecture、Revit Structure Revit MEP、Naviswork Manage
管综优化设计	Revit Architecture、Revit Structure Revit MEP、Naviswork Manage

(续)

实施内容	应用工具
4D 施工模拟	Naviswork Manage、Project Wise Navigator Visual Simulation、Synchro
各阶段施工现场平面施工布置	SketchUp
钢骨柱节点深化	Revit Structure、钢筋放样软件 PKPM、Tekla Structure
协同、远程监控系统	自主开发软件
模架验证	Revit 系列软件
挖土、回填土算量	Civil 3D
虚拟可视空间验证	Naviswork Manage 3D Max
能耗分析	Revit 系列软件 MIDAS
物资管理	自主开发软件
协同平台	自主开发软件
三维模型交付及维护	自主开发软件

现有较为通用的建模软件见表 2-13。

表 2-13 各软件 BIM 建模体系

Autodesk	Bentley	NeMetschek Graphisoft	Gery Technology Dassault
Revit Architecture	Bentley Architecture	Archi CAD Digital Project	
Revit Structural	Bentley Structural	AllPLAN	CATIA
Revit MEP Bentley Buiding Mechanical Systems	Vectorworks		

二、硬件配置计划

BIM 带有庞大的信息数据，因此，在 BIM 实施的硬件配置上也要有严格的要求，并在结合项目需求以及节约成本的基础上，需要根据不同的使用用途和方向，对硬件配置进行分级设置，即最大程度保证硬件设备在 BIM 实施过程中的正常运转，最大限度地控制成本。

在项目 BIM 实施过程中，根据工程实际情况搭建 BIM Server 系统，方便现场管理人员和 BIM 中心团队进行模型的共享和信息传递。通过在项目部和 BIM 中心各搭建服务器，以 BIM 中心的服务器作为主服务器，通过广域网将两台服务器进行互联，然后分别给项目部和 BIM 中心建立模型的计算机进行授权，就可以随时将自己修改的模型上传到服务器上，实现模型的异地共享,确保模型的实时更新。

(1) 项目拟投入多台服务器,如:

项目部——数据库服务器、文件管理服务器、Web 服务器、BIM 中心文件服务器、数据网关服务器等。

公司 BIM 中心——关口服务器、Revit Server 服务器等。

(2) 若干台 NAS 存储,如:

项目部——10 TBNAS 存储几台。

公司 BIM 中心——10 TBNAS 存储。

(3) 若干台 UPS,如 6kV·A 几台。

(4) 若干台图形工作站。系统拓扑结构如图 2-23 所示。

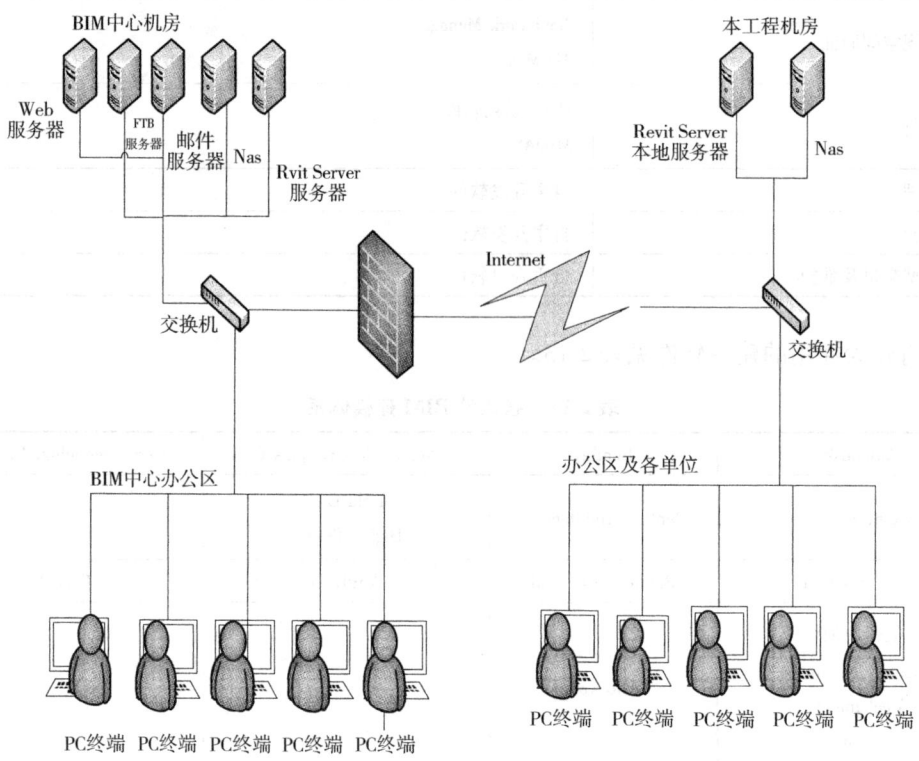

图 2-23 硬件与网络示意图

常见的 BIM 硬件设备见表 2-14。

表 2-14 常见的 BIM 硬件设备

CPU	内 存	硬盘容量	显 卡	显 示 器
I7 393012	16GB	2TB	Q4000	HKC22in
I7 393012	32GB	2TB	Q6000	HKC22in
I7 4770K	32GB	2TB	Q6000	飞利浦22in
E5 2630	64GB	2TB	Q6000	飞利浦27in

第六节 基于 BIM 的项目 5D 协同管理平台应用实例——RIB-iTWO

一、概况

××集团基于 BIM 的大胆探索和应用从未停止，自应用实施 BIM 以来，遵循"长远规划、小步快跑、应用为王"的原则，先后与国内外数十家系统软件厂商开展合作，在自己开发的项目上大胆试用、使用，并根据企业自身管理特点逐步梳理基于软件系统的管理流程和管理制度，形成了集团独有知识产权的 BIM 标准及流程体系。

××集团在 BIM 方面首次将集团基于 BIM 的项目全生命周期管理理念用实实在在的系统平台予以支撑和落地。即在设计管理阶段主推美国 Bentley 的 PW 平台，在施工建造阶段采用德国 RIB 公司的 iTWO 系统，并辅助使用其他的软件工具及硬件设备完成虚拟施工的相关业务内容，后期运维采用 ARCHIBUS 平台。其中 PW 平台已经应用一年多，相关的应用文件、指导手册、操作流程等结合实际工作已陆续编制完成。iTWO 系统确定上线，系统平台有以下亮点。

（1）真正实现了一个模型、一组信息的多次利用，彻底改变了现有设计模型施工无法应用的现状。

（2）系统自带的 BIM 调优功能非常实际和实惠。我们在其他第三方软件里看到的基于模型的一些基本操作（包括浏览、剖切、漫游、透视等功能）都被集成到这个平台中。

（3）设计的模型信息可以无缝、无损导入系统平台，进行算量、组价、挂接进度等。同时基于国内清单定额算量规则的内置，也是这套系统的一大亮点，尽管还不完善。

（4）系统自带的数据库功能非常强大，包含了成本定额、材料价格、组价信息等，基本上企业常用的一些关乎成本的数据，指标库里面都涉及了，如果企业自身的成本控制体系做得比较完善，可以直接将相应的企业定额、材料、组价信息导入系统，为项目的成本控制提供强大的后台数据支持。

（5）这套系统在德国起初也是从造价成本开始，所以整体的核心功能还是围绕成本和造价，对于成本的动态控制非常到位，内部的各类数据勾稽、报表功能非常强大。

（6）系统整体架构较好，这也是国外软件的共同优势。之前看到很多基于 BIM 的功能可能需要借助第三方软件，而这套系统中最大化地集成了项目施工建造中所需要的各类功能，比如集成了分包模块、投标回标模块等。

为了验证系统各模块的功能，我们选取了自己开发建设的一个项目进行了系统内的全流程、全功能的真实应用。从设计模型到系统算量、组价、进度关联、总控报表等，一一进行了实际的验证和操作，最终在系统内基于项目真实留下了相关的数据和信息，基于 iTWO 的应用也取得了阶段性的成果。为了方便大家较为全面系统地了解这套系统，结合系统的模块功能，此协同实际应用分享如下：

二、协同内容

1. 模型的建立和导入检查

这部分主要工作是从三维模型搭建工具到 iTWO 的转换过程,真正实现了从前期设计模型到后期的算量。首先要在模型软件中按照国内算量及计价的要求搭建模型,通过 iTWO 的插件导出 CPI 文件,再导入 iTWO 中进行模型检查、修正等工作。当模型符合要求后就可以进行算量、计价、挂接进度等工作。目前除了 Revit 以外 Bentley、Tekla、ArchiCAD 也可以通过 CPI 文件导入 iTWO 中进行后续工作。主要工作流程如图 2-24 所示。

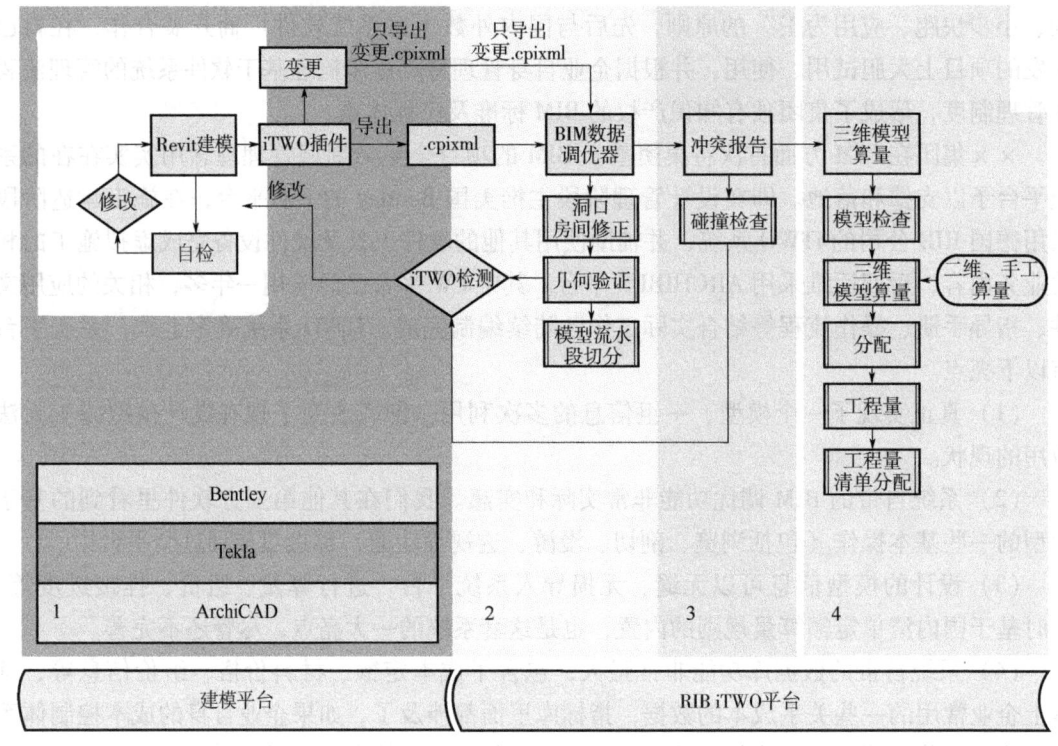

图 2-24 主要工作流程

2. 基于设计模型的算量组价

(1) 基本功能介绍。

1) 模型的来源。设计模型应严格根据建模要求建立模型,并在 iTWO 系统中进行初步的模型检测。

2) 清单的来源。可以根据业主招标所用的工程量清单,也可根据本企业固有的相似工程清单模板或传统方式在 iTWO 系统进行清单编制工作。

3) 三维模型算量。将三维模型算量与业主的工程量清单相关联,计算三维模型工程量。

4) 清单组价。在投标阶段可以根据地方定额或企业定额进行清单的组价工作,在施工阶段可以根据企业消耗定额来编制项目施工成本清单,变更清单可以根据合同要求进行编制。

5)招标管理。根据施工成本清单或目标清单进行清单的分解,生成分包任务进行招标、评标、定标管理工作。

(2)业务工作流程图及模块应用界面。

1)业务工作流程(图2-25)。

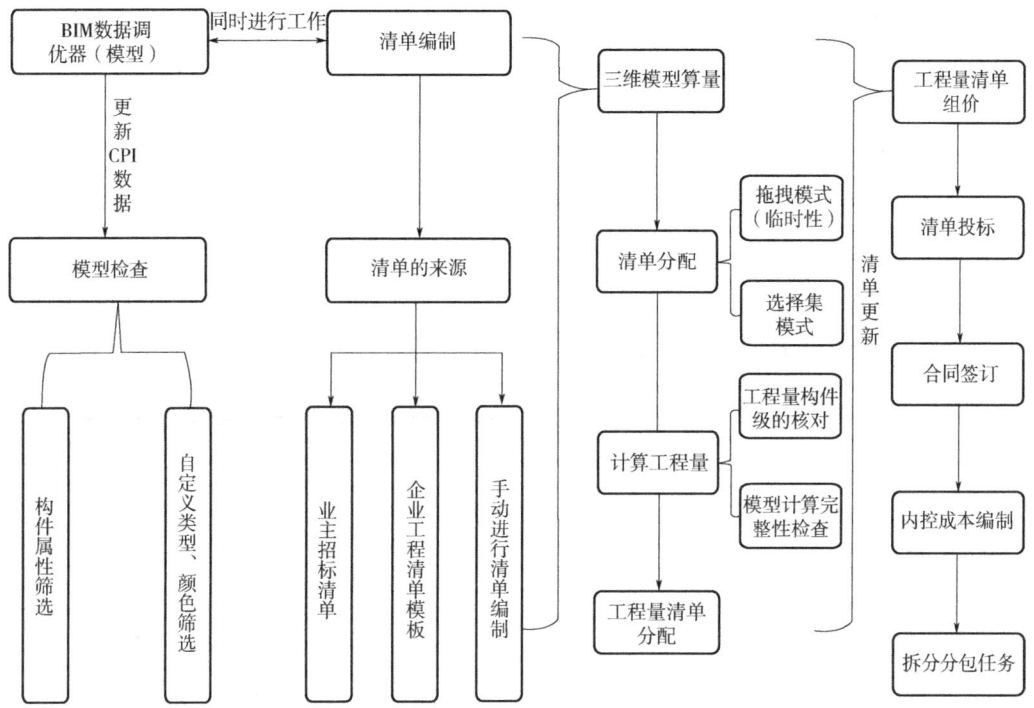

图2-25 业务工作流程示意

2)算量模块应用界面。

①模型检查(图2-26)。

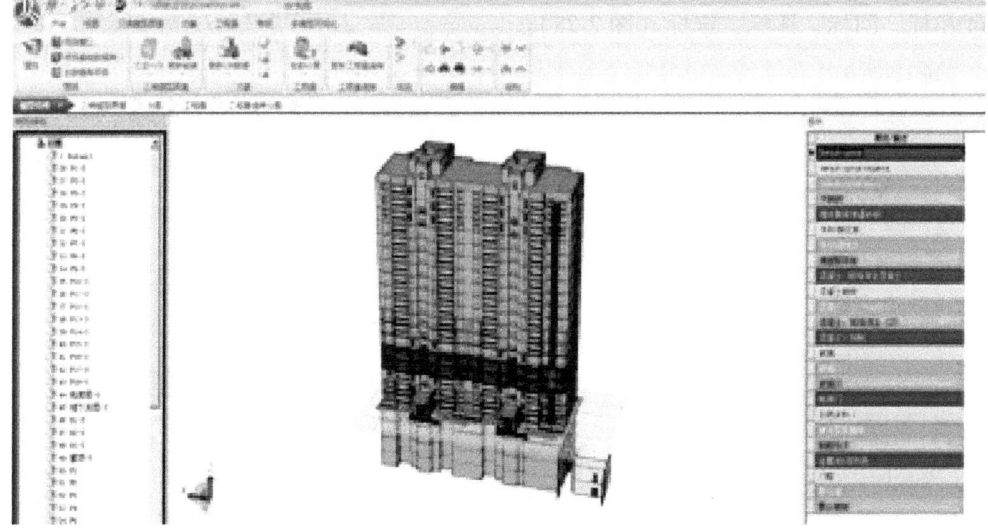

图2-26 模型检查

②工程量关联与计算（图2-27）。

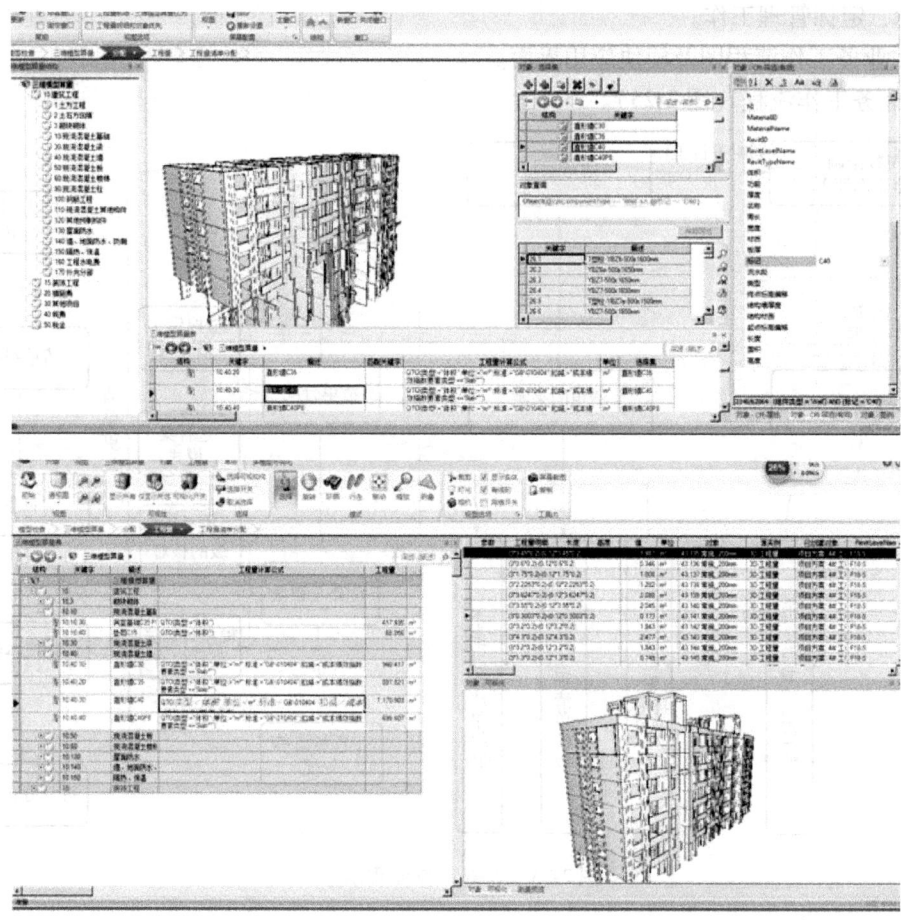

图2-27 工程量关联与计算

③清单组价。

④招标、回标、评标、定标（图2-28）。

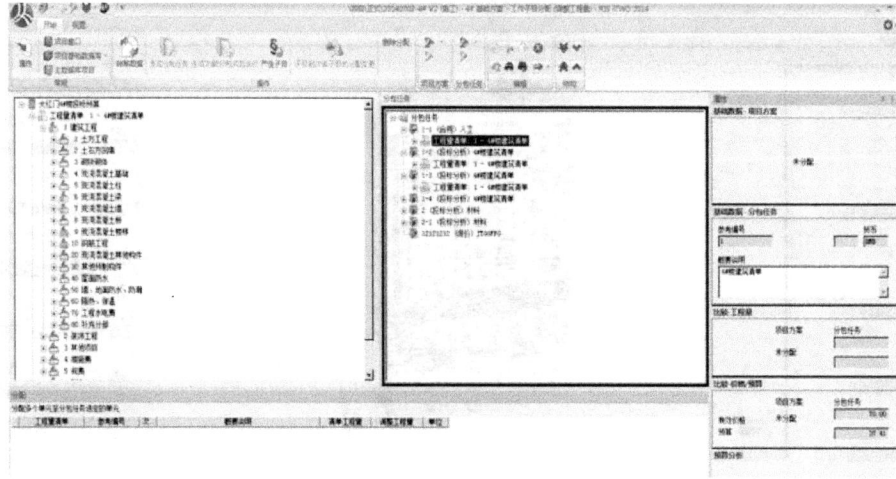

图2-28 招标、回标、评标、定标

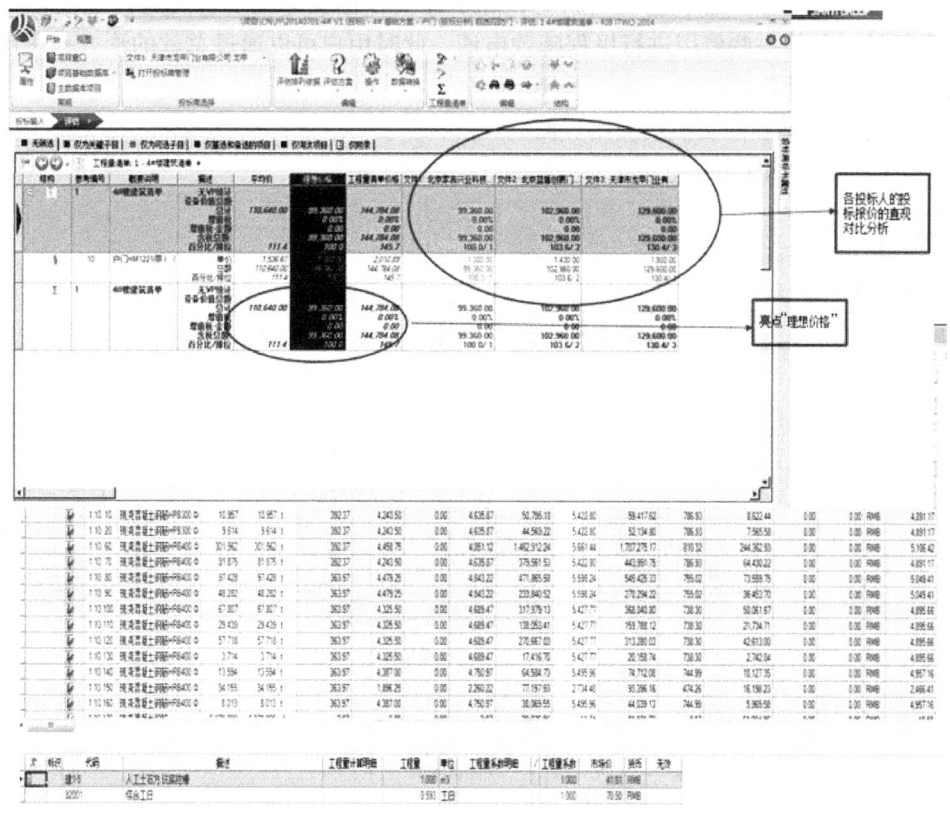

图 2-28　招标、回标、评标、定标（续）

3. 基于模型的项目管理

（1）基本功能。

1）施工组织。在施工组织模块中，用户可将任一层级的计价子目/工程量清单子目与施工活动子目灵活地建立多对多、一对多、多对一的映射关系，也可将进度计划按照计价的需求完成映射关系。对应的成本与收入也会随着映射关系关联到施工组织模块中。在计价模块中的成本代码和材料可设置成施工组织模块中的资源进行管理，这就可以在施工组织中对关键材料、关键成本等信息实施管控。施工组织的输入方式可有多种，其中主要为以下两种。

①用户可自行在模块中设计进度计划、甘特图。

②可以从 Primavera 6、Microsoft Project 等工具软件中导入进度计划，当中的资源与价格都可与这些工具软件同步。

2）安装工程量/开票工程量。安装工程量/开票工程量即为按照实际进度计划完成的施工产值。在 iTWO 系统中，施工现场可以根据实际进度完成情况，录入实际完成产值暨安装工程量。开票工程量主要用于工程款的申请和支付。

3）账单。当项目处于施工阶段时，用户可以进一步通过两个不同的工程量对项目状态进行评估考核，分别是用于内部评估的安装工程量和用于向业主请款的开票工程量。为了节省时间，用户在请款时也可以直接把安装工程量导入为开票工程量。

iTWO 请款处理具有多种方式，用户不仅可以按照上述的进度款进行处理，还可以对总款进行请款处理。例如,总承包在请款时,除了需要根据实际施工情况进行进度款申请以外,还需要针对其他一些费用进行里程碑款申请,此时用户可以通过总款的形式对进度款和里程碑款实现打包请款。

(2) 业务工作流程图及模块应用界面。

1) 施工组织(图2-29)。

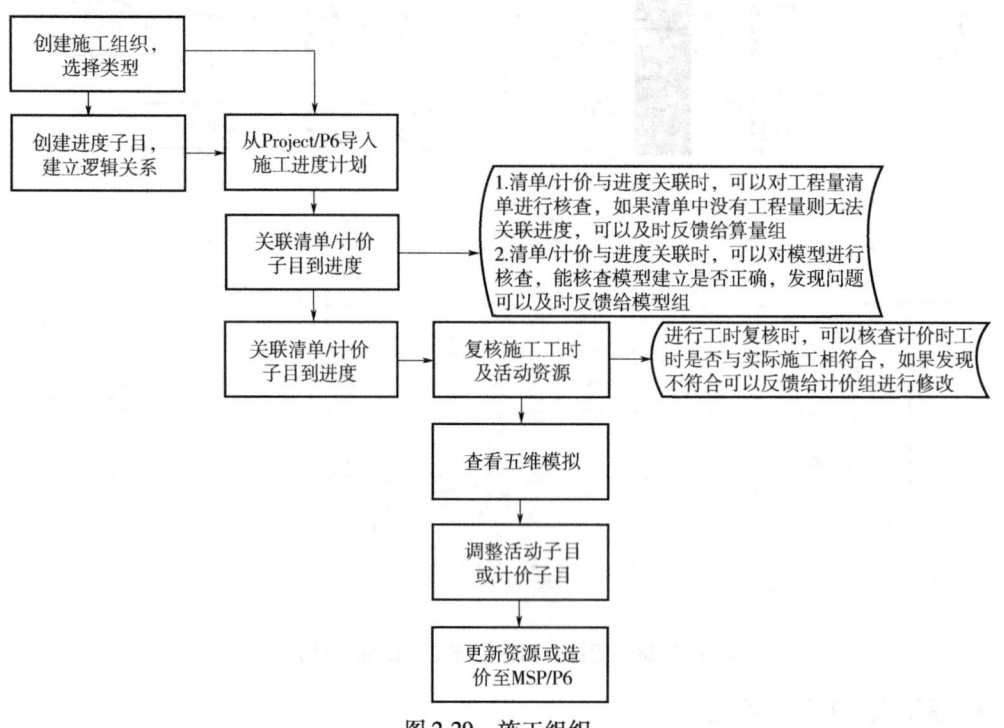

图2-29 施工组织

2) 安装工程量/开票工程量和账单(图2-30、图2-31)。

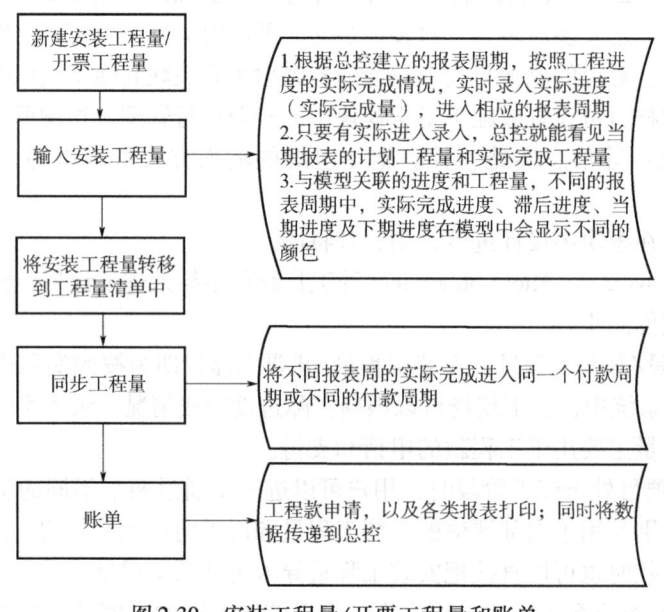

图2-30 安装工程量/开票工程量和账单

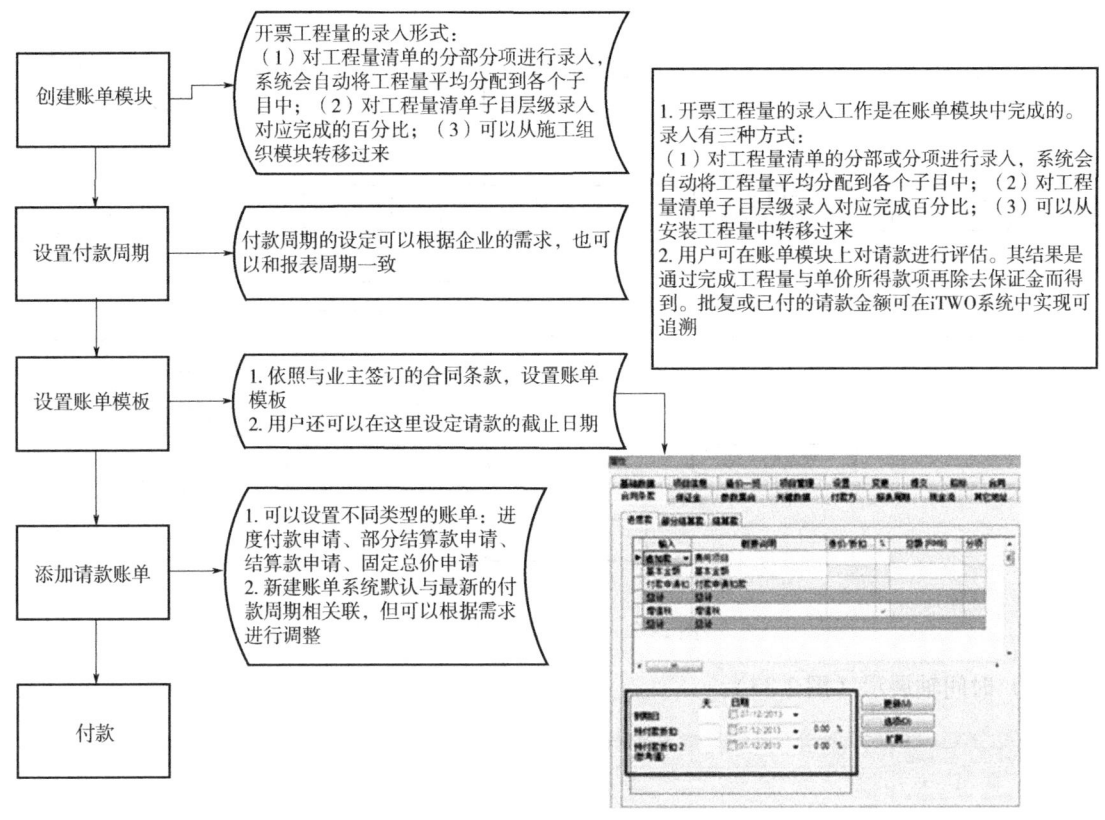

图 2-31 账单

4. 基于 5D 项目信息模型的总控管理

(1) 基本功能介绍。

1) 控制结构。在前面各小组完成后进行框架结构的编制工作，框架结构的编制需要结合集团的管理模型及管理目标进行编制控制结构信息。

2) 进度匹配。建立完成控制结构后选择进度计划（已完成工程量的挂接计划），对应控制结构进行组合所需要的进度计划。

3) 进行系统配置，完成数据库的建立及报表编制系统配置主要用于数据整合，报表的编制用于后期本公司所要查看的各类报表模型的后台编辑。

4) 实际成本录入。对于控制项中某时间段进行逐一匹配，即在相应的施工进度工作任务中进行匹配该工作任务所发生的人工、材料、机械的实际发生成本情况，精度要求按各公司管理需求而定。

5) 时间轴分析。选择所需的控制周期及控制类型，可以按线性图表的形式进行展示。

6) 多项管理及打印。可以进行多个项目的经济分析对比应用与管理工作，可进行穿透打印（分级别穿透）及各类报表打印功能。

(2) 业务工作流程图及模块应用界面。

1) 业务工作流程（图 2-32）。

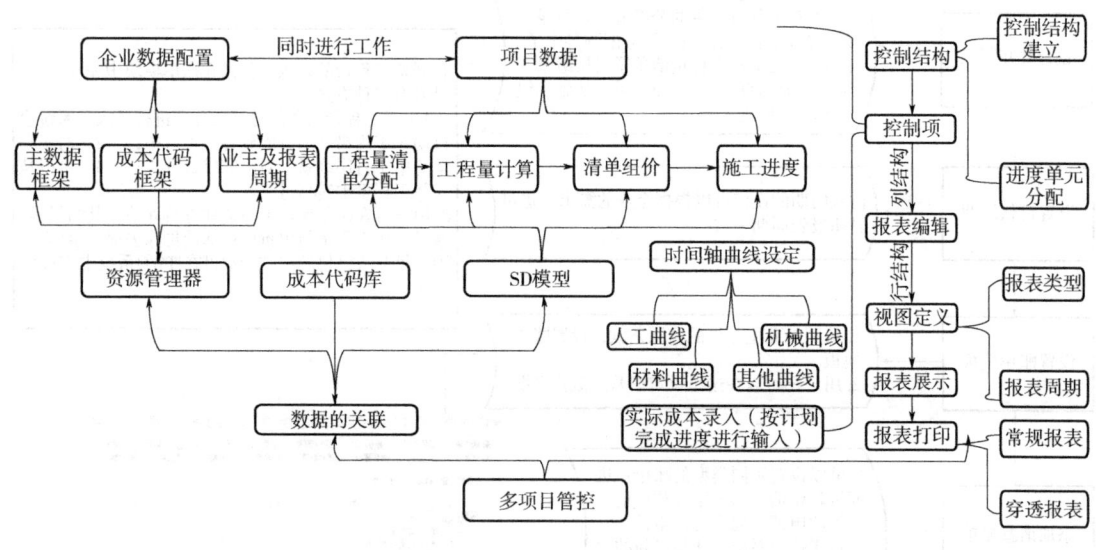

图 2-32　业务工作流程示意

2）时间轴展示（图 2-33）。

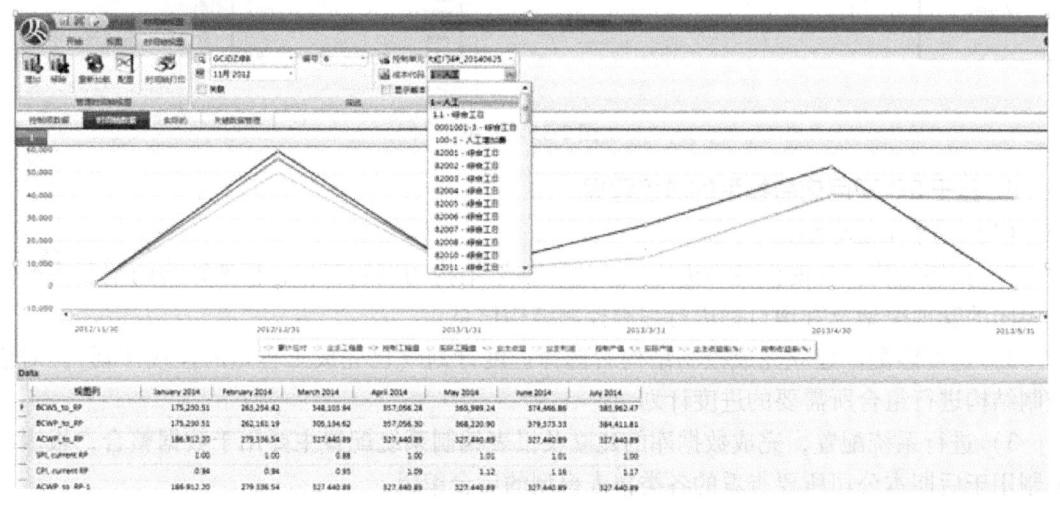

图 2-33　时间轴展示

3）多项目管控（图 2-34）。

总结，iTWO 系统功能比较强大，虽然本土化已经做了多年，但鉴于国内项目管理的实际，很多地方需要大力完善和提升。比如这套软件对钢筋无法算量，其内部的工作流功能也比较薄弱，施工阶段的一些机械、物流、方案模拟等，也暂时无法实现。其实无论对单个的建模软件，还是对一个系统平台来讲，在 BIM 的道路上，没有最好，只有更好。基于 BIM 的项目全生命周期解决也不可能指望一两个软件和平台解决，基于大数据平台的系统整合与集成应该是 BIM 协同发展的方向和趋势。

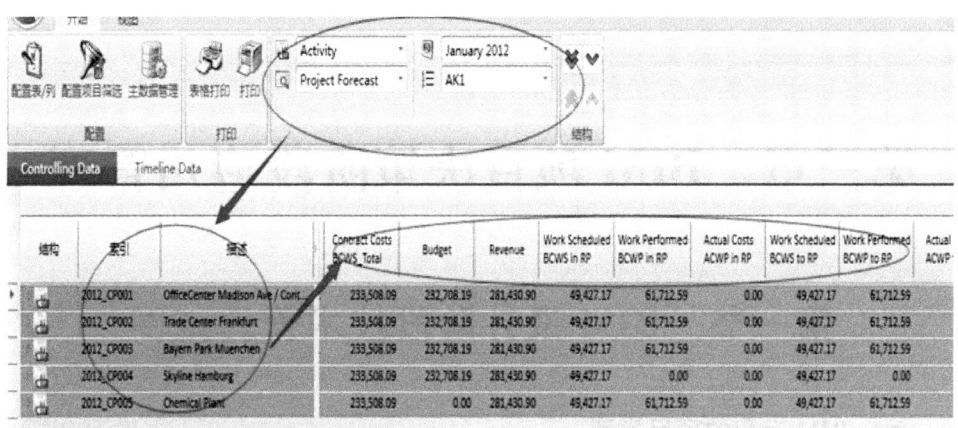

图 2-34　多项目管控示意

第三章 BIM 项目决策阶段应用管理

第一节 BIM 设计阶段技术管理范围

一、适合 BIM 运用的项目类型

1. 住宅和常规商业建筑项目

此类建筑物造型比较规则，有以往成熟的项目设计图等资源可供参考，使用常规三维 BIM 设计工具即可完成，且此类项目是组建并锻炼 BIM 团队的最佳选择。从建筑专业开始，先掌握最基本的 BIM 设计功能、施工图设计流程等，再由易到难逐步向复杂项目、多专业、多阶段及设计全程拓展，规避风险。

2. 体育场、剧院和文艺中心等复杂造型建筑项目

此类建筑物造型复杂，没有设计图等资源可以参考利用，传统 CAD 设计工具的平、立、剖面等无法表达其设计创意，现有的模型不够智能化，只能一次性表达设计创意，且此类项目可以充分发挥和体现 BIM 设计的价值。为提高设计效率，设计人员应从概念设计或方案设计阶段入手，使用可编写程序脚本的高级三维 BIM 设计工具或基于 Revit Architecture 等 BIM 设计工具编写程序、定制工具插件等完成异型设计和设计优化，再在 Revit 系列中进行管线综合设计。图 3-1 所示为某站房项目过程。

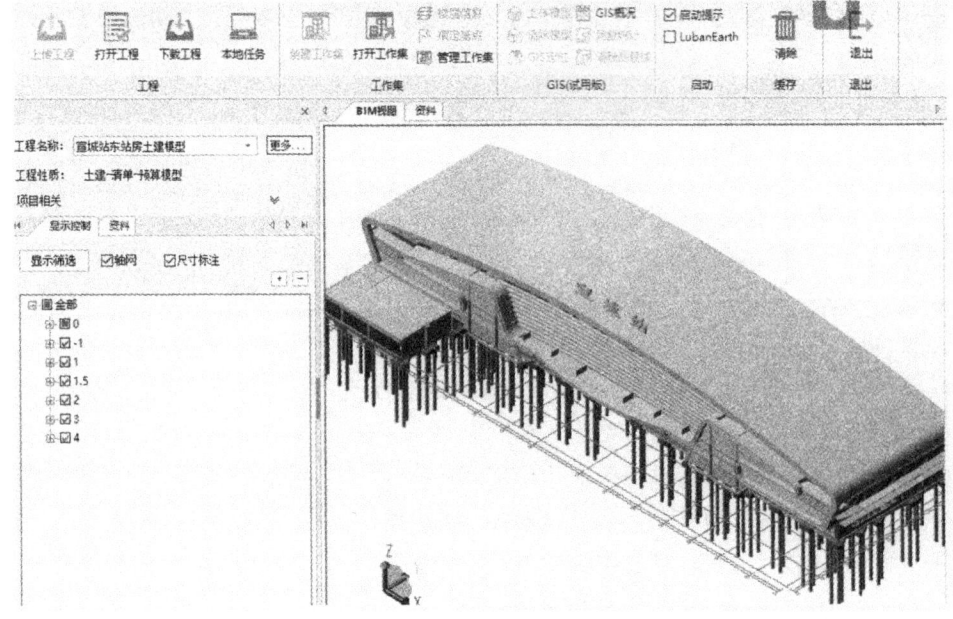

图 3-1 某站房项目过程

3. 工厂和医疗等建筑项目

此类建筑物造型较规则,但专业机电设备和管线系统复杂,管线综合是设计难点。可以在施工图设计阶段介入,特别是对于总承包项目,可以充分体现 BIM 设计的价值。

不同的项目设计师和业主关注的内容不同,将决定项目中实施 BIM 的异型设计、施工图设计、管线综合设计、性能分析等。

二、BIM 设计模型

BIM 既是一种工具,也是一种管理模式,在建设项目采用 BIM 技术的根本目的是更好地管理项目。设计方完成施工图设计,同时提交业主 BIM,通过审查后交付施工阶段使用,为保证 BIM 工作质量,对模型质量要求如下:

(1) 严格保证 BIM 与二维 CAD 图样包含信息一致。
(2) 根据约定的软件进行模型构建。
(3) 为限制文件大小,所有模型在提交时必须清除未使用项,删除所有导入文件和外部参照链接(机电模型不删除链接进来的建筑结构模型文件)。
(4) 与模型文件一同提交的说明文档中必须包括模型的原点坐标描述、模型建立所参照的 CAD 图样情况。
(5) 严格按照规划的建模要求创建模型,深度等级达到 LOD300。
(6) 所提交的模型,必须都已经经过碰撞检查,无碰撞问题存在。

从技术层面达到某种程度的 BIM 目标,是目前国内 BIM 工作进展的主要内容。以建设项目设计阶段为例,采用先进的 BIM 技术,改变传统的技术手段,达到更好地为工程服务的目的。表 3-1 所示为传统技术手段与 BIM 技术辅助对比。

表 3-1 传统技术手段与 BIM 技术辅助对比

所属阶段	技术工作	传统技术阶段	BIM 技术辅助
设计阶段	建筑方案分析	图片描述、计算	3D 演示
	结构受力分析	公式计算	模型受力计算
	设计结果交付	2D 出图,效果图	3D 建模,模型

BIM 在使用过程中,由于设计变更、用途调整、深化设计协调等原因,将伴随大量的模型修改和更新工作,事实上,模型的更新和维护是保证 BIM 信息数据准确有效的重要途径。模型更新往往遵循以下规则:

(1) 已出具设计变更单,或通过其他形式已确认修改内容的,需及时更新模型。
(2) 需要在相关模型基础上进行相应 BIM 应用的,应用前需根据实际情况更新模型。
(3) 模型发生重大修改的,需立即更新模型。
(4) 除此之外,模型应至少保证每 60 天更新一次。

三、BIM 实施模式

设计企业的 BIM 实施模式有 BIM 外包服务、BIM 项目合作设计、自建 BIM 团队三种模式。

1. BIM 外包服务

将特定阶段的 BIM 设计业务外包给有实力的 BIM 服务商独立完成，设计企业在服务商的成果上进一步深化设计；在此过程中 BIM 服务商扮演着"辅助设计"的角色。

2. BIM 项目合作设计

在项目设计的特定阶段，由设计方和 BIM 服务商合作完成设计；在此过程中 BIM 服务商更多起着技术培训、设计难题技术支持、局部参与设计的"协助设计"的作用，项目设计主要由设计师完成。通过多个项目、不同类型项目的 BIM 实施，达到在设计师中逐步推广普及 BIM 应用的目的。

3. 自建 BIM 团队

成立专职的 BIM 团队或部门，使用 BIM 技术服务于设计院内部所有需要 BIM 的项目；该方式的重点是团队自身的建设与技术水平的提升，在运作前期，BIM 服务商的专业培训和技术支持至关重要。

第二节　BIM 设计阶段管理清单

设计阶段是工程项目建设过程中非常重要的一个阶段，在这个阶段中将决策整个项目实施方案，确定整个项目信息的组成，对工程招标、设备采购、施工管理、运维等后续阶段具有决定性影响，此阶段一般分为方案设计、初步设计和施工图设计三个阶段。

设计阶段的项目管理主要包含设计单位、业主单位等各参与方的组织、沟通和协调等管理工作。随着 BIM 技术在我国建筑领域的逐步发展和深入应用，设计阶段将率先普及 BIM 技术应用，基于 BIM 技术的设计阶段项目管理将是大势所趋。掌握 BIM 技术，更好地从设计阶段即进行精益化管理，降低项目成本，提高设计质量和整个工程项目的完成效能，将具有十分积极的意义。

在设计阶段项目管理工作中应用 BIM 技术的最终目的是提高项目设计自身的效率，提高设计质量，强化前期决策的及时性和准度，减少后续施工期间的沟通障碍和返工，保障建设周期，降低项目总投资。本阶段的参与方有设计单位、业主单位、供货方和施工单位等，其中以设计单位和业主单位为主要参与方。

设计单位在此阶段利用 BIM 的协同技术，可提高专业内和专业间的设计协同质量，减少错漏碰缺，提高设计质量；利用 BIM 技术的参数化设计和性能模拟分析等各种功能，可提高建筑性能和设计质量，有助于及时优化设计方案、量化设计成果，实现绿色建筑设计；利用 BIM 技术的 3D 可视化技术，可提高和业主、供货方、施工等单位的沟通效率，帮助准确理解业主需求和开发意图，提前分析施工工艺和技术难度，降低图样修改率，逐步消除设计变更，有助于后期施工阶段的绿色施工；更便于设计安全管理、设计合同管理和设计信息管理，更好地进行设计成本控制、设计进度控制和设计质量控制，更有效地进行与设计有关的组织和协调。

业主单位在此阶段通过组织 BIM 技术应用，可以提前发现概念设计、方案设计中潜在的风险和问题，便于及时进行方案调整和决策；利用 BIM 技术与设计、施工单位进行快捷沟通，可提高沟通效率，减少沟通成本；利用 BIM 技术进行过程管理，监督设计过程，控制项目投资、控制设计进度、控制设计质量，更方便地对设计合同及工程信息进行管理，有效地组织和协调设计、施工以及政府等相关方。

BIM 技术在设计阶段的主要任务见表3-2。

表 3-2 BIM 技术在设计阶段的主要任务

项 目	内 容
1. 进度控制	将 BIM 技术引入进度管理，总结形成一套独特的工程项目管理方法。以精益建造理论为基础，参建各方以一个项目为中心进行全过程管理，形成一个整体团队协同工作，使用同一进度管理方法，共同完成一份进度计划。遵循这样的管理方法，管理者通过网络协同工作方式对项目进度实施有效的动态管理 基于 BIM 技术的进度控制需在相关软件的基础上开发进度管理系统，用于计划任务的编制、优化、下达、执行、检查、考评，有效协助项目进行进度管理。同时，将进度计划与 BIM 结合起来，以达到有效提升项目整体效能的目的
2. 造价控制	设计阶段是整个工程项目建设造价控制的关键阶段，尤其在方案设计阶段，设计活动对工程造价影响较大 按照相关管理规定，我国建设项目在设计阶段的造价控制主要是方案设计阶段的设计估算和初步设计阶段的设计概算。而在实际执行过程中，由于传统的二维设计成果缺乏快速、准确量化和直观检验的手段，设计阶段透明度很低，难以进行工程造价的有效控制，而将造价控制的重点放在了施工阶段，错失了有利时机 而基于 BIM 技术进行设计阶段的造价控制具有较高的可实施性。这是因为 BIM 中不仅包括建筑空间和建筑构件的几何信息，还包括构件的材料属性，可以将这些信息传递到专业化的工程量统计软件中，由工程量统计软件自动产生符合相应规则的构件工程量。这一过程是基于对 BIM 的充分利用，避免了在工程量统计软件中为计算工程量而专门建模的工作，可以及时反映与设计深度、设计质量对应的工程造价水平，为限额设计和价值工程在优化设计上的应用提供了必要的技术基础，使适时的造价控制成为可能
3. 安全管理	设计必须严格执行有关安全的法律、法规和工程建设强制性标准，防止因设计不当导致建设和生产过程安全事故的发生。随着技术的发展，BIM 可以集成这些法律、法规、规范和标准等信息，对不满足相关条款的设计进行及时提醒。设计阶段的安全管理主要包含如下几个方面： （1）应考虑施工安全操作和防护的需要，对涉及施工安全的重点部位和环节在设计文件中注明，并对防范安全事故提出指导意见 （2）采用新结构、新材料、新工艺的建设工程和特殊结构、特种设备的项目，应在设计中提出保障施工作业人员安全和预防安全事故的措施建议 （3）应充分考虑不安全因素，安全措施（防火、防爆、防污染等）应严格按照有关法律、法规、标准、规范进行，并配合业主请当地安全、消防等机构的专项审查，确保项目实施及运行使用过程中的安全
4. 质量控制	相比传统的二维设计和制图，BIM 技术是基于三维设计的工具和方法，利用 BIM 技术可以很好地检验和提升设计质量： （1）通过创建模型，可更好地表达设计意图，突出设计效果，满足业主需求 （2）利用模型进行专业协同设计，可减少设计错误；通过碰撞检查，有效避免了空间障碍等类似问题 （3）可视化的设计会审和专业协同，将使得基于三维模型的设计信息传递和交换更加直观、有效，有利于各方沟通和理解

(续)

项 目	内 容
5. 信息管理	传统的设计信息管理方式是设计文件和设计模型的存档，由于涉及的单位和部门众多，这种方式有着明显的缺陷： （1）由于文本信息较多，保存工作量大，导致经常出现信息缺失或者保存不全的情况 （2）这种定时保存文本和模型的方式，不能够体现项目设计上的实时更新，存在一定的滞后性 （3）这种保存方式阻碍了不同专业之间的交流，容易造成信息孤岛现象 基于 BIM 的设计阶段信息管理具备以下优势： （1）满足集成管理要求。BIM 能够保留从项目开始的所有信息，如对象名称、结构类型、建筑材料、工程性能等设计信息，保证了信息的完备性 （2）BIM 可以体现所有专业的即时更新，保证所有设计信息是最新的，最有效的。避免了因为信息不及时更新造成的返工等。比如，设计变更可以及时地体现在模型当中，所有专业都能够根据变更做出及时的调整 （3）由于各个专业均是在同一个平台上操作，保证了信息的互通性，方便各个专业之间的沟通协调 （4）满足全生命周期管理要求，BIM 可以保存设计开始到竣工，甚至运维的所有信息，以满足全生命周期各方对项目信息的需求
6. 合同管理	利用 BIM 平台管理设计合同，理解 BIM 设计合同要求，明确 BIM 设计合同中方案设计的内容
7. 组织与协调	在设计时，往往由于各专业设计师之间的沟通不到位，而出现各种专业之间的碰撞问题，例如暖通等专业中的管道与结构设计的梁等构件冲突等。BIM 的协调性服务就可以帮助处理这种问题，也就是说 BIM 可在建筑物建造前期对各专业的碰撞问题进行协调，生成协调数据，提供出来。而且，BIM 的协调作用也并不是只能解决各专业间的碰撞问题，它还可以解决如电梯井布置与其他设计布置及净空要求之协调，防火分区与其他设计布置之协调，地下排水布置与其他设计布置之协调等。因此，利用 BIM 协同、协作技术可以在项目各阶段协调好各专业和各参与方有条不紊地开展工作

BIM 在设计管理中的应用任务和各阶段具体应用点见表 3-3。

表 3-3 BIM 在设计管理中的任务和应用清单

设计阶段任务	应用点列表	各阶段的应用点	
1. 进度控制 2. 造价控制 3. 安全管理 4. 质量控制 5. 信息管理 6. 合同管理 7. 组织协调等	1. 概念设计 2. 场地规划 3. 方案比选 4. 结构分析 5. 性能分析 6. 工程算量 7. 协同设计与碰撞检查 8. 施工图生成 9. 三维渲染图出具	方案设计阶段	应用点 1 应用点 2 应用点 3
		初步设计阶段	应用点 4 应用点 5 应用点 6
		施工图设计阶段	应用点 4 应用点 6 应用点 7 应用点 8 应用点 9

第三节　BIM 设计阶段协同应用管理

一、三维设计

当前 BIM 技术的发展，更加发展和完善了三维设计领域。BIM 技术引入的参数化设计理念，简化了设计本身的工作量，继承了初代三维设计的形体表现技术，将设计带入一个全新的领域。通过信息的集成，使得三维设计的三维模型具备更多的可供读取的信息，对于后期的生产提供更大的支持。

BIM 由三维立体模型表述，从初始就是可视化的、协调的，基于 BIM 的三维设计能够精确表达建筑的几何特征，其直观形象地表现出建筑建成后的样子，然后根据需要从模型中提取信息，将复杂的问题简单化。相对于二维图设计，三维设计不存在几何表达障碍，对任意复杂的建筑造型均能准确表现。

通过进一步将非几何信息集成到三维构件中，使得建筑构件成为实体，三维模型升级为 BIM。BIM 可以通过图形运算并考虑专业出图规则自动获得二维图，并可以提取其他的文档，还可以将模型用于建筑能耗分析、日照分析、结构分析、照明分析、声学分析、客流物流分析等多方面。图 3-2 所示为某工程的 BIM 的三维设计效果图。

图 3-2　某工程设计效果图

二、BIM 协同设计

协同设计可使各专业设计人员协同工作。协同设计有两个技术分支：

一个主要适合于大型公建，复杂结构的三维 BIM 协同。

另一个主要适合普通建筑及住宅的二维 CAD 协同。通过协同设计建立统一的设计标准，包括图层、颜色、线型、打印样式等。

所有设计专业及人员在统一的平台上进行设计，从而减少现行各专业之间由于沟通不畅或沟通不及时导致的错、漏、碰、缺。

协同设计也对设计项目的规范化管理起到重要作用，包括进度管理、设计文件统一管理、人员负荷管理、审批流程管理、自动批量打印等。

协同设计工作是以一种协作的方式，使成本降低、设计效率提高，由流程、协作和管理三类模块构成，设计、校审和管理等不同角色人员利用该平台中的相关功能实现各自工作。

协同设计很大程度上是指基于网络的一种设计沟通手段和设计流程的组织管理方式。通过 CAD 文件之间的外部参照，使工种之间的数据得到可视化共享。

通过网络消息、视频会议等方式，使设计人员之间可以跨越部门、地域甚至国界进行成果交流、开展方案评审或讨论设计变更。

通过建立网络资源库，使设计者能获得统一的设计标准；通过网络管理软件的辅助，使项目组成员以特定角色登录，可以保证成果的实时性及唯一性，并实现正确的设计流程管理。

BIM 技术与协同设计技术将成为互相依赖、密不可分的整体。协同是 BIM 的核心概念，同一构件元素，只需输入一次。各工种共享元素数据，并从不同专业角度操作该构件元素。从这个意义上说，基于 BIM 的协同设计已经不再是简单的文件参照。协同设计又细分为 2D 协同设计与 3D 协同设计，这是设计软件本身具备的协同功能。

1. 2D 协同设计

2D 协同设计是以 AutoCAD 外部参照功能为基础的 dwg 文件之间的文件级协同，是一种文件定期更新的阶段性协同设计模式。

如将一个建筑设计的轴网、标高、外立面墙与门窗、内墙与门窗布局、核心筒、楼梯与坡道、卫浴家具构件等拆分为多个 dwg 文件，由几位设计师分别设计，设计过程中根据需要通过外部参照的方式将其链接组装为多个建筑平立面图，这时如果轴网文件发生变更，所有参照该文件的图样都可以自动更新。

2. 3D 协同设计

3D 协同设计在专业内和专业间的模式不同，具体内容如下：

（1）专业内 3D 协同设计：是一种数据级的实时协同设计模式，即工作组成员在本地计算机上对同一个 3D 工程信息模型进行设计，每个人的设计内容都可以及时同步到文件服务器上的项目中心文件中，甚至成员间还可以互相借用属于对方的某些建筑图元进行交叉设计，从而实现成员间的实时数据共享。

（2）专业间 3D 协同设计：当每个专业都有了 3D 工程信息模型文件时，即可通过外部链接的方式，在专业模型间进行管线综合设计。这个工作可以在设计过程中的每个关键时间点进行，因此专业间 3D 协同设计和 2D 协同设计同样是文件级的阶段性协同设计模式。

除上述两种模式外，不同 BIM 设计软件间的数据交互也属于协同设计的范畴。如在 Revit 系列、AutoCAD、Navisworks、3ds Max、SketchUp、Ecotect、PKPM 等工具间的数据交互，都可以通过专用的导入或导出工具、dwg/dxf/fbx/sat/ifc 等中间数据格式进行交互。不同工具的协同方式与数据交互方式略有不同。

协同作业是设计之外的各种设计文件与办公文档管理、人员权限管理、设计校审流程、计划任务、项目状态查询统计等的与设计相关的管理功能，以及设计方与业主、施工方、监理方、材料供应商、运营商等与项目相关各方，进行文件交互、沟通交流等的协同管理系统。

三、设计效果图及动画展示

BIM 系列软件具有强大的建模、渲染和动画功能，可将专业、抽象的二维建筑描述通俗化、直观化，使业主等非专业人员对项目功能性的判断更为明确和高效。若设计意图或使用功能发生改变，基于已有 BIM，可以短时间内修改完毕，效果图和动画也能及时更新。且效果图和动画的制作功能是 BIM 技术的一个附加功能，其成本较专门的动画设计或效果图的制作大大降低，从而使得企业在较少的投入下能获得更多的回报。如对于规划方案，基于 BIM 能够进行预演，方便业主和设计方进行场地分析、建筑性能预测和成本估算，对不合理或不健全的方案及时进行更新和补充。

利用 BIM 技术输出建筑的效果图，通过图片传媒来表达建筑所需要的效果；通过 BIM 技术和虚拟现实技术来模拟真实环境和建筑。效果图的主要功能是将平面的图样三维化，通过高仿真的制作，来检查设计方案的细微瑕疵或进行项目方案修改的推敲。动画展示更加形象具体，现在的建筑形式越来越复杂，利用 BIM 提供的三维模型，可以更好地将复杂多变的建筑物转化为动画的形式，使设计者的设计意图更直观、真实、详尽地展现出来，既能为建筑投资方提供直观的感受，也能为施工阶段提供很好的依据。图 3-3 所示为某工程室内餐厅、卫生间、多功能厅、室外园林的效果图展示。

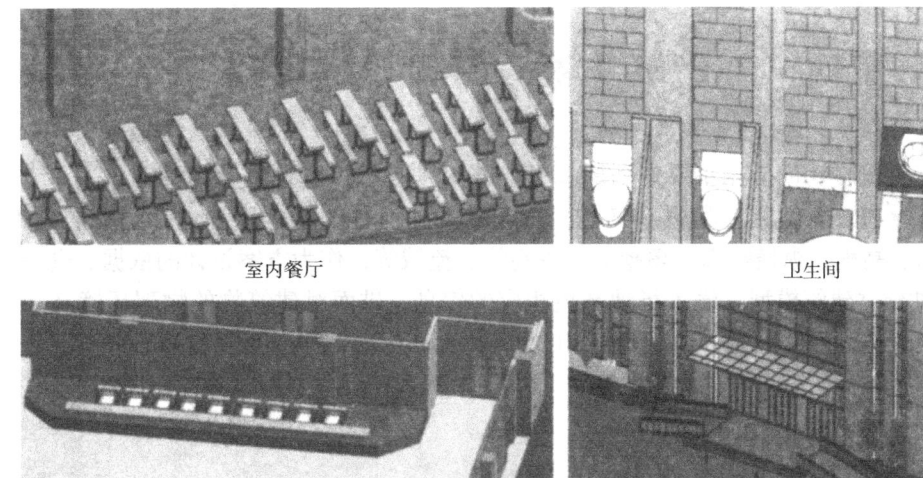

图 3-3 某工程效果图展示

四、设计各阶段 BIM 实施

在建筑设计阶段实施 BIM 的最终结果一定是所有设计师将其应用到设计全程。但在目前尚不具备全程应用条件的情况下，局部项目、局部专业、局部过程的应用将成为未来过渡期内的一种常态。因此，根据具体项目设计需求、BIM 团队情况、设计周期等条件，可以选择在以下不同的设计阶段中实施 BIM。

1. 概念设计阶段

在前期概念设计中使用 BIM，在完美表现设计创意的同时，还可以进行各种面积分析、体形系数分析、商业地产收益分析、可视度分析、日照轨迹分析等。

2. 方案设计阶段

此阶段使用 BIM，特别是对复杂造型设计项目将起到重要的设计优化、方案对比和方案可行性分析作用；同时建筑性能分析、能耗分析、采光分析、日照分析、疏散分析等都将对建筑设计起到重要的设计优化作用

3. 施工图设计阶段

对复杂造型设计等用二维设计手段施工图无法表达的项目，BIM 则是最佳的解决方案。

当然在目前 BIM 人才紧缺、施工图设计任务重、时间紧的情况下，可以采用 BIM 与 AutoCAD 相结合的模式，前提是基于 BIM 成果用 AutoCAD 深化设计，以尽可能保证设计质量。

4. 专业管线综合阶段

对大型工厂设计、机场与地铁等交通枢纽、医疗体育剧院等公共项目的复杂专业管线设计，BIM 是彻底、高效解决这一难题的唯一途径。

5. 可视化设计阶段

效果图、动画、实时漫游、虚拟现实系统等项目展示手段也是 BIM 应用的一部分。

第四节　BIM 方案设计阶段应用管理

方案设计阶段的 BIM 应用主要是利用 BIM 技术对项目的可行性进行验证，对下一步深化工作进行推导和方案细化。利用 BIM 软件对建筑项目所处的场地环境进行必要的分析，如坡度、方向、高程、纵横断面、填挖方、等高线、流域等，作为方案设计的依据。进一步利用 BIM 软件建立建筑模型，输入场地环境相应的信息，进而对建筑物的物理环境（如气候、风速、地表热辐射、采光、通风等）、出入口、人车流动、结构、节能排放等方面进行模拟分析，选择最优的工程设计方案。BIM 方案设计阶段应用主要包括利用 BIM 技术进行概念设计、场地规划和方案比选。

一、BIM 概念设计

概念设计即是利用设计概念并以其为主线贯穿全部设计过程的设计方法。它是完整而全面的设计过程，通过设计概念将设计者繁复的感性和瞬间思维上升到统一的理性思维从而完成整个设计。概念设计阶段是整个设计阶段的开始，设计成果是否合理、是否满足业主要求对整个项目的以下阶段实施具有关键性作用。

基于 BIM 技术的高度可视化、协同性和参数化的特性，建筑师在概念设计阶段可实现在设计思路上的快速精确表达的同时实现与各领域工程师无障碍信息交流与传递，从而实现了设计初期的质量、信息管理的可视化和协同化。在业主要求或设计思路改变时，基于参数化操作可快速实现设计成果的更改，从而大大提高了方案阶段的设计进度。

BIM 技术在概念设计中应用主要体现在空间形式思考、饰面装饰及材料运用、室内装饰色彩选择等方面，见表 3-4。

表 3-4　BIM 方案设计阶段方案比选

项　目	内　容
1. 空间设计	空间形式及研究的初步阶段在概念设计中称其为区段划分，是设计概念运用中首要考虑的部分 （1）空间造型 空间造型设计即对建筑进行空间流线的概念化设计，例如某设计是以创造海洋或海底世界的感觉为概念则其空间流线应采用曲线、弧线、波浪线的形式为主。当对形体结构复杂的建筑进行空间造型设计时，利用 BIM 技术的参数化设计可实现空间形体的基于变量的形体生成和调整。从而避免传统概念设计中的工作重复，设计表达不直观等问题 下面以某体育馆概念设计为例，具体介绍 BIM 技术在概念设计阶段空间形体设计中的应用

(续)

项　目	内　容
1. 空间设计	该体育场以"荷"为设计概念，追寻的是一种轻盈的律动感，通过编织的概念，将原本生硬的结构骨架转化为呼应场地曲线的柔美形态，再以一种秩序将这些体态轻盈的结构系统编织起来，最终形成了体育场的主体造型 　　在概念设计初期，使用 Grasshopper 编写的脚本来生成整个罩棚的形体和结构如图 3-4 所示，而后设计师通过参数调节单元形体及整个罩棚的单元数量，快速、准确地生成一系列比选方案，使建筑师可以做出更准确的决定，如图 3-5 所示。从而实现柔美轻盈的设计概念的同时满足工业生产对标准化的要求 （2）空间功能 　　空间功能设计即对各个空间组成部分的功能合理性进行分析设计，传统方式中可采用列表分析，图例比较的方法对空间进行分析，思考各空间的相互关系，人流量的大小，空间地位的主次，私密性的比较，相对空间的动静研究等 　　基于 BIM 技术可对建筑空间外部和内部进行仿真模拟，在符合建筑设计功能性规范要求的基础上，高度可视化模型可帮助建筑设计师更好地分析其空间功能是否合理，从而实现进一步的改进、完善。这样便有利于在平面布置上更有效、合理地运用现有空间使空间的实用性充分发挥
2. 饰面装饰方案设计	饰面装饰设计来源于对设计概念以及概念发散所产生的形的分解，对材料的选择是影响是否能准确有利地表达设计概念的重要因素。选择具有人性化的带有民族风格的天然材料还是选择高科技的、现代感强烈的饰材都是由不同的设计概念而决定的。基于 BIM 技术，可对模型进行外部材质选择和渲染，甚至还可对建筑周边环境景观进行模拟（图 3-6），从而能够帮助建筑师高度仿真地置身整体模型中对饰面装修设计方案进行体验和修改
3. 室内装饰方案设计	色彩的选择往往决定了整个室内气氛，同时也是表达设计概念的重要组成部分。在室内设计中设计概念既是设计思维的演变过程也是设计得出所能表达概念的结果。基于 BIM 技术，可对建筑模型进行高度仿真性内部渲染，包括室内材质、颜色、质感甚至家具、设备的选择和布置（图 3-7）。从而有利于建筑设计师更好地选择和优化室内装饰初步方案

图 3-4　形体结构概念图

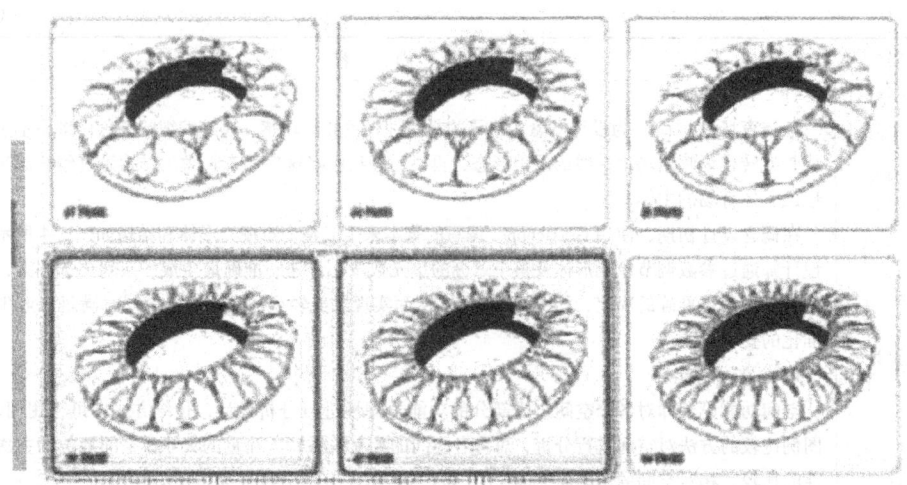

图 3-5　基于参数化设计造型方案比选图

图 3-6　饰面及环境模型图

图 3-7　室内渲染图

二、场地规划方案

场地规划是指为了达到某种需求，人们对土地进行长时间的刻意的人工改造与利用。这其实是对所有和谐的适应关系的一种图示即分区与建筑，分区与分区。所有这些土地利用都与场地地形适应。

基于 BIM 技术的场地规划实施管理流程和内容见表 3-5。

表 3-5　场地规划实施管理流程和内容

步骤	流程	实施管理内容
1	数据准备	1. 地勘报告、工程水文资料、现有规划文件、建设地块信息 2. 电子地图（周边地形、建筑属性、道路用地性质等信息）、GIS 数据
2	操作实施	1. 建立相应的场地模型，借助软件模拟分析场地数据，如坡度、方向、高程、纵横断面、填挖方、等高线等 2. 根据场地分析结果，评估场地设计方案或工程设计方案的可行性，判断是否需要调整设计方案；模拟分析、设计方案调整是一个需多次推敲的过程，直到最终确定最佳场地设计方案或工程设计方案

(续)

步骤	流程	实施管理内容
3	成果	1. 场地模型。模型应体现场地边界（如用地红线、高程、正北向）、地形表面、建筑地坪、场地道路等 2. 场地分析报告。报告应体现三维场地模型图像、场地分析结果，以及对场地设计方案或工程设计方案的场地分析数据对比

BIM 技术在场地规划中的应用主要包括场地分析和整体规划，见表 3-6。

表 3-6 BIM 技术在场地规划中的应用主要包括场地分析和整体规划

项目	内容
场地分析	场地分析是对建筑物的定位、建筑物的空间方位及外观、建筑物和周边环境的关系、建筑物将来的车流、物流、人流等各方面的因素进行集成数据分析的综合。场地设计需要解决的问题主要有：建筑及周边的竖向设计确定、主出入口和次出入口的位置选择、考虑景观和市政需要配合的各种条件。在方案策划阶段，景观规划、环境现状、施工配套及建成后交通流量等方面，与场地的地貌、植被、气候条件等因素关系较大。传统的场地分析存在诸如定量分析不足、主观因素过重、无法处理大量数据信息等弊端。通过 BIM 结合 GIS 进行场地分析模拟，得出较好的分析数据，能够为设计单位后期设计提供最理想的场地规划、交通流线组织关系、建筑布局等关键决策。如图 3-8 所示，利用相关软件对场地地形条件和日照阴影情况进行模拟分析，帮助管理者更好地把握项目的决策
整体规划	通过 BIM 建立模型能够更好地对项目做出总体规划，并得出大量的直观数据作为方案决策的支撑。例如在可行性研究阶段，管理者需要确定出建设项目方案在满足类型、质量、功能等要求下是否具有技术与经济可行性，而 BIM 能够帮助提高技术经济可行性论证结果的准确性和可靠性。通过对项目与周边环境的关系、朝向可视度、形体、色彩、经济指标等进行分析对比，化解功能与投资之间的矛盾，使策划方案更加合理，为下一步的方案与设计提供直观、带有数据支撑的依据，如图 3-9 所示

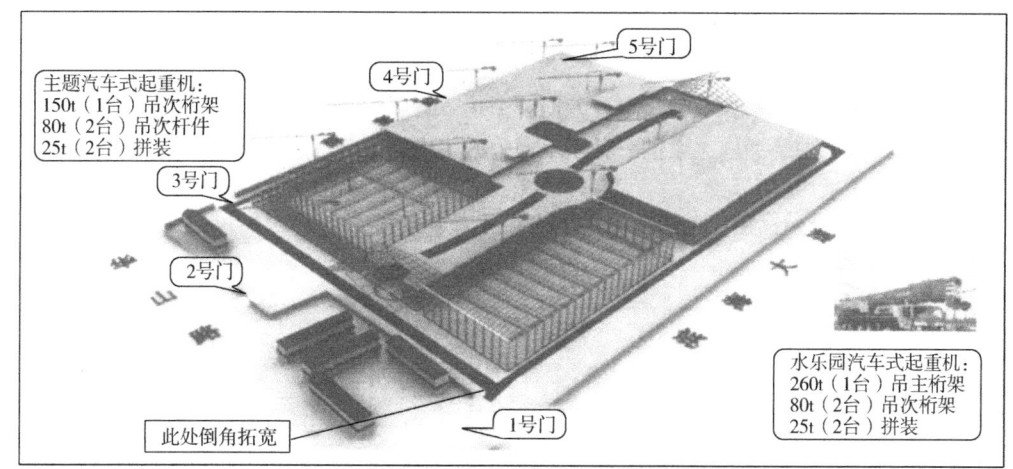

图 3-8 场地分析图

图 3-9　场地规划图

三、方案比选

基于 BIM 技术的方案设计是利用 BIM 软件，通过制作或局部调整方式，形成多个备选的建筑设计方案模型，进行比选，使建筑项目方案的沟通、讨论、决策在可视化的三维场景下进行，实现项目设计方案决策的直观和高效。BIM 系列软件具有强大的建模、渲染和动画技术，通过 BIM 可以将专业、抽象的二维建筑描述通俗化、三维直观化，使得业主等非专业人员对项目功能性的判断更为明确、高效，决策更为准确。同时基于 BIM 技术和虚拟现实技术对真实建筑及环境进行模拟，同时可出具高度仿真的效果图，设计者可以完全按照自己的构思去构建装饰"虚拟"的房间，并可以任意变换自己在房间中的位置，去观察设计的效果，直到满意为止。这样就使设计者各设计意图能够更加直观、真实、详尽地展现出来，既能为建筑的投资方提供直观的感受也能为后面的施工提供很好的依据。

例如某项目的两个不同主题方案。

1. 方案一

造型结构以某传统建筑为基础，通过现代建筑对古典建筑进行新的演绎，建筑整体由若干体量集聚而成。设计力图展现古典建筑群规划严谨、主次有序、建筑单体精巧玲珑的神韵，如图 3-10 所示。

图 3-10　方案一效果图

2. 方案二

以山水为原形，建筑立面形成以候车大厅、售票厅、出站厅为辅的候车雨篷和玻璃连廊如灵动的江水围绕在山峦之间。整体建筑与周边山体交相呼应，如图 3-11 所示。

图 3-11 方案二效果图

第五节 BIM 初步设计阶段的应用管理

BIM 初步设计阶段应用：根据初步设计的各专业图样，建立扩初模型。协助项目公司进一步确认设计的建筑空间和多系统关系，应用 BIM 技术对设计进行初步体验，进行各专业间碰撞检查，把检查报告和相应优化建议碰撞提交给项目公司及相关设计单位，在拿到设计方修改的图样后，更新复合模型，帮助优化项目设计，规避一些错误从而减少之后更改带来的浪费。

BIM 初步设计阶段应用管理主要表现在以下几方面，见表 3-7。

表 3-7 BIM 初步设计阶段应用管理

项 目	内 容
1. 结构分析	利用计算机软件进行结构分析有前处理、内力分析、后处理，步骤如下： （1）前处理。该阶段通过人机交互式输入结构简图、荷载、材料参数及其他结构分析参数的过程，是整个结构分析中的关键步骤，因此该过程是比较耗时的过程 （2）内力分析。该阶段是结构分析软件的自动执行过程，其性能取决于软件和硬件，内力分析过程的结果是结构构件在不同工况下的位移和内力值 （3）后处理。该阶段将内力值与材料的抗力值进行对比产生安全提示，或者按照相应的设计规范计算出满足内力承载能力要求的钢筋配置数据。该过程人工干预程度也较低，主要由软件自动执行 基于 BIM 技术的结构分析主要体现在以下方面： （1）通过 IFC 或 Structure Model Center 数据计算模型 （2）开展抗震、抗风、抗火等结构性能设计，如图 3-12 所示 （3）结构计算结果存储在 BIM 或信息管理平台中，便于后续应用。图 3-13 所示为某项目的结构三维模型及局部梁三维模型

（续）

项 目	内 容
2. 性能分析	建设项目建筑节能设计的景观可视度、日照、风环境、热环境、声环境等性能指标在开发前就已经基本确定，但由于缺少合适的手段，一般项目很难有时间和费用对各性能指标进行多方案分析模拟，BIM 技术为建筑性能普及应用提供了平台。利用 BIM 技术，可以赋予虚拟建筑模型大量建筑信息，并将 BIM 导入相关性能分析软件，可得到相应分析结果，降低工作周期，提高设计质量 基于 BIM 的建筑性能化分析的内容，见表 3-8 所示 图 3-14 所示为某项目模拟能耗分析
3. 工程量计算	利用 BIM 技术，可以加快工程量计算的速度，在三维模型中加入工程建设的所有信息，且模型能自动生成符合国家工程量清单计价规范标准的工程量清单及报表，快速统计和查询各专业工程量，对材料计划和使用作精细化管理控制，避免材料浪费。图 3-15 所示为某工程鲁班软件利用施工要求和楼层、构件参数条件统计工程量 （1）土方工程量计算。利用 BIM，对场地平整的工程量，可直接根据模型中建筑物首层面积计算。挖土方量和回填土方量按结构基础的体积、所占面积以及所处的层高进行工程量计算 （2）基础工程量计算。BIM 自带表单功能可以自动统计出基础的工程量，也可以通过属性窗口获取任意位置的基础工程量。大部分类型的基础都可以按特定的基础族模板建模，某些特殊基础没有特定的建模方式，可利用软件中的梁、板、柱等建模，只需改变这些构件的类别属性，与其来源建筑类型的元素相区分，利于工程量的数据统计 （3）混凝土构件工程量计算。BIM 软件能精确计算混凝土梁、板、柱和墙的工程量，BIM 软件能根据表单得出单个混凝土构件的工程量，对板和墙可扣除预留洞所占体积的工程量，如图 3-16 所示 （4）钢筋工程量计算。BIM 结构设计软件提供了用于混凝土柱、梁、板、墙和基础中的钢筋建模工具，可引入钢筋系统族或创建新的族来选择钢筋类型。计算钢筋质量所需要的长度都是考虑钢筋量度差值的精确长度，如图 3-17 所示 （5）墙体工程量计算。墙体有多种建模方式：一是已知结构构件位置和尺寸时，以墙体实际设计尺寸进行建模，将墙体与结构构件边界线对齐，这种方式有悖于常规建筑设计顺序，且建模的效率很低，出现误差的概率较大；二是直接将墙体设置到楼层建筑或结构标高处，这样可以大幅度提升建模速度。BIM 技术可以精确计算出墙体面积和体积 还有门窗工程量计算和装饰工程量计算，此处不作详细介绍。图 3-18 所示为某工程按不同楼层不同构件提取工程量

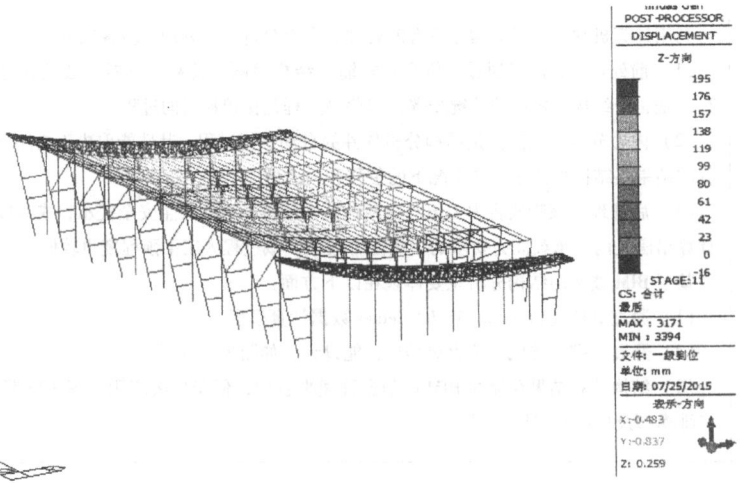

图 3-12 结构分析图

图 3-13　某项目的结构三维模型及局部梁三维模型

表 3-8　基于 BIM 的建筑性能化分析的内容

项目	内容
室外风环境模拟	改善住区建筑周边人行区域的舒适度，通过调整规划方案建筑布局、景观绿化布置，改善住区空间分布，提高住区环境质量；分析大风情况下，可能因狭管效应引发安全隐患等
自然采光模拟	分析相关设计方案的室内自然采光效果，通过调整建筑布局、饰面材料、围护结构的可见光透射比等，改善室内自然采光效果，并根据采光效果调整室内布局等，如图 3-19 及图 3-20 所示
室内自然通风模拟	分析相关设计方案，通过调整风口位置、尺寸、建筑布局等改善室内流场分布情况，并引导室内气流组织有效的通风换气，改善室内舒适情况
小区热环境模拟分析	模拟分析住宅区的热岛效应，采用合理优化建筑单体设计、群体布局和加强绿化等方式削弱热岛效应
建筑环境噪声模拟分析	计算机声环境模拟的优势在于，建立几何模型之后，能够在短时间内通过材质的变化及房间内部装修的变化，来预测建筑的声学质量，以及对建筑声学改造方案进行可行性预测
建筑综合节能分析	由于节能设计涉及多个专业，各个节能措施之间相互影响，仅靠定性化分析很难综合优化节能方案，因此引入定量化分析工具，根据模拟结果来改进建筑及设备系统设计，达到方案的综合最优。将 BIM 直接输入节能分析软件中，根据 BIM 中的信息来预测建筑全年的能耗，再根据能耗的大小调整建筑的各个参数，以实现最终的节能目标。建筑能耗分析用建筑模型如图 3-21 所示

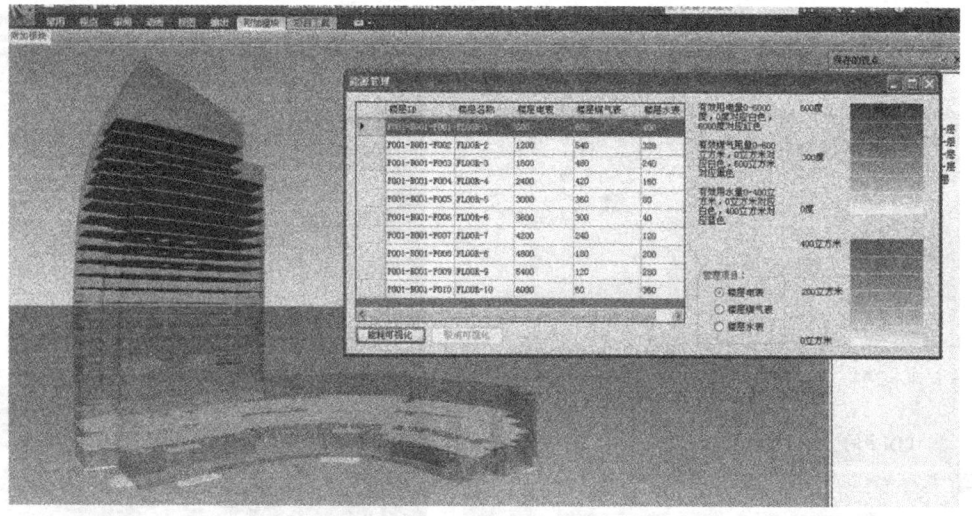

图 3-14　项目模拟能耗分析

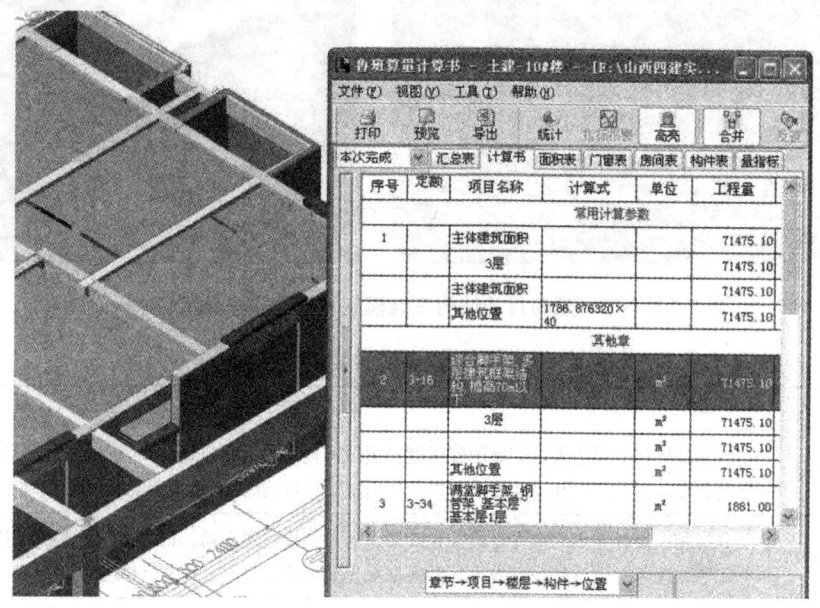

图 3-15　某工程空间维度获得数据

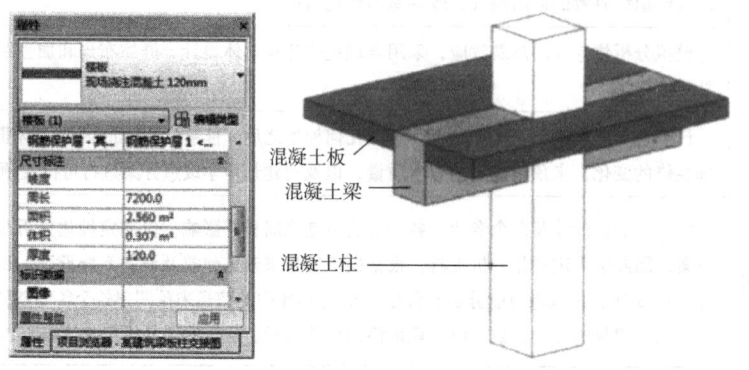

图 3-16　梁、板、柱交接处节点图及楼板工程量

第三章 BIM 项目决策阶段应用管理 ·87·

钢筋统计							
主体类别	分区	族与类别	样式	弯曲直径	钢筋直径	根数	钢筋总长度
结构基础	A区	钢筋:HRB335	标准	56mm	14mm	38	52.21m
结构基础	A区	钢筋:HRB335	箍筋	56mm	14mm	5	13.87m
结构柱	A区	钢筋:HRB400	标准	100mm	25mm	4	58.16m
结构柱	A区	钢筋:HRB335	箍筋	100mm	25mm	20	50.53m
总计						67	174.78m

图 3-17 部分结构基础内部钢筋布置图及钢筋工程量统计表单

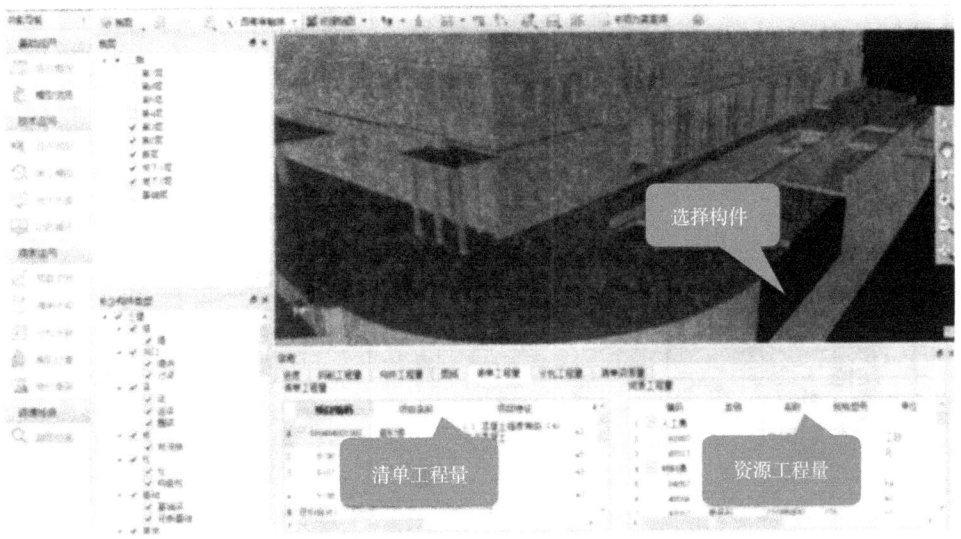

工程量提取（1）

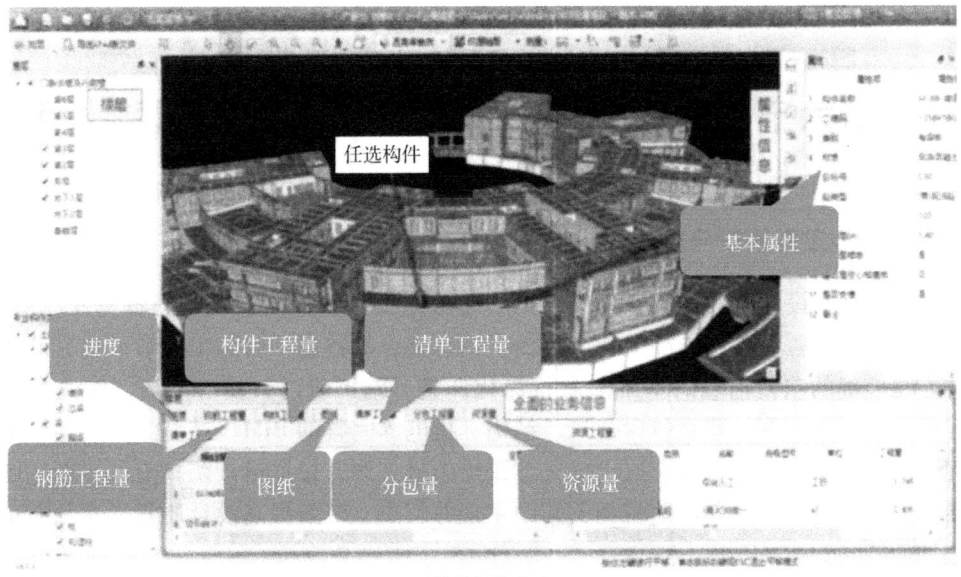

工程量提取（2）

图 3-18 不同楼层不同构件提取工程量

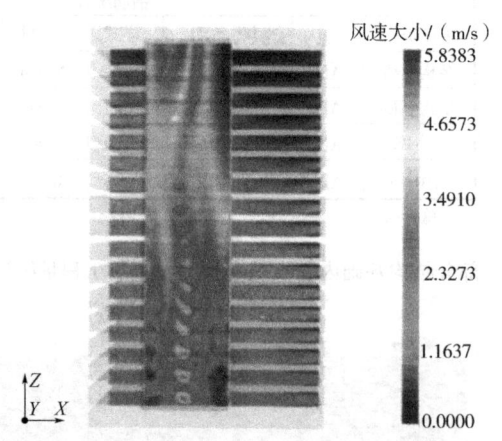

图 3-19 建筑中庭内的自然通风图

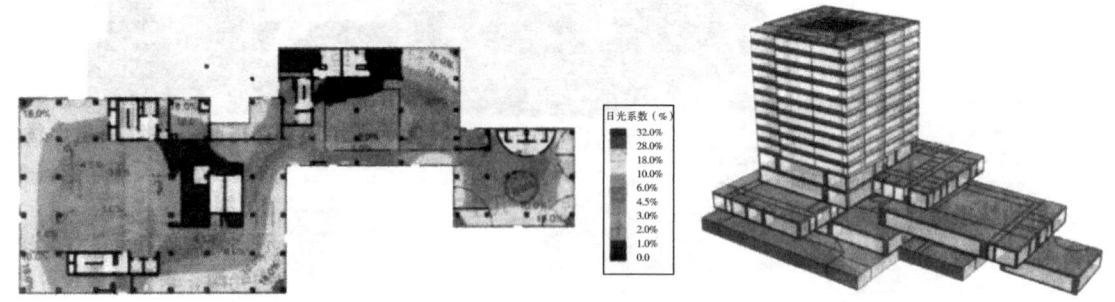

图 3-20 大楼首层室内自然采光模拟分析结果　　图 3-21 建筑能耗分析用建筑模型

第六节　BIM 施工图阶段应用管理及案例

一、BIM 施工图阶段应用管理

BIM 是工程在设计阶段的信息集成，为后续深化设计调整提供准确的各专业汇总信息，更新模型为重大工程调整和中小工程调整提供信息整合的数据平台和工作节点，有助于工程各相关方在准确的项目信息的基础上进行深化调整、施工研讨、成本预估，作业准确的决策。根据最终版施工图，建立包含建筑、结构、机电等完整的 BIM，模型深度要满足施工图深度规范要求，进行碰撞检查、提出优化建议给项目公司，根据设计院提交的更新后图样复核更新模型。可以在施工前提前将相关问题发现并解决，有效提高设计质量，有利于项目成本和工期的控制。

BIM 施工图阶段应用管理见表 3-9。

表 3-9　BIM 施工图阶段应用管理

项　目	内　容
协同设计与碰撞检查	BIM 为工程设计的专业协调提供了两种途径，一种是在设计过程中通过有效的、适时的专业间协同工作避免产生大量的专业冲突问题，即协同设计；另一种是通过对 3D 模型的冲突进行检查，查找并修改，即冲突检查。至今，冲突检查已成为人们认识 BIM 价值的代名词，实践证明，BIM 的冲突检查已取得良好的效果 （1）协同设计 传统意义上的协同设计很大程度上是指基于网络的一种设计沟通交流手段，以及设计流程的组织管理形式。包括：通过 CAD 文件、视频会议，通过建立网络资源库，借助网络管理软件等 基于 BIM 技术的协同设计是指建立统一的设计标准，包括图层、颜色、线型、打印样式等，在此基础上，所有设计专业及人员在一个统一的平台上进行设计，从而减少现行各专业之间（以及专业内部）由于沟通不畅或沟通不及时导致的错、漏、碰、缺，真正实现所有图样信息元的单一性，实现一处修改其他自动修改，提升设计效率和设计质量。协同设计工作是以一种协作的方式，使成本可以降低，可以在更快地完成设计同时，也对设计项目的规范化管理起到重要作用 协同设计由流程、协作和管理三类模块构成。设计、校审和管理等不同角色人员利用该平台中的相关功能实现各自工作 （2）碰撞检测 二维图样不能用于空间表达，使得图样中存在许多意想不到的碰撞盲区。并且，目前的设计方式多为"隔断式"设计，各专业分工作业，依赖人工协调项目内容和分段，这也导致设计往往存在专业间碰撞。同时，在机电设备和管道线路的安装方面还存在软碰撞的问题（即实际设备、管线间不存在实际的碰撞，但在安装方面会造成安装人员、机具不能到达安装位置的问题） 基于 BIM 技术可将两个不同专业的模型集成为两个模型，通过软件提供的空间冲突检查功能查找两个专业构件之间的空间冲突可疑点，软件可以在发现可疑点时向操作者报警，经人工确认该冲突。冲突检查一般从初步设计后期开始进行，随着设计的进展，反复进行"冲突检查—确认修改—更新模型"的 BIM 设计过程，直到所有冲突都被检查出来并修正，最后一次检查所发现的冲突数为零，则标志着设计已达到 100% 的协调。一般情况下，由于不同专业是分别设计、分别建模的，所以，任何两个专业之间都可能产生冲突，因此，冲突检查的工作将覆盖任何两个专业之间的冲突关系，如：①建筑与结构专业，标高、剪力墙、柱等位置不一致，或梁与门冲突；②结构与设备专业，设备管道与梁柱冲突；③设备内部各专业，各专业与管线冲突；④设备与室内装修，管线末端与室内吊顶冲突。冲突检查过程是需要计划与组织管理的过程，冲突检查人员也被称作"BIM 协调工程师"，他们将负责对检查结果进行记录、提交、跟踪提醒与覆盖确认。某工程碰撞检查如图 3-22、图 3-23 所示
施工图样生成	设计成果中最重要的表现形式就是施工图，施工图是含有大量技术标注的图样，在建筑工程的施工方法仍然以人工操作为主的技术条件下，施工图有其不可替代的作用。CAD 的应用大幅度提升了设计人员绘制施工图的效率，传统的方式存在的不足也是非常明显的：在产生了施工图之后，如果工程的某个局部发生设计更新，则会同时影响与该局部相关的多张图，如一个柱子的断面尺寸发生变化，则含有该柱的结构平面布置图、柱配筋图、建筑平面图、建筑详图等都需要再次修改，这种问题在一定程度上影响了设计质量的提高 模型是完整描述建筑空间与构件的模型，图样可以看作模型在某一视角上的平行投影视图。基于模型自动生成图样是一种理想的图样产出方法，理论上，基于唯一的模型数据源，任何对工程设计的实质性修改都将反映在模型中，软件可以依据模型的修改信息自动更新所有与该修改相关的图样，由模型到图样的自动更新将为设计人员节省大量的图样修改时间 施工图生成也是优秀建模软件多年来努力发展的主要功能之一，目前，软件的自动出图功能还在发展中，实际应用时还需人工干预，包括修正标注信息、整理图面等工作，其效率还不十分令人满意，相信随软件的发展，该功能会逐步增强，工作效率会逐步提高

(续)

项 目	内 容
三维渲染图出具	三维渲染图同施工图一样,都是建筑方案设计阶段重要的展示成果,既可以向业主展示建筑设计的仿真效果,也可以供团队交流、讨论使用,同时三维渲染图也是现阶段建筑方案设计阶段需要交付的重要成果之一。Revit Architecture 软件自带的渲染引擎,可以生成建筑模型各角度的渲染图,同时 Revit Architecture 软件具有 3ds Max 软件的接口,支持三维模型导出。Revit Architecture 软件的渲染步骤与目前建筑师常用的渲染软件大致相同,分别为:创建三维视图、配景设置、设置材质的渲染外观、设置照明条件、渲染参数设置、渲染并保存图像 某复杂节点的三维可视化图片如图 3-24 所示

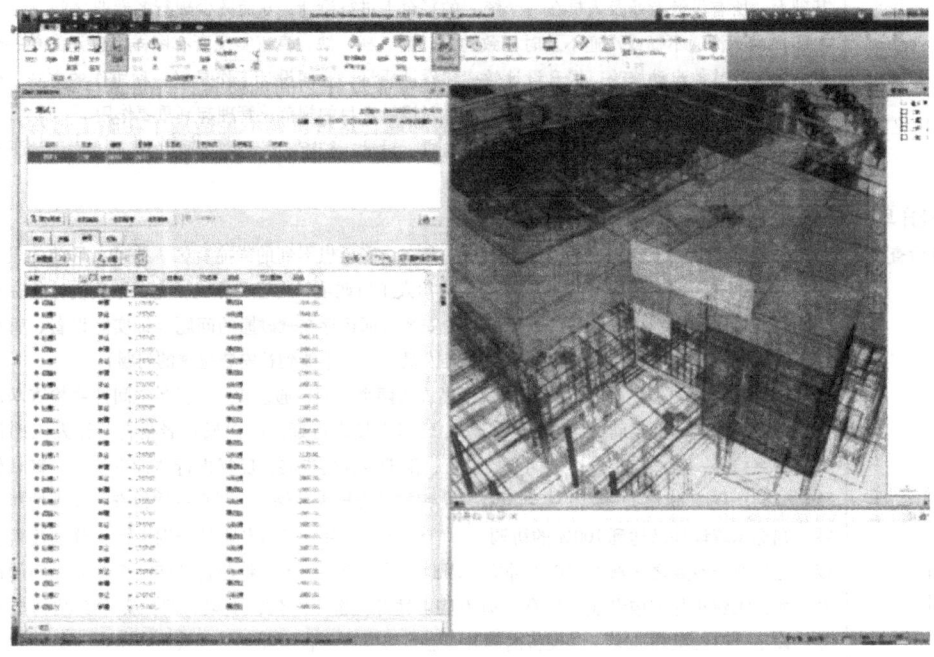

图 3-22 碰撞检查图

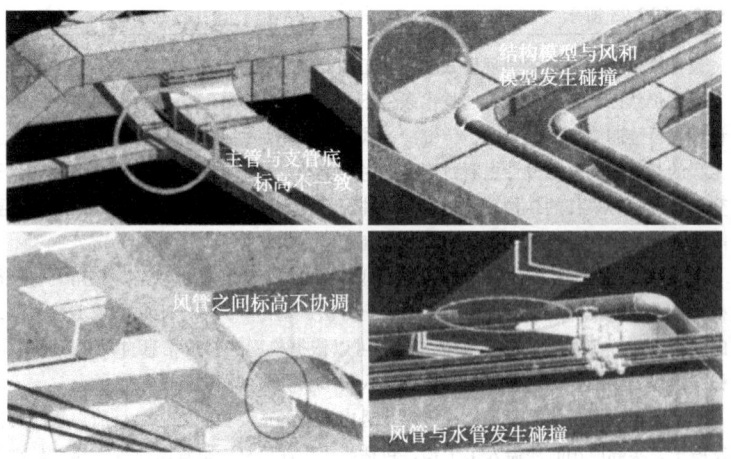

图 3-23 某工程碰撞检查

二、Revit 施工图设计综合案例

BIM 施工图设计的应用不仅从根本上改变了设计师目前采用的设计方式和手段，而且改变了整个设计理念，设计阶段不再割裂成一个个阶段，而是贯穿于整个建筑生命期。在模型设计的过程中，业主、设计、施工、运营等各个行业所有相关参与者

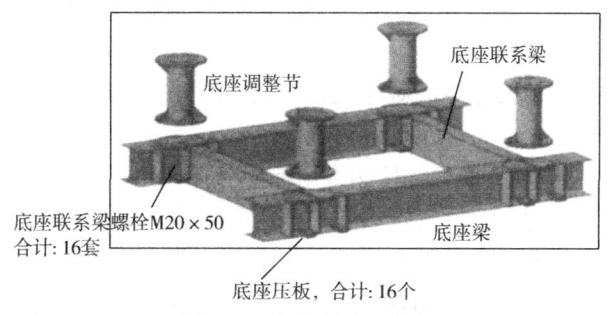

图 3-24　复杂节点三维图

都能够通过 BIM 技术紧密结合，为施工图设计提供前所未有的广阔平台。

1. 项目背景

本项目从 BIM 施工图设计和各专业配合两个方向入手，在建筑设计阶段，利用 Autodesk Revit 系列软件进行协同设计，完成建筑、结构、设备、电气施工图模型设计以及后续的出图工作，并从中总结出一套优化的四个专业基于 BIM 设计的施工图设计流程。最后，对在设计过程中出现的问题进行分析研究，以期可以应用推广到其他的设计项目中。

但应注意，在协同设计的过程中，各专业应尽量避免频繁的模型更新同步，应根据设计进度设置更新节点，在建模时使用其他专业提供的条件模型，而不是用其设计模型，避免模型更新过于频繁。模型设计的目标是能够直接指导施工，所以设计深度会大于传统施工图设计深度，部分内容向施工延伸，工作量加大，但同时会为施工环节提升效率减少浪费。

2. BIM 应用内容

（1）模型加工出图。施工图设计全流程全专业使用 Revit 软件，不使用二维设计软件辅助。在完成模型设计后，在模型的基础上添加标注等附加信息，完成制图工作。图样深度基本达到 CAD 施工图深度要求，表示方法没有必要与传统的二维 CAD 图画法完全一致，但必须表达明了到位，使专业人员能够看懂，能够符合内审外审要求。最终输出全套施工图。

（2）建筑专业工作流程。建立方案初设阶段模型，确定轴网、标高及墙体和保温等大致位置，建立模型，完善平面（主要包括确定门窗洞口尺寸位置、房间名称及用途）。

完成初设阶段模型，提供给结构专业进行建筑主体配筋受力计算。电气与设备专业用初步模型进行初步设计，排线排管。

经过结构专业软件计算、模型生成、调整模型，反提给建筑专业进行深化。在模型深化中遇到问题需要和各专业协调，其中包括结构体系模型部分构件错位、尺寸不对，设备专业管线反提，电气专业电箱位置共同商榷。在设备、电气专业模型基本搭建完成后，建筑专业需从两专业处链接 Revit 文件，并进行确认，经过多次实验最终确定条件。施工图设计建模阶段的模型深度需满足施工图设计要求，各专业综合深度应达到北京市《民用建筑信息模型设计标准》（DB11/T 1069—2014）BIM 模型深度要求 3.0 级模型深度。

结束与各专业之间的深入模型设计后，建筑专业还需对其他各种类图样进行绘制，其中包括立面图、剖面图、楼梯详图、墙身图等。这一阶段主要为建筑专业独立完成，结构专业配合完成。在这一过程中还需要建筑专业补充建筑结构体系外的建筑构件，其中包括楼面层、保温层、隔墙板等。最终完成模型制作，调整出图模板里的线型等问题，完成整个 BIM 设计项目。

(3) 结构专业工作流程。参照计算模型，把建筑模型进行拆分，拆出结构构件并修改命名和属性。

剖切模型生成对应视图，并调整图元显示，制作各类型图样的视图样板，调整全部视图。

按 CAD 图面，使用专用标注族标注出所需的尺寸、配筋等信息，并沿用 CAD 中的设计方法，通过标注为模型的各个构件配筋。

制作连梁明细表，补全各字段信息，过滤出相应楼层的参数，并放入图样中。

使用专用负筋详图构件，绘制板负筋（分为板边和跨中两种），使用负筋标记标注钢筋。

使用图例视图绘制暗柱详图，在图例视图中拖入暗柱族，显示平面选择低于参照标高。在图例中，族无法旋转，所以绘制暗柱时注意方向的正确性，以保证符合出图要求。用专用墙线标记标注墙的位置，手动填写配筋信息。使用专用钢筋详图构件绘制暗柱钢筋。

图样说明可以在图样视图中画，也可以做成图例插入。

(4) 设备专业工作流程。设备和电气图与建筑结构图的一个很大差异就是建筑结构图的图面中构件的尺寸定位等与实际是一致的，但设备和电气图中存在大量的示意性内容。管线位置、标高、管件等都存在着大量的示意内容，导致了设备、电气图的图面和模型存在着大量的冲突，同时按实际情况建模也导致了巨大的建模工作量和图面整理工作量。

和建筑专业遇到的问题一样，BIM 通过模型把原来离散的各个专业、各个设计师都紧密连接在一起，反复地修改、调整建模的顺序、深化的顺序等原来不是问题的事情通通变成了问题。同时，设备、电气专业还有一个建筑底图的问题，这意味着影响设备、电气图面的不只是设备、电气自己的图元，还有建筑的图元，这就需要综合统筹全部专业的出图需求，然后制定对应的建模标准，从而保证各个专业图面表达的正确性。

工作流程如下。

①建中心文件。根据建筑专业提供的条件模型建立设备专业中心文件。

②搭建模型。分离本地文件后，绘制模型。

模型深度要求：北京 BIM 标准综合深度 3.0 级。

③提收条件。

提条件：针对各专业要求，制作条件模型，存放在服务器中的指定位置，方便其他专业查找。

收条件：建筑结构专业综合各专业条件，重新调整模型，提给各专业。设备专业注意结构的连梁暗柱避让问题。

④平面视图管理。为避免重复出相同的平面图，首先选择要出平面图的楼层；其次用"带细节复制"楼层平面视口，通过过滤器功能，使平面楼层的信息按系统表示。

⑤末端设备的二维表示。在"详细程度"为"中等"，"图形显示样式"为"隐藏线"的设置下，末端设备的表示方法没有必要与 CAD 图的表达方法完全一致，但必须表达明了到位，使专业人员能够看懂。且末端设备族中应该输入基本信息，如：设备编号、规格及型号、基本性能参数等，以备标注时读取。

⑥添加图样。

平面图：在图样浏览器中添加图样，以"图样编号 + 图名"命名。添加图框，在"视图"选项里添加相应的视图,添加图名及比例。

剖面图:添加图框后,用同样的方法添加剖面。双击添加的视图,进入剖面视口,添加相应的标注,右键单击"取消激活视图"退出,最后添加图名及比例。

(5)电气专业工作流程。根据建筑 Revit 模型建立电气模型,在建筑模型下,根据房间要求和家具摆放,设计照明灯具、电视插座、电话网络接线插座、火灾自动报警及电气箱体的摆放。根据点位设计,设计电气模型。

从电气中心文件分离出一个文件筛选出标准层给建筑专业。建筑专业通过筛选告知只需要强弱电箱点位,从给建筑专业的文件中筛选出强弱电箱,提给建筑专业。

从设备中心文件中提取出需要电量的设备原件点位,设备专业通过 Revit 出的图样,圈出点位。

接收设备原件点位,进族修改设备原件图例,改为电气图例。为了避免算量重复计算,设备原件用 86 接线盒代替。

在模型内,各电气图加标注,其中照明标注导线根数、导线回路。弱电标注管线型号。火灾自动报警系统,用标注族在电气线管上标注,区分各线管型号。

(6)设计成果展示。设计成果展示如图 3-25 ~ 图 3-30 所示。

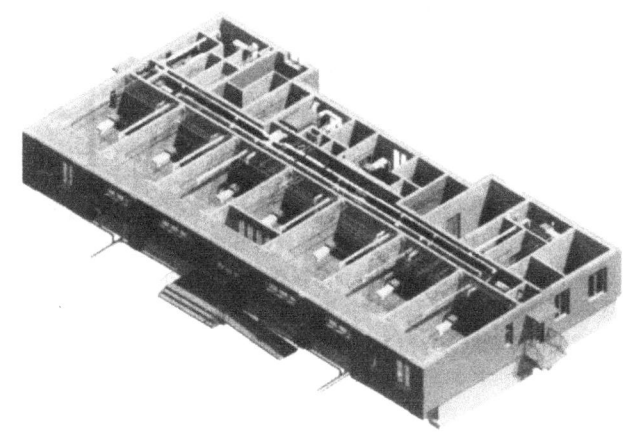

图 3-25 首层综合模型

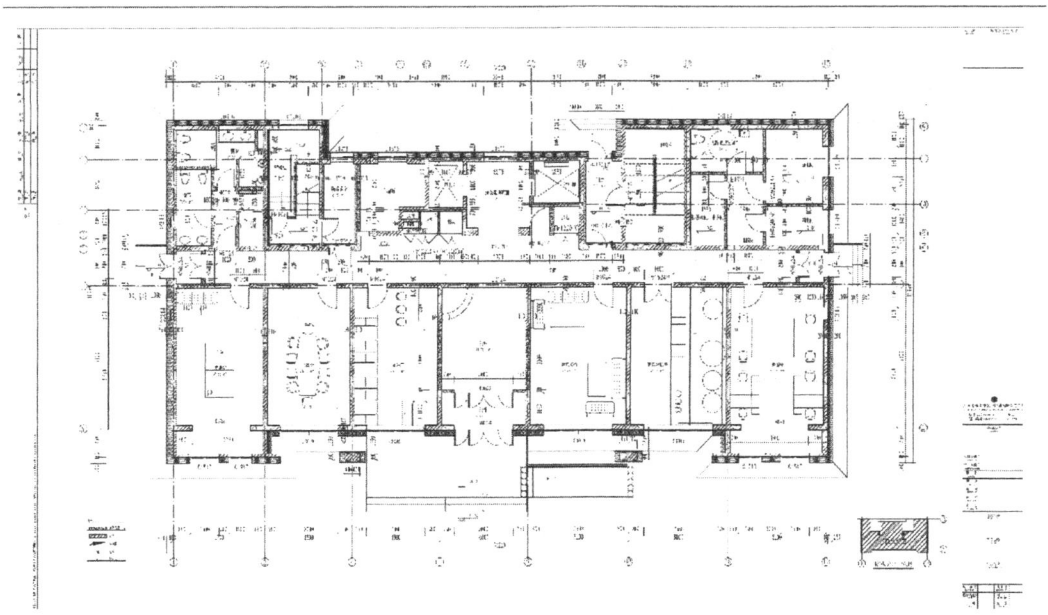

图 3-26 首层建筑平面图

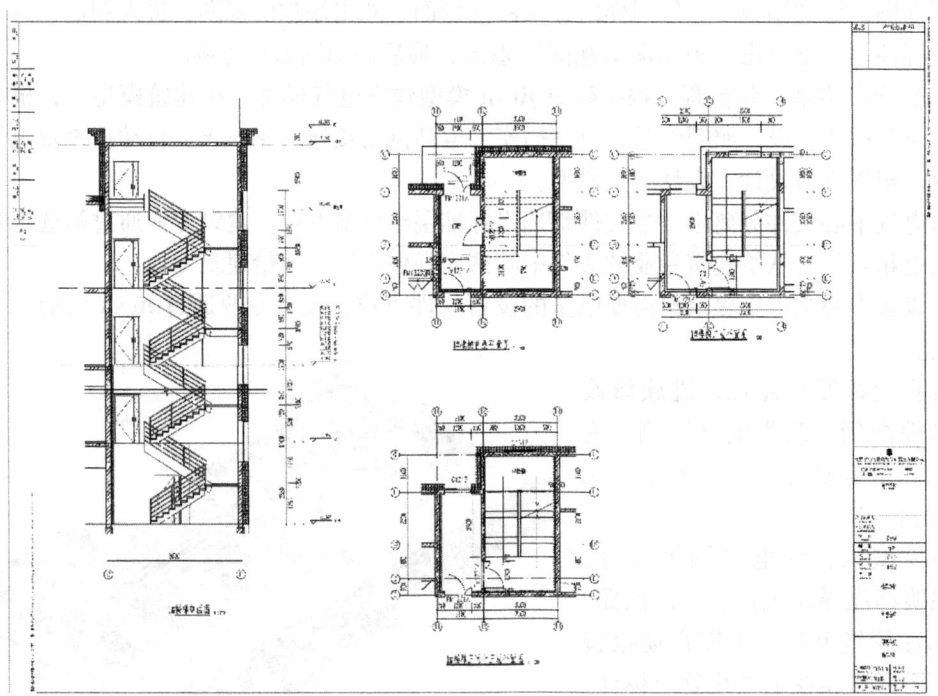

图 3-27 建筑楼梯详图

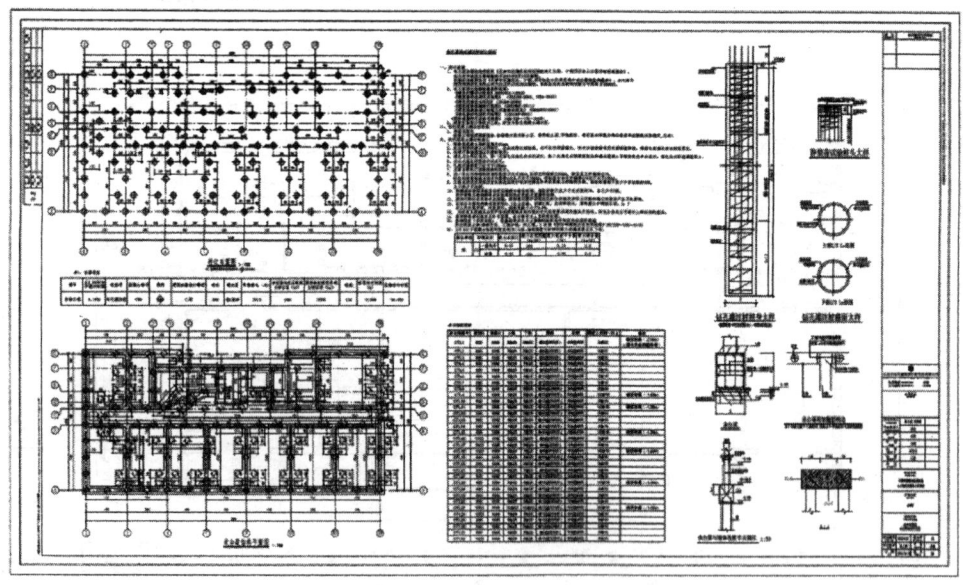

图 3-28 桩位布置图、承台梁结构平面图

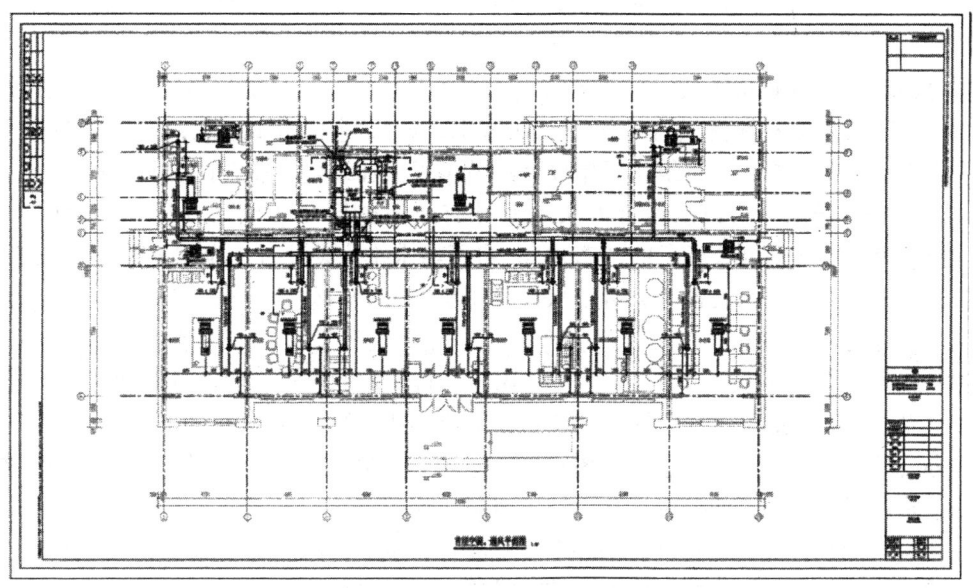

图 3-29　首层空调通风平面图

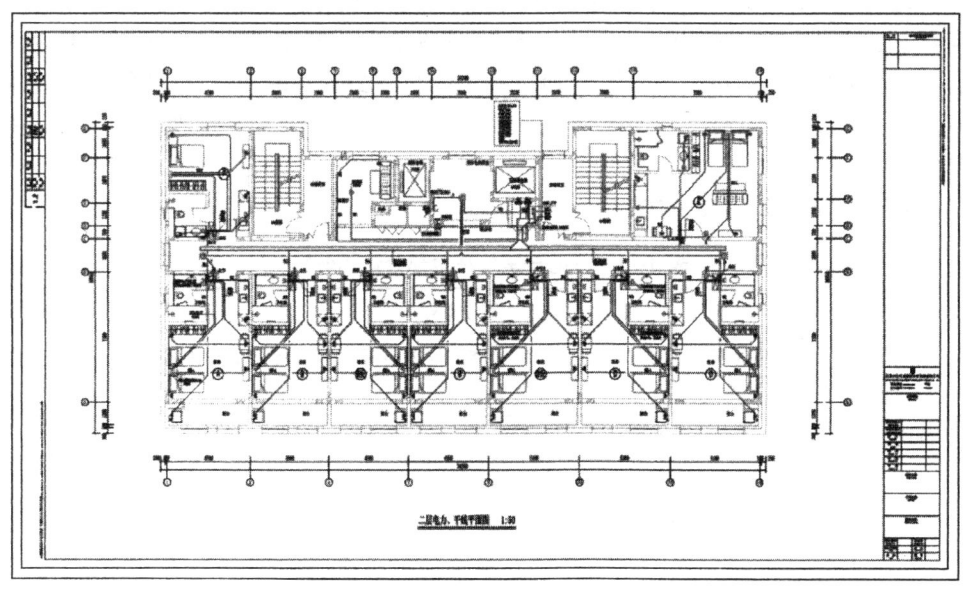

图 3-30　二层电力、干线平面图

第七节　绿色 BIM 应用

建筑信息模型（BIM）技术，就是绿色建筑在技术上的变革与创新。在 21 世纪第一个 10 年的发展以后，BIM 对于工程建设行业的从业者们来说早已不再是一个陌生的名词了。如何把 BIM 技术在建设项目的设计、施工、运营整个生命周期中较好地使用起来，提升项目质量、缩短项目实施周期和控制项目造价的课题，摆到了越来越多的从业者面前。

绿色建筑需要借助BIM技术来有效实现，采用BIM技术可以更好地实现绿色设计，BIM技术为绿色建筑快速发展提供有效保障。在未来，如果利用BIM理念，使用BIM云技术、互联网等先进技术和方法，建筑从开始设计时就可以更加绿色。在设计阶段，进行土地规划设计时应用BIM技术，可以从设计源头就开始有效地进行"节地"，应用BIM协同管理、BIM云技术等可以实现办公场所的"节地"；进行给水排水设计时，应用BIM技术合理排布给水排水管道、采用节水设备等，可以从设计源头就开始有效地进行"节水"；进行暖通空调和电气设计时，应用BIM技术合理排布暖通空调、电气管道，采用节能设备等，可以从设计源头就开始有效地进行"节能"，应用BIM进行合理的建筑平面布置对比和窗墙比分析有利于"节能"，通过BIM技术提高设计效率，减少计算机、电气设备等运行率，一定程度可以为办公环境"节能"；通过应用BIM技术，可以有效减少设计中的错、漏、碰、缺等，避免施工阶段发生不必要的变更，从而节省材料，保护环境。

在新版《绿色建筑评价标准》（GB/T 50378—2014）将标准适用范围由住宅建筑和公共建筑中的办公建筑、商场建筑和旅馆建筑，扩展至各类民用建筑。

BIM在绿色建筑设计中的应用大致有两种途径：第一种，BIM核心模型增加相应信息，在BIM创建完成后，通过统计功能判定是否达到绿色建筑评价相应条文要求；第二种，需要建筑第三方相关模拟分析软件，进行相应计算分析，根据模拟分析的结果判定是否满足绿色建筑相关条文要求。简单来说，第一种途径为绿色建筑对BIM核心模型的信息要求，第二种为第三方模拟分析软件共享BIM核心模型，通过在核心模型中提取所需信息，进行专项计算分析。

1. 节地与室外环境（表3-10）

表3-10 节地与室外环境部分达标分析

名称	类别	编号	标准条文	BIM应用要求
节地与室外环境	控制项	4.1.4	建筑规划布局应满足日照标准，且不得降低周边建筑的日照标准	BIM应用
	评分项	4.2.1	节约集约利用土地	BIM应用
		4.2.3	合理开发利用地下空间	
		4.2.4	建筑及照明设计避免产生光污染	
		4.2.6	场地内风环境有利于室外行走、活动舒适和建筑的自然通风	
		4.2.8	场地与公共交通设施具有便捷的联系	
		4.2.10	合理设置停车场所	
		4.2.11	提供便利的公共服务	
		4.2.12	结合现状地形地貌进行场地设计与建筑布局	
		4.2.13	充分利用场地空间合理设置绿色雨水基础设施	
		4.2.14	合理规划地表与屋面雨水径流，对场地雨水实施外排总量控制	

2. 节能与能源利用（表3-11）

表 3-11 节能与能源利用部分达标分析

名称	类别	编号	标准条文	BIM 应用要求
节能与能源利用	评分项	5.2.1	结合场地自然条件，对建筑的体形、朝向、楼距、窗墙比等进行优化设计	BIM 应用
		5.2.2	外窗、玻璃幕墙的可开启部分能使建筑获得良好的通风	

3. 节水与水资源利用（表 3-12）

表 3-12 节水与水资源利用部分达标分析

名称	类别	编号	标准条文	BIM 应用要求
节水与水资源利用	控制项	6.1.2	给水排水系统设置应合理、完善、安全	BIM 应用
	评分项	6.2.12	结合雨水利用设施进行景观水体设计	

4. 节材与材料资源利用（表 3-13）

表 3-13 节材与材料资源利用部分达标分析

名称	类别	编号	标准条文	BIM 应用要求
节材与材料资源利用	评分项	7.2.2	对地基基础、结构体系、结构构件进行优化设计	BIM 应用
		7.2.3	土建工程与装修工程一体化设计	
		7.2.5	采用工业化生产的预制构件	

5. 室内质量环境（表 3-14）

表 3-14 室内质量环境部分达标分析

名称	类别	编号	标准条文	BIM 应用要求
室内质量环境	评分项	8.2.5	建筑主要功能房间具有良好的户外视野	BIM 应用
		8.2.6	主要功能房间的采光系数满足现行国家标准	
		8.2.10	优化建筑空间、平面布局和构造设计，改善自然通风效果	

6. 提高与创新（表 3-15）

表 3-15 提高与创新部分达标分析

名称	类别	编号	标准条文	BIM 应用要求
提高与创新	评分项	8.2.5	应用建筑信息模型（BIM）技术	BIM 应用

一、BIM 绿色建筑评价标准的协同

通过统计功能，分析是否满足《绿色建筑评价标准》（GB/T 50378—2014）相应条文要求。通过增加各构件的相应属性，实时显示调整结果，辅助绿色建筑设计。通过梳理，在绿

色建筑评价中，有 22 条可以采用 BIM 方式实现。详见表 3-16。

表 3-16 《绿色建筑评价标准》条文与 BIM 实现途径一览表

条文编号	条文内容	实现途径
4.1.4	建筑规划布局应满足日照标准，且不得降低周边建筑的日照标准	基于 BIM 的日照模拟分析
4.2.1	节约集约利用土地	基于 BIM 模拟分析土地利用率
4.2.3	合理开发利用地下空间	基于 BIM 计算分析地下空间利用率
4.2.4	建筑及照明设计避免产生光污染	基于 BIM 的幕墙设计
4.2.6	场地内风环境有利于室外行走、活动舒适和建筑的自然通风	基于 BIM 的 CFD 分析
4.2.8	场地与公共交通设施具有便捷的联系	基于 BIM 的场地分析
4.2.10	合理设置停车场所	基于 BIM 的车位布置分析
4.2.11	提供便利的公共服务	基于 BIM 公共空间的分析
4.2.12	结合现状地形地貌进行场地设计与建筑布局	基于 BIM 的场地分析
4.2.13	充分利用场地空间合理设置绿色雨水基础设施	基于 BIM 的空间分析
4.2.14	合理规划地表与屋面雨水径流，对场地雨水实施外排总量控制	基于 BIM 的雨水模拟分析
5.2.1	结合场地自然条件，对建筑的体形、朝向、楼距、窗墙比等进行优化设计	基于 BIM 的模拟分析
5.2.2	外窗、玻璃幕墙的可开启部分能使建筑获得良好的通风	基于 BIM 的通风模拟
6.1.2	给水排水系统设置应合理、完善、安全	基于 BIM 的水系统模拟
6.2.12	结合雨水利用设施进行景观水体设计	基于 BIM 的景观模拟
7.2.2	对地基基础、结构体系、结构构件进行优化设计	基于 BIM 的结构分析
7.2.3	土建工程与装修工程一体化设计	基于 BIM 的一体化设计
7.2.5	采用工业化生产的预制构件	基于 BIM 的预制装配式设计
8.2.5	建筑主要功能房间具有良好的户外视野	基于 BIM 的建筑功能视野分析
8.2.6	主要功能房间的采光系数满足现行国家标准	基于 BIM 的采光分析
8.2.10	优化建筑空间、平面布局和构造设计，改善自然通风效果	基于 BIM 的 CFD 分析
11.2.10	应用建筑信息模型（BIM）技术	基于 BIM 的应用

二、基于 BIM 绿色设计软件协同管理

基于 BIM 绿色设计软件协同管理见表 3-17。

表 3-17 基于 BIM 绿色设计软件协同管理

项 目	内 容
基于 BIM 的 CFD 模拟分析	1. 绿色建筑设计对 CFD 软件的要求 绿色建筑涉及的技术范围更广，要求更高，所以，从中央政府到地方各级政府都在积极推广绿色建筑。全面推进建筑节能与推广绿色建筑已成为国家发展战略，一系列国家层面的重大决策和行动正在快速展开。住房和城乡建设部为贯彻执行节约资源和保护环境的国家技术经济政策，推进可持续发展，规范绿色建筑的评价，制定了《绿色建筑评价标准》（GB/T 50378—2014）。绿色建筑设

(续)

项 目	内 容
基于 BIM 的 CFD 模拟分析	对 CFD 软件计算分析提出了一定要求，如图 3-31 所示 CFD 软件应用于 BIM 前期，可以有效地优化建筑布局，对建筑运行能耗的降低，室内通风状况的改善均有较大帮助 2. 常用 CFD 软件的评估 Fluent 软件是目前市场上最流行的 CFD 软件，它在美国的市场占有率达到 60%。在网上调查中发现，Fluent 在中国也是得到最广泛使用的 CFD 软件。其前处理软件主要有 Gambit 与 ICEM，ICEM 直接几何接口包括 Catia、CADDS5、ICEM Surf/DDN、I-DEAS、Solid Works、Solid Edge、Pro—Engineer and Unigraphics。较为简单的建筑模型可以直接导入，当建筑模型较为复杂时，则需遵循从点—线—面的顺序建立建筑模型 使用商用 CFD 软件的工作，大约有 80% 的时间是花费在网格划分上的，可以说网格划分能力的高低是决定工作效率的主要因素之一。Fluent 软件采用非结构网格与适应性网格相结合的方式进行网格划分 与结构化网格和分块结构网格相比，非结构网格划分便于处理复杂外形的网格划分，而适应性网格则便于计算流场参数变化剧烈、梯度很大的流动，同时这种划分方式也便于网格的细化或粗化，使得网格划分更加灵活、简便 Fluent 划分网格的途径有两种：一种是用 Fluent 提供的专用网格软件 Gambit 进行网格划分，另一种则是由其他的 CAD 软件完成造型工作，再导入 Gambit 中生成网格。还可以用其他网格生成软件生成与 Fluent 兼容的网格用于 Fluent 计算。可以用于造型工作的 CAD 软件包括 I-DEAS、Solid Works、Solid Edge、Pro/E 等。除了 Gambit 外，可以生成 Fluent 网格的网格软件还有 ICEM CFD、Gridgen 等。Fluent 可以划分二维的三角形和四边形网格，三维的四面体网格、六面体网格、金字塔形网格、楔形网格，以及由上述网格类型构成的混合型网格 3. BIM 与 CFD 软件的对接 从绿色建筑设计要求来看，热岛计算要求建立出整个建筑小区的道路、建筑外轮廓、水体、绿地等模型；室内自然通风计算及室外风场计算需建立出建筑的外轮廓及室内布局，从 BIM 应用系统中直接导出软件可接受格式的模型文件是比较好的选择 综合各类软件，选用 Phoenics 作为与 BIM 应用配合完成绿色建筑设计的 CFD 软件，可以直接导入建筑模型，大大减少建筑模型建立的工作量，故本书建议选用 Phoenics 与 BIM 进行配合设计 BIM 设计与 Phoenics 的配合流程如图 3-32 所示 4. BIM 与 CFD 计算分析的配合 (1) BIM 配合 CFD 计算热岛强度 由协同设计平台导出建筑、河流、道路、绿地的模型文件，模型文件的导出可采取两种路径：直接导出 3DS 格式的模型文件；导出 CAD 格式的文件，再在 CAD 文件中建立三维模型，导出 STL 格式的模型文件 (2) BIM 配合 CFD 计算室外风速 由协同设计平台导出建筑外表面的模型文件，模型文件的导出可采取两种路径：直接导出 3DS 格式的模型文件；导出 CAD 格式的文件，再在 CAD 文件中建立三维模型，导出 STL 格式的模型文件 由 BIM 应用系统导出模型时，可只包含建筑外表面及周围地形信息，且导出的建筑模型应封闭好，以免 CFD 软件导入模型时发生错误 (3) BIM 配合 CFD 计算室内通风 可分为两种方法计算：一是导出整栋建筑外墙及内墙信息，整栋建筑同时参与室内及室外的风场计算；二是按照室外风速场计算的例子，计算出建筑物表面风压，单独进行某层楼的室内通风计算 由协同设计平台导出建筑外表面的模型文件，模型文件的导出可采取两种路径：直接导出 3DS 格式的模型文件；导出 CAD 格式的文件，再在 CAD 文件中建立三维模型，导出 STL 格式的模型文件

(续)

项目	内容
基于 BIM 的建筑热工和能耗模拟分析	1. 建筑热工和能耗模拟分析 建筑节能必须从建筑方案规划、建筑设备系统的设计开始。不同的建筑造型、不同的建筑材料、不同的建筑设备系统可以组合成很多方案，要从众多方案中选出最节能的方案，必须对每个方案的能耗进行估计。大型建筑非常复杂，建筑与环境、系统以及机房存在动态作用，这些都需要建立模型，进行动态模拟和分析 建筑模拟已经在建筑环境和能源领域取得了越来越广泛的应用，贯穿于建筑的整个生命期，具体应用有如下方面： (1) 建筑冷/热负荷的计算，用于空调设备的选型 (2) 在设计建筑或者改造既有建筑时，对建筑进行能耗分析，以优化设计或者节能改造方案 (3) 建筑能耗管理和控制模式的设定与制定，保证室内环境的舒适度，并挖掘节能潜力 (4) 与各种标准规范相结合，帮助设计人员设计出符合国家标准或当地标准的建筑 (5) 对建筑进行经济性分析，使设计人员对各种设计方案从能耗与费用两方面进行比较 由此可见，建筑能耗模拟分析与 BIM 有非常大的关联性，建筑能耗模拟需要 BIM 的信息，但又有别于 BIM 的信息。建筑能耗模拟模型与 BIM 的差异如下： (1) 建筑能耗模拟需要对 BIM 简化 在能耗模拟中，按照空气系统进行分区，每个分区的内部温度一致，而所有的墙体和窗口等围护结构的构件都被处理为没有厚度的表面，而在建筑设计当中的墙体是有厚度的，为了解决这个问题，避免重复建模，建筑能耗模拟软件希望从 BIM 信息中获得的构件是没有厚度的一组坐标 除了对围护结构的简化外，由于实际的建筑和空调系统往往非常复杂，完全真实地表述不仅太过繁杂，而且也没有必要，必须做一些简化处理。比如热区的个数，往往受程序的限制，即使在程序的限制以内，也不能过多，以免速度过慢 (2) 补充建筑构件的热工特性参数 BIM 中含有建筑构件的很多信息，例如尺寸、材料等，但能耗模拟软件的热工性能参数往往没有，这就需要我们进行补充和完善 (3) 负荷时间表 要想得到建筑的冷/热负荷，必须知道建筑的使用情况，即对负荷的时间表进行设置，这在 BIM 中往往是没有的，必须在能耗模拟软件中单独进行设置。由于还有其他模拟要基于 BIM 信息进行计算（比如采光和 CFD 模拟），所以可以在 BIM 信息中增加负荷时间表，降低模拟软件的工作量 2. 常用的建筑能耗模拟分析软件 用于建筑能耗模拟分析的软件有很多，美国能源部统计了全世界范围内用于建筑能效、可再生能源、建筑可持续等方面评价的软件工具，到目前为止共有 393 款。其中比较流行的主要有：Energy-10、HAP、TRACE、DOE-2、BLAST、Energyplus、TRAN-SYS、ESP-r、Dest 等。 目前国内外有许多软件工具也是以 Energyplus 为计算内核开发了一些商用的计算软件，如 Design-Builder、OpenStudio、Simergy 等。本书仅以 Simergy 为例，说明基于 BIM 的热工能耗模拟计算 3. Simergy 基于 BIM 的能耗模拟 Simergy 热工能耗模拟计算应用流程如图 3-33 所示 (1) 导入模型 BIM 中包含了很多的建筑信息，数据量非常大。对于能耗模拟计算，仅仅需要建筑的几何尺寸、窗洞口位置等基本信息，目前的 gbXML 文件格式就是包含这类信息的一种文件，所以直接从 BIM 建模软件中导出 gbXML 文件就可以了 (2) 房间功能及围护结构设置 由于模型传输的过程中有可能会出现数据的丢失，所以需要对模型进行校对以保证信息的完整

(续)

项　目	内　容
基于 BIM 的建筑热工和能耗模拟分析	一栋建筑中有很多不同功能要求的房间，必须分别设置采暖空调房间和非采暖空调房间，对于室内温度要求不一样的房间，也应该进行单独设置；同时，对于大型建筑，某些功能空间要求和室内环境有一样的使用时间，为了减少计算资源的占用，需要合并房间时也在该操作中进行 　　(3) 模拟基本参数设置 　　在设置空调系统之前，必须对模拟类型和模拟周期等进行设置。所有参数设置完成后，需要将以上设置内容保存为模板以供模拟运行时进行调用 　　(4) 空调系统设置 　　要保证计算能耗与实际结果的一致性，必须按照实际空调系统的设置情况对空调系统进行配置。具体的容量设置包括：空调类型、冷气环路、冷凝水环路、冷却水环路等
基于 BIM 的声学模拟分析	1. 基于 BIM 的室内声学分析 　　人员密集的空间尤其是声学品质要求较高的厅堂，如音乐厅、剧场、体育馆、教室以及多功能厅等，在进行绿色建筑设计时，需要关注建筑的室内声学状况，因而有必要对这些厅堂进行室内声学模拟分析。基于 BIM 的室内声学分析流程如图 3-34 所示 　　室内声学设计主要包括建筑声学设计和电声设计两部分。其中建筑声学是室内声学设计的基础，而电声设计只是补充部分。因此，在进行声学设计时，应着重进行建筑声学设计。常用的建筑声学设计软件有：Odeon、Raynoise 和 EASE。其中，Odeon 只用于室内音质分析，而 Raynoise 兼做室外噪声模拟分析，EASE 可做电声设计 　　三种室内声学分析软件都是基于 CAD 输出平台，包括 Rhino、SketchUp 等建模软件都可以通过 CAD 输出 DXF、DWG 文件导入软件，或者是通过软件自带建模功能建模，但软件自带建模功能过于复杂，一般不予考虑 　　从软件的操作便捷性来看，Odeon 软件操作更为简便；Raynoise 软件虽然对模型要求较为简单，不必是闭合模型，但导入模型后难以合并，不便操作；EASE 软件操作较为繁琐，且对模型要求较高，较为不便 　　从软件的使用功能来看，Odeon 软件对室内声学分析更具权威性，而且覆盖功能更加全面，包括厅堂音乐声、语音声的客观评价指标以及关于舞台声环境各项指标，涵盖室内音质分析，并可作室外噪声模拟；EASE 在室内音质模拟方面不具权威性，虽然开发的 Aura 插件包括一些基础的客观声环境指标，但覆盖范围有限，其优势在于进行电声系统模拟 　　在实现 BIM 应用与室内声学模拟分析软件的对接过程中，应注意以下几点： 　　(1) 在使用 Revit 软件建立信息化模型时，可忽略对室内表面材料参数的定义，导出模型只存储几何模型 　　(2) Revit 建立的模型应以 DXF 形式导出，并在 AutoCAD 中读取 　　(3) Revit 导出的三维模型中的门窗等构件都是以组件的形式在 CAD 中显示的，可先删去，再用 3Dface 命令重新定义门窗面 　　(4) Revit 导出的三维模型中的墙体、屋顶以及楼板等都是有一定厚度的，导入 Odeon 等声学分析软件后进行材料参数设置时，只对表面定义吸声扩散系数 　　2. 基于 BIN 的室外声学分析 　　在进行绿色建筑设计时，尤其关注室外环境中的环境噪声，一般进行环境噪声的模拟分析时使用 Cadna/A 软件。Cadna/A 软件可以进行以下模拟：工业噪声计算与评估、道路和铁路噪声计算与预测、机场噪声计算与预测、噪声图。基于 BIM 的室外声学分析流程如图 3-35 所示 　　在进行道路交通噪声的预测分析时，输入信息包含各等级公路及高速公路等，用户可输入车速、车流量等值获得道路源强，也可直接输入类比的源强。普通铁路、高速铁路等铁路噪声，可输入列车类型、等级、车流量、车速等参数。经过预测计算后可输出结果表、计算的受声点的噪声级、声级的关系曲线图、水平噪声图、建筑物噪声图等。输出文件为噪声等值线图和彩色噪声分布图

(续)

项 目	内 容
基于 BIM 的声学模拟分析	在实现 BIM 应用与室外环境噪声模拟分析软件对接过程中，应注意以下几点： (1) 使用 Revit 软件建模时，需将整个总平面信息以及相邻的建筑信息体现出来 (2) 导出模型时应选择导出 DXF 格式，并在 CAD 中读取 (3) 在 CAD 中简化模型时，应保存用地红线、道路、绿化与景观的位置，同时用 PL 线勾勒三维模型平面（包括相邻建筑），并记录各单栋建筑的高度，最后保存成新的 DXF 文件导入模拟软件中 (4) 模拟时先根据导入的建筑模型的平面线和记录的高度在模拟软件中建模，赋予建筑定义
基于 BIM 的光学模拟分析	1. 建筑采光模拟软件选择 按照模拟对象及状态的不同，建筑采光模拟软件大致可分为静态和动态两大类 静态采光模拟软件可以模拟某一时间点建筑采光的静态图像和光学数据。静态采光分析软件主要有 Radiance、Ecotect 等 动态采光模拟软件可以依据项目所属区域的全年气象数据逐时计算工作面的天然光照度，以此为基础，可以得出全年人工照明产生的能耗，为照明节能控制策略的制定提供数据支持。动态采光模拟软件主要有 Adeline、Lightswitch Wizard、Sport 和 Daysim，前三款软件存在计算精度不足的缺陷，相比较 Daysim 的计算精度较高 2. BIM 与 Ecotect Analysis 软件的对接 BIM 与 Ecotect Analysis 软件之间的信息交换是不完全双向的，即 BIM 信息可以进入 Ecotect Analysis 软件中模拟分析，反之则只能誊抄数据或者通过 DXF 格式文件到 BIM 文件里作为参考，如图 3-36 所示。从 BIM 到 Ecotect Analysis 的数据交换主要通过 gbXML 或 DXF 两种文件格式进行 (1) 通过 gbXML 格式的信息交换 gbXML 格式的文件主要可以用来分析建筑的热环境、光环境、声环境、资源消耗量与环境影响、太阳辐射，也可以进行阴影遮挡、可视度等方面分析。gbXML 格式的文件是以空间为基础的模型。房间的围护结构，包含"屋顶""内墙和外墙""楼板和板""窗""门"以及"窗口"，都是以面的形式简化表达的，并没有厚度。BIM 通过 gbXML 格式与 Ecotect Analysis 间的数据交换时，必须对 BIM 进行一定的处理，主要是在 BIM 中创建"房间"构件 (2) 通过 DXF 格式的信息交换 DXF 格式的文件适用于光环境分析、阴影遮挡分析、可视度分析。DXF 文件是详细的 3D 模型，因为其建筑构件有厚度，同 gbXML 文件相比，分析的结果显示效果更好一些。但是对于较为复杂的模型来说，DXF 文件从 BIM 文件导出或者导入 Ecotect Analysis 的速度都会很慢，建议先对 BIM 进行简化

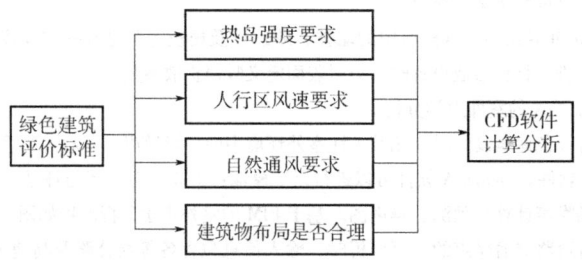

图 3-31 绿色建筑设计对 CFD 软件计算分析的要求

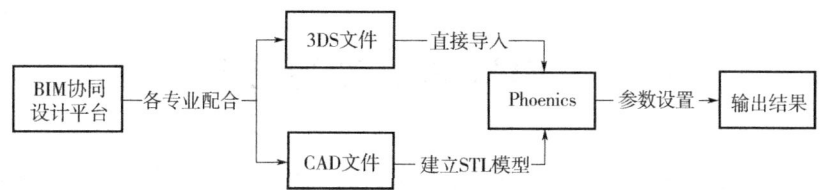

图 3-32　BIM 设计与 Phoenics 的配合流程

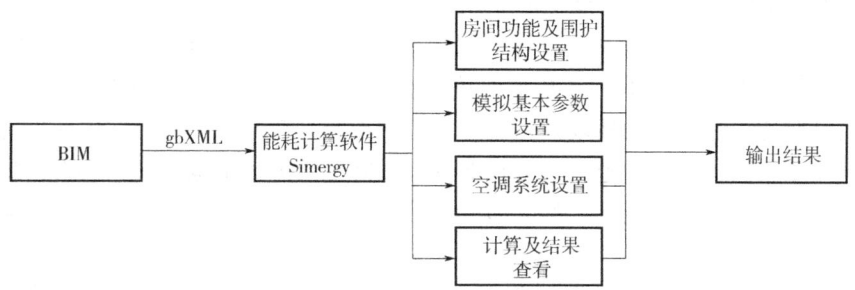

图 3-33　Simergy 热工能耗模拟计算应用流程

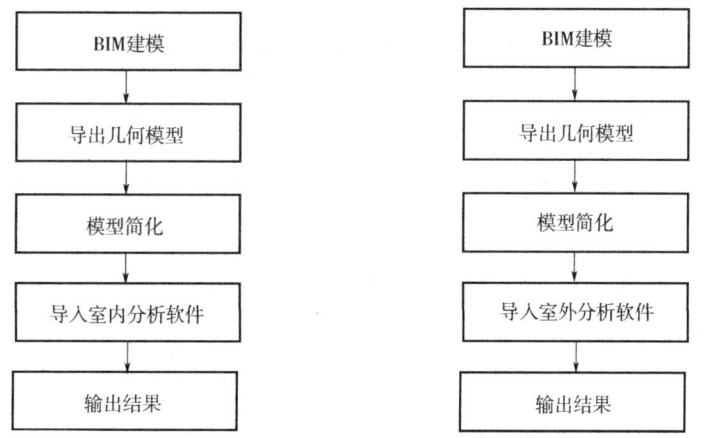

图 3-34　基于 BIM 的室内声学分析流程　　图 3-35　基于 BIM 的室外声学分析流程

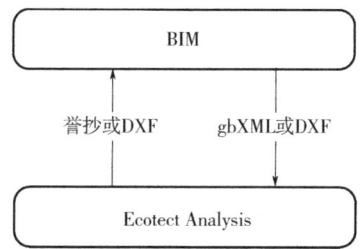

图 3-36　BIM 与 Ecotect Analysis 之间的信息交换

第八节　BIM 设计变更应用管理

在实践中，工程变更管理存在很多问题，主要表现在：工程变更管理不重视设计阶段的预先控制，导致后期的工程变更增多；工程变更发生之后的信息管理手段落后，缺乏系统的软件支持；项目参与方之间沟通协调困难。BIM 技术的应用正好可以有效地解决这些问题，达到缩短工期、节约成本、减少变更的作用。

BIM 技术的发展使设计精度、设计效率大大提高，可以减少因为设计带来的变更。其次，工程变更管理手段过于单一，基本上停留在手工作业上，导致处理时间过长，效率低下，由于项目在建成过程中的高效动态变化，数据不容易获取，尤其当发生变更时，不光是设计人员工作量增加，相应的施工人员和造价工程师等的劳动量也增加。再次，传统的变更管理多依赖于项目管理者的经验，难以形成标准化、规范化管理模式，组织关系混乱，管理结构和人员权责不明确。

结合 BIM 技术的应用现状，通过前面对工程变更管理现存问题分析，总结出工程变更管理中需要 BIM 技术的以下功能，这些功能的综合应用可以实现对工程变更的有效管理的动态控制，见表 3-18。

表 3-18　基于 BIM 设计变更应用管理

项　目	内　容
1. 参数化变更管理	BIM 中建筑基本单元是参数化构件。构件参数化可以为设计提供开放式的图形式系统，可以逐步细化设计用途，参数化之间的相互关系可以用于支持 BIM 所提供的协调和变更管理功能。BIM 的一个基本特性是能够协调变更并始终保持一致，所有 BIM 信息都存储在一个位置，比如说建筑专业添加了一堵墙，那么 MEP 专业无需再添加任何墙，会自动更新到 MEP 专业中，因为这堵墙在整个 BIM 中是唯一的。任何一处变更都可以同时有效地更新到整个模型，所有相关内容随之自动变更，无需用户干预即可实现关联内容的更新，信息更新快，对设计修改比较容易
2. 可视化程度高	BIM 软件在管线综合排布的时候，可以任意调到各种视图，如平面、立面、剖面。平面有利于布置水平管线，立面有利于垂直管线的布置，剖面有利于建筑物内部管线的布置。可以任意调到各种角度查看构件位置，解决传统绘图各专业靠空间想象力来描绘建筑物全貌的问题。可以实现水暖电系统图表达精准化、各专业大样图表达形象化，提高设计深度
3. 协同设计	以前在建筑、结构完成之后，水暖电各专业都是在建筑和结构的基础上为建筑物添加管道和设备，虽然水暖电各专业都是基于同样的建筑设计来确定管线设备位置，但不容易确定水暖电各专业之间的碰撞交叉点的位置，各个专业的设计师沟通不及时，提出的修改意见要经过书面报告，信息传递速度慢。BIM 技术可以通过中心文件来实现项目共享，在中心文件上可以实时看到其他专业的模型更新或修改信息，通过计算机的操作来实现协同共享，无需通过中间过程的传递。BIM 的协同设计可以解决各专业之间配合不当的问题
4. 施工资源动态跟踪	施工信息动态跟踪是在 3D 实体模型的基础上增加了资源的使用情况，建立基于 BIM 的 4D 模型。4D 模型的应用可以实现建设项目资源的动态管理和成本实时监控，对施工工程量、造价统计和分析，及时发现和解决施工资源与成本的矛盾与冲突，减少工程变更发生的可能性，变更资料的搜集更加快速、有效。如图 3-37 所示，BIM 技术的应用在数据管理方面有巨大的优势，可以知道任意节点的资源使用情况，帮助管理者实时掌握工程量的计划完工和实际完工情况

(续)

项 目	内 容
5. BIM 信息平台	BIM 信息平台就是项目参与方在同一个平台下工作，这个平台叫作 BIM 平台，不同专业人员将自己各自创建的模型上传到 BIM 平台，通过服务器可以从平台上查看和下载其他专业部件的信息，为建设方、设计方等众多单位在同一个平台上实现数据共享，使沟通更为便捷，管理更为有效，传统的沟通方式杂乱无序，杂乱的沟通方式导致工作效率不高，沟通不畅有可能导致变更的发生。基于 BIM 平台之后，项目参与方拿到的模型都是一致的，通过 BIM 平台进行沟通交流，对于业主的需求通过 BIM 来展现，让设计方、承包方明白其意图，便于沟通交流和管理，对于不满意的方案可以直接调用修改模型。利用 BIM 促进项目参与方之间沟通稳而有序，保证信息传递的可靠性

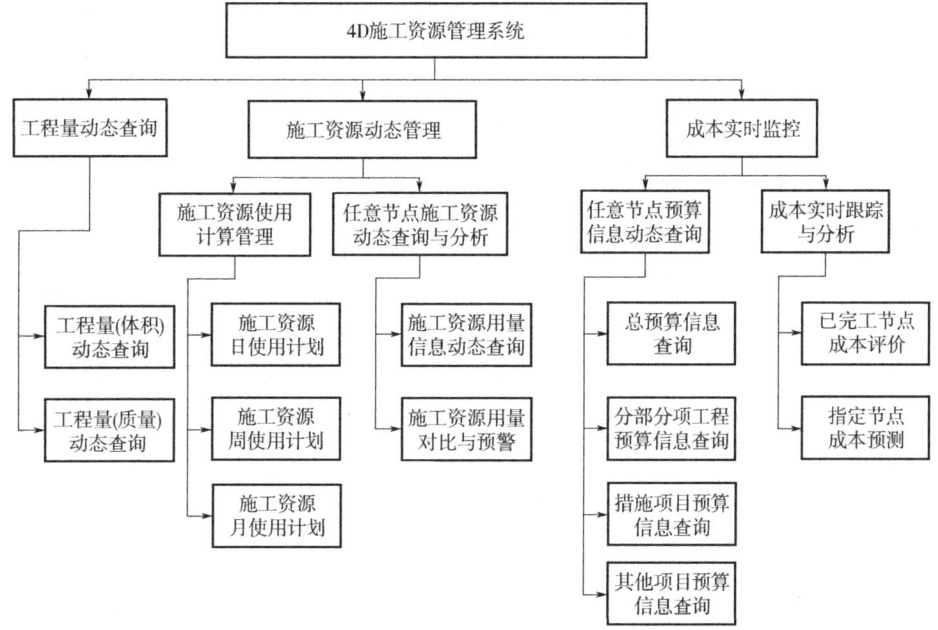

图 3-37 4D 施工资源管理系统

第九节 BIM 技术的设计应用管理软件

国内外应用较为广泛、市场占有率较高的部分 BIM 设计应用管理软件见表 3-19。

表 3-19 BIM 设计应用管理软件

公 司	软 件	应用范围			主要用途
		方案设计	初步设计	施工图设计	
Trimble	SketchUp	√	√		3D 概念建模、多专业建模
	Takla Structures		√	√	3D 概念建模、结构建模
AutoDesSys	Bonzai3D	√	√		建筑建模
Robert McNeel	Rhino	√	√		建筑建模

(续)

公司	软件	应用范围			主要用途
		方案设计	初步设计	施工图设计	
Autodesk	Vasari	√			3D 概念建模
	Revit	√	√	√	建筑、结构、机电建模
	Showcase	√	√		
	Navisworks		√	√	
	Ecotect Analysis		√		能量分析
	Robot Structural Analysis		√	√	结构分析
	AutoCAD Architecture	√	√	√	建筑建模、场地设计
	AutoCAD MEP	√	√	√	机电建模
	AutoCAD Structural Detailing	√	√	√	钢结构、混凝土结构细部设计
	AutoCAD Civil 3D		√	√	土木工程、土石方设计
Graphisoft	ArchiCAD	√	√	√	3D 概念、建筑、机电、场地建模
Progman Oy	MagiCAD	√	√		机电建模
Bentley	AECOsim Energy simulator		√	√	能量分析
	Hevacomp		√	√	建筑节能设计
	STAAD. Pro		√	√	结构分析
	ProSteel			√	钢结构建模
	Navigator		√	√	
FORUM 8	UC-Win/Road	√	√		道路、桥梁建模
Gehry Technology	Digital Project	√	√	√	多专业建模、结构分析
Solibri	Model Checker	√	√	√	模型检测
	Model Viewer	√	√	√	模型浏览
	IFC Optimizer	√	√	√	IFC 标准优化
	Issue Locator	√	√	√	

第四章 BIM 招标投标应用管理

新的《建设工程工程量清单计价规范》的发布，及科技的发展使得让企业自主报价的权利得到了更充分的体现，不但进一步明确了各方主体的责权利，同时也对企业提出了更高的要求。

1. 针对建设单位而言

现在的工程招投标项目时间紧、任务重，甚至还出现边勘测、边设计、边施工的工程，甲方招标清单的编制质量难以得到保障。而施工过程中的过程支付以及施工结算是以合同清单为准，直接导致了施工过程中变更难以控制，结算费用一超再超的情况时有发生。

要想有效地控制施工过程中的变更多、索赔多、结算超预算等问题，关键是要把控招标清单的完整性、清单工程量的准确性以及合同清单价格的合理性。

2. 针对施工单位而言

由于投标时间比较紧张，要求投标方高效、灵巧、精确地完成工程量计算，把更多时间运用在投标报价技巧上。这些单靠手工是很难按时、保质、保量完成的。而且随着现代建筑造型趋向于复杂化、艺术化，人工计算工程量的难度越来越大，快速、准确地形成工程量清单成为招投标阶段工作的难点和瓶颈。这些关键工作的完成也迫切需要信息化手段来支撑，进一步提高效率，提升准确度。

BIM 对于建设项目生命周期内的管理水平提升和生产效率提高具有不可比拟的优势。利用 BIM 技术可以提高招标投标的质量和效率，有力地保障工程量清单的全面和精确，促进投标报价的科学、合理，加强招投标管理的精细化水平，减少风险，进一步促进招标投标市场的规范化、市场化、标准化的发展。可以说 BIM 技术的全面应用，将为建筑行业的科技进步产生无可估量的影响，大大提高建筑工程的集成化程度和参建各方的工作效率。同时，也为建筑行业的发展带来巨大效益，使规划、设计、施工乃至整个项目全生命周期的质量和效益得到显著提高。

BIM 技术的推广与应用，极大地提高了招投标管理的精细化程度和管理水平。在招投标过程中，招标方根据 BIM 可以编制准确的工程量清单，达到清单完整、快速算量、精确算量，有效地避免漏项和错算等情况，最大程度地减少施工阶段因工程量问题而引起的纠纷。投标方根据 BIM 快速获取正确的工程量信息，与招标文件的工程量清单比较，可以制定更好的投标策略。

第一节 BIM 招标应用管理

在招标控制环节，准确和全面的工程量清单是核心关键。而工程量计算是招投标阶段耗费时间和精力最多的重要工作。而 BIM 是一个富含工程信息的数据库，可以真实地提供工程量计算所需要的物理和空间信息。借助这些信息，计算机可以快速对各种构件进行统计分析，从而大大减少根据图样统计工程量带来的繁琐的人工操作和潜在错误，在效率和准确性上得到显著提高。

（1）建立或复用设计阶段的 BIM。在招投标阶段，各专业的 BIM 建立是 BIM 应用的重要基础工作。BIM 建立的质量和效率直接影响后续应用的成效。模型的建立主要有三种途径：

① 直接按照施工图重新建立 BIM，这也是最基础、最常用的方式。

② 如果可以得到二维施工图的 AutoCAD 格式的电子文件，利用软件提供的识图转图功能，将 dwg 二维图转成 BIM。

③ 复用和导入设计软件提供的 BIM，生成 BIM 算量模型。这是从整个 BIM 流程来看最合理的方式，可以避免重新建模所带来的大量手工工作及可能产生的错误。

（2）基于 BIM 的快速、精确算量。基于 BIM 算量可以大大提高工程量计算的效率。基于 BIM 的自动化算量方法将人们从手工繁琐的劳动中解放出来，节省更多时间和精力用于更有价值的工作，如询价、评估风险等，并可以利用节约的时间编制更精确的预算。

基于 BIM 算量提高了工程量计算的准确性。工程量计算是编制工程预算的基础，但计算过程非常繁琐，造价工程师容易因各种人为原因而导致很多的计算错误。BIM 是一个存储项目构件信息的数据库，可以为造价人员提供造价编制所需的项目构件信息，从而大大减少根据图样人工识别构件信息的工作量以及由此引起的潜在错误。BIM 的自动化算量功能可以使工程量计算工作摆脱人为因素影响，得到更加客观的数据。

第二节 BIM 投标应用管理

一、基于 BIM 的施工方案模拟

借助 BIM 手段可以直观地进行项目虚拟场景漫游，在虚拟现实中身临其境般地进行方案体验和论证。基于 BIM，对施工组织设计方案进行论证，就施工中的重要环节进行可视化模拟分析，按时间进度进行施工安装方案的模拟和优化。对于一些重要的施工环节或采用新施工工艺的关键部位、施工现场平面布置等施工指导措施进行模拟和分析，以提高计划的可行性。在投标过程中，通过对施工方案的模拟，直观、形象地展示给甲方。

二、基于 BIM 的 4D 进度模拟

建筑施工是一个高度动态和复杂的过程，当前建筑工程项目管理中经常用于表示进度计划的网络计划，由于专业性强、可视化程度低，无法清晰描述施工进度以及各种复杂关系，难以形象表达工程施工的动态变化过程。通过将 BIM 与施工进度计划相链接，将空间信息与时间信息整合在一个可视的 4D（3D + Time）模型中，可以直观、精确地反映整个建筑的施工过程和虚拟形象进度。4D 施工模拟技术可以在项目建造过程中合理制订施工计划，精

确掌握施工进度，优化使用施工资源以及科学地进行场地布置，对整个工程的施工进度、资源和质量进行统一管理和控制，以缩短工期、降低成本、提高质量。此外借助 4D 模型，施工企业在工程项目投标中将获得竞标优势，BIM 可以让业主直观地了解投标单位对投标项目主要施工的控制方法、施工安排是否均衡、总体计划是否基本合理等，从而对投标单位的施工经验和实力做出有效评估。

三、基于 BIM 的资源优化与资金计划

利用 BIM 可以方便、快捷地进行施工进度模拟、资源优化，以及预计产值和编制资金计划。通过进度计划与模型的关联，以及造价数据与进度关联，可以实现不同维度（空间、时间、流水段）的造价管理与分析。

将三维模型和进度计划相结合，模拟出每个施工进度计划任务对应所需的资金和资源，形成进度计划对应的资金和资源曲线，便于选择更加合理的进度安排。

通过对 BIM 的流水段划分，可以按照流水段自动关联快速计算出人工、材料、机械设备和资金等的资源需用量计划。所见即所得的方式，不但有助于投标单位制定合理的施工方案，还能形象地展示给甲方。

四、碰撞检查

BIM 最直观的特点在于三维可视化，利用 BIM 的三维技术在施工前期、中期可以进行碰撞检查，这样既可以优化项目设计，减少建筑施工阶段可能存在的错误损失和返工的可能性，又加快了施工进度，为业主降低建造成本。某投标项目实例基于 BIM 技术的碰撞检查如图 4-1 所示。

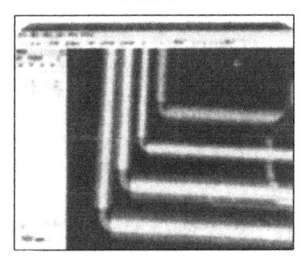
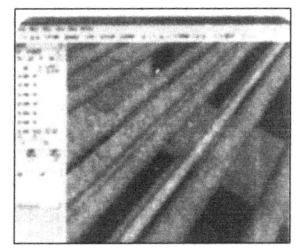

图 4-1　碰撞检查图

五、虚拟施工

运用 BIM 三维可视化功能再加上时间维度，利用碰撞优化后的方案，可以进行施工交底、施工模拟，发现本工程的重难点施工部位，按照场地特点、国家规范制定详细的施工方案，将施工方案模型化、动漫化，让评标专家，甚至非工程行业出身的业主领导都对施工方案的各种问题和情况了如指掌，如图 4-2 所示。

图 4-2 虚拟施工图

六、排除施工隐患

BIM 中，对洞口、临边、电梯井等存在安全隐患的位置（图 4-3），布置上安全围栏。施工前，对施工人员进行安全交底，形象、直观，让施工人员对安全隐患位置有较深的影响，确保施工过程不出安全事故。

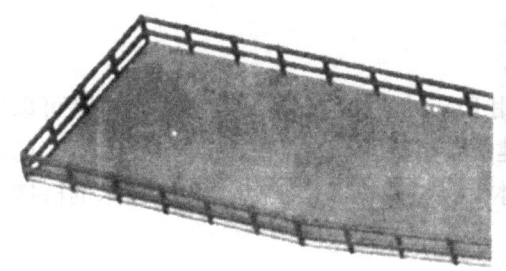 

图 4-3 施工安全隐患图

七、材料分区域统计

BIM 不仅可实现三维可视化，它还是一个 6D 关联数据库。利用已经建立的模型，可以准确快速地统计到每个区域、每个构件的材料用量，点对点的材料运输，使得材料一次性到位，减少材料的二次搬运，进而有效提高各工序的配合程度，加快施工进度。

八、工程量计算及报价

传统的招投标中由于投标时间比较紧张，要求投标方高效、灵巧、精确地完成工程量计算，把更多时间运用在投标报价技巧上。这些单靠手工是很难按时、保质、保量完成的。而且随着现代建筑造型趋向于复杂化，人工计算工程量的难度越来越大，快速、准确地形成工程量清单成为招投标阶段工作的难点和瓶颈。这些关键工作的完成也迫切需要信息化手段来支撑，进一步提高效率，提升准确度。

投标方根据 BIM 快速获取正确的工程量信息，与招标文件的工程量清单比较，可以制定更好的投标策略。按清单工程量对比表见表 4-1。

表 4-1 工程量对比表

序号	项目编码	项目名称	计量单位	工程量			单价/元		合价/元			备注
				实算值	参考值	差值	偏差率	实算值	参考值	实算值	参考值	差值	偏差率	

序号	项目编码	项目名称	计量单位	实算值	参考值	差值	偏差率	实算值	参考值	实算值	参考值	差值	偏差率	备注
							A.2 桩与地基基础工程							
1	010201003001	混凝土灌注桩 1. 土壤级别: 2. 单桩长度、根数: 3. 桩截面: 4. 成孔方法: 5. 混凝土强度等级:C35	m	909.86	904.86	5.00	0.55%	140.54	140.54	127871.72	127169.02	702.70	0.55%	
							A.3 砌筑工程							
2	010304001001	空心砖墙、砌块墙 1. 墙体类型: 2. 墙体厚度:640 3. 空心砖、砌块品种、规格、强度等级:MU10 4. 勾缝要求: 5. 砂浆强度等级、配合比:M5	m³	2267.85	2287.85	-20.00	-0.87%	417.14	417.14	946010.80	954353.60	-8342.80	-0.87%	
							A.4 混凝土及钢筋混凝土工程							
3	010401003001	满堂基础 1. 混凝土强度等级: 2. 混凝土拌合料要求:C30P6 3. 砂浆强度等级:	m³	985.30	988.30	-3.00	-0.30%	334.23	334.23	329318.16	330320.85	-1002.69	-0.30%	

(续)

A.4 混凝土及钢筋混凝土工程

序号	项目编码	项目名称	计量单位	工程量 实算值	工程量 参考值	工程量 差值	偏差值	单价/元 实算值	单价/元 参考值	合价/元 实算值	合价/元 参考值	合价/元 差值	偏差率	备注
4	010401004001	设备基础 1. 混凝土强度等级： 2. 混凝土拌合料要求：C30P6 3. 砂浆强度等级：	m³	307.05	307.43	0.38	0.12%	334.23	334.23	102625.84	102751.51	−125.67	−0.12%	
5	010402001001	矩形柱 1. 柱高度：600 2. 柱截面尺寸： 3. 混凝土强度等级：C30 4. 混凝土拌合料要求：	m³	1401.09	1391.09	10.00	0.72%	334.23	334.23	468287.14	464944.84	3342.30	0.72%	
6	010403002001	矩形梁 1. 梁底标高：3000 2. 梁截面： 3. 混凝土强度等级：C30 4. 混凝土拌合料要求：	m³	485.19	470.52	14.67	3.12%	334.23	334.23	162165.22	157263.18	4902.04	3.12%	
7	010403004001	圈梁 1. 梁底标高：2900 2. 梁截面： 3. 混凝土强度等级：0 4. 混凝土拌合料要求：	m³	70.59	71.59	−1.00	−1.40%	328.63	328.63	23197.76	23526.39	−328.63	−1.40%	

第三节 BIM 招标投标管理趋势

当下，招标投标行业已进入新常态。这种新常态具有以下明显的特点：一是以"互联网"为标志，大数据、BIM（建筑信息模型）技术、电子化三大科技手段正在促进工程建设领域快速发展，并产生质的飞跃，也为建筑业的改革发展带来革命性、方向性的变化。同时，PPP（公私合作模式）项目等一系列新的资本运作模式也给招投标方式带来新的挑战。二是我国的行政监管正在充分体现简政放权的理念，在取消非行政许可事项的同时，进一步简化审批事项，延伸服务内涵。三是全国招投标交易场所按国务院最新要求，正在进行全面整合。但总体目标依然是体现了可持续这一经济学的核心，其方向是明确的，即公共资源及建设工程交易中心从传统意义的监管服务方式向信息化、电子化交易服务平台转变。四是随着政府指导价格的放开、企业资格弱化，招标代理企业面临如何健康持续发展的新课题。

据《中国建筑施工行业信息化发展报告（2015）》透露，目前，BIM 技术在我国的应用现状是，全国有 38% 的建筑企业处于开始概念普及阶段，有 26.1% 的企业处于项目试点阶段，有 10.4% 的企业处于大面积推广阶段，有 25.5% 的企业处于尚未有推进计划阶段。

在建筑工程领域，关于 BIM，有一点是行业内的共识，即在理想状态下，工程的各参与方能够基于同一个（套）项目 BIM 成果，来进行高效和广泛的流程管理。这里"各参与方"一般地包括业主方、设计方、施工方甚至运行维护方，也包括政府审批和监管部门。为促进 BIM 技术的加速发展，住房城乡建设部在 2011 年 5 月 10 日印发的《2011~2015 年建筑业信息化发展纲要》中 8 次提及 BIM 技术，在 2014 年 7 月 1 日印发的《关于推进建筑业发展和改革的若干意见》中指出，推进建筑信息模型（BIM）等信息技术在工程设计、施工和运行维护全过程的应用，提高综合效益。住房城乡建设部又印发《关于推进建筑信息模型应用的指导意见》，加快推动 BIM 应用。各省也相应出台了推进 BIM 应用的相关文件，如：2014 年 7 月，《山东省人民政府办公厅关于进一步提升建筑质量的意见》明确提出，推广建筑信息模型（BIM）技术。2014 年 10 月 29 日，上海市政府颁布了《关于在上海推进建筑信息模型技术应用的指导意见》，明确规定大型项目和重点项目全面应用 BIM 技术。2015 年 2 月，广东省住房和城乡建设厅确定了《广东省建筑信息模型应用统一标准》制订计划。2015 年 5 月，深圳发布《深圳市建筑工务署政府公共工程 BIM 应用实施纲要》和《深圳市建筑工务署 BIM 实施管理标准》，明确了 BIM 应用的阶段性目标，BIM 应用参与各方的职责和设计、施工、运行维护等阶段的 BIM 应用的标准和要求。2015 年 6 月，福建省住房和城乡建设厅发布《2015 年建筑产业现代化试点工作要点》，要求引导龙头骨干设计企业加大对建筑工业化设计的研究，探索实施 BIM 等先进技术在建筑工业化项目的应用，提升建筑工业化的设计深度水平。

毫无疑问，政府部门不断深入地指导和参与 BIM 的发展，是令人欢欣鼓舞的。为了这项事业能够持续推进下去，使各项政策落到实处，政府还需在审批层面加强管理。在对 BIM 技术的审批层面，要重点思考 3 个问题，即：标准化的支付体系、成熟的软硬件系统和符合 BIM 特征的审批思维。

近几年，BIM 技术已迅速渗透到工程建设行业的方方面面。无论是大规模、复杂的概念性建筑，还是普遍存在的中小型实用建筑……BIM 技术在我国经历了多年的市场孕育，已经开始起跑加速。

传统工程招投标管理的关键问题重点在以下方面：一是针对甲方而言，现在的工程招投标项目时间紧、任务重，甚至还出现边勘测、边设计、边施工的工程，甲方招标清单的编制质量难以得到保障。而施工过程中的过程支付以及施工结算是以合同清单为准，直接导致了施工过程中变更难以控制、结算费用一超再超的情况时有发生。要想有效地控制施工过程中的变更多、索赔多、结算超预算等问题，关键是要把控招标清单的完整性、清单工程量的准确性以及与合同清单价格的合理性。二是针对乙方而言，由于投标时间比较紧张，要求投标方高效、灵巧、精确地完成工程量计算，把更多时间运用在投标报价技巧上。这些单靠手工是很难按时、保质、保量完成的。而且随着现代建筑造型趋向于复杂化、艺术化，人工计算工程量的难度越来越大，快速、准确地形成工程量清单成为招投标阶段工作的难点和瓶颈。这些关键工作的完成也迫切需要信息化手段来支撑，进一步提高效率，提升准确度。

BIM 技术的推广与应用，极大地提高了招投标中介咨询及服务机构的精细化程度和管理水平。在招投标过程中，招标方或代理机构根据 BIM 可以编制准确的工程量清单，达到清单完整、快速算量、精确算量，有效地避免漏项和错算等情况，最大程度地减少施工阶段因工程量问题而引起的纠纷。投标方根据 BIM 快速获取正确的工程量信息，与招标文件的工程量清单比较，可以制定更好的投标策略。在 BIM 技术被推广的同时，招投标监管部门和监管人员必须熟悉和掌握 BIM 技术的广泛应用，做到与时俱进，适时调整监管内容。政府监管部门参与 BIM 流程，也是行业内一个重要的发展方向。从政策层面推动 BIM 技术的应用，会极大促使其广泛使用和普及。

利用 BIM 技术在促进建筑业施工管理全面升级换代的同时，可以提高招标投标的质量和效率，有力地保障工程量清单的全面和精确，促进投标报价的科学、合理，提高招投标管理的精细化水平，减少风险，进一步促进招标投标市场的规范化、市场化、标准化发展。

第四节　BIM 投标应用管理案例

一、案例一

1. 项目背景

（1）BIM 应用的必要性。在招标控制环节，准确和全面的工程量清单是核心环节。而工程量计算是招标投标阶段耗费时间和精力最多的重要工作。而 BIM 是一个富含工程信息的数据库，可以真实地提供工程量计算所需要的物理和空间信息。借助这些信息，计算机可以快速对各种构件进行统计分析，从而大大减少根据图样统计工程量带来的烦琐的人工操作和潜在错误，在效率和准确性上得到显著提高。

（2）本项目 BIM 应用重点。本章节是根据项目的实际考察情况，提出重点难点并进行分析与解答。

重难点：总承包管理要求高，组织协调难。

解决方式：

BIM 深化设计协调管理流程：
① 建立规范文件存储体系。
② 定制统一的标准。
③ 深化设计变更管理。
④ 竣工模型管理。

重难点：占地面积大、单体建筑集中，交通组织、总平面管理。

解决方式：

通过已经建立好的一段与两段实验楼模型对施工平面组织、材料堆场、现场临时建筑及运输通道进行模拟，调整建筑机械（塔式起重机、施工电梯）等安排；利用 BIM 分阶段统计工程量的功能，按照施工进度分阶段统计工程量，计算体积，再和建筑人工和建筑机械的使用安排结合，实现施工平面、设备材料进场的组织安排。具体应用组织如下：

临时建筑：对现场临时建筑进行模拟，分阶段备工备料，计算出该建筑占地面积，科学计划施工时间和空间。

场地堆放的布置：通过 BIM 分析各建筑以及机械等之间的关系，分阶段统计出现场材料的工程量，合理安排该阶段材料堆放的位置和堆放所需的空间。利于现场施工流水段顺利进行。

机械运输（包括塔式起重机、施工电梯）等安排：塔式起重机安排，在施工平面中，以塔式起重机半径展开，确定塔式起重机吊装范围。通过四维系统模拟施工进度，显示整个施工进度中塔式起重机的安装及拆除过程，和现场塔式起重机的位置及高度变化进行对比。施工电梯安排，结合施工进度，利用 BIM 分阶段备工备料，统计出该阶段材料的量，加上该阶段的人员数量，与电梯运载能力对比，科学计算完成的工作量。

2. BIM 应用内容

充分考虑 BIM 技术与项目施工管理的密切结合，同时注重 BIM 在施工过程中的变更、更新以及信息添加、信息分析应用，以保证 BIM 竣工模型在未来的运营维护管理中发挥作用。

应用本项目的 BIM 标准，在工程量的统计上，不仅可以把 BIM 直接导出到广联达软件中实现与定额标准的结合，直接算量计价，还可以直接用 Revit 模型实现按照施工进度要求实时地进行阶段算量，出具的清单分部分项与概预算专业的分部分项的项目编码和分类规则相一致。另外，通过制定统一的信息添加标准和规则，利用 Revit 软件的共享参数和族参数的统一设置，使得 BIM 的信息能够随意添加到建筑构件上，并被自由地查询、检索、统计。

（1）概念设计阶段 BIM 应用。

1）冲突检测。冲突检测是指通过建立 BIM 三维空间几何模型，在数字模型中预警工程项目中各不同专业（建筑、结构、暖通、消防、给水排水、电气桥架、设备、幕墙等）在空间上的冲突、碰撞问题。通过预先发现和解决这些问题，提高工程项目的设计质量并减少对施工过程的不利影响。

通过 BIM 建筑结构水暖电模型的建立，导出到 Navisworks 里检查施工图的错漏碰缺，出具碰撞检查报告，并提交设计院，协商进行设计优化，使施工图设计实现零错误设计。同时可以根据项目需要直接从 BIM 输出无错 2D 施工图或设计变更。也可以根据项目需要进行净高检查，并与设计、施工规范要求，业主需求作对比检查。

2) 模型构件的拆分。鉴于目前计算机软硬件的性能限制,整个项目都使用单一模型文件进行工作是不太可能实现的,必须对模型进行拆分。不同的建模软件和硬件环境对于模型的处理能力会有所不同,模型拆分也没有硬性的标准和规则,需根据实际情况灵活处理。

①一般模型拆分原则。

a. 按专业拆分,如土建模型、机电模型、幕墙模型等。

b. 按建筑防火分区拆分。

c. 按楼号拆分。

d. 按施工缝拆分。

e. 按楼层拆分。

②拆分要求。根据一般计算机配置情况分析,单专业模型,面积控制在 $10000m^2$ 以内,多专业模型(土建模型包含建筑与结构或者机电模型,包含水、暖、电等情况),面积控制在 $6000m^2$ 以内,单个文件不大于 100MB。

(2) 团队分工职责,见表 4-2。

表 4-2 团队分工职责

岗 位		职 责
BIM 项目经理		确保在整个项目实施中信息的统一和 BIM 团队潜力的充分发挥
BIM 技术总监		参与项目实施过程中的 BIM 决策,制订 BIM 工作计划 对 BIM 实施项目进行考核、评价和奖惩 负责 BIM 实施环境的保障监督,协调并监督 IT 人员为各项目建立软硬件及网络环境
BIM 高级顾问		为团队成员在项目实施过程中遇到的各种问题提供技术指导
BIM 商务主管		负责在项目实施过程中与项目各参与方的商务对接
BIM 专业负责人	土建负责人	负责本专业内部的任务分工及协调 将工程项目中每天的进度和遇到的问题准确反映在 BIM 之中,提供给项目经理作管理决策 BIM 专业负责人在项目管理中是最直接的操作者和信息的提供者
	机电负责人	
	造价负责人	
	钢结构负责人	
	幕墙负责人	
BIM 高级工程师	土建	工程师根据设计单位提供的图样与模型创建与修改,生成施工管理所需要的 BIM 编写各自专业在项目实施过程中的问题报告、汇报文件,制作视频等
	机电	
	钢结构	
	幕墙	
	造价	
BIM 工程师	土建	
	机电	
	钢结构	
	幕墙	
	造价	

(3) BIM 深化设计的协调管理。图 4-4 中表现出了相关的步骤流程和相关团队的职责。

(4) BIM 系统实施保障。

1) 前提保障：

①保证在实施前各项准备工作能按时完成。

②高层领导强有力的推进、保证人员的到位。

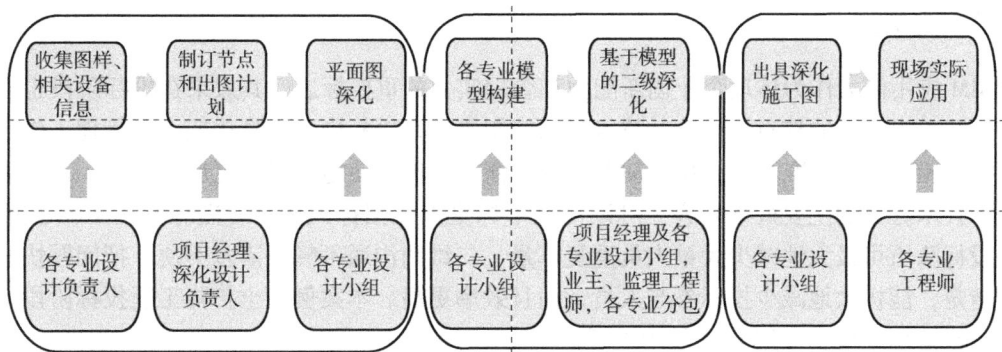

图 4-4　BIM 深化设计的协调管理图

③必须按正常渠道反馈实施中出现的问题。

④严格保证培训效果。

2) 建立系统运行保障体系。

3) 编制 BIM 系统运行工作计划。

4) 建立 BIM 系统运行例会制度。

5) 建立系统运行检查机制。

(5) 项目进度计划，见表 4-3。

表 4-3　项目进度计划

成果描述	完工时间
BIM 组织架构表，组建本项目 BIM 团队	合同签订后的 15d 内
BIM 执行计划书，包括 BIM 实施标准，实施规划的确定	合同签订后的 30d 内
基础模型的搭建，包括场地，园林景观，市政道路及管线，建筑结构，水暖电施工图模型	合同签订后收到相关施工图的 60d 内
CSD、CBWD 等施工深化图	与图样一起递交 BIM
施工变更引起的模型修改	在收到变更单后的 7d 内
精装修模型搭建，幕墙、钢结构深化设计模型	在相应部门施工前的一个月内
碰撞检测报告及解决碰撞	在相应部门施工前的一个月内
4D 施工模拟及进度优化	在相应部门施工前的一个月内
BIM 竣工模型	在出具完工证明以前

BIM 对于建设项目生命周期内的管理水平提升和生产效率提高具有不可比拟的优势。利

用BIM技术可以提高招标投标的质量和效率,有力地保障工程量清单的全面和精确,促进投标报价的科学、合理,提高招标投标管理的精细化水平,减少风险,进一步促进招标投标市场的规范化、市场化、标准化的发展。可以说BIM技术的全面应用,将对建筑行业的科技进步产生无可估量的影响,大大提高建筑工程的集成化程度和参建各方的工作效率。

二、案例二

BIM应用能力作为体现企业创新能力和管理实力的重要标志,其效果在投标阶段也凸显出来。清单工程量的核对、询价、技术标的编制等都是投标中工作量比较大的管理工作。而BIM技术能够实现精准算量,从而辅助控制平衡投标价,使施工组织更加可视化,以及可视化展示技术方案的主要疑难内容,可以使技术标更加让招标人认可。熟练掌握BIM技术应用的投标队伍可极大地减少大量人员重复算量、二维图沟通不畅等诸多不便,把问题快速地排查清楚,能极大地减少投标参与人员,而且效率更高。本案例就土护降工程投标阶段,如何在方案策划上综合应用BIM技术展开。

1. 项目背景

航站楼的中心区基坑及基础桩工程,其基坑面积达19万m^2、基坑周长约2100m,土方量约200万m^3,护坡桩1900根,预应力锚杆约80000延米,降水井约270眼,基础桩8400根约22万m^3混凝土,桩间土开挖、8400根基础桩的桩头凿除和检测也包含在施工招标范围内,施工工程量非常大。基坑及基础桩工程要求2014年9月开工,2015年2月(农历正月)竣工,工期150日历天,施工大部分时间处于冬季。工程有规模大、工序多、工期紧等特点。BIM应用需要针对造价的准确性和工程管理的重点及难点展开。

2. BIM应用内容

(1)策划。根据机场基坑面积大、深度大,基坑开槽标高多,支护形式多样,基坑排水面积大等特点,基坑工程施工信息技术应用见表4-4,基坑施工BIM技术整体应用方案示意图如图4-5所示。

表4-4 基坑工程施工信息技术应用

序号	信息化系统	信息化应用内容
1	某机场工程项目管理信息系统	合同管理、文档管理、进度款管理、物资设备管理
2	基坑工程实时监测信息化应用系统	桩(坡)顶水平位移、桩(坡)顶垂直位移、地表沉降观测、锚杆拉力监测、地下水位监测
3	BIM可视化管理系统	三维场地布置、土方施工进度模拟、桩基4D施工进度模拟、可视化进度管理、桩基精细化控制
4	安全绿色文明施工信息化应用	实名制门禁管理、视频监控、施工场景三维GIS展现、会议室大屏中心建设、物料管理信息化

基于上述方案设计,策划施工过程拟采用BIM系列软件,以及位移监测、地表沉降监测、锚杆拉力监测、地下水位监测、大屏中心、门禁系统等硬件设备。同时,本工程将在施工现场布置如图4-6所示的硬件环境。

图 4-5　基坑施工 BIM 技术整体应用方案示意图

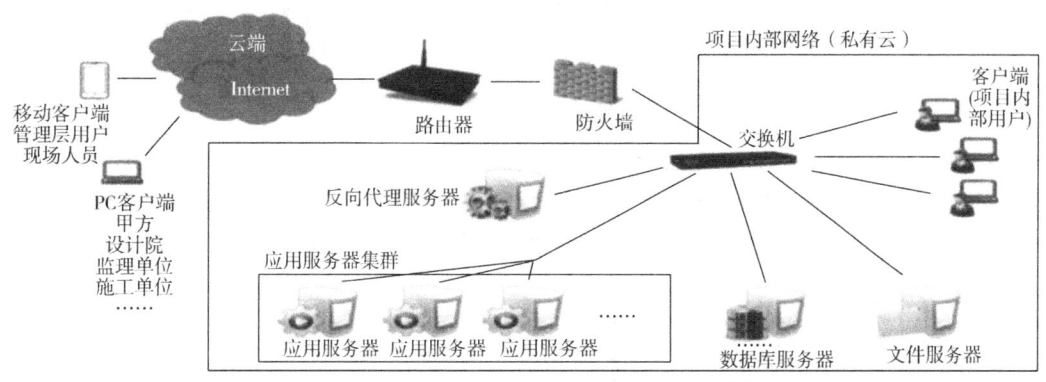

图 4-6　施工现场信息化硬件环境方案

（2）投标阶段 BIM 技术综合应用表述，见表 4-5。

表 4-5　投标阶段 BIM 技术综合应用解决的主要问题

序号	解决的问题	采取的信息技术
1	施工进度及工况模拟	4D-BIM 平台或 Nayisworks 等
2	施工机械管理	GIS + GPS + BIM + 视频监控
3	土方开挖工程量控制	利用地表模型、进度模型、激光扫描、视频监控、机械计划、4D-BIM
	土方外运控制	利用地表模型、最终场控标高模型平衡土方外运
4	护坡桩检测	信息平台 + GIS，实现报警信息

（3）组织机构。为保证投标后 BIM 技术应用的质量和效果，选择具有 BIM 管理经验的人员，建立以投标项目经理为负责人的组织机构，将施工管理 BIM 应用落实到岗位职责和每个参与的管理人员。投标期间组建 BIM 团队，在投标组织机构中，由企业的 BIM 中心经理负责牵头 BIM 团队，对整个项目投标期间 BIM 工作的开展负责。团队参与组织、监督和协调项目投标全方向及全过程，参与支持重大事件决策，配置包括顾问、建模、算量、三维

可视化模拟、深化设计、管理应用、服务支持、项目协调、技术支持等岗位成员,明晰岗位职责。组织机构图如图4-7所示。

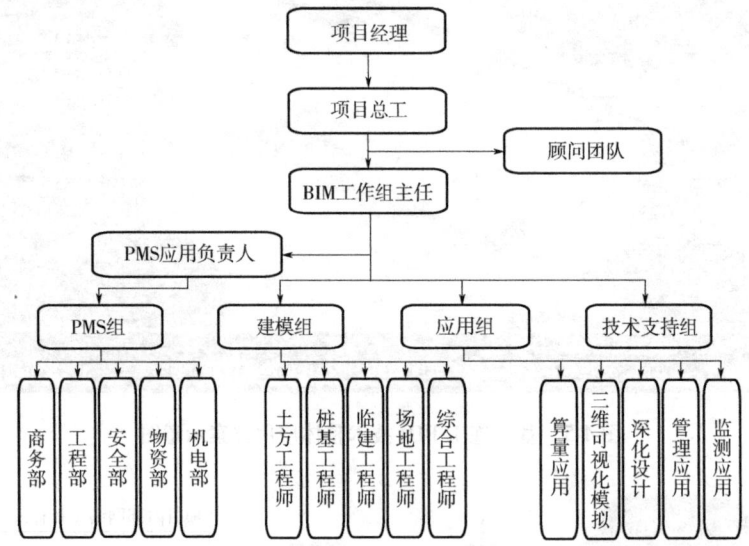

图4-7 信息化实施组织机构图

(4) 制订实施计划。策划项目 BIM 应用实施计划,从进场开始直至基坑项目竣工,关键线路是软硬件的配置、软件操作培训及试运行、机场项目管理信息系统的应用及承包人自主基于 BIM 的项目管理系统的应用。实施计划横道图如图4-8所示。

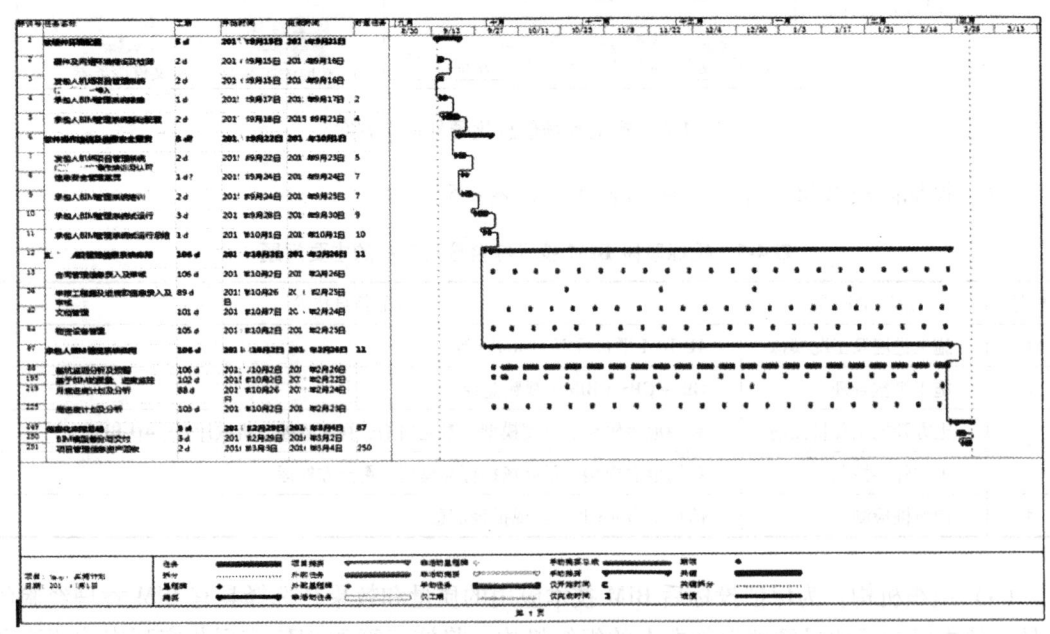

图4-8 实施计划横道图

(5) BIM 建模、模型整合及施工模拟。

1) 各类模型的创建及整合。应用建模软件建立基坑施工的 BIM,地表模型,现场临时设施、施工场地布置的模型,并且为土方施工、护坡施工、桩基施工、降排水等分项工程建立施工 BIM(图 4-9~图 4-11)。

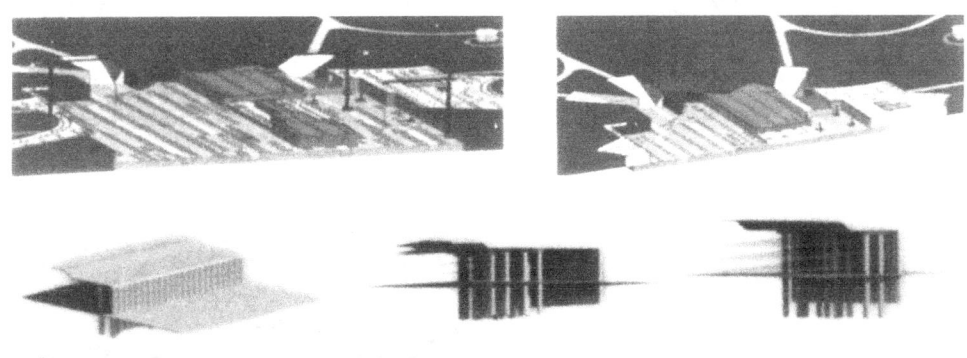

图 4-9 边坡模型

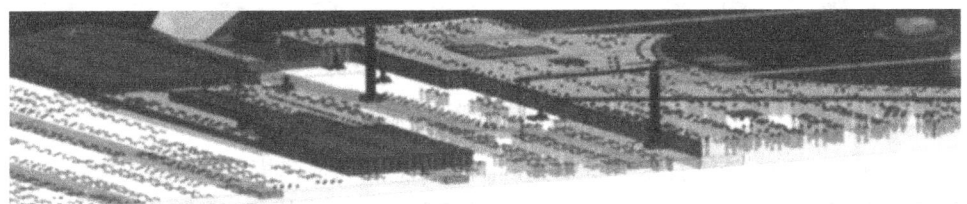

图 4-10 桩基模型

图 4-11 场地模型

再结合施工项目管理技术,尤其是进度管理、成本管理的综合应用,形成基于 BIM 5D 技术的施工项目管理信息化管理应用(图 4-12)。

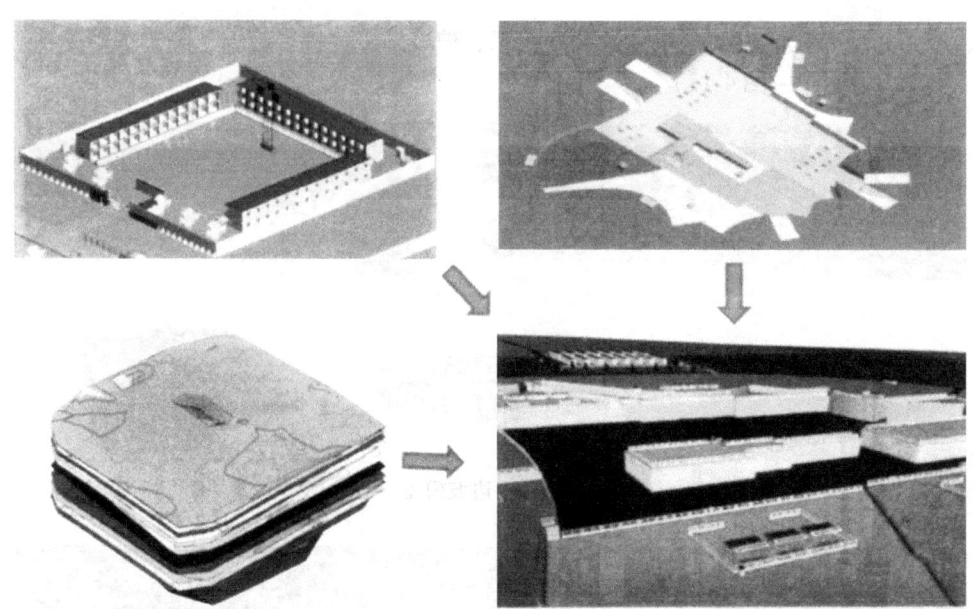

图 4-12 模型整合示意图

2)施工模拟。进行施工技术方案中关键工序、施工场地建模后的动态模拟,包括:场地布置、打桩流程、泥浆制备、钢筋笼吊运、施工阶段终态模拟等(图 4-13~图 4-17)。

图 4-13 施工场地布置模拟

图 4-14 钢筋笼吊运

图 4-15 桩基施工流程模拟

图 4-16 泥浆制备模拟

图 4-17 施工阶段终态模拟

(6) 土方工程中的 BIM 应用。

1) 土方施工进度模拟。通过可视化的方式优化土方施工方案及施工部署，提高方案的合理性、科学性。在施工过程中，通过施工进度模拟提高施工项目各方之间协调管理工作的质量和效率。土方施工工况如图 4-18~图 4-20 所示。

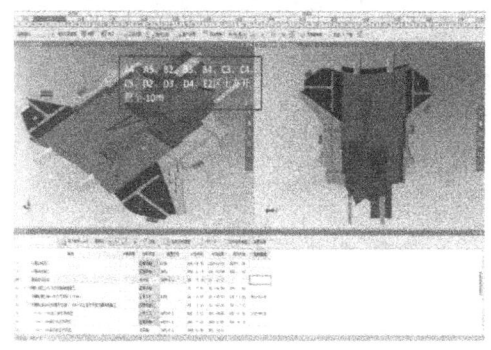

图 4-18 土方施工工况 1

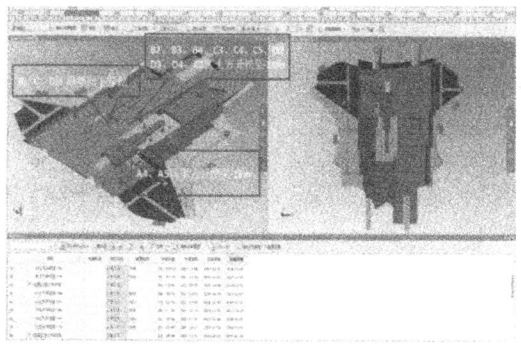

图 4-19 土方施工工况 2

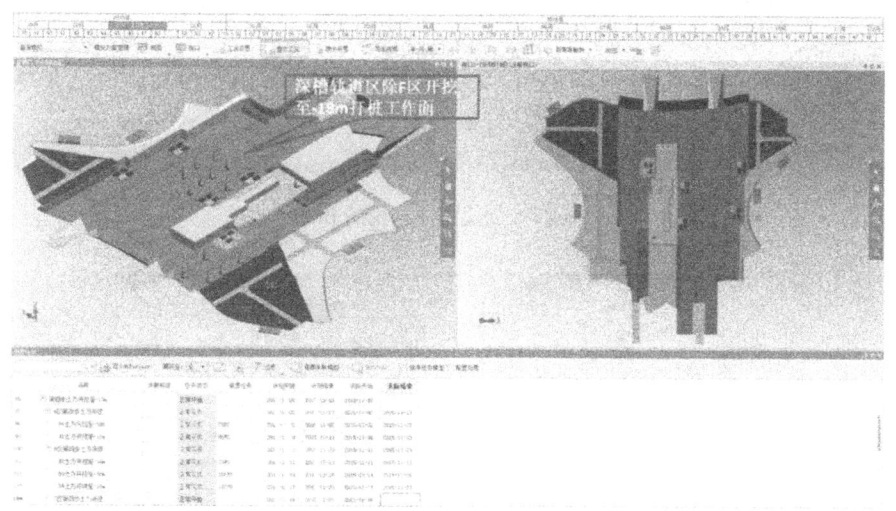

图 4-20 土方施工工况 3

2) 土方开挖工程量控制。运用 BIM 技术生成原始地形数字模型并在此基础上进行土方量计算，不但计算结果更加准确，时间上也仅仅需要几天即可完成。各种土方量计算结果能够以表格或报表方式输出。

①土方开挖工程量的计算流程。

a. 依据地质勘察报告，创建地下土层模型，真实反映地下土层状况（图 4-21）。

b. 根据施工方案建立土方开挖的 BIM（图 4-22）。

c. 将土方开挖的 BIM 与地质土层模型进行对比（图 4-23）。

d. 生成各土层开挖土方量清单表。通过结合 BIM 技术和三维激光扫描技术，用三维激光扫描现场的施工状态建立实测实量的模型，基于该模型与 BIM 施工模型的对比，可以分析挖方与施工方案的一致性，可以直观地显示问题和偏差，方便对潜在的问题进行及时的监控和解决。

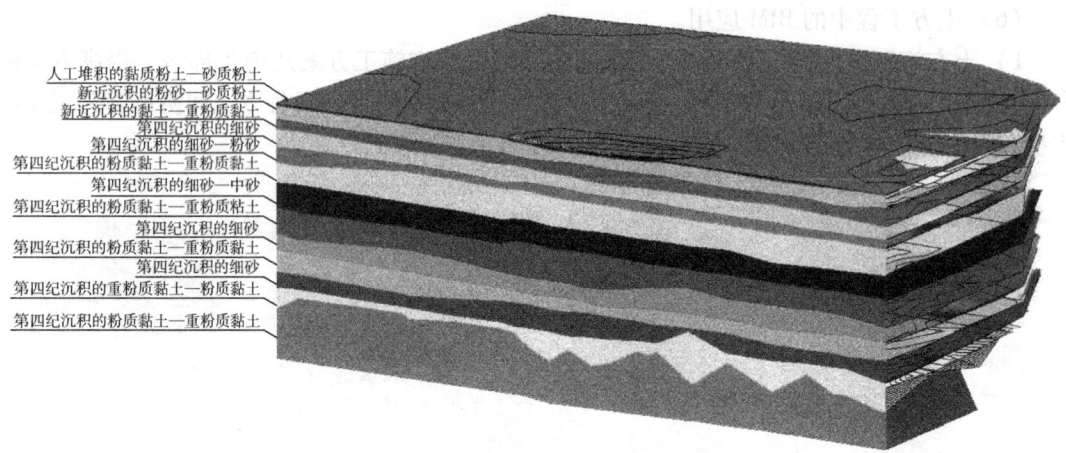

图 4-21　土层模型及对应土层列表

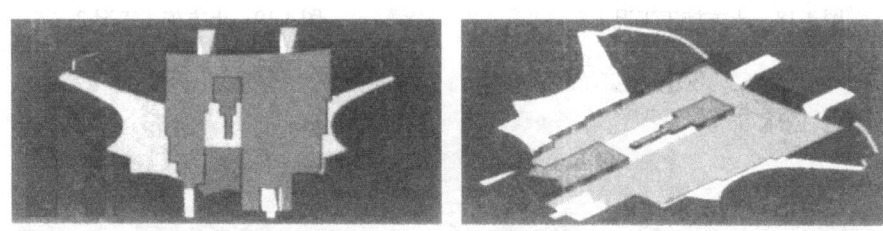

图 4-22　创建土方开挖的 BIM

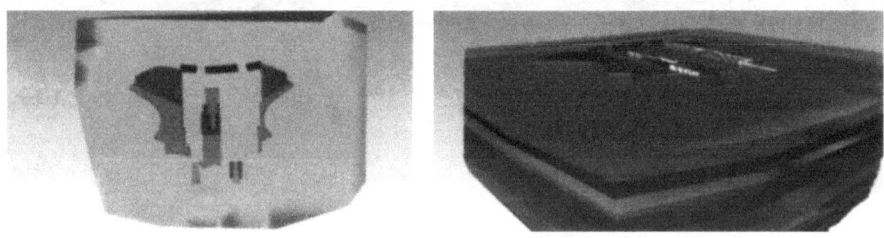

图 4-23　土方模型与地质模型重叠对比计算

②检测土方施工误差的过程。

a. 根据施工方案建立土方开挖的 BIM（图 4-24）。

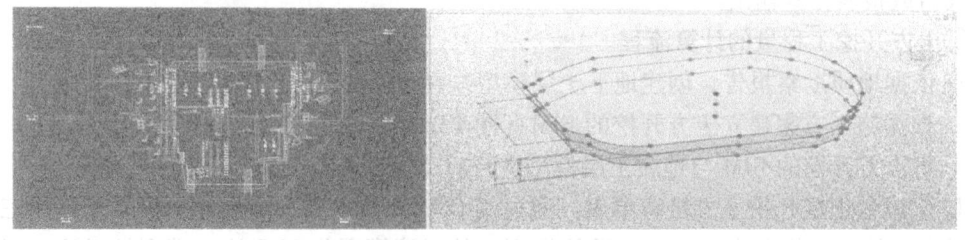

图 4-24　建立 BIM

b. 使用三维激光扫描仪，扫描现场的土方施工状态，形成点云模型（图 4-25）。

c. 使用 Revit 软件的导入点云数据的插件，根据点云模型自动生成施工现状模型。

d. 通过模型的对比，直观地显示出现场施工状态与设计方案的对比情况（图 4-26）。

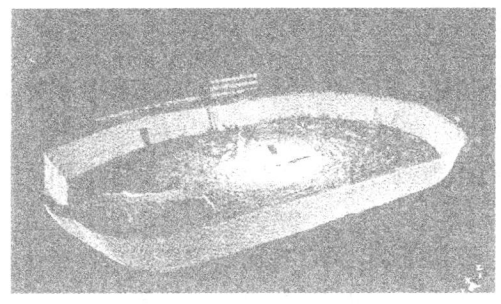

图 4-25　点云模型

图 4-26　BIM 与点云模型对比分析

（7）桩基工程的 BIM 应用。

1）桩基施工进度模拟。通过桩基工程施工部署的动态模拟，通过可视化的方式优化桩基施工方案及施工部署，提高方案的合理性、科学性。在施工过程中，通过施工进度模拟提高施工项目各方之间协调管理工作的质量和效率，桩基施工工况如图 4-27~图 4-29 所示。

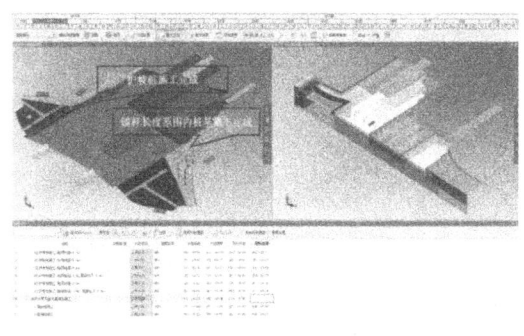

图 4-27　桩基施工工况 1

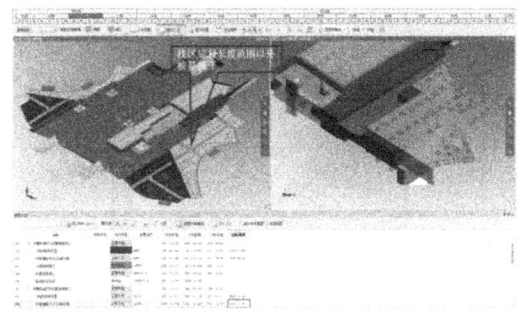

图 4-28　桩基施工工况 2

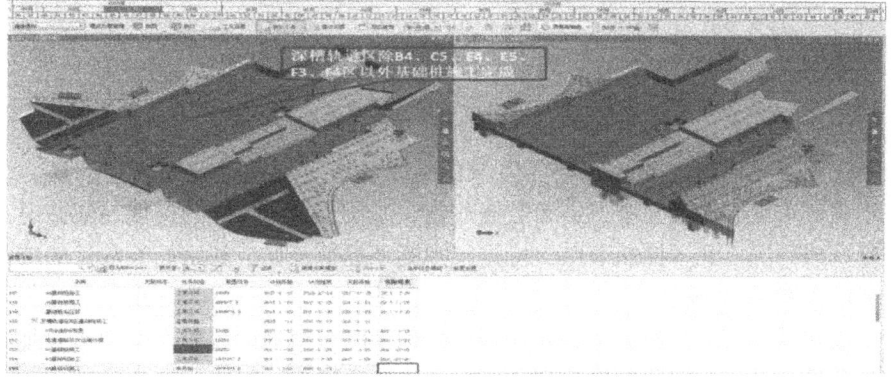

图 4-29　桩基施工工况 3

2）桩施工精细化控制。建立基坑施工 BIM，对 BIM 的桩构件按照区域划分，为每根基础桩、护坡桩建立施工进度、质量信息库，通过移动端设备采集现场施工进展和质量验收情况，通过基于 BIM 大数据的统计和分析，实现桩施工过程中的精细控制和管理。

按照桩施工工艺过程，选择五个关键的控制节点，即测量放线、成孔、钢筋笼验收、灌注混凝土和后压浆。对每个节点的进度、质量验收信息进行及时、准确的跟踪，建立施工过程大数据模型。

精细化桩基施工过程的应用过程如下：

①根据建模规则，建立桩基工程 BIM，每个基础桩、护坡桩，具有唯一的编码，根据该编码可以查询桩施工过程中关键进度、质量的数据。

②BIM 支持按照施工部署和现场协调安排进行区域划分，方便进行进度计划与 BIM 的关联。

③通过移动端设备，跟踪每根桩的施工开始、施工完成时间。在施工过程中可以按照施工工序录入该节点的完成时间，施工班组、施工设备和质量验收的信息。当每根桩施工完成时，需要单击"完成"按钮，如果有关键工序没有通过验收或者未单击"完成"按钮，系统会给出提示，如图 4-30 所示。

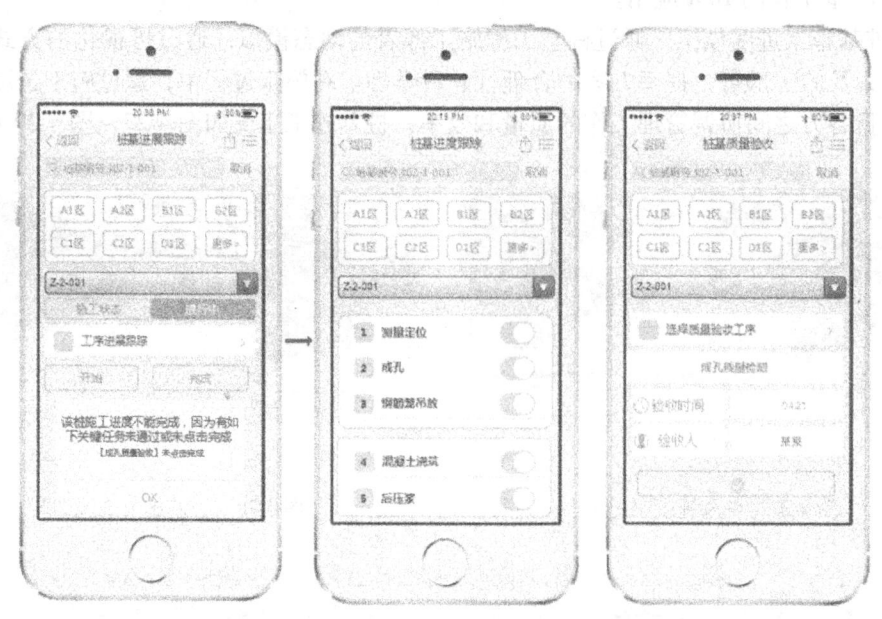

图 4-30　控制点进度、质量信息移动端收集

④桩基进度查看：通过 BIM 查看各区域的施工状态、质量过程的检验信息。基于桩基施工过程中关键进度、质量控制点的大数据收集，系统统计各工序的进度完成情况，统计各工序的质量完成情况。在各控制节点支持进行实际工程量统计，如钢筋笼数量的统计。桩基进度查看界面如图 4-31 所示。

⑤施工提醒及预警：当施工进展和计划出现偏差时，根据内置的提醒和预警规则，系统进行自动的预警，并将预警通知发送到相关责任人的手机上。对现场施工计划和质量管理工作，系统通过提醒的方式提示管理人员，避免因工作忙乱导致的遗漏。

（8）降水工程的 BIM 应用。基于机场航站楼核心区基坑施工面积大、基坑开挖深、开槽标高多、排水范围广、支护形式多样等特点，迫切需要在降水施工前，利用数值分析和 BIM 手段对降水方案进行监测、仿真和预测，以及时掌控基坑核心区、基坑周边在施工过程中的降水面和降水井抽水量。

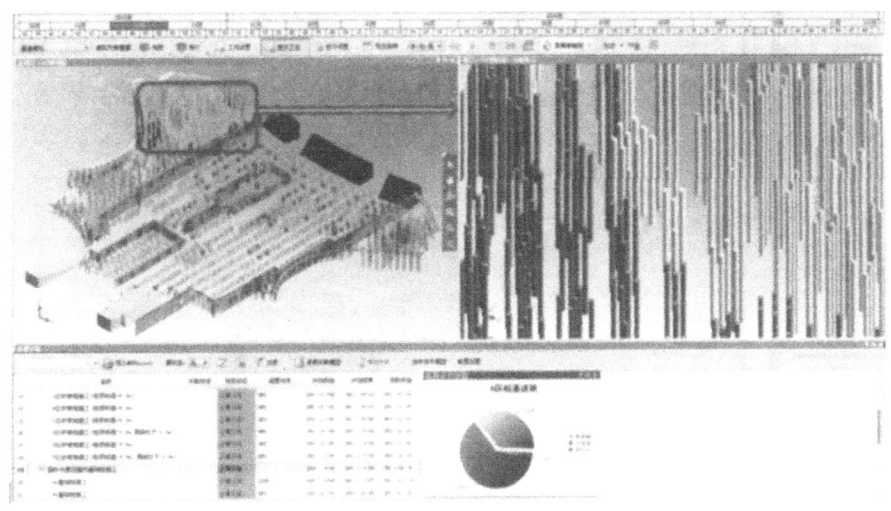

图 4-31　桩基进度查看

1）渗透系数的数值分析与反演。由于土的性质、土层厚度等复杂的地质情况，造成很难取得渗透系数的实际值。本项目在通用数值分析软件的基础上，建立降水的数值分析模型，对基坑降水设计方案进行数值仿真模拟。在施工过程中，根据实际降水监测数据与模拟效果对比，反演和修正渗透系数等降水关键参数。图 4-32 给出了模拟单井降水工况下地下水位下降过程的示意，施工过程中按照实际基坑和降水方案建模进行仿真模拟和反演计算。

图 4-32　单井降水后基坑地下水位变化示意图

2）地下水施工的动态预测与超前控制。降水施工过程中，建立数值计算模型，依据反演修正后的渗透系数等参数，对设计中的降水方案进行模拟分析，对于可能存在诸如由承压水导致的坑底隆起和暴雨等异常工况，通过数值模拟进行预测。这个分析过程随着降水过程多次进行，以实现降水过程中的动态分析，提前采取有效措施，指导后续降水。

（9）基于 BIM 技术的进度 4D 可视化管理。

1）基于 BIM 技术的计划编制与模拟。通过建立基坑施工的 BIM，以 BIM 提供的工程量作为参考，辅助进行进度计划的编制（图 4-33）。通过建立进度计划与模型的关联，按照进度计划的进程用 BIM 展现施工进展。通过 BIM 进度模拟可以检查进度计划的时间参数是否合理，工作之间的逻辑关系是否准确，各工序的工程量及劳动力的安排是否合理等。

2）施工日报。通过项目管理平台，现场管理人员对施工进度进行日常检查报告，随时检查实际工程进度（图 4-34）。

3）施工进度监控。通过工作面任务的进展状态（未开始、进行中、已经完成）显示出的不同颜色，帮助项目管理人员掌握现场实际施工情况。对于现场的进度偏差问题，通过系统的预警机制进行预警消息的推送（图 4-35）。

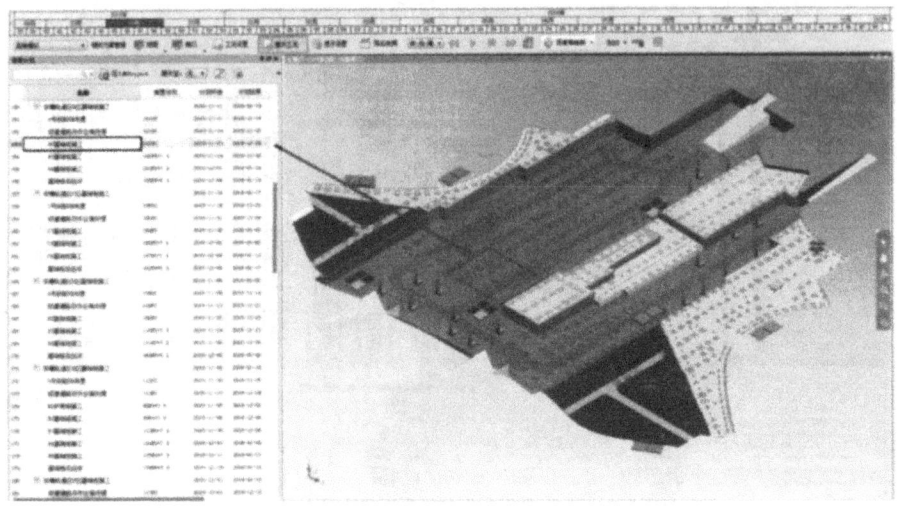

图 4-33 基于 BIM 的进度计划

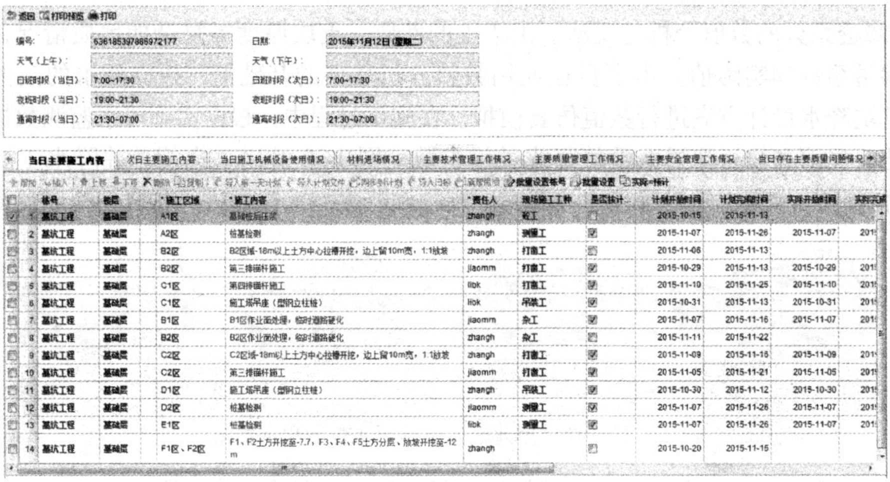

图 4-34 施工日报界面

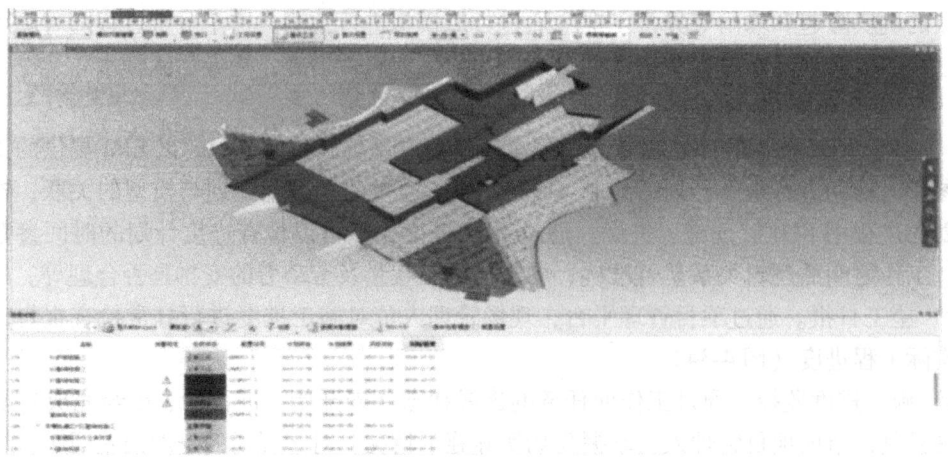

图 4-35 进度监控系统示意图

4）基于 BIM 的进度计划分析。在 BIM 上集成进度计划和施工日报的信息后，可以通过模型直观地分析项目的进展情况，直观地显示处于不同施工状态的工作面。此外，通过查看分析图表，可以直观地查看计划进度和实际进度的对比，工程量的对比，包括各区的工程量的对比等（图 4-36）。

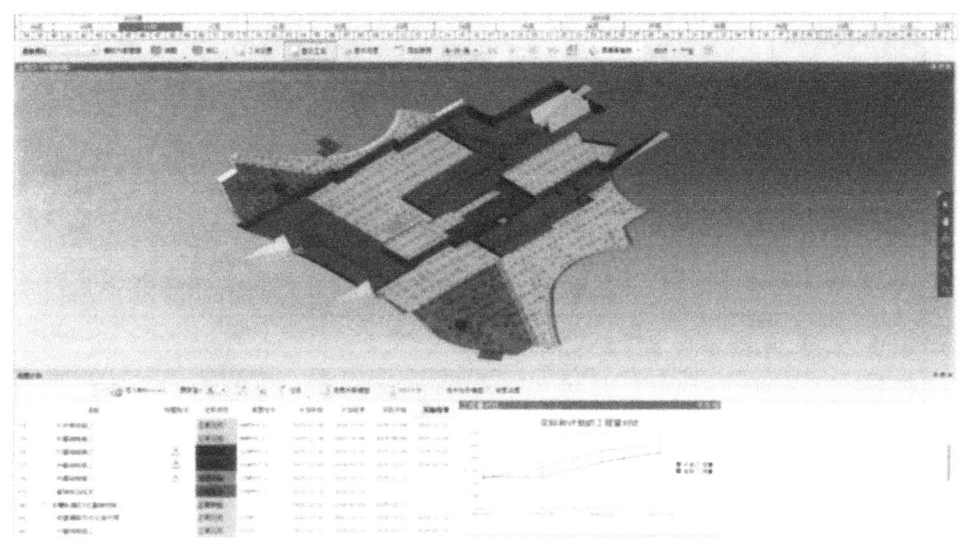

图 4-36　进度计划分析图

（10）其他综合应用。

1）会议室大屏中心建设。在现场会议室设立大屏监控中心，根据会议室墙面实际尺寸，大屏由若干块拼接屏组成，并在会议室侧面设置大屏控制室，控制监控画面。大屏左右两侧可分别显示监控画面和 BIM，将 BIM 与现场监控进行对比，形象展现施工进度。

大屏监控中心平时主要用于现场安全监控、召开现场协调会等；在进度例会上可以在大屏上显示基于 BIM 的进展与现场监控图片的对比分析，显示进度的偏差和预警信息，支持对现场施工进展的分析和控制；当突发应急事件时，可作为临时应急指挥中心，通过多屏、多画面的实时影像，及时掌控现场情况，调动现场人员展开有序、高效的应急工作（图 4-37）。

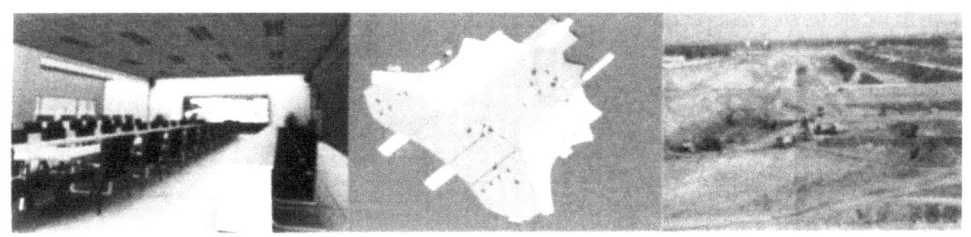

图 4-37　会议室大屏中心示意图

2）基于二维码技术的混凝土量统计。施工阶段拟采用在混凝土的运送料单上打印载有混凝土运送信息的二维码，主要信息有：混凝土的方量、强度等级、坍落度、使用位置、浇筑时间、生产单位等。同时开发二维码扫描 APP，混凝土罐车进入现场浇筑时，现场管理人员利用手机 APP 扫描二维码，"物联网混凝土统计系统"将自动读取混凝土的运送信息。根据混凝土浇筑位置、强度等级和方量，系统自动计算各区的混凝土累计浇筑完成总量、各强度等级完成总量、剩余完成量、完成比率等信息，同时，当出现浇筑缺陷时，根据浇筑时间，可查询该部位该车混凝土的运送信息，保证责任明晰，实现混凝土用量的精细化管理。混凝土完成量统计页面示意如图 4-38 所示。

序号	浇筑位置	总方量	剩余量	完成量	完成%
1	5区	44851.97	7557.5	37294.47	17%
2	6区	44345.11	11393.5	32951.61	26%
3	7区	44491.31	11667	32824.31	26%
4	8区	44852.17	9866	34986.17	22%
5	9区	17033	9866	7167	37.20%
6	10区	48074.49	25767.6	22306.89	54%
7	11区	411552	77051.36	334500.64	19%
8	12区	4154.74	2383.26	1771.48	57%
9	13区	19419.87	10147.87	9272	37.7%
10	14区	3330.16	2112.16	1218	36.6%

图 4-38 混凝土完成量统计页面示意图

二维码技术的应用有效减少了现场管理人员手工统计混凝土浇筑量的工作量，提高了工作效率，节约了人力成本。

3）基于 GPS 技术的机械设备管理。建立"施工机械设备 GPS 定位管理系统"，对现场主要的移动式机械设备进行 GPS 定位和跟踪管理，机械设备主要包括：长螺旋钻机、旋挖钻机、履带式起重机、汽车式起重机、混凝土泵车、混凝土车载泵、挖掘机、推土机、装载机、自卸汽车等。在机械设备进场时，将设备名称、型号、编号、负责人、联系方式、检测时间、所属单位等全部信息登记到系统中，并为其发放一个小型的 GPS 定位器，将此设备固定在机械设备上，即可记录、跟踪机械设备的具体位置。登录"施工机械设备 GPS 定位管理系统"，输入该机械 GPS 定位器内置的卡号，即可查询此设备的当前位置和每天的行走路径。机械出场登记时，将定位器收回，以便下次使用（图 4-39）。

管理系统根据机械设备进出场登记情况，自动统计出当天场区内的机械设备数量、每种类型及型号的设备数量、每台设备当前及某段时间所处位置、每台设备的进出场时间等信息。

4）项目文档管理。应用云文档平台管理对内的资料文档，如技术方案、会议记录、图样及其他的文件。

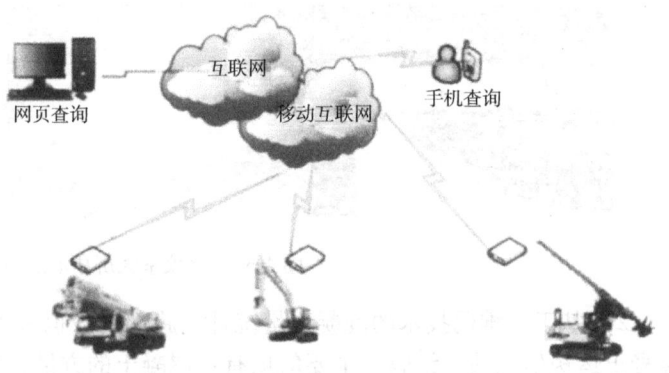

图 4-39 机械设备 GPS 定位管理示意图

第五章　BIM 项目模型建立、应用清单及深化设计

第一节　BIM 建立及维护

在建设项目中，需要记录和处理大量的图形和文字信息。传统的数据集成是以二维图样和书面文字进行记录的，但当引入 BIM 技术后，将原本的二维图形和书面信息进行了集中收录与管理。在 BIM 中"I"为 BIM 的核心理念，也就是"information"，它将工程中庞杂的数据进行了行之有效的分类与归总，使工程建设变得顺利，减少和消除了工程中出现的问题。但需要强调的是，在 BIM 的应用中，模型是信息的载体，没有模型的信息是不能反映工程项目的内容的。所以在 BIM 中"M"（Modeling）也具有相当的价值，应受到相应的重视。BIM 建立的优劣，会对将要实施的项目在进度、质量上产生很大的影响。BIM 是贯穿整个建筑全生命周期的，在初始阶段的问题，将会被一直延续到工程的结束。同时，失去模型这个信息的载体，数据本身的实用性与可信度将会大打折扣。所以，在建立 BIM 之前一定得建立完备的流程，并在项目进行的过程中，对模型进行相应的维护，以确保建设项目能安全、准确、高效地进行。

在工程开始阶段，由设计单位向总承包单位提供设计图、设备信息和 BIM 创建所需数据，总承包单位对图样进行仔细核对和完善，并建立 BIM。在完成根据图样建立的初步 BIM 后，总承包单位组织设计和业主代表召开 BIM 及相关资料法人交接会，对设计提供的数据进行核对，并根据设计单位和业主的补充信息，完善 BIM。在整个 BIM 创建及项目运行期间，总承包单位将严格遵循经建设单位批准的 BIM 文件命名规则。

在施工阶段，总承包单位负责对 BIM 进行维护、实时更新，确保 BIM 中的信息正确无误，保证施工顺利进行。模型的维护主要包括以下几个方面：根据施工过程中的设计变更及深化设计，及时修改、完善 BIM；根据施工现场的实际进度，及时修改、更新 BIM；根据业主对工期节点的要求，上报业主与施工进度和设计变更相一致的 BIM。在施工阶段，可以根据表 5-1 对 BIM 完善和维护相关资料。

表 5-1　BIM 管理协议和流程

序号	模型管理协议和流程	适用于本项目（是或否）	详细描述
1	模型起源点坐标系统、精密、文件格式和单位	是/否	是/否
2	模型文件存储位置（年代）	是/否	是/否
3	流程传递和访问模型文件	是/否	是/否

(续)

序号	模型管理协议和流程	适用于本项目（是或否）	详细描述
4	命名约定	是/否	是/否
5	流程聚合模型文件从不同软件平台	是/否	是/否
6	模型访问权限	是/否	是/否
7	设计协调和冲突检测程序	是/否	是/否
8	模型安全需求	是/否	是/否

在 BIM 创建及维护的过程中，应保证 BIM 数据的安全性。建议采用以下数据安全管理措施：BIM 小组采用独立的内部局域网，阻断与因特网的连接；局域网内部采用真实身份验证，非 BIM 工作组成员无法登录该局域网，进而无法访问网站数据；BIM 小组进行严格分工，数据存储按照分工和不同用户等级设定访问和修改权限；全部 BIM 数据进行加密，设置内部交流平台，对平台数据进行加密，防止信息外漏；BIM 工作组的计算机全部安装密码锁进行保护，BIM 工作组单独安排办公室，无关人员不能入内。

第二节 BIM 应用清单

BIM 在施工项目管理中的应用可以分为 11 大模块，分别为投标应用、深化设计、图样和变更管理、施工工艺模拟优化、可视化交流、预制加工、施工和总承包管理、工程量应用、集成交付、信息化管理及其他应用。每个模块的具体应用点见表 5-2。

表 5-2 BIM 应用清单

模 块	序 号	应 用 点
模块一 BIM 支持投标应用	1	技术标书精细化
	2	提高技术标书表现形式
	3	工程量计算及报价
	4	投标答辩和技术汇报
	5	投标演示视频制作
模块二 基于 BIM 的深化设计	1	碰撞分析、管线综合
	2	巨型及异形构件钢筋复杂节点深化设计
	3	钢结构连接处钢筋节点深化设计
	4	机电穿结构预留洞口深化设计
	5	砌体工程深化设计
	6	样板展示楼层装饰装修深化设计
	7	综合空间优化
	8	幕墙优化

(续)

模　　块	序号	应　用　点
模块三　BIM 支持图样和变更管理	1	图样检查
	2	空间协调和专业冲突检查
	3	设计变更评审与管理
	4	BIM 出施工图
	5	BIM 出工艺参考图
模块四　基于 BIM 的施工工艺模拟优化	1	大体积混凝土浇筑施工模拟
	2	基坑内支撑拆除施工模拟及验算
	3	钢结构及机电工程大型构件吊装施工模拟
	4	大型垂直运输设备的安拆及爬升模拟与辅助计算
	5	施工现场安全防护设施施工模拟
	6	样板楼层工序优化及施工模拟
	7	设备安装模拟仿真演示
	8	4D 施工模拟
	9	基于 BIM 的测量技术
	10	模板、脚手架、高支模 BIM 应用
	11	装修阶段 BIM 技术应用
模块五　基于 BIM 的可视化交流	1	作为相关方技术交流平台
	2	作为相关方管理工作平台
	3	基于 BIM 的会议（例会）组织
	4	漫游仿真展示
	5	基于三维可视化的技术交底
模块六　BIM 支持预制加工	1	数字化加工 BIM 应用
	2	混凝土构件预制加工
	3	机电管道支架预制加工
	4	机电管线预制加工
	5	为构件预制加工提供模拟参数
	6	预制构件的运输和安排
模块七　基于 BIM 的施工和总承包管理	1	施工进度三维可视化演示
	2	施工进度监控和优化
	3	施工资源管理
	4	施工工作面管理
	5	平面布置协调管理
	6	工程档案管理
模块八　基于 BIM 技术的工程量应用	1	基于 BIM 技术的工程量测算
	2	BIM 与定额的对接应用
	3	通过 BIM 进行项目策划管理
	4	5D 分析

(续)

模　块	序号	应　用　点
模块九　竣工管理和数字化集成交付	1	竣工验收管理 BIM 应用
	2	物业管理信息化
	3	设备设施运营和维护管理
	4	数字化交付
模块十　基于 BIM 的信息化管理	1	采购管理 BIM 应用
	2	造价管理 BIM 应用
	3	BIM 数据库在生产和商务上的应用
	4	质量管理 BIM 应用
	5	安全管理 BIM 应用
	6	绿色施工
	7	BIM 协同平台的应用
	8	基于 BIM 的管理流程再造
模块十一　其他应用	1	三维激光扫描与 BIM 技术结合应用
	2	GIS + BIM 技术结合应用

第三节　深化设计

深化设计是指在业主或设计顾问提供的条件图或原理图的基础上，结合施工现场实际情况，对图样进行细化、补充和完善。深化设计是为了将设计师的设计理念、设计意图在施工过程中得到充分体现；是为了在满足甲方需求的前提下，使施工图更加符合现场实际情况，是施工单位的施工理念在设计阶段的延伸；是为了更好地为甲方服务，满足现场不断变化的需求；是为了在满足功能的前提下降低成本，为企业创造更多利润。

深化设计管理是总承包管理的核心职责之一，也是难点之一。例如机电安装专业的管线综合排布一直是困扰施工企业深化设计部门的一个难题。传统的二维 CAD 工具，仍然停留在平面重复翻图的层面，深化设计人员的工作量大、精度低，且效率低下。利用 BIM 技术可以大幅提升深化设计的准确性，并且可以三维直观反映深化设计的美观程度，实现 3D 漫游与可视化设计。

一、BIM 深化设计的类别

基于 BIM 的深化设计可以笼统地分为以下两类：

（1）专业性深化设计。专业性深化设计的内容一般包括土建结构、钢结构、幕墙、电梯、机电各专业（暖通空调、给水排水、消防、强电、弱电等）、冰蓄冷系统、机械停车库、精装修、景观绿化深化设计等。这种类型的深化设计应该在建设单位提供的专业 BIM 上进行。

(2) 综合性深化设计。对各专业性深化设计初步成果进行集成、协调、修订与校核，并形成综合平面图、综合管线图。这种类型的深化设计着重与各专业图样协调一致，应该在建设单位提供的总体 BIM 上进行。

尽管不同类型的深化设计所需的 BIM 有所不同，但是从实际应用来讲，建设单位结合深化设计的类型，采用 BIM 技术进行深化设计应实现以下基本功能：

（1）能够反映深化设计特殊需求，包括进行深化设计复核、末端定位与预留，加强设计对施工的控制和指导。

（2）能够对施工工艺、进度、现场、重点、难点进行模拟。

（3）能够实现对施工过程的控制。

（4）能够由 BIM 自动计算工程量。

（5）实现深化设计各个层次的全程可视化交流。

（6）形成竣工模型，集成建筑设施、设备信息，为后期运营提供服务。

二、深化设计流程

基于 BIM 的深化设计流程不能够完全脱离现有的管理流程，但是必须符合 BIM 技术的特征，特别是对于流程中的每一个环节涉及 BIM 的数据都要尽可能地详尽规定。深化设计管理流程如图 5-1 所示，BIM 深化设计工作流程如图 5-2 所示。

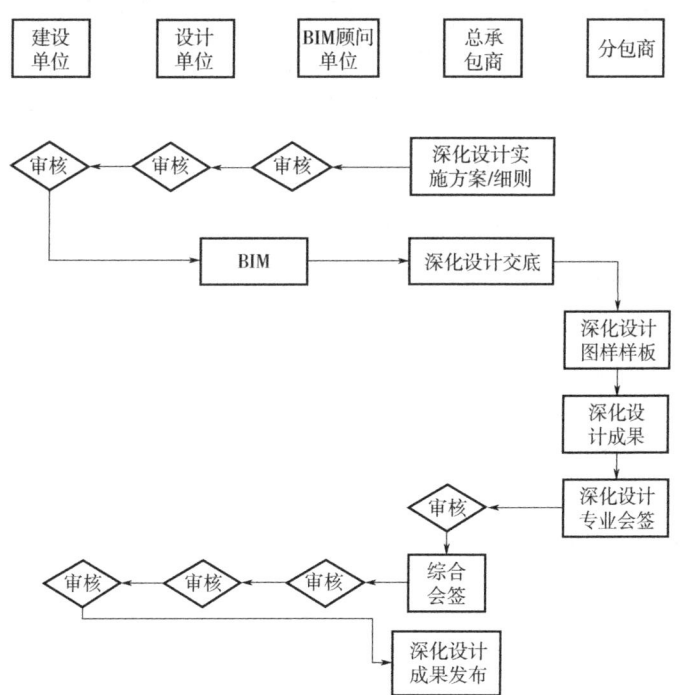

图 5-1 深化设计管理流程

管线综合深化设计及钢结构深化设计是工程施工中的重点及难点，下面将重点介绍管线综合深化设计及钢结构深化设计流程。

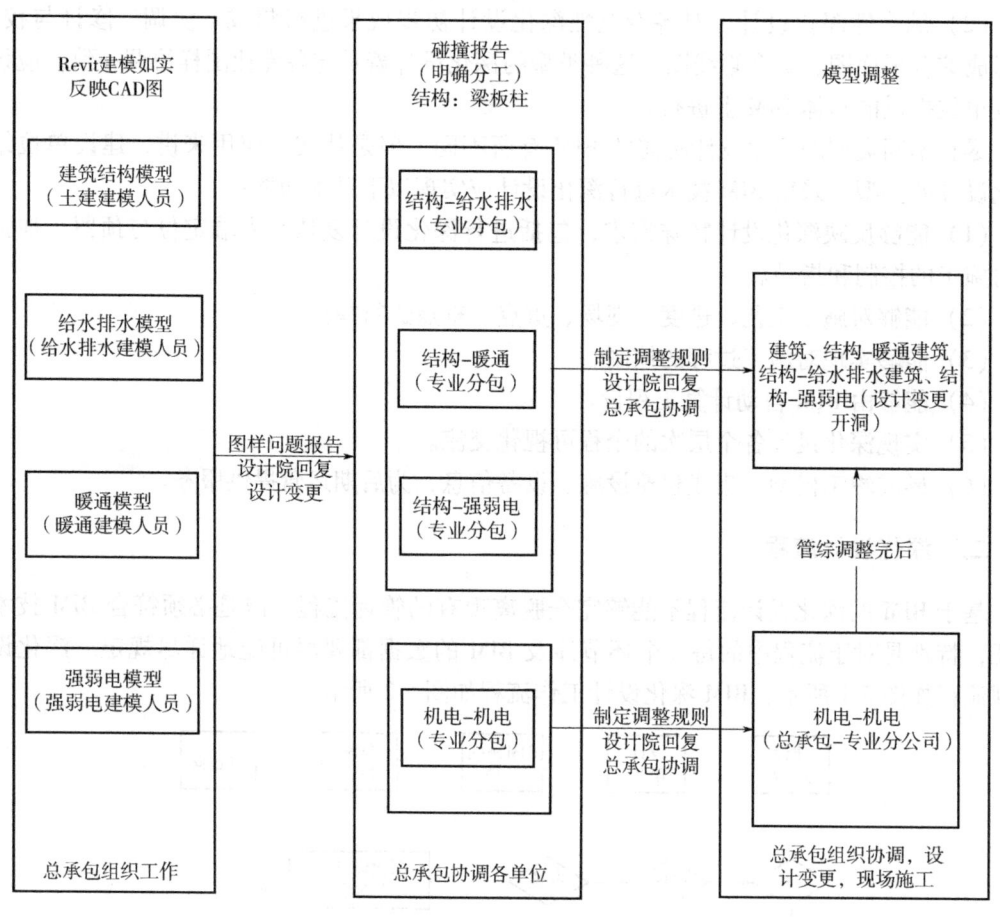

图 5-2 BIM 深化设计工作流程

1. 管线深化设计流程

管线综合专业 BIM 设计空间关系复杂，内外装要求高，机电的管线综合布置系统多、智能化程度高、各工种专业性强、功能齐全。为使各系统的使用功能效果达到最佳、整体排布更美观，工程管线综合深化设计是重要一环。基于 BIM 的深化设计能够通过各专业工程师与设计公司的分工合作优化设计存在的问题，迅速对接、核对、相互补位、提醒、反馈信息和整合到位。其深化设计流程为：制作专业精准模型—综合链接模型—碰撞检测—分析和修改碰撞点—数据集成—最终完成内装的 BIM。利用该 BIM 虚拟结合现完成的真实空间，动态观察，综合业态要求，推敲空间结构和装饰效果，并依据管线综合施工工艺、质量验收标准编写《管线综合避让原则》，调整模型，将设备管道空间问题解决在施工前期，避免在施工阶段发生冲突而造成不必要的浪费，有效提高施工质量，加快施工进度，节约成本。项目的综合管线深化设计流程如图 5-3 所示。

2. 钢结构深化设计流程

将三维钢筋节点布置软件与施工现场应用要求相结合，形成了一种基于 BIM 技术的梁柱节点深化设计方法，具体流程如图 5-4 所示。

第五章 BIM 项目模型建立、应用清单及深化设计 ·137·

图 5-3 综合管线深化设计流程

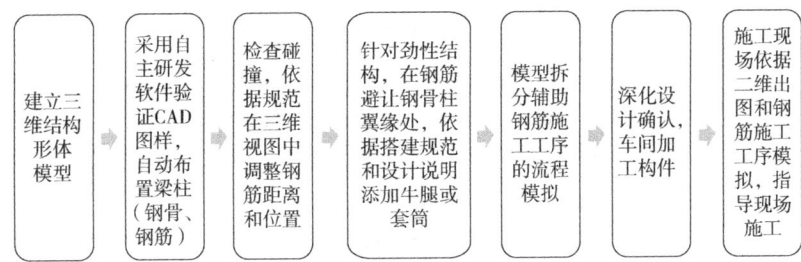

图 5-4 钢筋深化设计流程

三、深化设计主体职责分配

深化设计的最终成果是经过设计、施工与制作加工三方充分协调后形成的,需要得到建设方、设计方和总承包方的共同认可。因此,对深化设计的管理要根据我国建设项目管理体系的设置,具体界定参与主体的责任,使深化设计的管理有序进行。另外,在采用 BIM 技术进行深化设计时应着重指出,BIM 的使用不能免除总承包单位及其他承包单位的管理和技术协调责任。

深化设计各方职责见表 5-3。

表 5-3 深化设计各方职责

项 目	内 容
1. 建设单位职责	负责 BIM 版本的管理与控制;督促总承包单位认真履行深化设计组织与管理职责;督促各深化设计单位如期保质地完成深化设计;组织并督促设计单位及工程顾问单位认真履行深化设计成果审核与确认职责;汇总设计单位及 BIM 顾问单位的审核意见,组织设计单位、BIM 顾问单位与总承包单位沟通,协调解决相关问题;负责深化设计的审批与确认
2. 设计单位职责	负责提供项目 BIM;配合 BIM 顾问单位对 BIM 进行细化;负责向深化设计单位和人员设计交底;配合深化设计单位完成深化设计工作;负责深化设计成果的确认或审核
3. BIM 顾问单位职责	在建模前准备阶段,BIM 顾问单位应先确保要建立 BIM 的各个专业应用统一且规范的建模流程,要确保 BIM 的使用方有一定的能力,这样才能确保建模过程的准确和高效 在基础模型中建立精装、幕墙、钢结构等专业 BIM,以及重点设备机房和关键区域机电专业深化设计模型,对这些设计内容在 BIM 中并进行复核,并向建设单位提交相应的碰撞检查报告和优化建议报告;BIM 顾问单位根据业主确认的深化设计成果,及时在 BIM 中做同步更新,以保证 BIM 正式反映深化设计方案调整的结果,并向建设单位报告咨询意见
4. 总承包单位职责	总承包单位应设置专职深化设计管理团队,负责全部深化设计的整体管理和统筹协调;负责制定深化设计实施方案,报建设单位审批后执行;根据深化设计实施方案的要求,在 BIM 中统一发布条件图;经建设单位签批的图样,由总承包单位在 BIM 中进行统一发布;监督各深化设计单位如期保质地完成深化设计;在 BIM 的基础上负责项目综合性图样的深化设计;

(续)

项　目	内　容
4. 总承包单位职责	负责本单位直营范围内的专业深化设计；在 BIM 的基础上实现对负责总承包单位管理范围内各专业深化设计成果的集成与审核；负责定期组织召开深化设计协调会，协调解决深化设计过程存在的问题；总承包单位需指定一名专职 BIM 负责人、相关专业（建筑、结构、水、暖、电、预算、进度计划、现场施工等）工程师组成 BIM 联络小组，作为 BIM 服务过程中的具体执行者，负责将 BIM 成果应用到具体的施工工作中
5. 机电主承包单位职责	负责机电主承包范围内各专业深化设计的协调管理；在 BIM 基础上进行机电综合性图样（综合管线图和综合预留预埋图）的深化设计；负责本单位直营范围内的专业深化设计；负责机电主承包范围内各专业深化设计成果的审核与集成；配合与本专业相关的其他单位完成深化设计
6. 分包单位职责	就深化设计而言，施工的分包单位对工程项目深化部分要承担相应的管理责任，总承包单位应当编制工程总进度计划，分包单位依据总进度计划进行各单位工程的施工进度计划，总承包单位应编制施工组织总设计、工程质量通病防治措施、各种安全专项施工方案，组织各分包单位定期参加工程例会，讨论深化设计的完成情况，负责各分包单位所承揽工程施工资料的收集与整理。分包单位负责承包范围内的深化设计，服从总承包单位或机电主承包单位的管理，配合与本专业相关的其他单位完成深化设计

四、深化设计组织协调

深化设计涉及建设、设计、顾问及承包单位等诸多项目参与方，应结合 BIM 技术对深化设计的组织与协调进行研究。

深化设计的分工按"谁施工、谁深化"的原则进行。总承包单位就本项目全部深化设计工作对建设单位负责；总承包单位、机电主承包单位和各分包单位各自负责其所承包（直营施工）范围内的所有专业深化设计工作，并承担其全部技术责任，其专业技术责任不因审批与否而免除；总承包单位负责根据建筑、结构、装修等专业深化设计编制建筑综合平面图、模板图等综合性图样；机电主承包单位根据机电类专业深化设计编制综合管线图和综合预留预埋图等机电类综合性图样；合同有特殊约定的按合同执行。

总承包单位负责对深化设计的组织、计划、技术、组织界面等方面进行总体管理和统筹协调，其中应当加强对分包单位 BIM 访问权限的控制与管理，对下属施工单位和分包商的项目实行集中管理，确保深化设计在整个项目层次上的协调与一致。各专业承包单位均有义务无偿为其他相关单位提交最新版的 BIM，特别是涉及不同专业的连接界面的深化设计时，其公共或交叉重叠部分的深化设计分工应服从总承包单位的协调安排，并且以总承包单位提供的 BIM 进行深化设计。

机电主承包单位负责对机电类专业的深化设计进行技术统筹，应当注重采用 BIM 技术分析机电工程与其他专业工程是否存在碰撞和冲突。各机电专业分包单位应服从机电主承包单位的技术统筹管理。

五、深化设计示例

1. 土建结构深化设计

基于 BIM 对土建结构部分，包括土建结构与门窗等构件、预留洞口、预埋件位置及各复杂部位等施工图进行深化，对关键复杂的墙板进行拆分，解决钢筋绑扎及顺序问题，能够指导现场钢筋绑扎施工，减少在工程施工阶段可能存在的错误和返工。

某工程复杂节点深化设计如图5-5所示。

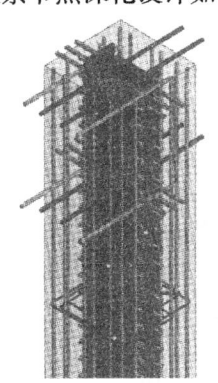 

图5-5　某工程角柱十字型钢及钢梁节点钢筋绑扎BIM

2. 管线综合深化设计

BIM可以协助完成机电安装部分的深化设计，包括综合布管图和综合布线图的深化。使用BIM技术改变传统的CAD叠图方式进行机电专业深化设计，应用软件功能解决水、暖、电、通风与空调系统等各专业间管线、设备的碰撞，优化设计方案，为设备及管线预留合理的安装及操作空间，减少占用使用空间。在对深化效果进行确认后，出具相应的模型图片和二维图，指导现场的材料采购、加工和安装，能够大大提高工作效率。另外，一些结合工程应用需求自主开发的支吊架布置计算等软件，也能够大大提高深化设计工作的效率和质量。

基于BIM的管线综合深化设计示例如图5-6所示。

 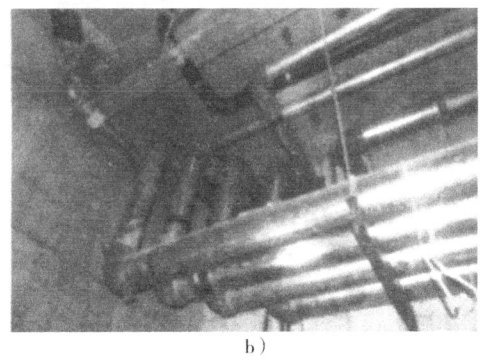

a）　　　　　　　　　　　　　　　b）

图5-6　某工程管线排布深化设计模型与现场照片对比

a）某工程管线排布深化设计模型　b）某工程管线排布现场照片

3. 钢结构深化设计

采用BIM技术对钢网架复杂节点进行深化设计，提前对重要部位的安装进行动态展示、施工方案预演和比选，实现三维指导施工，从而更加直观化地传递施工意图，避免二次返工。

某工程钢网架支座节点深化设计BIM，基于BIM自动生成的施工图如图5-7所示。

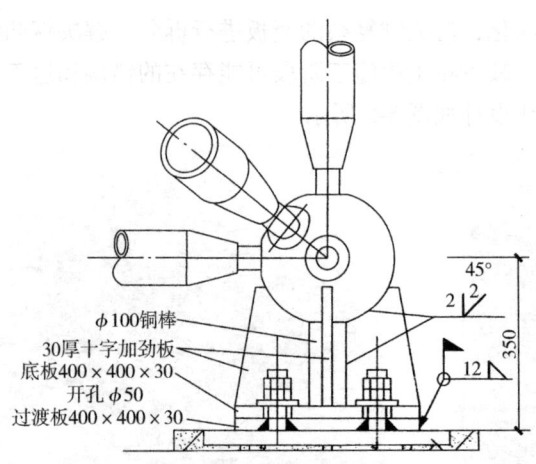

图 5-7 基于 BIM 生成网架支座深化设计施工图

4. 玻璃幕墙深化设计

Revit 建立幕墙深化设计模型,明确幕墙与结构连接节点,幕墙分块大小,缝隙处理,外观效果,安装方式,用模型指导施工及幕墙加工制作。某工程幕墙深化设计模型如图 5-8 所示。

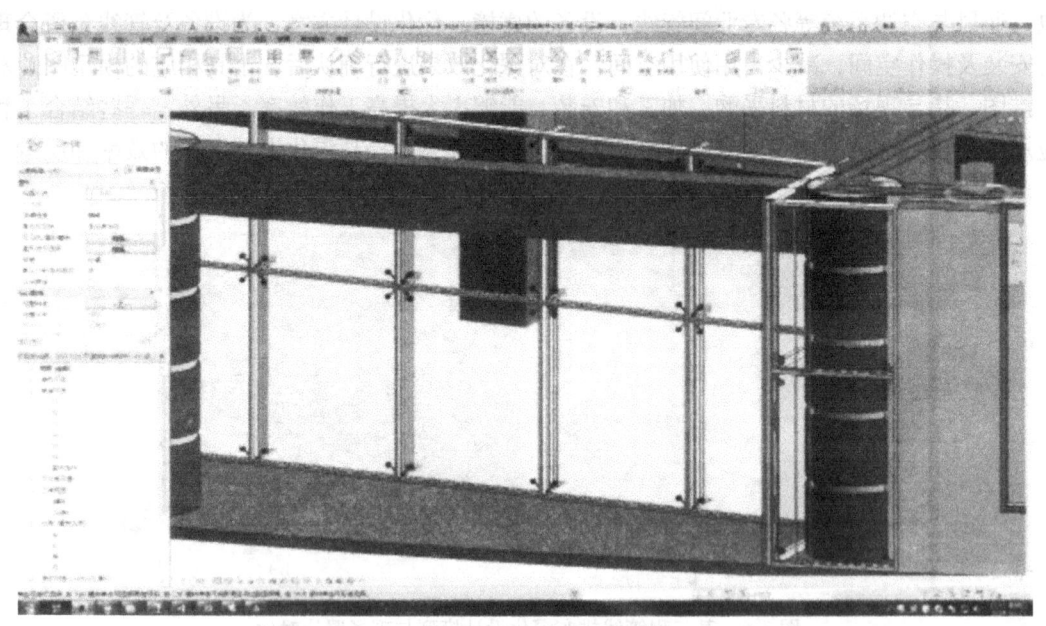

图 5-8 幕墙深化设计 BIM

第六章 BIM 建造准备阶段应用管理

BIM 在项目建造阶段的应用主要体现在虚拟施工的管理。虚拟施工的管理是指通过 BIM 技术结合施工方案、施工模拟和现场视频监测，进行基于 BIM 技术的虚拟施工，其施工本身不消耗施工资源，却可以根据可视化效果看到并了解施工的过程和结果，可以较大程度地降低返工成本和管理成本，降低风险，增强管理者对施工过程的控制能力。

第一节 BIM 施工方案管理

建模的过程就是虚拟施工的过程，是先试后建的过程。施工过程的顺利实施是在有效的施工方案指导下进行的，施工方案的制定主要是根据项目经理、项目总工程师及项目部的经验，施工方案的可行性一直受到业界的关注。由于建筑产品的单一性和不可重复性，施工方案具有不可重复性。一般情况，当某个工程即将结束时，一套完整的施工方案才得以展现。虚拟施工技术不仅可以检测和比较施工方案，还可以优化施工方案，见表 6-1。

表 6-1 BIM 施工方案管理

类 别	内 容
1. 场地布置方案	为使现场使用合理，施工平面布置应有条理，尽量减少占用施工用地，使平面布置紧凑合理，同时做到场容整齐清洁、道路畅通，符合防火安全及文明施工的要求。施工过程中应避免多个工种在同一场地、同一区域进行施工而相互牵制、相互干扰。施工现场应设专人负责管理，使各项材料、机具等按已审定的现场施工平面布置图的位置堆放 基于建立的 BIM 三维模型及搭建的各种临时设施，可以对施工场地进行布置，合理安排塔式起重机、库房、加工场地和生活区等位置，解决现场施工场地平面布置问题，解决现场场地划分问题；通过与业主的可视化沟通协调，对施工场地进行优化，选择最优施工路线 利用 BIM 三维动态展现施工现场布置，划分功能区域，便于场地分析。某工程基于 BIM 的施工场地布置方案规划示例如图 6-1 及图 6-2 所示
2. 专项施工方案	通过 BIM 技术指导编制专项施工方案，可以直观地分析复杂工序，将复杂部位简单化、透明化，提前模拟方案编制后的现场施工状态，对现场可能存在的危险源、安全隐患、消防隐患等提前排查，对专项方案的施工工序进行合理排布，有利于方案的专项性、合理性，如图 6-3 所示

a) b)

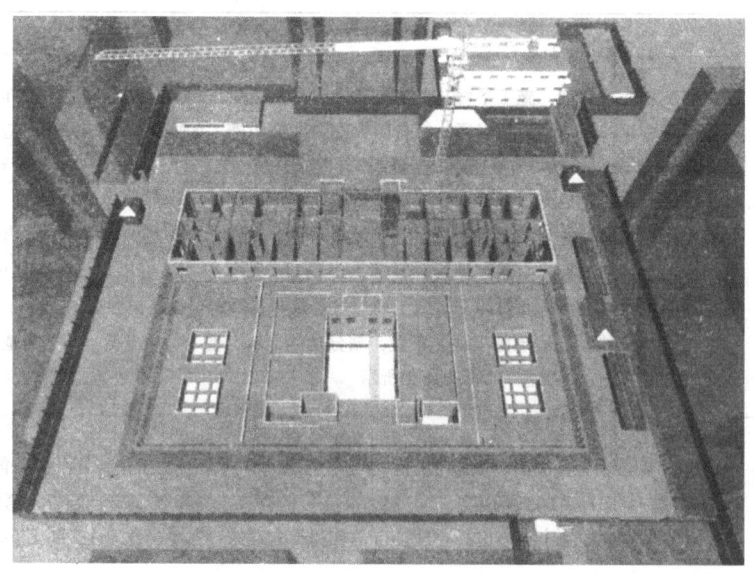

c)

图 6-1 基于 BIM 的场地布置示例图

a) 钢筋笼堆放区 b) 原材堆放区 c) 厂区设备区

图 6-2 基于 BIM 的场地布置示例图

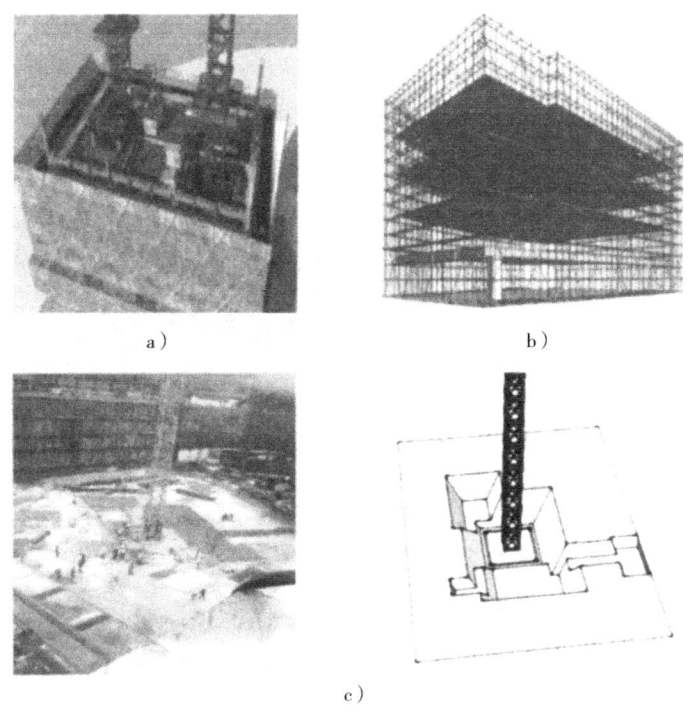

图 6-3 专项施工方案规划示例
a) 测量方案演示模拟 b) 施工脚手架方案验证模拟 c) 塔式起重机基础开挖方案模拟

以某工程为例，根据其具体工程内容可将施工方案划分如下：

1. 土方开挖方案（图 6-4）

(1) 利用三维模型进行土方开挖方案的验证。

(2) 对支护方案进行优化，节约了近 14m 的支护成本。

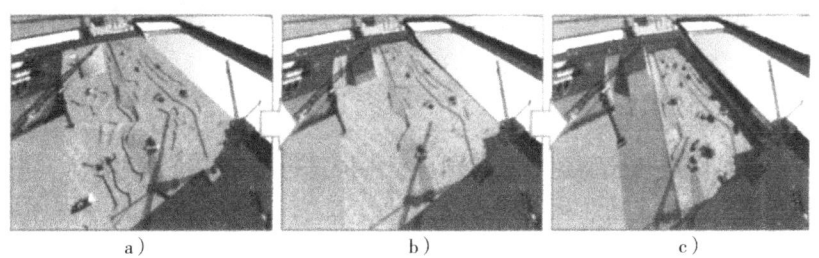

图 6-4 土方开挖方案
a) 开挖阶段 b) 下挖阶段 c) 挖槽完毕

2. 基础浇筑方案（图 6-5）

基础变标高连接做法、集水坑以及电梯井模型——进入方案库。

3. 测量方案模拟（图 6-6）

(1) 平台共享测量数据。

(2) 吊装顺序对测量的影响。

(3) 结合两台塔式起重机的运输配合。

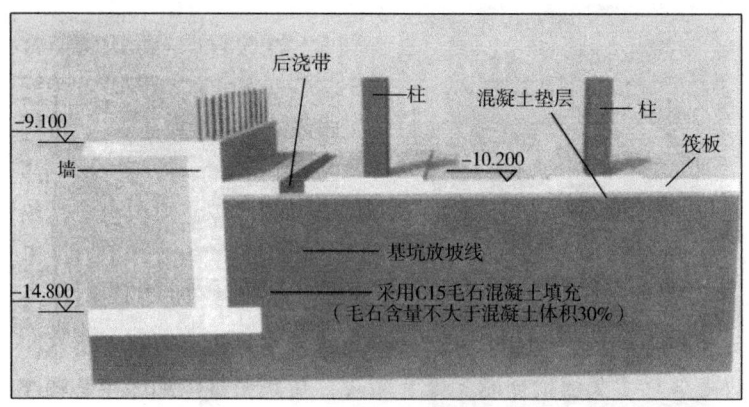

图 6-5 基础浇筑方案

图 6-6 桁架层定位测量

4. 幕墙方案（图 6-7）

对幕墙专业设计图进行模型建立后，同厂家一同进行幕墙三维深化设计，同时加入幕墙安装方式模拟、施工工序交叉、运输作业。

 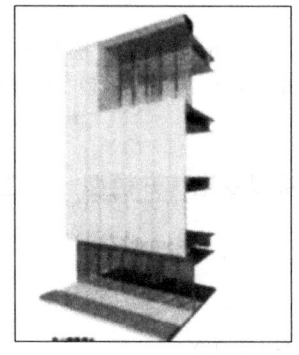 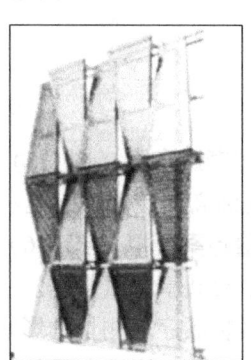

图 6-7 幕墙方案

5. 精装修方案（图6-8）

由总包负责精装修模型建立，根据模型验证装修效果，提出对各分包深化的意见。

图6-8 精装修方案

第二节 BIM工艺模拟

对于工程施工的关键部位，如预应力钢结构的关键构件及部位，其安装相对比较复杂，因此合理的安装方案非常重要，正确的安装方法能够省时省费，传统方法只有工程实施时才能得到验证，这就造成了二次返工等问题。同时，传统方法是施工人员在完全领会设计意图之后，再传达给建筑工人，相对专业性的术语及步骤对于工人来说难以完全领会。基于BIM技术，能够提前对重要部位的安装进行动态展示，提供施工方案讨论和技术交流的虚拟现实信息。

某工程钢结构吊装工艺模拟如图6-9~图6-11所示，包括验证钢构的吊装顺序、防止吊装过程中的碰撞以及将吊装顺序进行合理优化、计算塔式起重机荷载与吊装路径等。

图6-9 关键部位施工工艺展示

图 6-10 关键节点安装方案演示

图 6-11 某关键节点吊装方案演示动画截图

第三节 BIM 施工过程模拟

1. 土建主体结构施工模拟

根据拟定的最优施工现场布置和最优施工方案,将由项目管理软件,如 Project 编制而成的施工进度计划与施工现场 3D 模型集成一体,引入时间维度,能够完成对工程主体结构施工过程的 4D 施工模拟。通过 4D 施工模拟,可以使设备材料进场、劳动力配置、机械排班等各项工作安排得更加经济合理,从而加强了对施工进度、施工质量的控制。针对主体结构施工过程,利用已完成的 BIM 进行动态施工方案模拟,展示重要施工环节动画,对比分析不同施工方案的可行性,能够对施工方案进行分析,并听从甲方指令对施工方案进行动态调整。

某工程土建主体施工模拟如图 6-12 所示。

2. 钢结构部分施工模拟

针对钢结构部分,因其关键构件及部位安装相对复杂,采用 BIM 技术对其安装过程进行模拟,能够有效帮助指导施工,同土建主体结构施工模拟过程一致。

某工程采用 BIM 技术对网架安装过程进行模拟,过程如图 6-13 所示,为 BIM 三维动画模拟施工过程,显然基于 BIM 的施工模拟更加形象、易于理解。

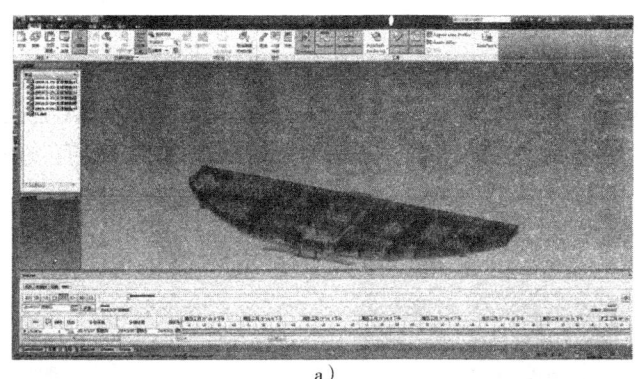

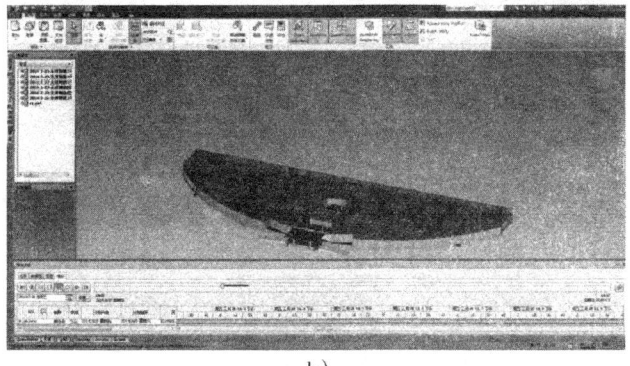

图 6-12 某工程土建部分施工模拟过程
a) 一层施工前 b) 一层施工后

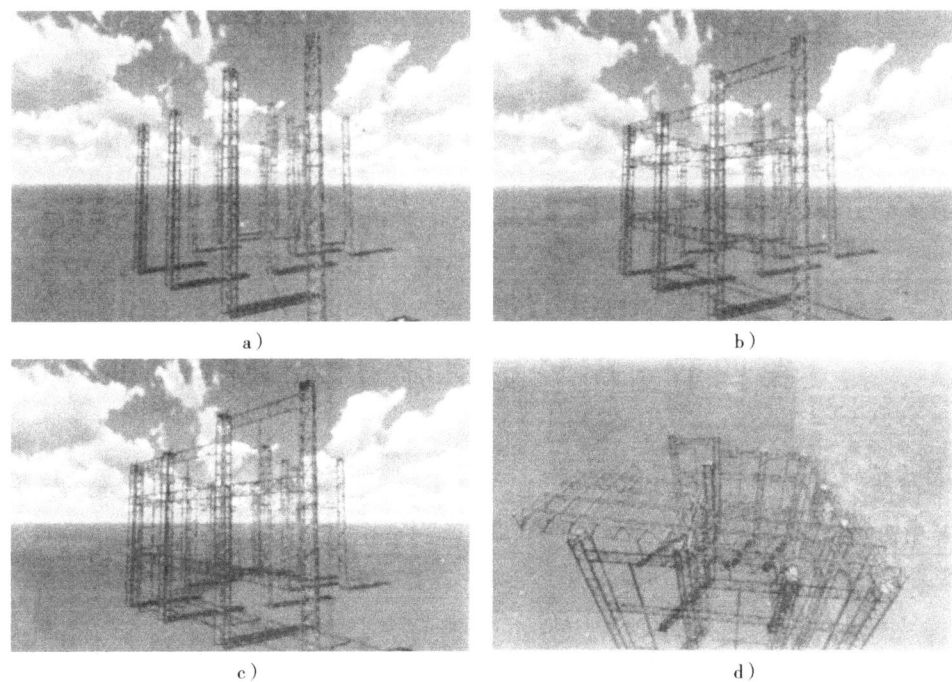

图 6-13 整体 BIM
a) 格构柱安装 b)、c) 格构柱附属构件安装 d) 屋顶网架局部吊装

3. 装修效果模拟

针对工程技术重点难点、样板间、精装修等，完成对窗帘盒、吊顶、木门、地面砖等基础模型的搭建，并基于 BIM，对施工工序的搭接，新型、复杂施工工艺进行模拟，对灯光环境等进行分析，综合考虑相关影响因素，利用三维效果预演的方式有效解决各方协同管理的难题。

某工程室内装修效果模拟如图 6-14 所示。

图 6-14 某工程室内装修效果模拟
a）首层样板间模拟 b）灯具效果展示 c）风口钢板效果展示

第四节 BIM 虚拟施工模拟优点

BIM 虚拟施工模拟优点见表 6-2。

表 6-2 BIM 虚拟施工模拟优点

类 别	内 容
1. 施工方法可视化	虚拟施工使施工变得可视化，随时随地直观快速地将施工计划与实际进展进行对比，同时进行有效的协同，施工方、监理方，甚至非工程行业出身的业主领导都对工程项目的各种问题和情况了如指掌。施工过程的可视化，使 BIM 成为一个便于施工方参与各方交流的沟通平台。通过这种可视化的模拟缩短了现场工作人员熟悉项目施工内容、方法的时间，减少了现场人员在

(续)

类 别	内 容
1. 施工方法可视化	工程施工初期因为错误施工而导致的时间和成本的浪费。还可以加快、加深对工程参与人员培训的速度及深度，真正做到质量、安全、进度、成本管理和控制的人人参与 　　5D全真模型平台虚拟原型工程施工，对施工过程进行可视化的模拟，包括工程设计、现场环境和资源使用状况，具有更大的可预见性，将改变传统的施工计划、组织模式。施工方法的可视化使所有项目参与者在施工前就能清楚地知道所有施工内容以及自己的工作职责，能促进施工过程中的有效交流，它是目前评估施工方法、发现问题、评估施工风险简单、经济、安全的方法
2. 施工方法验证过程化	BIM技术能全真模拟运行整个施工过程，项目管理人员、工程技术人员和施工人员可以了解每一步施工活动。如果发现问题，工程技术人员和施工人员可以提出新的施工方法，并对新的施工方法进行模拟来验证其是否可行，即判断施工过程，它能在工程施工前识别绝大多数的施工风险和问题，并有效地解决
3. 施工组织控制化	施工组织是对施工活动实行科学管理的重要手段，它决定了各阶段的施工准备工作内容，协调施工过程中各施工单位、各施工工种以及各项资源之间的相互关系。BIM可以对施工的重点或难点部分进行可见性模拟，按网络时标进行施工方案的分析和优化。对一些重要的施工环节或采用施工工艺的关键部位、施工现场平面布置等施工指导措施进行模拟和分析，以提高计划的可执行性。利用BIM技术结合施工组织设计进行计算机预演，以提高复杂建筑体系的可施工性。借助BIM对施工组织的模拟，项目管理者能非常直观地理解间隔施工过程的时间节点和关键工序情况，并清晰地把握在施工过程中的难点和要点，也可以进一步对施工方案进行优化完善，以提高施工效率和施工方案的安全性。可视化模型输出的施工图片，可作为可视化的工作操作说明或技术交底分发给施工人员，用于指导现场的施工，方便现场的施工管理人员拿图样进行施工指导

第七章 BIM 预制加工应用管理

BIM 技术在预制加工管理方面的应用主要体现在钢筋准确下料、构件信息查询及出具构件加工详图上,具体内容如下:

第一节 BIM 下料控制

在以往工程中,由于工作面大、现场工人多,工程交底困难而导致的质量问题非常常见,而通过 BIM 技术能够优化断料组合加工表,将损耗降至最低。某工程通过建立钢筋 BIM,出具钢筋排列图来进行钢筋准确下料,如图 7-1 和图 7-2 所示。

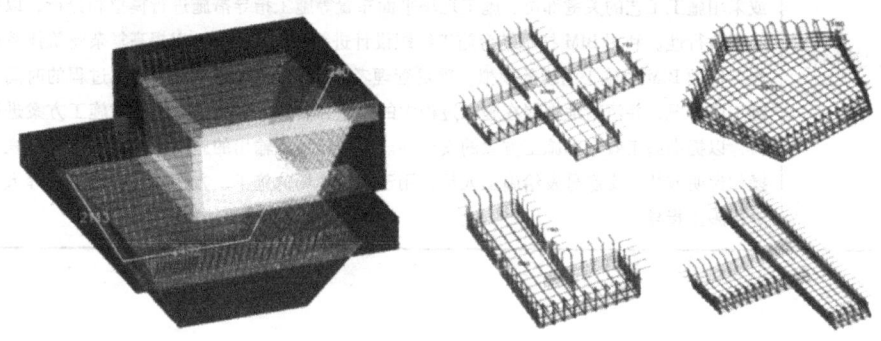

图 7-1 钢筋 BIM

序号	构件名称	只数	规格	每只根数	简图	简图说明	搭接说明	单长/mm	总根数	总长/m	总重/kg	备注	构件小计/kg
1	KZ 32	1	Φ32	2	2720⌐100			2756	2	5.512	34.7	基础插筋弯锚1.15	194.8
2			Φ28	4	1600⌐100			1644	4	6.576	31.7	基础插筋弯锚2, 14, 16, 18	
3			Φ25	3	2720⌐100			2770	3	8.310	32.0	基础插筋弯锚3, 13, 17	
4			Φ32	2	1600⌐100			1636	2	3.272	20.6	基础插筋弯锚6, 10	
5			Φ25	3	1600⌐100			1650	3	4.949	19.0	基础插筋弯锚4, 8, 12	

图 7-2 钢筋排列图指导施工

序号	构件名称	只数	规格	每只根数	简图	简图说明	搭接说明	单长/mm	总根数	总长/m	总重/kg	备注	构件小计/kg
6			⌀28	4	2720 / 100			2764	4	11.056	53.4	基础插筋弯锚5,7,9,11	
7			⌀10	2	560 / 760			2818	2	5.636	3.4	插筋内定位箍	

主筋定位分析

图 7-2 钢筋排列图指导施工（续）

第二节 构件详细信息查询

作为施工过程中的重要信息，检查和验收信息将被完整地保存在 BIM 中，相关单位可快捷地对任意构件进行信息查询和统计分析，在保证施工质量的同时，能使质量信息在运维期有据可循。某工程利用 BIM 查询构件详细信息如图 7-3 所示。

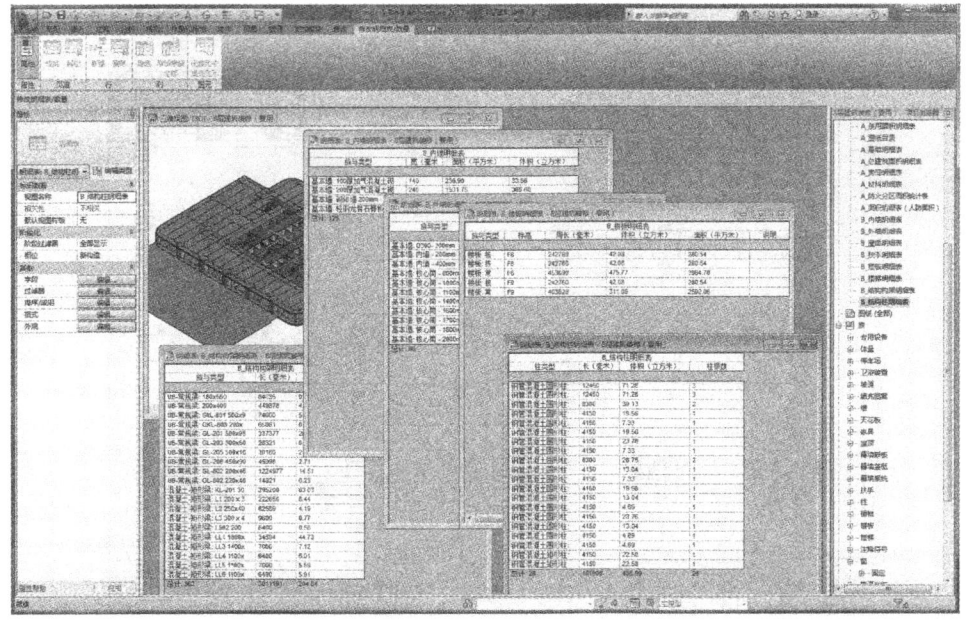

图 7-3 利用 BIM 查询构件详细信息

第三节　构件加工详图

BIM可以完成构件加工、制作图样的深化设计。利用如Tekla structures等深化设计软件真实模拟进行结构深化设计,通过软件自带功能将所有加工详图（包括布置图、构件图、零件图等）利用三视图原理进行投影、剖面生成深化图样。图样上的所有尺寸,包括杆件长度、断面尺寸、杆件相交角度均是在杆件模型上直接投影产生的。通过深化设计产生的加工数据清单,直接导入精密数控加工设备进行加工,保证了构件加工的精密度及安装精度。某工程BIM及出具的构件加工清单如图7-4~图7-6所示。

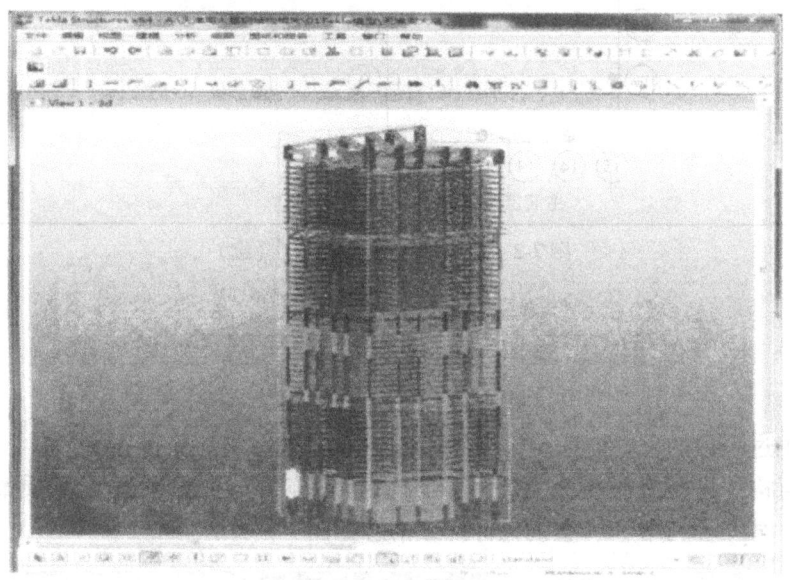

图7-4　Telda钢结构模型

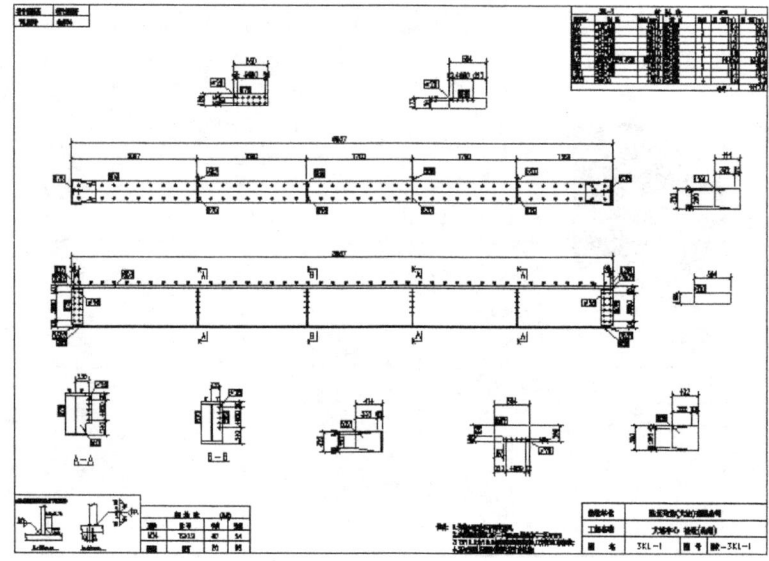

图7-5　构件加工清单

图 7-6　Tekla 钢结构模型

1. 构件生产指导

BIM 建模是对建筑的真实反映，在生产加工过程中，BIM 信息化技术可以直观地表达出配筋的空间关系和各种参数情况（图 7-7），能自动生成构件下料单、派工单、模具规格参数等生产表单，并且能通过可视化的直观表达帮助工人更好地理解设计意图，可以形成 BIM 生产模拟动画、流程图、说明图等辅助培训材料，有助于提高工人生产的准确性和质量、效率。

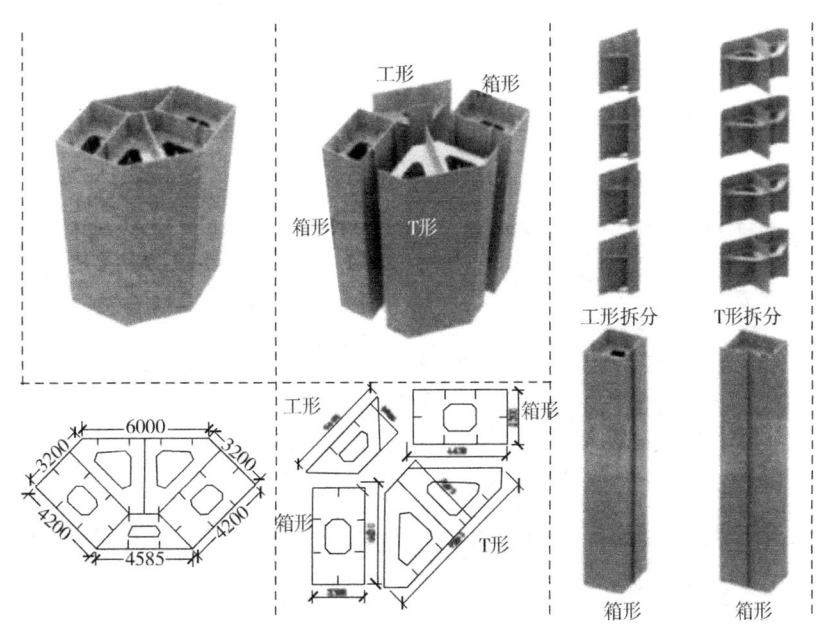

图 7-7　构件加工图

2. 通过 BIM 实现预制构件的数字化制造

借助工厂化、机械化的生产方式，采用集中、大型的生产设备，将 BIM 信息数据输入设备，就可以实现机械的自动化生产（图 7-8），这种数字化建造的方式可以大大提高工作效率、生产质量。比如现在已经实现了钢筋网片的商品化生产，符合设计要求的钢筋在工厂自动下料、自动成形、自动焊接（绑扎），形成标准化的钢筋网片。

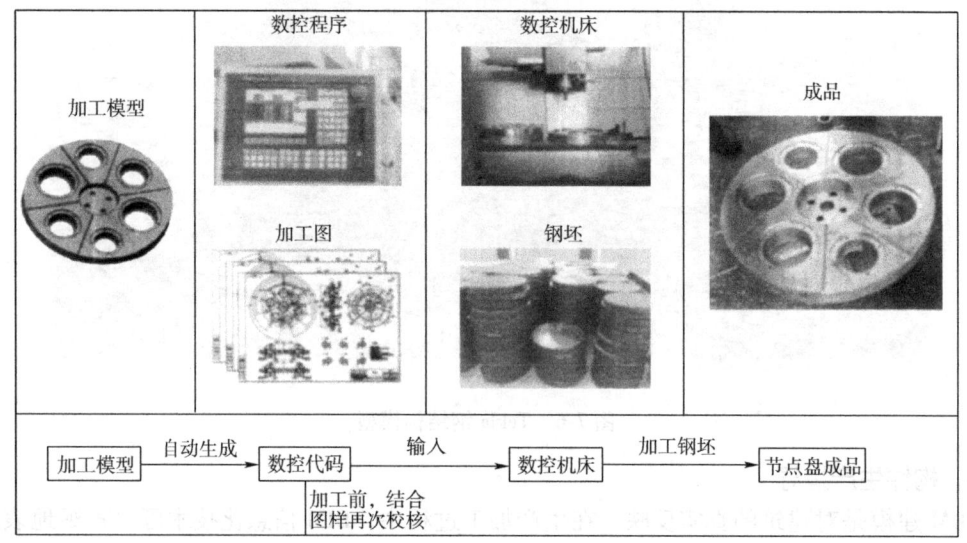

图 7-8 预制构件的数字化制造加工图

第四节 BIM 预制加工控制案例

一、基于 BIM 的风管预制加工

1. 熟悉设计图（图 7-9）

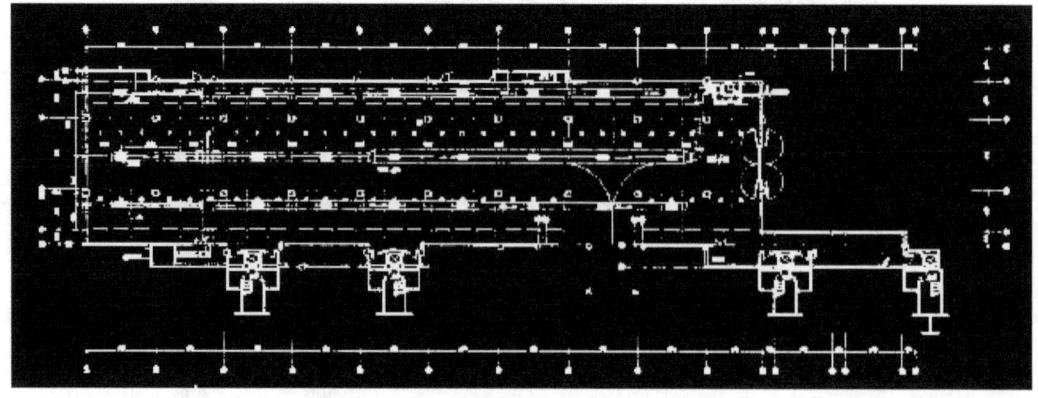

图 7-9

2. 现场测量校对建筑结构模型（图 7-10）

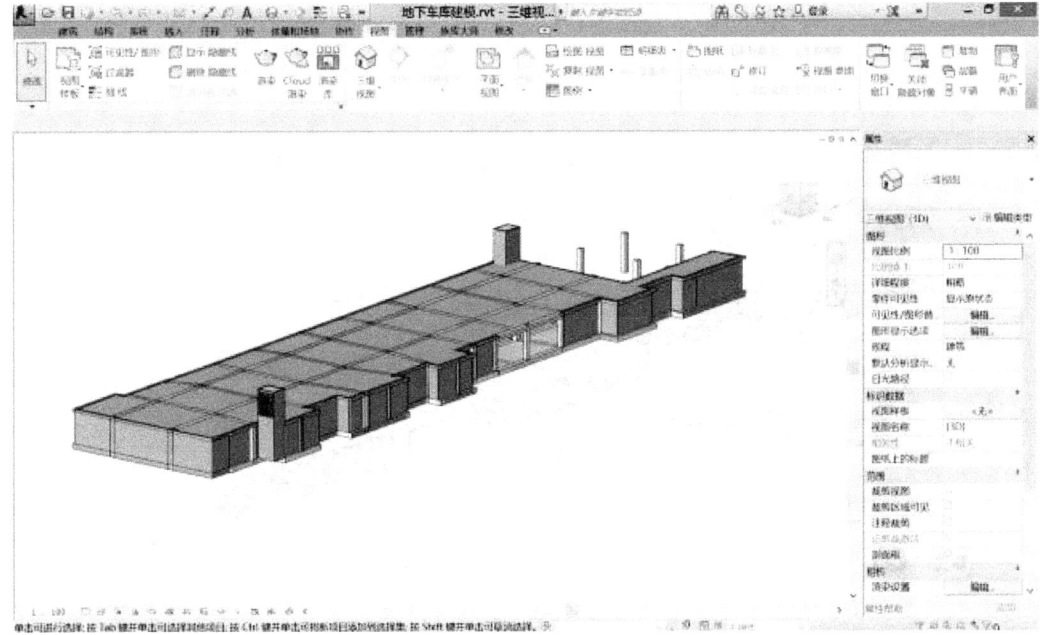

图 7-10

3. 搭建 MEP 各专业 BIM（图 7-11）

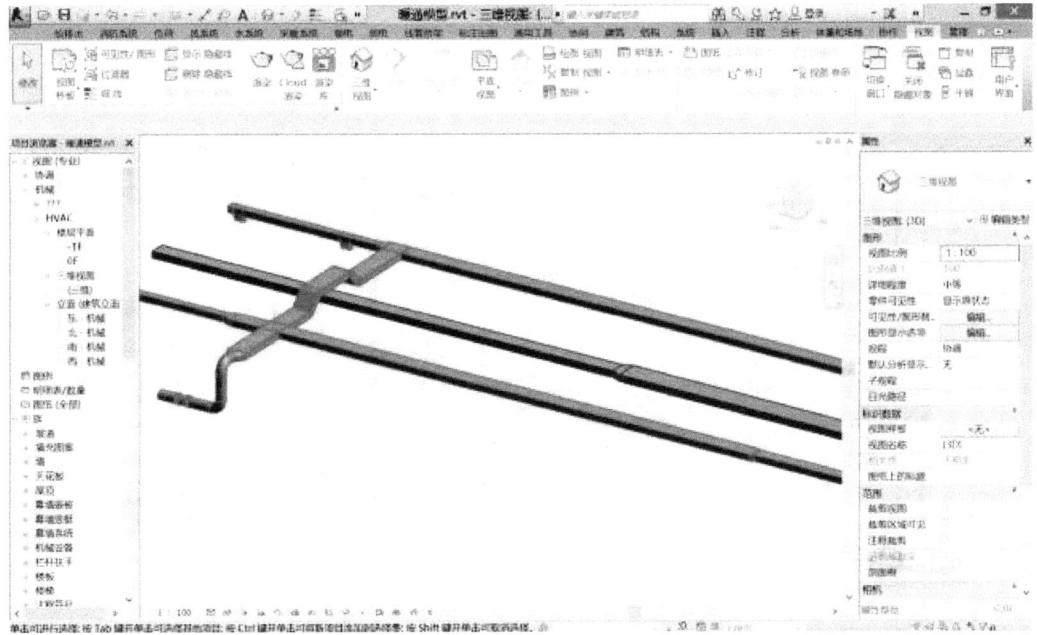

图 7-11

4. 管线碰撞检查与调整、优化（图7-12）

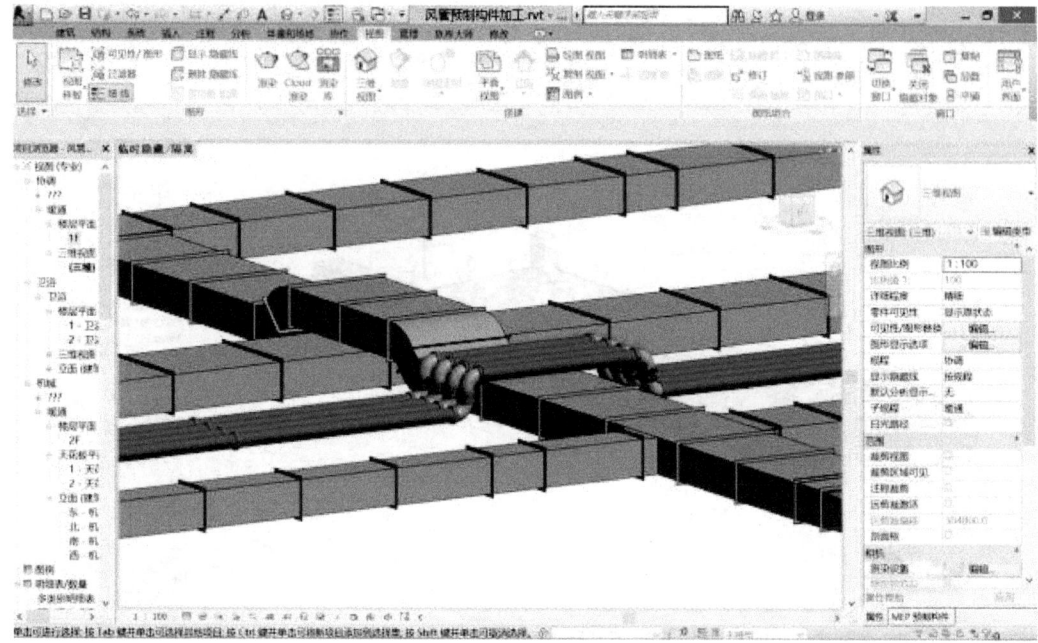

图 7-12

5. 添加支吊架构件（图7-13）

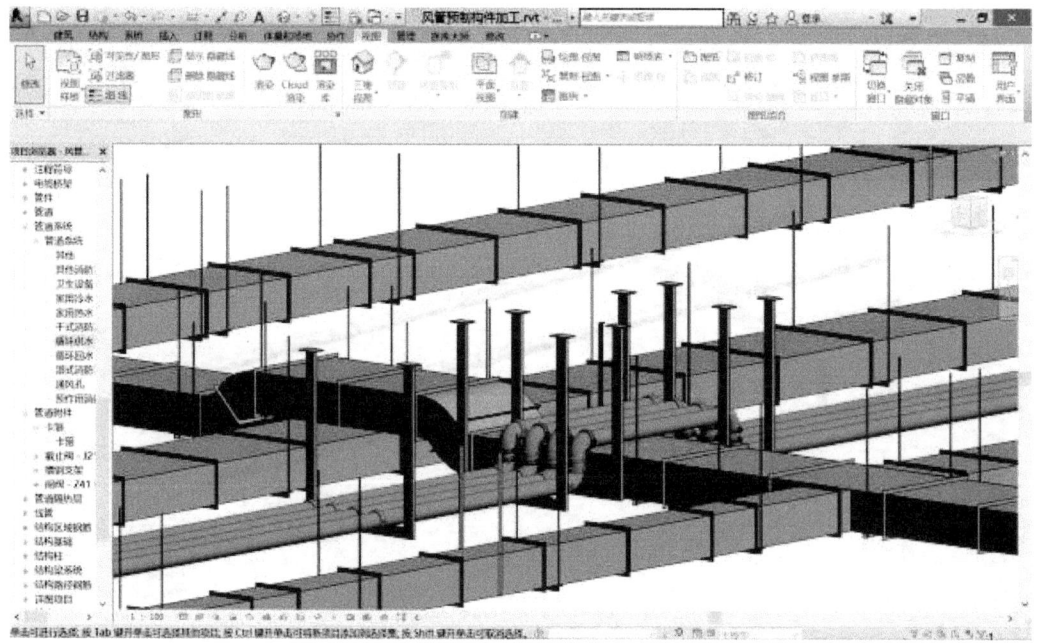

图 7-13

6. 构件分解构件加工图（图 7-14）

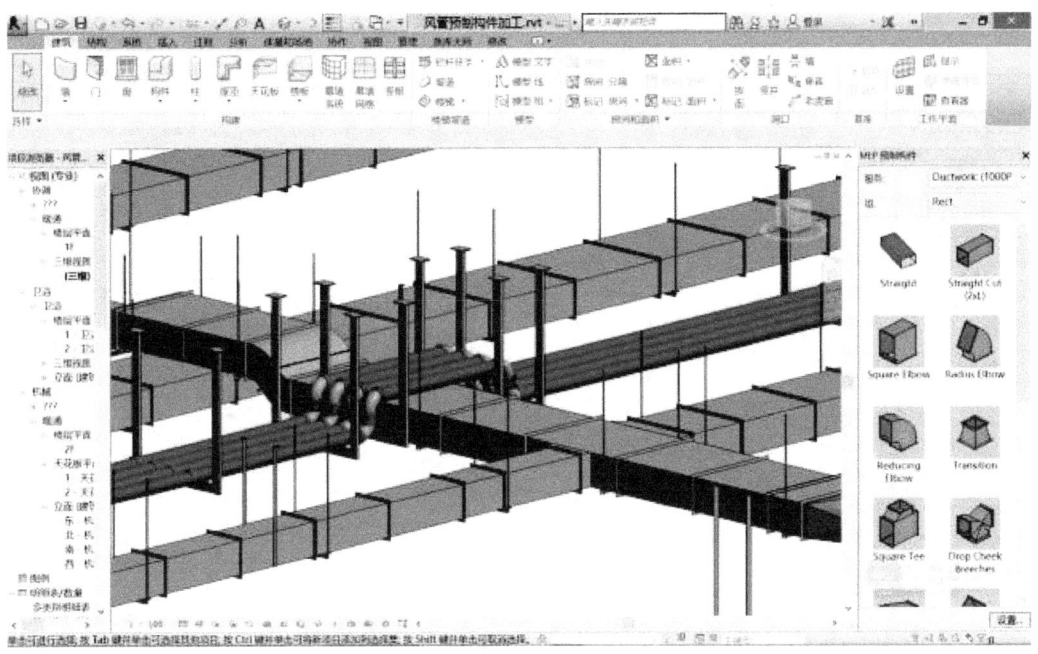

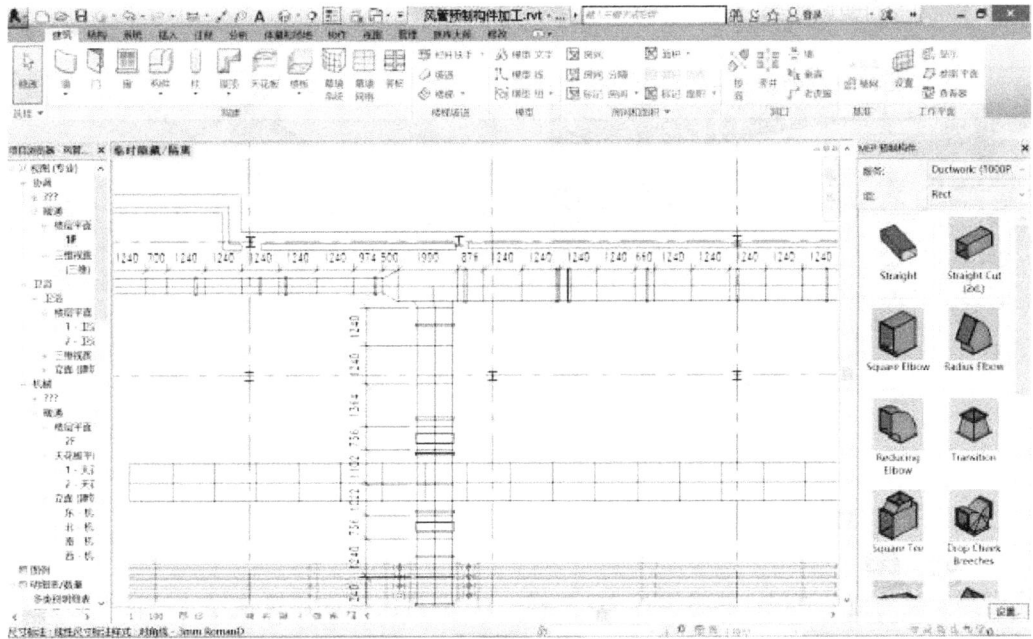

图 7-14

7. 出构件加工清单（图7-15）

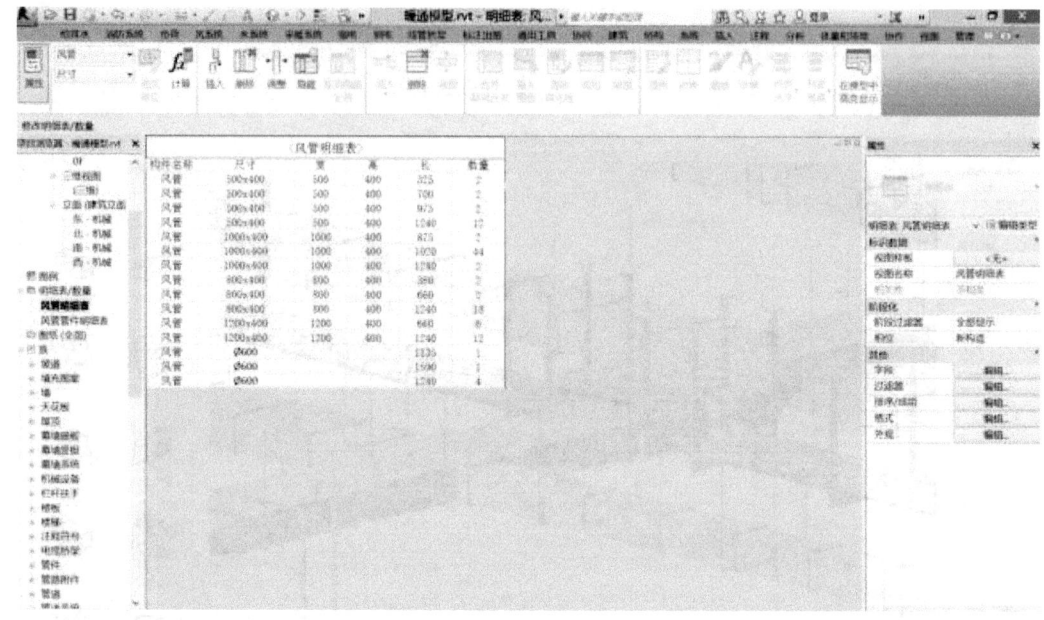

图　7-15

8. 预制后的现场组装（图7-16）

图　7-16

二、基于BIM的水管预制加工流程

管路安装的施工流程：熟悉设计2D图样—3D测量仪提取建筑物尺寸—录入修改建筑3D模型数据—BIM建模优化管路布置—BIM建模成图（设计调整二维图样）—拆分模型、提取管件数据、分解图编制—交付预制加工厂—到货验收—现场放样—泵体安装—支吊架安装—主管路管件阀门安装—分支管路管件阀门安装—管件固定—表计等附件安装—标识粘贴—水压试验—检查验收—资料整理。

1. 地下室制冷机房模型（图7-17）

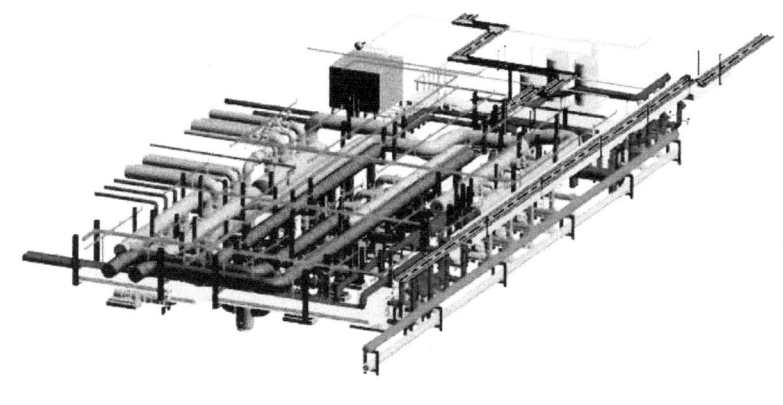

图 7-17

2. 地下室消防机房模型（图7-18）

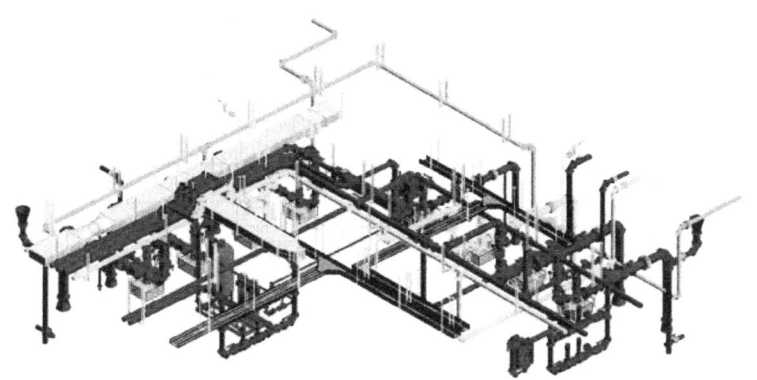

图 7-18

3. BIM 3D 漫游检查（图7-19）

图 7-19

4. BIM 分解图（图 7-20）

图 7-20

5. 生成材料明细表并交付工厂（图 7-21）

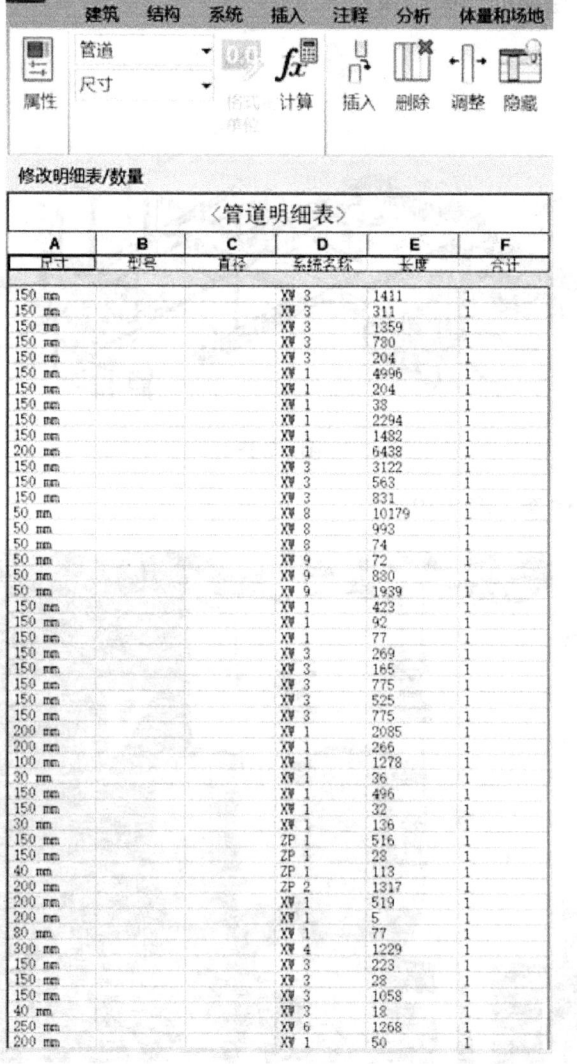

图 7-21

6. 工厂预制后的现场安装（图7-22）

图 7-22

第八章 BIM 项目进度应用管理

第一节 传统进度管理存在的缺陷

项目进度管理是根据合同规定的工期要求编制施工进度计划,并以此作为管理的同时,对施工全过程进行检查,对比分析及时发现实施中的偏差,并采用有效措施,调整工程建设施工进度计划,排除干扰,保证工期目标实现的全部活动。

一、传统进度管理存在的问题

传统进度管理存在的问题见表 8-1。

表 8-1 传统进度管理存在的问题

类 别	内 容
建筑设计缺陷	建筑工程传统的建模方法,主要是利用 CAD 工具,将点线面等基本元素进行绘制,绘制成几何图形,并构建成二维平面模型,这样的建模方法中,仅仅包含着简单的信息,存在着一定的局限性,尤其是异形结构与复杂节点等方面,造成施工过程中施工人员没有正确理解图样的意图,使技术交底工作出现一定的困难,常常出现建造错误,最终需要进行返工,影响项目工程的进度,增加施工成本
施工进度计划编制不合理	工程项目进度计划的编制很大程度上依赖于项目管理者的经验,虽然有施工合同、进度目标、施工方案等客观条件的支撑,但是项目的唯一性和个人经验的主观性难免会使进度计划存在不合理之处,并且现行的编制方法和工具相对比较抽象,不易对进度计划进行检查,一旦计划出现问题,按照计划所进行的施工过程必然会受到影响
现场人员的素质	随着施工技术的发展和新型施工机械的应用,工程项目施工过程越来越趋于机械化和自动化。但是,保证工程项目顺利完成的主要因素还是人,施工人员的素质是影响项目进度的一个主要方面。施工人员对施工图的理解,对施工工艺的熟悉程度和操作技能水平等因素都可能对项目能否按计划顺利完成产生影响
参与方沟通和衔接不畅	建设项目往往会消耗大量的财力和物力,如果没有一个详细的资金、材料使用计划是很难完成的。在项目施工过程中,由于专业不同,施工方与业主和供货商的信息沟通不充分、不彻底,业主的资金计划、供货商的材料供应计划与施工进度不匹配,同样也会造成工期的延误
施工环境影响	工程项目既受当地地质条件、气候特征等自然环境的影响,又受到交通设施、区域位置、供水供电等社会环境的影响。项目实施过程中任何不利的环境因素都有可能对项目进度产生严重影响。因此,必须在项目开始阶段就充分考虑环境因素的影响,并提出相应的应对措施

二、传统进度管理技术缺陷

传统进度管理的缺陷见表 8-2。

表 8-2　传统进度管理的缺陷

类　别	内　容
（1）二维 CAD 设计图形象性差	二维三视图作为一种基本表现手法，将现实中的三维建筑用二维的平、立、侧三视图表达。特别是 CAD 技术的应用，用计算机屏幕、鼠标、键盘代替了画图板、铅笔、直尺、圆规等手工工具，大大提高了出图效率。尽管如此，由于二维图样的表达形式与人们现实中的习惯维度不同，所以要看懂二维图样存在一定困难，需要通过专业的学习和长时间的训练才能读懂图样。同时，随着人们对建筑外观美观度的要求越来越高，以及建筑设计行业自身的发展，异形曲面的应用更加频繁，如悉尼歌剧院、国家大剧院、鸟巢等外形奇特、结构复杂的建筑物越来越多。即使设计师能够完成图样，对图样的认识和理解也仍有难度。另外，二维 CAD 设计可视性不强，使设计师无法有效检查自己的设计成果，很难保证设计质量，并且对设计师与建造师之间的沟通形成障碍
（2）网络计划抽象，往往难以理解和执行	网络计划图是工程项目进度管理的主要工具，但也有其缺陷和局限性。首先，网络计划图计算复杂，理解困难，只适合于行业内部使用，不利于与外界沟通和交流；其次，网络计划图表达抽象，不能直观地展示项目的计划进度过程，也不方便进行项目实际进度的跟踪；再次，网络计划图要求项目工作分解细致，逻辑关系准确，这些都依赖于个人的主观经验，实际操作中往往会出现各种问题，很难做到完全一致
（3）二维图样不方便各专业之间的协调沟通	二维图样由于受可视化程度的限制，使得各专业之间的工作相对分离。无论是在设计阶段还是在施工阶段，都很难对工程项目进行整体性表达。各专业单独工作或许十分顺利，但是在各专业协同时作业往往就会产生碰撞和矛盾，给整个项目的顺利完成带来困难
（4）传统方法不利于规范化和精细化管理	随着项目管理技术的不断发展，规范化和精细化管理是形势所趋。但是传统的进度管理方法很大程度上依赖于项目管理者的经验，很难形成一种标准化和规范化的管理模式。这种经验化的管理方法受主观因素的影响很大，直接影响施工的规范化和精细化管理

第二节　BIM 进度管理具体应用

BIM 是在三维模型的基础上进行发展，其中包括着对建设项目的设计与实施以及运营维护，贯穿于建设项目整个生命周期内，是一个数据化模型，其可以实现数据信息的共享与传递，可以为参与项目建设部门，提供建设所用的基础数据，该技术可以节约施工成本，科学地缩短工期。

一、基于 BIM 的项目进度管理流程

基于 BIM 的项目进度管理流程如图 8-1 所示。

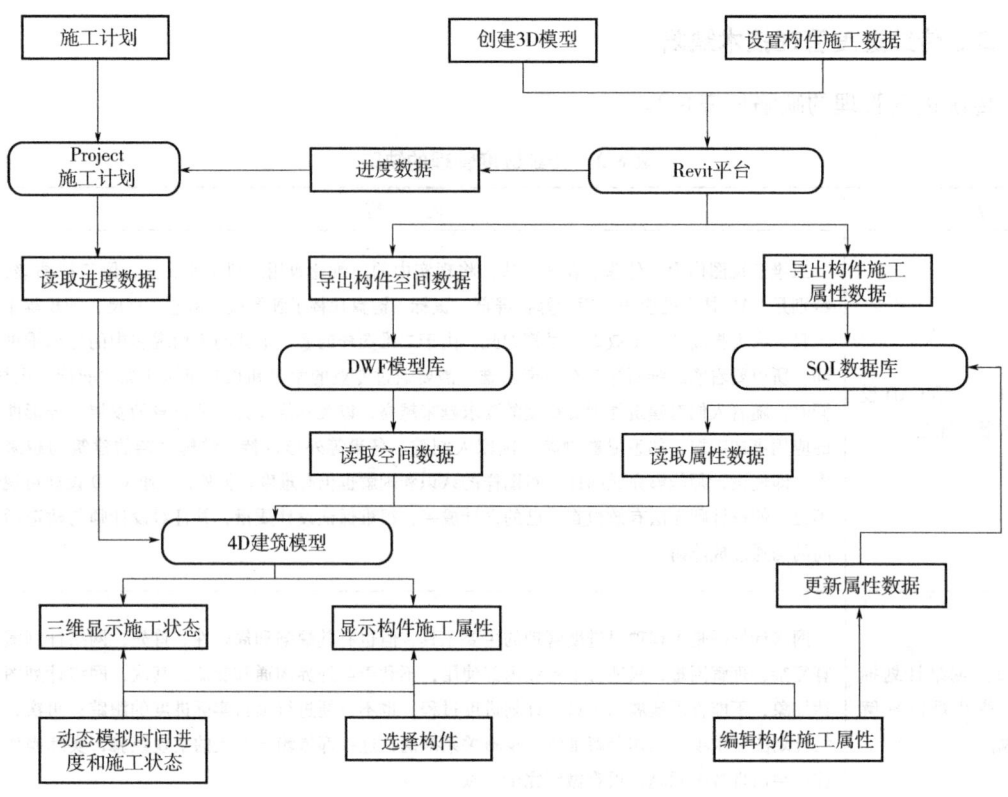

图 8-1 基于 BIM 的项目进度控制流程

二、BIM 技术在进度管理中的具体应用

我国使用的 BIM 软件一直都是在国外引进的，直到 2012 年由建设科学研究院组织进行 BIM 软件自主研发，国外的建设工程早已经出现了 4D-BIM 虚拟建造模型控制施工进度，5D-BIM 用来控制施工成本，同时也可以起到指导建设施工以及管理建设施工的作用，我国一些建设工程中，也已经采用了 5D-BIM 来控制施工成本。

例如，某建设施工单位，在拆除新建工程时，需要将原 1 层的售楼处进行拆除，并新建 4 楼，其中地上 1 层用作商业办公，而 2~4 层用于办公，地下 1、2 层是商业层与地下车库，建筑的高度为 17.8m，框架结构由钢筋水泥构成，在进行建模时，其利用 4D-BIM 来控制施工进度，在进行建模时，是以二维图样作为标准，使用 Revit 软件来构建 3D-BIM，其中包含着建筑信息、结构信息，在 3D-BIM 的基础上，将鲁班平台导入进来，同时与 Project 进度信息相互关联，为每一构件设置时间参数，最终形成控制进度模型，也就是 4D-BIM。

三、4D-BIM 的应用

在建设项目进度控制中应用 BIM 技术，主要是利用 4D-BIM，实现施工进度的控制与管理，该建模办法是以三维模型为基础，进行时间参数的关联，最终形成模型的，4D-BIM 技术拥有着可视化特点，将项目施工的进度计划清晰直观地展示出来，同时还可以随时进行查询，查询不同时间点三维进度的状态，根据项目计划进度数据、实际进度数据，做出可视化对比分析，4D-BIM 主要是在时间维度上，对施工项目计划进度与实际的施工进度做比较，只需要将具体的施工项目实际操作的时间、结束的时间输入 4D-BIM 系统中，该模型就会根据不同的颜色进行对比，展示出该工程项目的实际进度，若该项施工出现施工延误情况时，则会立即呈现出来，以便项目管理者可以在第一时间内发现，并采取相应的调整办法，包括调整施工人员以及资源，保证项目施工进度得到有效的控制。

四、4D-BIM 优化

在这个模型中可以对各个子工程进行工程量的精准统计，由于每一个项目使用的劳动力、原材料以及机械设备等不同，由此对施工进度造成的影响也就不同，在进行优化时，是以双代号网络计划作为基础，在双代号的网络计划中，将各项工作同紧前以及紧后工作，构建一种衔接关系，也就是设置为仅在完成一项工作后，再开始另一项工作。项目工作进度可以透过工作班制、施工人数、机械设备的数量等进行调节，由此可以设置定额法进行项目时间的计算，严格地控制施工项目需要的时间，保证项目施工的进度。

由于人工或者机械设备的产量定额受到科技水平的影响，所以需要将其设置为定值，项目施工的总工期是根据关键路径法计算得出的，是由各个项目施工所花费的时间成本构成，在进行总成本的计算时，需要将其直接的成本以及间接的成本进行合计，其中不考虑税率与资金所产生的时间价值。在 4D-BIM 生成工程量清单时，要将工程各个部分工作量设置为确定值，4D-BIM 控制施工进度时，还需要保证物料供应及时，这样才不会给项目施工进度造成影响。

4D-BIM 施工管理系统进行施工进度模拟大致分为以下步骤：①将 BIM 进行材质赋予；②制订 Project 计划；③将 Project 文件与 BIM 链接；④制定构件运动路径，并与时间链接；⑤设置动画视点并输出施工模拟动画。其中运用 Navisworks 进行施工模拟技术路线如图 8-2 所示。

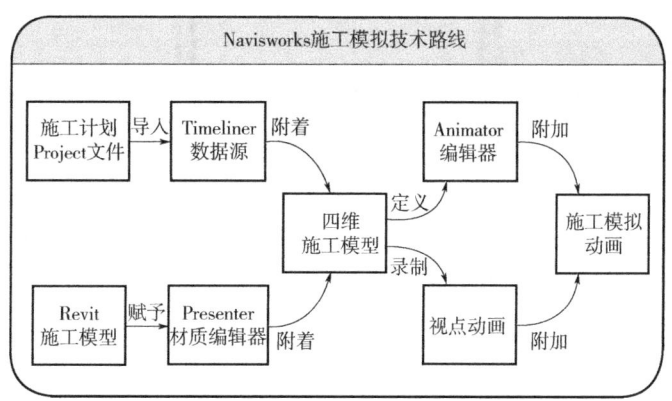

图 8-2　Navisworks 施工模拟技术路线

通过 4D 施工进度模拟，能够完成以下内容：基于 BIM 施工组织，对工程重点和难点的部位进行分析，制定切实可行的对策；依据模型，确定方案、排定计划、划分流水段；BIM 施工进度利用季度卡来编制计划；将周和月结合在一起，假设后期需要任何时间段的计划，只需在这个计划中过滤一下即可自动生成；做到对现场的施工进度进行每日管理。

某工程链接施工进度计划的4D施工进度模拟如图8-3所示。在该4D施工进度模型中可以看出指定某时刻的施工进度情况,并与施工现场进行对比,对施工进度进行调控。

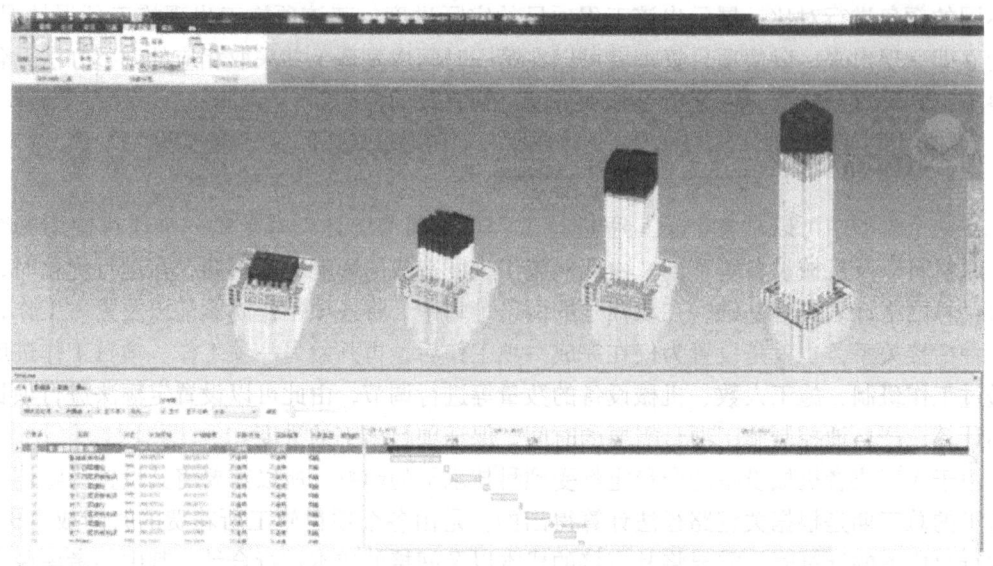

图8-3 施工进度模拟

出具施工进度模拟动画可以指导现场工人当天的施工任务,如图8-4及图8-5所示。

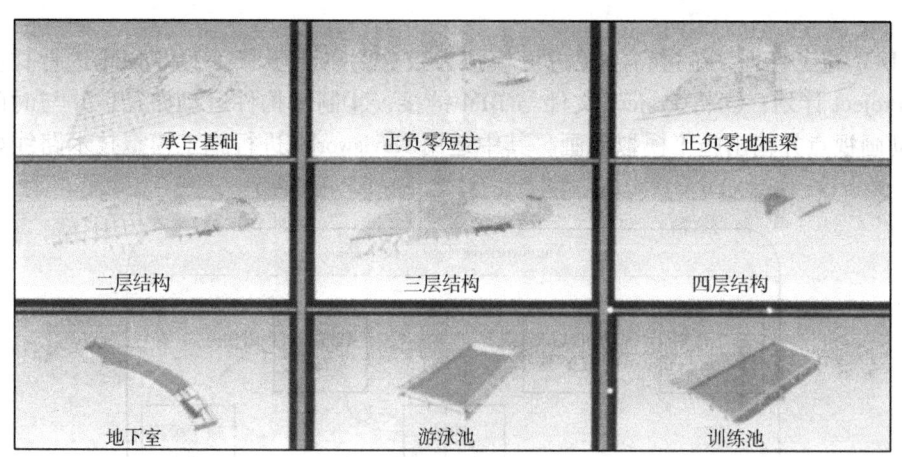

图8-4 施工进度模拟任务

 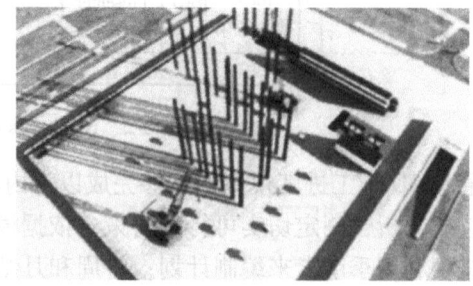

图8-5 施工进度模拟动画

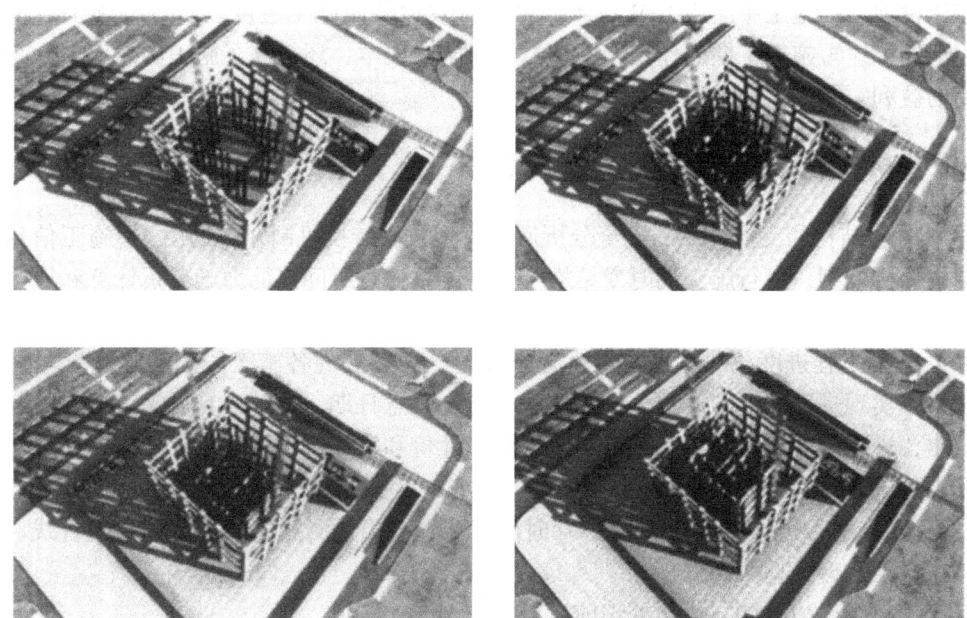

图 8-5 施工进度模拟动画（续）

五、BIM 技术控制施工进度的办法

每一种技术或者理论都是需要与其他技术、方法等相结合使用，使其可以相互合作，相互协调发挥其优势，利用其他技术或方法来补充自己的不足之处，以此发挥更优质的服务，BIM 技术的应用主要是在与工程项目相关数据的基础上，构建建筑项目模型，利用数字信息仿真技术，将建筑物真实的数据模拟出来，在应用的过程中结合 BIM 技术、网络计划技术、工作分解结构等优势，有效地解决建设项目中目标优化问题，不仅可以提高建筑行业的信息水平，还可以节约资源，有效地控制项目施工的进度，进一步实现优化施工成本目标，科学合理地缩短施工进度。

六、基于 BIM 成本架构系统的构建

成本架构的建立是基于 BIM 技术、网络技术施工进度的成本控制，所构建的施工进度-成本架构在构建成本架构体系时，需要搜集并且整理项目的基础数据，不仅可以保障施工成本数据的准确性，还可以减少项目工程造价人员的工作量，再根据 4D-BIM 生成的项目工程量清单，以及 WBS 所确定的工程施工工艺，来绘制网络计划图，建立相应的施工项目进度-成本优化的基本数学模型，配合网络计划技术做好计算求解，最后将求解得出的最终结果，输入计算机中，利用 BIM 技术做建设施工模拟，实现对项目工程的动态控制。

在使用这一架构系统时，只需要将实际勘察的数据输入 BIM 软件中，构建相应的数据模型，再把建筑模型给导入造价管理软件中，得出建筑项目的工程量，确定施工工艺，最后构建施工项目的成本优化模型，在进行模拟施工时，可以将在实际施工中可能会出现的问题，清晰地展示出来，并做好预防措施，主要利用的是 BIM 虚拟施工软件的交互功能，可以使施工人员参与进来，并掌握一些施工技能，提高施工效率来保证施工进度。

在建设项目的施工中应用 BIM 技术，可以有效地控制施工进度以及进行施工成本控制管理，起到了缩短施工工期的作用，不仅节约了施工成本，还提高了施工的效率，为企业创造更高的盈利空间。

七、BIM 进度检查施工安全与冲突分析

（1）时变结构和支撑体系的安全分析通过模型数据转换机制，自动由 4D 施工信息模型生成结构分析模型，进行施工期时变结构与支撑体系任意时间点的力学分析计算和安全性能评估。

（2）施工过程进度/资源/成本的冲突分析通过动态展现各施工段的实际进度与计划的对比关系，实现进度偏差和冲突分析及预警；指定任意日期，自动计算所需人力、材料、机械、成本，进行资源对比分析和预警；根据清单计价和实际进度计算实际费用，动态分析任意时间点的成本及其影响关系。

（3）场地碰撞检测基于施工现场 4D 时间模型和碰撞检测算法，可对构件与管线、设施与结构进行动态碰撞检测和分析。

某工程三维碰撞检测与优化处理前后对比如图 8-6 所示。

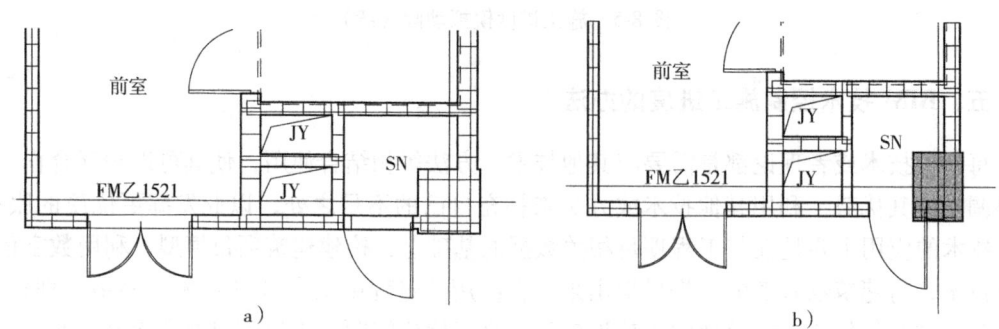

图 8-6 某工程三维碰撞检测与优化处理前后对比
a）碰撞检查前 b）碰撞检查后

八、BIM 建筑施工优化系统

建立进度管理软件 P3/P6 数据模型与离散事件优化模型的数据交换，基于施工优化信息模型，实现基于 BIM 和离散事件模拟的施工进度、资源以及场地优化和过程的模拟。

（1）基于 BIM 和离散事件模拟的施工优化通过对各项工序的模拟计算，得出工序工期、人力、机械、场地等资源的占用情况，对施工工期、资源配置以及场地布置进行优化，实现多个施工方案的比选。

（2）基于过程优化的 4D 施工过程模拟将 4D 施工管理与施工优化进行数据集成，实现了基于过程优化的 4D 施工可视化模拟。

某工程基于 BIM 的建筑施工优化模拟如图 8-7 所示。

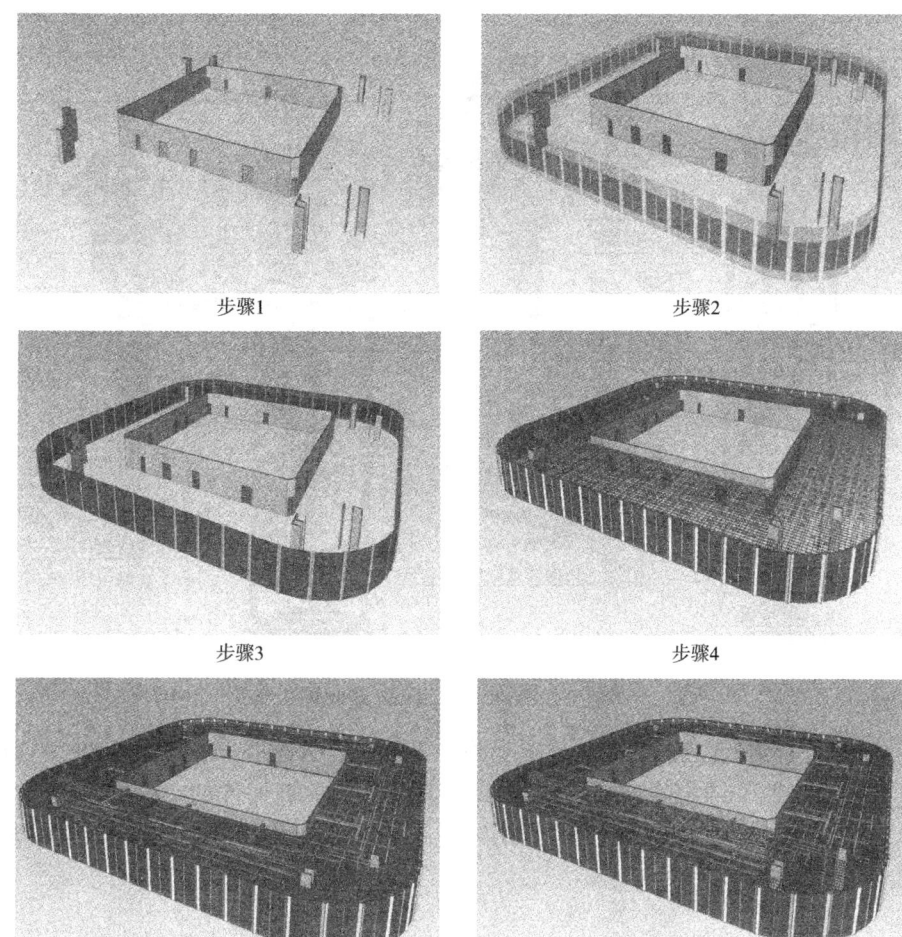

图 8-7　建筑施工优化模拟

九、三维技术交底及安装指导

我国工人文化水平不高，在大型复杂工程施工技术交底时，工人往往难以理解技术要求。针对技术方案无法细化、不直观、交底不清晰的问题，解决方案是：应改变传统的思路与做法（通过纸介质表达），转由借助三维技术呈现技术方案，使施工重点、难点部位可视化，预见问题，确保工程质量，加快工程进度。三维技术交底即通过三维模型让工人直观地了解自己的工作范围及技术要求，主要方法有两种：一种是虚拟施工和实际工程照片对比；另一种是将整个三维模型进行打印输出，用于指导现场的施工，方便现场的施工管理人员拿图样进行施工指导和现场管理。

某工程特殊工艺三维技术交底如图 8-8

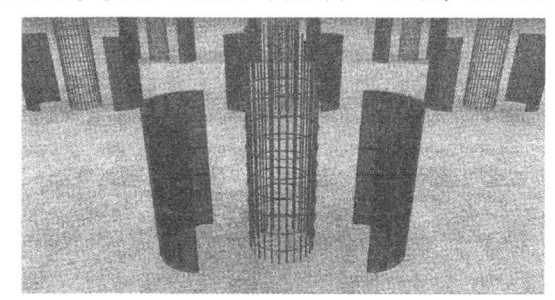

图 8-8　特殊工艺三维技术交底

及图8-9所示。

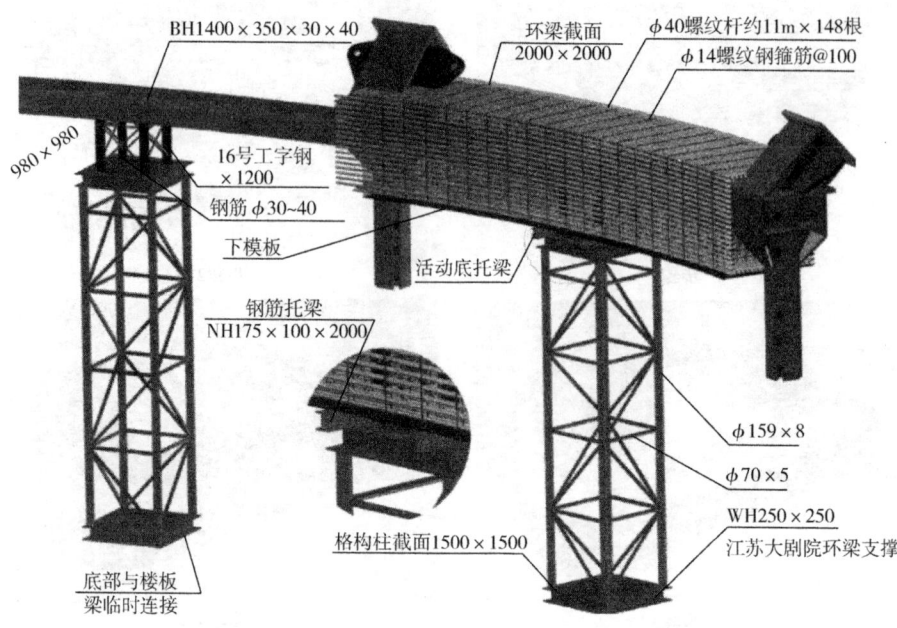

图8-9 特殊工艺三维技术交底

对钢结构而言,关键节点的安装质量至关重要。安装质量不合格,轻者将影响结构受力形式,重者将导致整个结构的破坏。三维BIM可以提供关键构件的空间关系及安装形式,方便技术交底与施工人员深入了解设计意图,某工程的钢结构关键部位安装示意图如图8-10及图8-11所示。

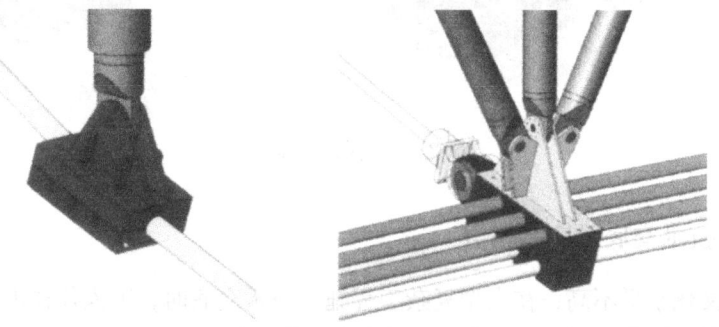

图8-10 径索索夹、环索安装后示意图

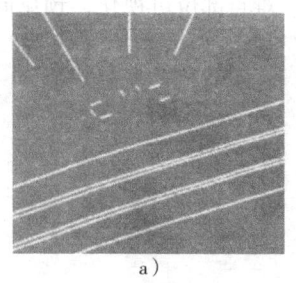 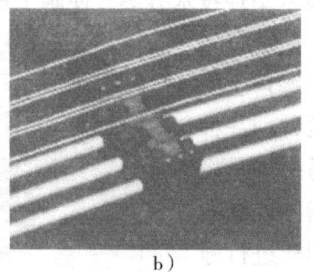 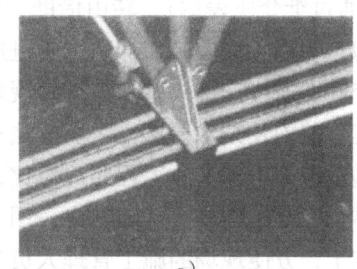
　　　a)　　　　　　　　　　　　b)　　　　　　　　　　　　c)

图8-11 环索安装示意图
a)安装张拉前 b)下排环束与索夹提升过程中 c)销轴安装过程中

十、移动终端现场管理

采用无线移动终端、Web 及 RFID 等技术，全过程与 BIM 集成，实现数据库化、可视化管理，避免任何一个环节出现问题给施工的进度、质量带来影响，如图 8-12 所示。

图 8-12 移动终端随时查看 BIM

第三节 BIM 进度管理的优势及发展前景

一、BIM 进度管理的优势

1. 可视性强

通过 BIM 技术所建立的模型与传统模型最大的区别在于对建筑内部的表现力及描述详细度。因为二维模式下，进度管理基本是靠图样与表格的方式，而基于 BIM 技术的模型是高度仿真的三维模型，项目参与各方可以通过任何视角对建筑内部及细部进行核查，大到外观，小到建筑构件甚至是某个构件的颜色、尺寸以及材质都可以一一进行观察与评估。这样不但可以提高项目的设计品质，让设计人员能够抽出时间更多地考虑项目性能方面的问题，还可以减少施工团队因设计失误造成的返工及误工等现象。

通过对原有的 BIM 加入时间维度即 BIM 4D 之后，就可以根据所附加的时间参数模拟实际的施工建造过程。进行虚拟施工以后，可以检查时间节点与施工进度之间的状况是否匹配，进度计划设定是否合理，工序与工法能否顺利以及其进行对工程进度的影响程度，这些都可以一一模拟出来，导成数据报表，进行量化分析，从而制定一套切实可行的施工方案，优化管理。

2. 信息量丰富

在传统进度管理模式中，因为信息量的匮乏导致不能形成数据报表进行量化分析，基本都是依靠个人经验及拍脑门的方式来管理，很多都是估算或者是差不多这种模棱两可的管理模式，导入 BIM 之后可以大幅改善此种局面。通过 BIM 的参数化特性，可以把模型中建筑构件的信息，例如材质、尺寸、价格、数量等信息纳入模型之中，让模型不仅可以看，还可以用。

将 BIM 中与进度有关的数据信息与模型本身形成关联，可以对施工进度进行实时动态的观察与管理，根据现实中的施工进度与演示过程做一一对比，寻找两者之间的不同点，做出及时调整，还可以通过信息之间的关联演示，在施工阶段开始之前与业主和供货商进行沟通，让其了解项目的相关计划，从而保证施工过程中资金和材料的充分供应。避免因为资金和材料的不到位对施工进度产生影响。

3. 协同作业

BIM 可以贯穿项目始终，也可以协同建筑各个专业。通过建立统一的协同工作平台可以把各专业间的模型导入平台之中，让项目参与各方对项目整体以及本专业和本阶段应该做什么、怎么做，做成什么样子有一个了解。然后通过运用 BIM 软件让模型中的各个专业进行空间上的构件间的碰撞点排查，进而提高设计品质，减少错落碰缺，指导施工，减少返工，从而大幅剔除影响施工进度的因素。

二、BIM 进度管理发展前景

××公司自行研发的基于 GIS 和 BIM 的工程进度管理平台，已经在某国际商务区应用。

该工程进度管理系统平台，融合了 BIM + GIS 等互联网 + 技术，可以适用于各类大型建筑群（综合体）、大型园区等项目工程的动态管理，该系统能够准确反映工程的全貌、建设进度、工程进度的 4D 模拟、剩余工作量、与工程计划的差异等重要工程信息，可以为工程管理者提供可视化、数字化、即时的进度管理协同系统，该系统平台处于国内领先水平。

基于 BIM + GIS 的建筑工程进度管理系统平台应用于建筑工程和其他工程领域，是 BIM 技术和 GIS 技术先进性的体现，可以为工程管理提供一种全新的数字化、可视化、可量化的管理工具，同时也推动工程管理从传统的微观管理方式向现代化、智能化、宏观化管理方式迈进，可以大大提升管理效率，提高工程管理的针对性、有效性。

未来几年乃至更长远的时间内，随着 BIM 技术的广泛普及，与 BIM + GIS 相关的系统可以广泛适用于智慧领域，所以，该平台系统将在中国拥有广阔的市场前景，将呈现高速增长态势，随着 BIM 技术和标准的不断完善成熟，以及 BIM 与新技术的不断融合，我们有理由相信 BIM 技术会发挥变革性的作用。

经济和社会效益方面：

（1）基于 GIS 和 BIM 的工程进度管理平台，提供数字化、可视化、可量化的管理工具，让项目的每个参与者都能够第一时间掌握项目的动态，及时做出准确的响应。

（2）推动工程管理从传统的微观且分散性管理方式向现代化、智能化、集约化管理方式迈进，可以大大提升管理效率，提高工程管理的针对性和有效性。

（3）实现信息的互联互通和数据的交互共享，多条线间、跨部门协作和动态化管理。

三、基于 BIM 的项目进度管理案例

随着信息技术的发展，3D 数字化信息早已融入大众生活的方方面面，在影视传媒、工业制造、网络通信等领域带来的变革尤为明显。目前 BIM 技术已经在我国城市综合体、商场、道路桥梁等项目中有普遍成功的应用，而针对医院这类管线密集、设备种类繁多、各种流线功能分区要求严格的建筑，BIM 技术的应用还比较少见。本案例就针对某综合性医院项

目展开介绍，详细讲述如何利用 BIM 技术帮助项目实现进度可控、风险可控，进而提升工程质量，节约成本。

1. 项目背景

（1）项目特点。本项目是某区三级综合医院，始建于 19 世纪，具有悠久的历史。于 2013 年 5 月对原医院进行扩建，总建筑面积达 70800m²，地上 10 层，地下 3 层，是集门诊、急诊、医技和病房为一体的综合性医院项目。

（2）项目应用目标。该项目的机电管线设备复杂，存在大量新技术、新设备的应用，施工难度大，成本风险高，工期安排紧张。针对上述情况，传统的施工管理模式已不能满足新的需求，针对国内设计与施工分离的现状，决定采用 BIM 技术提高施工管理水平。

2. BIM 应用内容

（1）BIM 平台总体框架。本项目通过采用某软件公司开发的 BIM 5D 系统，实现基于 BIM 技术的进度管理，是以 BIM 技术为核心，集成项目管理过程数据的项目管理系统，它适用于总承包项目现场管理。作为 BIM 5D 系统输入的模型，来自于不同专业的、基于 BIM 技术的设计模型和算量模型，由 Revit、MagiCAD、广联达土建 BIM 算量等多家软件产生的模型集成；本 BIM 5D 系统提供协同平台，基于多专业集成模型为建设方、施工方等提供进度分析优化、工作面管理、5D 过程管控、数字交付等应用（图 8-13）。

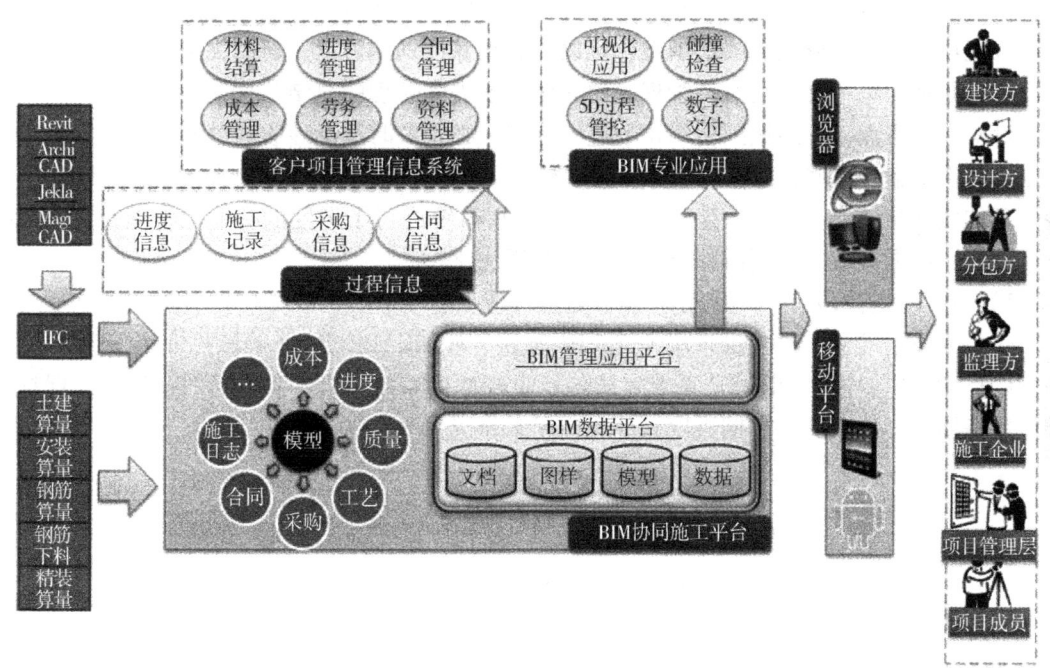

图 8-13 BIM 5D 管理系统

（2）BIM 实施计划。在项目开展初期，BIM 技术人员就制订了相应里程碑节点的工作目标与计划，保证了后期项目顺利实施。具体实施计划如下：

①自项目启动起 7d 内，完成 BIM（设计模型与数据模型）标准建立。

②在具备工作必需资料后 30d 内，完成主要专业 BIM 主体模型的创建；剩余模型根据要求进行构建及整合。

③在具备工作必需资料后 60d 内，完成项目 BIM 综合数据平台的搭建、调整开发，打通设计与施工两大环节之间的数据交换（在系统接口开发不完备的情况下允许通过人工导出导入的方式实现数据交互），实现工程量统计、进度计划编排展示等 BIM 专业应用。

④在具备工作必需资料后 90d 内，完成项目 BIM 综合应用平台的设计及模型合并与分拆、模型版本与变更管理、施工设计信息浏览（3D 方式）、进度计划及状态浏览（4D 方式）、资源需求计划及耗用浏览（3D 方式）等功能的开发。

⑤在具备工作必需资料后 150d 内，完成项目 BIM 综合应用平台的设计及开发，实现基于 3D 可视化的预算、进度管理、资源消耗、成本核算等信息的浏览、分析、报表等综合应用功能。

⑥工程完工，取得甲方提供的完整施工竣工图及竣工资料后，30d 内完成竣工三维建筑信息模型。

(3) BIM 应用内容及实施成果。进度管理贯穿工程整个施工周期，是保证工程履约的重要组成部分。本项目 BIM 技术的应用重点在于如何在有限的施工时间里合理优化进度工期，确保项目保质保量顺利交付。通过对本项目的现场情况进行归纳总结，现将影响进度管控的因素列举如下：

①施工工序较多，编制进度计划时未充分考虑劳动力情况，缺乏可操作性。
②进度管理涉及项目几乎所有部门，进度管理信息传递时容易混乱与遗漏。
③现场进度信息分散、收集困难，难以时时跟踪计划并做出及时的决策。
④大量精力集中在现场协调管理，缺乏对阶段进度管理的总结与优化。

针对以上难点，要想做到精细化的进度管理，必须及时准确地收集整理大量的工程动态数据，而手工整合这些信息工作量大，重复性工作多，占用了管理人员大量精力，影响了进度管理的效率与效果。所以，该项目利用 BIM 5D 系统进行了进度的智能化管理，具体包括三个阶段：数据准备、计划跟踪分析、进度分析优化。

1) 数据准备阶段。

①模型数据准备。本项目采用土建 BIM 算量、MagiCAD、Revit 等软件完成 BIM 各专业模型的搭建工作，通过 BIM 5D 系统完成各专业 BIM 的三维整合，集成后的模型统一保存在模型服务器中，便于支持后期进度管理等应用工作（图 8-14）。

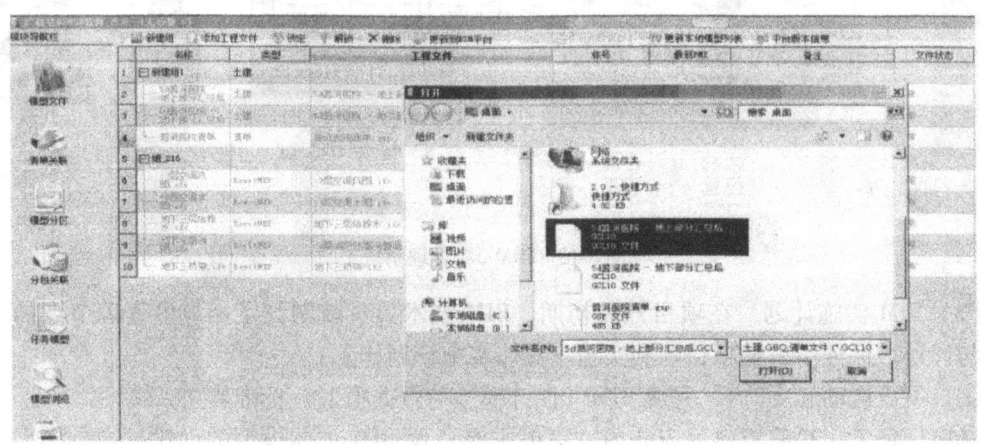

图 8-14　模型数据准备

②进度计划准备。本项目将微软的 Project 计划文件导入 BIM 5D 系统中，便于后期计划的管理（图 8-15）。

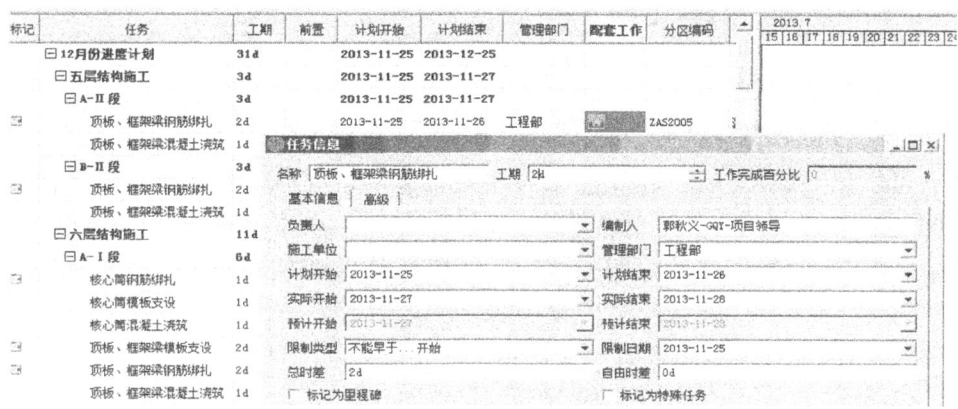

图 8-15 进度计划准备

2) 计划跟踪分析阶段。为了更好地管理项目进度，项目技术人员将工作细分并编制流程图，以此作为后期进度跟踪处理的依据（图 8-16）。

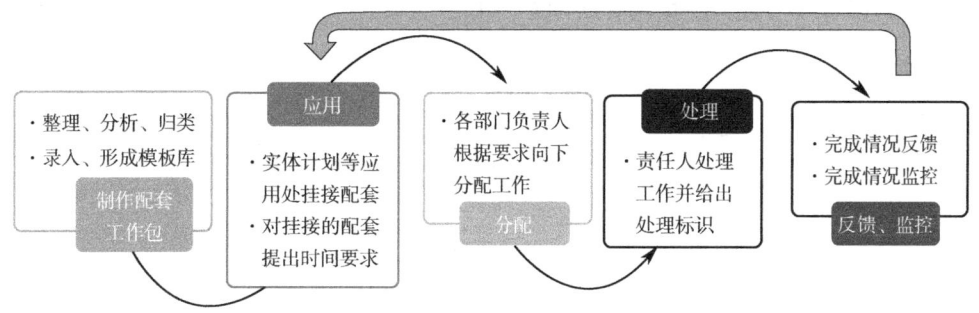

图 8-16 进度跟踪分析流程图

①模型与进度挂接。本项目根据实际施工流水段的划分情况以及进度计划的精细程度，在模型分区模块中划分分区，使模型构件与进度计划逐条对应，方便三维形象进度的生成及施工进度的管理（图 8-17）。

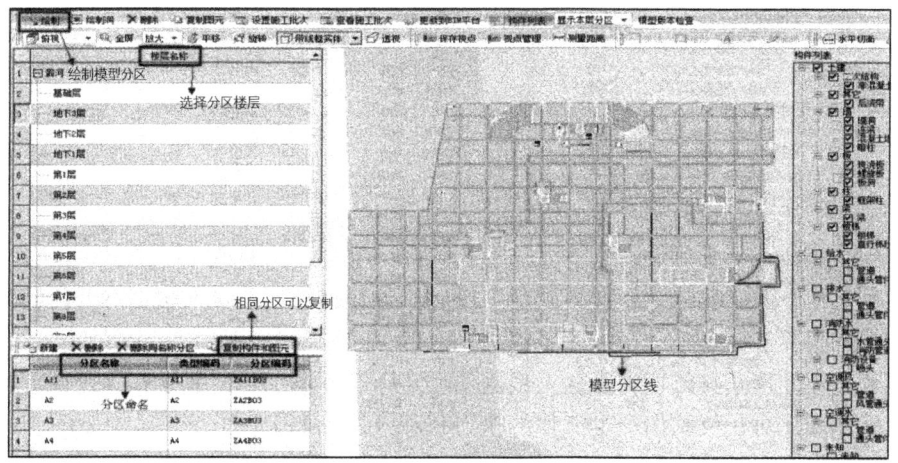

图 8-17 模型与进度挂接

②配套工作维护管理。根据本项目实际情况建立配套工作库，对日常工作信息进行集中管理（图 8-18）。

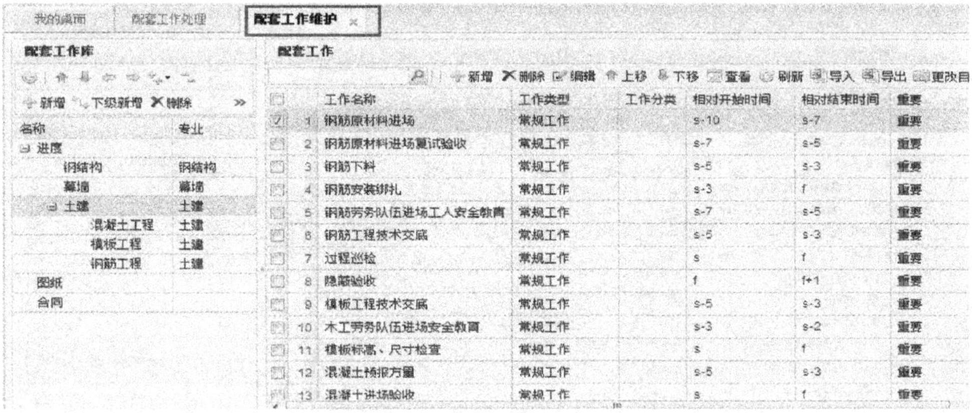

	工作名称	工作类型	工作分类	相对开始时间	相对结束时间	重要
1	钢筋原材料进场	常规工作		s-10	s-7	重要
2	钢筋原材料进场复试验收	常规工作		s-7	s-5	重要
3	钢筋下料	常规工作		s-5	s-3	重要
4	钢筋安装绑扎	常规工作		s-3	f	重要
5	钢筋劳务队伍进场工人安全教育	常规工作		s-7	s-5	重要
6	钢筋工程技术交底	常规工作		s-5	s-3	重要
7	过程巡检	常规工作		s	f	重要
8	隐蔽验收	常规工作		f	f+1	重要
9	模板工程技术交底	常规工作		s-5	s-3	重要
10	木工劳务队伍进场安全教育	常规工作		s-3	s-2	重要
11	模板标高、尺寸检查	常规工作		s	f	重要
12	混凝土预报方量	常规工作		s-5	s-3	重要
13	混凝土进场验收	常规工作		s	f	重要

图 8-18 配套工作维护

③配套工作与模型挂接。由于前面计划已经与模型挂接，现将计划与相应配套工作相关联，从而实现模型与配套工作相关联（图 8-19）。

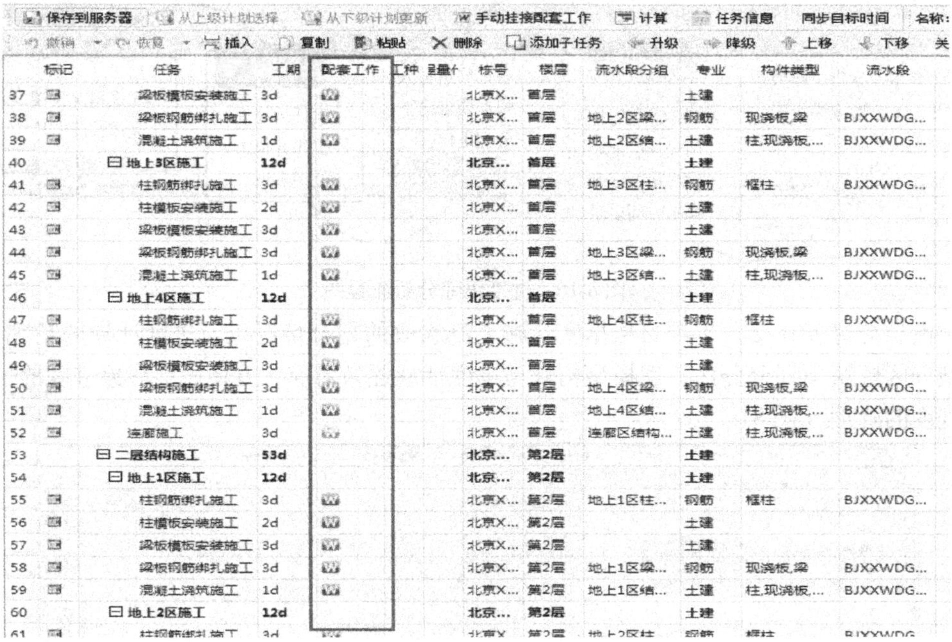

	标记	任务	工期	配套工作	工种	量	标号	楼层	流水段分组	专业	构件类型	流水段
37		梁板模板安装施工	3d	W			北京X…	首层		土建		
38		梁板钢筋绑扎施工	3d	W			北京X…	首层	地上2区梁…	钢筋	现浇板,梁	BJXXWDG…
39		混凝土浇筑施工	1d	W			北京X…	首层	地上2区结…	土建	柱,现浇板,…	BJXXWDG…
40		日 地上3区施工	12d				北京…	首层		土建		
41		柱钢筋绑扎施工	3d	W			北京X…	首层	地上3区柱…	钢筋	框柱	BJXXWDG…
42		柱模板安装施工	2d	W			北京X…	首层		土建		
43		梁板模板安装施工	3d	W			北京X…	首层		土建		
44		梁板钢筋绑扎施工	3d	W			北京X…	首层	地上3区梁…	钢筋	现浇板,梁	BJXXWDG…
45		混凝土浇筑施工	1d	W			北京X…	首层	地上3区结…	土建	柱,现浇板,…	BJXXWDG…
46		日 地上4区施工	12d				北京…	首层		土建		
47		柱钢筋绑扎施工	3d	W			北京X…	首层	地上4区柱…	钢筋	框柱	BJXXWDG…
48		柱模板安装施工	2d	W			北京X…	首层		土建		
49		梁板模板安装施工	3d	W			北京X…	首层		土建		
50		梁板钢筋绑扎施工	3d	W			北京X…	首层	地上4区梁…	钢筋	现浇板,梁	BJXXWDG…
51		混凝土浇筑施工	1d	W			北京X…	首层	地上4区结…	土建	柱,现浇板,…	BJXXWDG…
52		连廊施工	3d	W			北京X…	首层	连廊区结构…	土建	柱,现浇板,…	BJXXWDG…
53		日 二层结构施工	53d				北京…	第2层		土建		
54		日 地上1区施工	12d				北京…	第2层		土建		
55		柱钢筋绑扎施工	3d	W			北京X…	第2层	地上1区柱…	钢筋	框柱	BJXXWDG…
56		柱模板安装施工	2d	W			北京X…	第2层		土建		
57		梁板模板安装施工	3d	W			北京X…	第2层		土建		
58		梁板钢筋绑扎施工	3d	W			北京X…	第2层	地上1区梁…	钢筋	现浇板,梁	BJXXWDG…
59		混凝土浇筑施工	1d	W			北京X…	第2层	地上1区结…	土建	柱,现浇板,…	BJXXWDG…
60		日 地上2区施工	12d				北京…	第2层		土建		
61		柱钢筋绑扎施工	3d				北京X	第2层	地上2区柱	钢筋	框柱	BJXXWDG

图 8-19 模型挂接配套工作

④配套工作分派。实体计划挂接配套工作后，各管理部门负责人根据本部门实际情况及配套工作的时间要求，向下分配配套工作（图 8-20）。

⑤配套工作处理。具体项目责任人根据项目实际进度情况对配套工作进行处理，处理结果会与进度计划比对，反映出配套工作的执行状态（图 8-21）。

第八章 BIM 项目进度应用管理

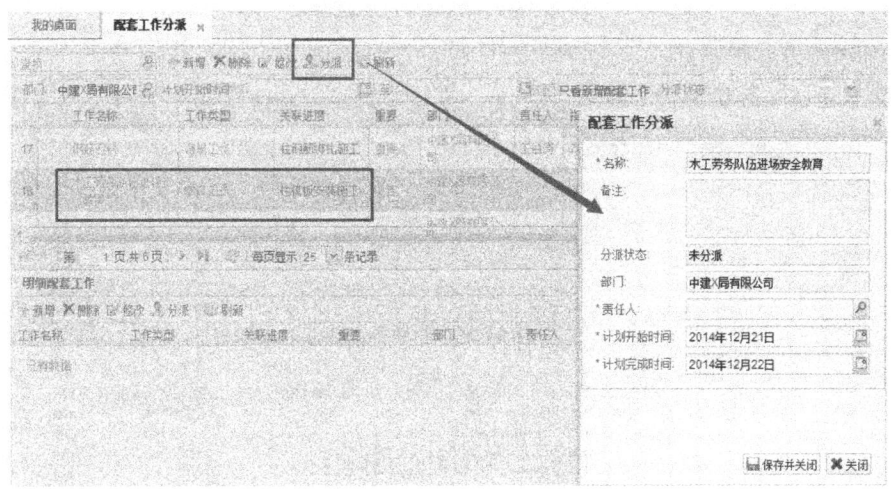

图 8-20　配套工作分派

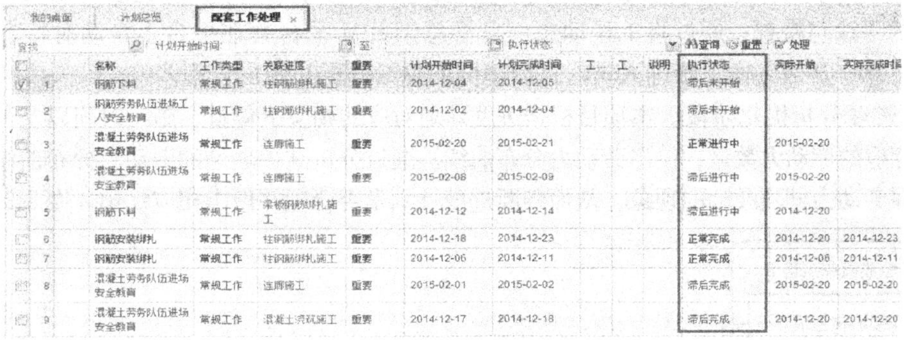

图 8-21　配套工作处理

⑥配套工作监控。配套工作分配、完成情况在个人门户中提醒，并反馈给应用者，同时部门负责人或项目负责人可以分别查看本部门或本项目配套工作进展情况，从而做出相应的决策（图 8-22、图 8-23）。

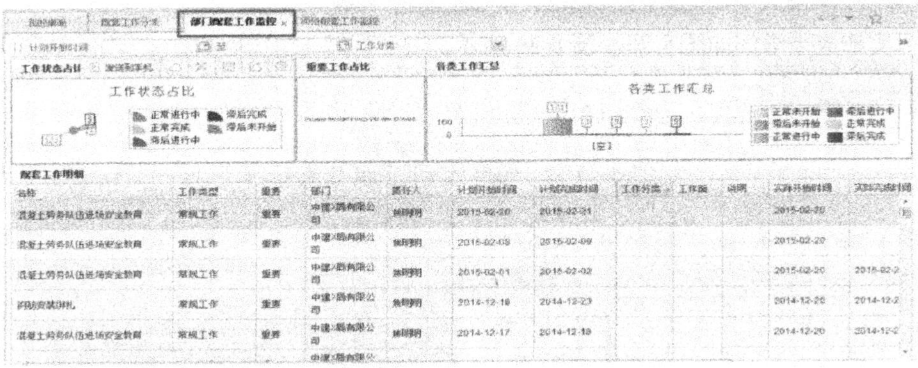

图 8-22　部门配套工作监控

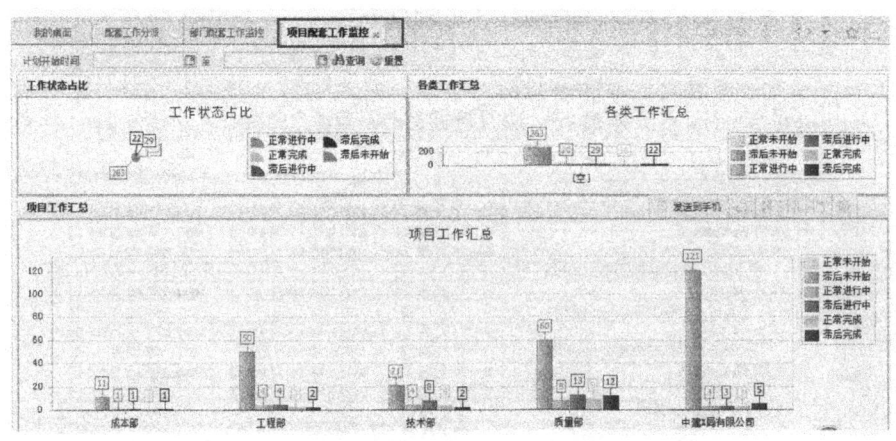

图 8-23　项目配套工作监控

⑦计划跟踪分析总结。本项目通过将各条进度计划对应的配套工作分派给相关责任人，实现了计划的落实；通过跟踪施工日志及分派任务的处理情况实现了对进度计划及各部门日常工作的跟踪与检查；通过将工程动态信息汇总于 BIM 平台并在平台上自动对特定信息进行整理汇总，从而方便了管理人员对进度情况的总结分析并做出合理调整。

3）进度分析优化阶段。本项目根据进度计划对应的相应工程量、施工时间以及工效定额计算出相应的劳动力数量，绘出劳动力分布曲线。通过分析这种理论的劳动力分布曲线，确定是否存在劳动力剧烈波动的现象，从而判断进度计划是否合理并做出相应优化（图 8-24）。

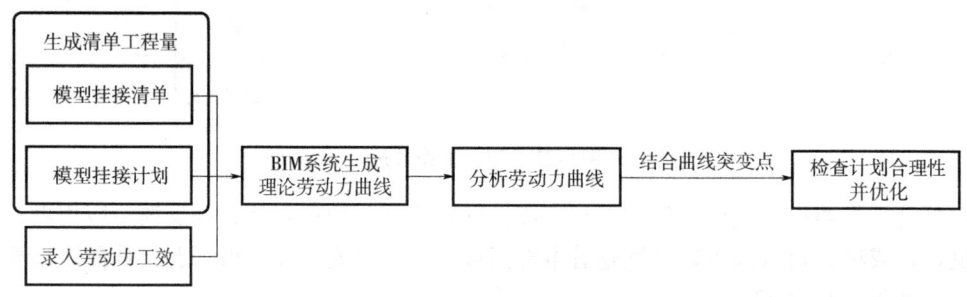

图 8-24　进度分析优化实施流程

项目实施成果举例如图 8-25、图 8-26 所示。

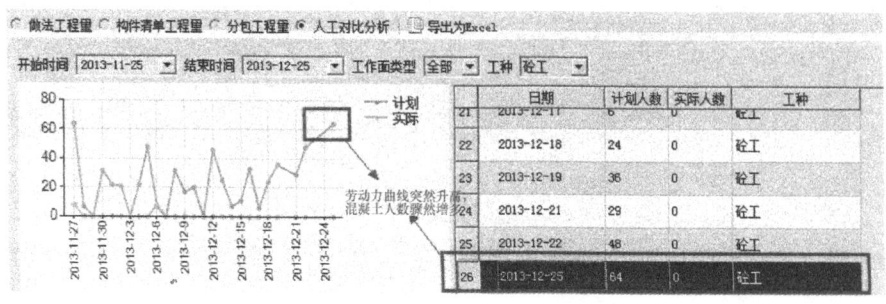

图 8-25　12 月份混凝土工劳动力曲线

任务名称	工期	开始时间	完成时间
1　☐ 12月份进度计划	31 个工作日	2013年11月25日	2013年12月25日
159　　☐ 九层结构施工	9 个工作日	2013年12月17日	2013年12月25日
170　　　☐ A-Ⅱ段	6 个工作日	2013年12月20日	2013年12月25日
179　　　　顶板、框架梁混凝土浇筑	1 个工作日	2013年12月25日	2013年12月25日
180　　　☐ A-Ⅲ段	6 个工作日	2013年12月20日	2013年12月25日
189　　　　顶板、框架梁混凝土浇筑	1 个工作日	2013年12月25日	2013年12月25日
190　　　☐ B-Ⅰ段	7 个工作日	2013年12月19日	2013年12月25日
199　　　　顶板、框架梁混凝土浇筑	1 个工作日	2013年12月25日	2013年12月25日
200　　☐ 十层结构施工	3 个工作日	2013年12月23日	2013年12月25日
201　　　☐ A-Ⅰ段	3 个工作日	2013年12月23日	2013年12月25日
204　　　　柱混凝土浇筑	1 个工作日	2013年12月25日	2013年12月25日
207　　　　核心筒混凝土浇筑	1 个工作日	2013年12月25日	2013年12月25日
208　　地下室北侧、东侧、南侧外墙防水施	31 个工作日	2013年11月25日	2013年12月25日
209　　西侧、北侧肥槽回填施工	31 个工作日	2013年11月25日	2013年12月25日
210　　地下室二层房心回填施工	31 个工作日	2013年11月25日	2013年12月25日

图 8-26　劳动力曲线突变点对应的进度计划

4）项目实施经验总结。本项目 BIM 5D 系统平台的应用解决了现场数据收集难、管理难、分析难的问题，通过对模型、计划、现场信息的集成及关联，实现了进度数据的可管理、追溯、分析、优化，保证了项目工期，提高了项目管理水平。后期项目技术人员对应用 BIM 技术的成效与传统项目管理模式对比，分析总结，整理出了一套基于 BIM 技术的项目管理应用方案，为后期类似项目推广提供了宝贵经验。

第九章 BIM 项目质量应用管理

第一节 BIM 传统项目质量管理现存问题及 BIM 质量管理的优势

一、传统质量管理现存问题

建筑业经过长期的发展已经积累了丰富的管理经验,在此过程中,通过大量的理论研究和专业积累,工程项目的质量管理也逐渐形成了一系列的管理方法。但是工程实践表明:大部分管理方法在理论上的作用很难在工程实际中得到发挥。由于受实际条件和操作工具的限制,这些方法的理论作用只能得到部分发挥,甚至得不到发挥,影响了工程项目质量管理的工作效率,造成工程项目的质量目标最终不能完全实现。工程施工过程中,施工人员专业技能不足、材料的使用不规范、不按设计或规范进行施工、不能准确预知完工后的质量效果、各个专业工种相互影响等问题都会对工程质量管理造成一定的影响,见表9-1。

表 9-1

类 别	内 容
1. 施工人员专业技能不足	工程项目一线操作人员的素质直接影响工程质量,是工程质量高低、优劣的决定性因素。工人们的工作技能、职业操守和责任心都对工程项目的最终质量有重要影响。但是现在的建筑市场上,施工人员的专业技能普遍不高,绝大部分没有参加过技能岗位培训或未取得有关岗位证书和技术等级证书。很多工程质量问题都是因为施工人员的专业技能不足造成的
2. 材料的使用不规范	国家对建筑材料的质量有着严格的规定和划分,个别企业也有自己的材料使用质量标准。但是在实际施工过程中往往对建筑材料质量的管理不够重视,个别施工单位为了追求额外的效益,会有意无意地在工程项目的建设过程中使用一些不规范的工程材料,造成工程项目的最终质量存在问题
3. 不按设计或规范进行施工	为了保证工程建设项目的质量,国家制定了一系列有关工程项目各个专业的质量标准和规范。同时每个项目都有自己的设计资料,规定了项目在实施过程中应该遵守的规范。但是在项目实施的过程中,这些规范和标准经常被突破,一来因为人们对设计和规范的理解存在差异,二来由于管理的漏洞,造成工程项目无法实现预定的质量目标
4. 不能准确预知完工后的质量效果	一个项目完工之后,如果感官上不美观,就不能称之为质量很好的项目。但是在施工之前,没有人能准确无误地预知完工之后的实际情况。往往在工程完工之后,或多或少都有不符合设计意图的地方,存有遗憾。较为严重的还会出现使用中的质量问题,比如设备的安装没有足够的维修空间,管线的布置杂乱无序,因未考虑到局部问题被迫牺牲外观效果等,这些问题都影响着项目完工后的质量效果

(续)

类别	内容
5. 各个专业工种相互影响	工程项目的建设是一个系统、复杂的过程，需要不同专业、工种之间相互协调，相互配合才能很好地完成。但是在工程实际中往往由于专业的不同，或者所属单位的不同，各个工种之间很难在事前做好协调沟通。这就造成在实际施工中各专业工种配合不好，使得工程项目的进展不连续，或者需要经常返工，以及各个工种之间存在碰撞，甚至相互破坏、相互干扰，严重影响了工程项目的质量。如水、电等其他专业队伍与主体施工队伍的工作顺序安排不合理，造成水电专业施工时在承重墙、板、柱、梁上随意凿沟开洞，因此破坏了主体结构，影响了结构安全

二、BIM 技术对建设工程质量管理的优势

我国的建筑行业作为国民经济发展的支柱，随着经济的快速发展，曾经一度过于关注工程项目的成本管理、进度管理从而忽视了工程质量管理。同时，工程质量管理受到技术等多方面限制，因而我国的工程质量管理水平较为落后。建筑行业对于工程项目质量管理的要求不断提高，在工程质量管理中引进先进技术十分必要。

目前，建筑设计专业分工比较细致，一个建筑物的设计需要由建筑、结构、安装等各个专业的工程师协同完成。由于各个工程师对建筑物的理解有偏差，专业设计图之间"打架"的现象很难避免。将 BIM 应用到建筑设计中，计算机将承担起各专业设计间"协调综合"工作，设计工作中的错漏碰缺问题可以得到有效控制。

业主是工程高质量的最大受益者，也是工程质量的主要决策人。但是，受专业知识局限，业主同设计人员、监理人员、承包商之间的交流存在一定困难。当业主对工程质量要求不明确时，工程变更多，质量难以有效控制。BIM 为业主提供形象的三维设计，业主可以更明确地表达自己对工程质量的要求，如建筑物的色泽、材料、设备要求等，有利于各方开展质量控制工作。

由于采用 BIM 设计的图样是数字化的，计算机可以在检索、判别、数据整理等方面发挥优势。无论监理工程师还是承包商的项目管理人员，都不必拿着厚厚的图纸反复核对，只需要通过一些简单的功能就可以快速地、准确地得到建筑物构件的特征信息，如钢筋的布置、设备预留孔洞的位置、构件尺寸等，在现场及时下达指令。而且，将建筑物从平面变为立体，是一个资源耗费的过程。无论建筑物已建成、已经开始建设或已经备料，发现问题后进行修改的成本都是巨大的。利用 BIM 和施工方案进行虚拟环境数据集成，对建设项目的可建设性进行仿真实验，可在事前发现质量问题。

总之，建筑信息模型（BIM）是工程项目管理信息化的重要手段。运用 BIM 技术辅助工程质量管理，不仅可以提高各参建方间的信息共享水平，也可以有效提高工程质量的管理水平。通过对工程质量验收规范的研究，提出基于 BIM 技术的工程质量管理流程，实现质量管理信息与 Revit、Navisworks 软件的信息关联和更新。同时使现场质量管理信息能及时地、准确地反馈到模型，实现工程质量的可视化、信息化控制，提高质量管理水平。本文探讨 BIM 技术在质量管理中的应用价值。

建筑信息模型（Building Information Modeling）简称 BIM，是基于建筑工程项目信息建

立起来的一种工程项目数据模型，将建筑工程项目的实际信息通过数字信息仿真来实现。BIM技术顺应时代发展趋势，满足建筑工程信息化和集成化发展的要求，具有高仿真性、协调性、优化性等优势。BIM技术在施工过程中的推广可以促进企业管理的技术发展，有效解决质量管理信息孤岛问题与信息断层问题，提升企业质量管理能力，大幅提高生产效率。因而推广BIM技术已经成为企业发展的必然选择。工程项目的质量方针及目标，通过项目质量管理中的所有管理职能进行实现。项目质量管理的核心是质量控制。工程项目质量控制即监督管理项目质量实际情况，主要包括将项目质量实际情况与标准作比较，确认项目质量问题或误差，分析质量问题原因，采取措施消除问题与误差等。质量控制方法多种多样，其中BIM技术可以有效提高工程项目质量控制水平，形式上也更加科学、系统，有利于提升工作效率，节约成本，可以更好地实现项目质量管理目标。

BIM在工程项目质量管理中的应用主要体现在项目设计阶段、项目施工阶段、项目验收阶段、项目运行及维护阶段。其中，项目设计阶段利用Revit软件快速检测工程项目各专业之间是否有冲突，大大减少因专业设计冲突留下的质量隐患。

BIM技术在工程质量管理中的具体优势有：

（1）改变信息模式。首先，BIM技术中的信息模式不同于传统质量管理中的信息来源及传递方式。传统质量管理中，大多采用图样记录信息，繁琐的图样不仅管理复杂，且不利于业主参与工程，而BIM技术构建的模型则可以实现信息的简洁表达，便于管理和交流。其次，BIM作为建筑物整体及局部质量信息的载体，可以更好地实现质量的动态控制和过程控制。此外，BIM技术中的信息协同管理可以加强项目中的质量信息交流，避免"信息孤岛"。

（2）工程项目的集成管理。BIM技术的项目管理模式为IPD项目集成交付模式，通过采用这种集成管理模式可以提高工程项目质量控制效果，协同项目设计与管理，便于项目参与方利用所需质量信息，更好地把握各阶段的质量控制关键点。

（3）信息的全面记录。利用BIM技术建立模型之后可以将工程材料、建筑设备、各类配件质量信息录入模型，跟踪记录现场产品是否符合质量要求，全面存储管理信息，构建质量信息记录，使管理信息可视化，便于随时查询质量信息和进行质量问题校核，加大质量管理力度，从而提升管理效率。

（4）虚拟施工的实现。BIM技术将4D虚拟施工变为现实，在工程项目实施之前就进行相关优化设计、可靠性验证等。施工方在建筑模型中加入时间信息，从而构建出4D施工模型，模拟施工顺序、施工组织，发现施工过程中可能出现的问题，降低质量风险，从而事前质量控制将成为可能。

（5）基于BIM技术的建筑项目质量控制实施要点。在工程质量管理中应用BIM技术，控制要点遵循PDCA循环，实施要点为记录、发现、分析、处理质量问题。具体表现为施工现场，监理人员拍摄相关图片、视频对质量信息进行记录，然后将其导入建筑模型，将其与质量计划进行对比分析，若发现问题及时分析原因，确定问题来源及严重性，然后采取措施进行处理。问题解决之后，将处理结果再次导入模型。在之后的运营过程中，利用模型中的质量信息快速对问题部位进行维修。质量必须及时、准确地记录才可以及时确定质量问题。通过文字、图片和模型对施工现场的质量信息记录，监理方可以准确掌握具体质量情况，业主也可以更好地表达自身的需求。整个工程项目的沟通协调效率提升，从而更好地实现质量管理目标。目前，BIM 技术尚未成熟，BIM 技术人才缺失，构建 BIM 技术行业标准和培养 BIM 技术人才也是在建筑项目质量控制中实现 BIM 技术的要点之一。

BIM 作为一种新的技术和理念，虽然在中国起步较晚，但目前国内很多大型企业已在极力推广和使用 BIM 技术，在项目管理的其他方面取得了较大成效，在行业内树立了标杆。目前，国内将 BIM 技术应用在建筑质量管理方面的案例较少，大多项目仍采用传统的质量管理方法。本文探讨 BIM 技术在质量管理中对项目的价值。提出了基于 BIM 技术项目参数的质量管理和基于 BIM 技术外接数据库的质量管理两种方法。在质量管理中运用 BIM 技术，不仅增强了项目之间质量管理信息沟通交流的效率，也提高了建筑信息管理的能力。随着 BIM 技术在中国的推广，未来 BIM 技术有望在建筑领域发挥出更大的应用价值。

第二节　BIM 质量管理具体应用及案例

一、BIM 质量管理应用

BIM 在工程项目质量管理中的关键应用点的应用内容具体见表 9-2 内容。

表　9-2

类　　别	内　　容
1. 建模前期协同设计	建模前期，需要建筑专业和结构专业的设计人员大致确定吊顶高度及结构梁高度；对于净高要求严格的区域，提前告知机电专业；各专业针对空间狭小、管线复杂的区域，协调出二维局部剖面图。建模前期协同设计的目的是在建模前期就解决部分潜在的管线碰撞问题，对潜在质量问题预知
2. 碰撞检测	（1）原来二维图设计中，在结构、水暖电等各专业设计图汇总后，由总工程师人工发现和协调问题。人为的失误在所难免，使施工中出现很多冲突，造成建设投资巨大浪费，并且还会影响施工进度。另外，由于各专业承包单位实际施工过程中对其他专业或者工种、工序间的不了解，甚至是漠视，产生的冲突与碰撞也比比皆是。施工过程中，这些碰撞的解决方案，往往受限于现场已完成部分，大多只能牺牲某部分利益、效能，而被动地变更。调查表明，施工过程中相关各方有时需要付出几十万、几百万，甚至上千万的代价来弥补由设备管线碰撞引起的拆装、返工和浪费 （2）目前，BIM 技术在三维碰撞检查中的应用已经比较成熟，依靠其特有的直观性及精确性，于设计建模阶段就可一目了然地发现各种冲突与碰撞。在水、暖、电建模阶段，利用 BIM 随时自动检测及解决管线设计初级碰撞，其效果相当于将校审部分工作提前进行，这样可大大提高成图质量。碰撞检测的实现主要依托于虚拟碰撞软件，其实质为 BIM 可视化技术，施工设计人员在建造之前就可以对项目进行碰撞检查，不但能够彻底消除碰撞，优化工程设计，减小在建筑施工阶段可能存在的错误损失和返工的可能性，而且能够优化净空和管线排布方案。最后施工人员可以利用碰撞优化后的三维方案，进行施工交底、施工模拟，提高了施工质量，同时也提高了与业主沟通的主动权 （3）碰撞检测可以分为专业间碰撞检测及管线综合的碰撞检测。专业间碰撞检测主要包括土建专业之间（如检查标高、剪力墙、柱等位置是否一致，梁与门是否冲突）、土建专业与机电专业之间（如检查设备管道与梁柱是否发生冲突）、机电各专业间（如检查管线末端与室内吊顶是否冲突）的软、硬碰撞点检查；管线综合的碰撞检测主要包括管道专业、暖通专业、电气

（续）

类 别	内 容
2. 碰撞检测	专业系统内部检查以及管道、暖通、电气、结构专业之间的碰撞检查等。另外，管线空间布局问题，如机房过道狭小等问题也是常见碰撞内容之一 （4）在对项目进行碰撞检测时，要遵循如下检测优先级顺序：第一，进行土建碰撞检测；第二，进行设备内部各专业碰撞检测；第三，进行结构与给水排水、暖、电专业碰撞检测等；第四，解决各管线之间交叉问题。其中，全专业碰撞检测的方法如下：完成各专业的精确三维模型建立后，选定一个主文件，以该文件轴网坐标为基准，将其他专业模型链接到该主模型中，最终得到一个包括土建、管线、工艺设备等全专业的综合模型。该综合模型真正为设计提供了模拟现场施工碰撞检查平台，在该平台上完成仿真模式现场碰撞检查，并根据检测报告及修改意见对设计方案合理评估并做出设计优化决策，然后再次进行碰撞检测……如此循环，直至解决所有的硬碰撞、软碰撞 （5）常见碰撞内容复杂、种类较多，且碰撞点很多，甚至高达上万个，如何对碰撞点进行有效标识与识别？这就需要采用轻量化模型技术，把各专业三维模型数据以直观的模式，存储于展示模型中。模型碰撞信息采用"碰撞点"和"标识签"进行有序标识，通过结构树形式的"标识签"可直接定位到碰撞位置。碰撞报告标签命名规则如图9-1所示 碰撞检测完毕后，在计算机上以该命名规则出具碰撞检查报告，方便快速读出碰撞点的具体位置与碰撞信息。例如0014-PIP&HVAC-ZP&PF，表示该碰撞点是管道专业与暖通专业碰撞的第14个点，为管道专业的自动喷淋管与暖通专业的排风管碰撞，碰撞检查后处理如图9-2所示 管道专业三维碰撞检查报告见表9-3 在读取并定位碰撞点后，为了更加快速地给出针对碰撞检测中出现的"软""硬"碰撞点的解决方案，我们可以将碰撞问题划分为以下几类： （1）重大问题，需要业主协调各方共同解决 （2）由设计方解决的问题 （3）在施工现场解决的问题 （4）因未定因素（如设备）而遗留的问题 （5）因需求变化而带来新的问题 针对由设计方解决的问题，可以通过多次召集各专业骨干参加三维可视化协调会议的办法，把复杂的问题简单化，同时将责任明确到个人，从而顺利地完成管线综合设计、优化设计，得到业主的认可。针对其他问题，则可以通过三维模型截图、漫游文件等协助业主解决。另外，管线优化设计应遵循以下原则： （1）在非管线穿梁、碰柱、穿吊顶等必要情况下，尽量不要改动 （2）只需调整管线安装方向即可避免的碰撞，属于软碰撞，可以不修改，以减少设计人员的工作量 （3）需满足建筑业主要求，对没有碰撞，但不满足净高要求的空间，也需要进行优化设计 （4）管线优化设计时，应预留安装、检修空间 （5）管线避让原则如下：有压管让无压管；小管线让大管线；施工简单管让施工复杂管；冷水管道避让热水管道；附件少的管道避让附件多的管道；临时管道避让永久管道 某工程碰撞检测及碰撞点显示如图9-3所示
3. 大体积混凝土测温	使用自动化监测管理软件进行大体积混凝土温度的监测，将测温数据无线传输汇总到分析平台上，通过对各个测温点的分析，形成动态监测管理。电子传感器按照测温点布置要求，自动直接将温度变化情况输出到计算机，形成温度变化曲线图，随时可以远程动态监测基础大体积混凝土的温度变化，根据温度变化情况，随时加强养护措施，确保大体积混凝土的施工质量，确保在工程基础筏板混凝土浇筑后不出现由于温度变化剧烈引起的温度裂缝。利用基于BIM的温度数据分析平台对大体积混凝土进行温度检测如图9-4所示

(续)

类别	内容
4. 施工工序中管理	工序质量控制就是对工序活动条件即工序活动投入的质量和工序活动效果的质量及分项工程质量的控制。在利用 BIM 技术进行工序质量控制时能够着重于以下几方面的工作： （1）利用 BIM 技术能够更好地确定工序质量控制工作计划。一方面要求对不同的工序活动制定专门的保证质量的技术措施，做出物料投入及活动顺序的专门规定；另一方面要规定质量控制工作流程、质量检验制度 （2）利用 BIM 技术主动控制工序活动条件的质量。工序活动条件主要指影响质量的五大因素，即人、材料、机械设备、方法和环境等 （3）能够及时检验工序活动效果的质量。主要是实行班组自检、互检、上下道工序交接检，特别是对隐蔽工程和分项（部）工程的质量检验 （4）利用 BIM 技术设置工序质量控制点（工序管理点），实行重点控制。工序质量控制点是针对影像质量的关键部位或薄弱环节确定的重点控制对象。正确并严格设置控制点是进行工序质量控制的重点

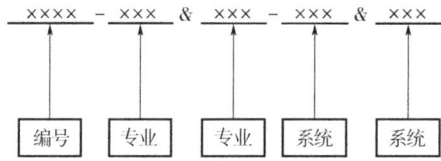

图 9-1 碰撞报告标签命名规则

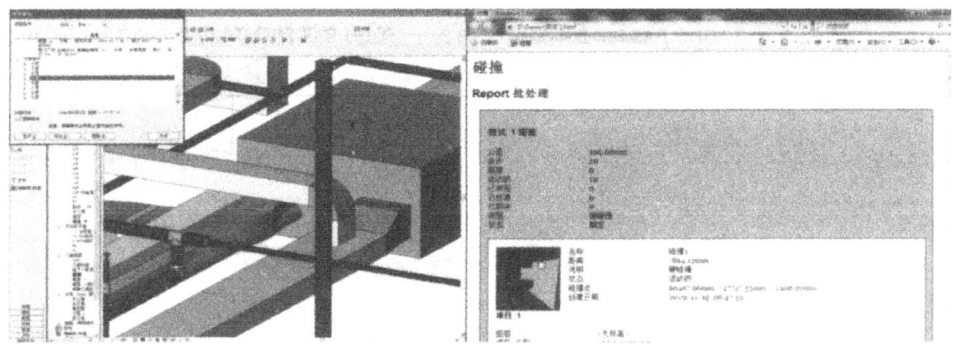

图 9-2 BIM 三维碰撞检查与处理

表 9-3 管道专业三维碰撞检查报告

0001-PIP&PIP-J&XH	1-SOHO-BAS-PIP-B04-J-DN50-2 ｜	SOHO-BAS-PIP-B04-XH-DN100-2 ｜	｜ 0001-PIP&PIP-J&XH
0002-PIP&PIP-J&XH	2-SOHO-BAS-PIP-B04-J-DN50-2 ｜	SOHO-BAS-PIP-B04-XH-（LG）DN65-2｜	｜ 0002-PIP&PIP-J&XH
0003-PIP&PIP-J&W	3-SOHO-BAS-PIP-B04-J-DN80-4 ｜	SOHO-BAS-PIP-B04-W-DN100-1	｜ 0003-PIP&PIP-J&W
0004-PIP&PIP-W&YW	2-SOHO-BAS-PIP-B04-W-DN100-1 ｜	SOHO-BAS-PIP-B04-YW-DN100-1 ｜	｜ 0004-PIP&PIP-W&YW

(续)

0005-PIP&PIP-W&YW	3-SOHO-BAS-PIP-B04-W-DN100-2 | SOHO-BAS-PIP-B04-YW-DN80-4 |	| 0005-PIP& PIP-W&YW
0006-PIP&PIP-W&T	4-SOHO-BAS-PIP-B04-W-DN100-4 | SOHO-BAS-PIP-B04-T-（LG）DN100-4 |	| 0006-PIP& PIP-W&T
0007-PIP&PIP-W&ZP	5-SOHO-BAS-PIP-B04-W-DN100-6 | SOHO-BAS-PIP-B04-ZP-DN150-3 |	| 0007-PIP&PIP-W&ZP
0008-PIP&PIP-W&ZP	6-SOHO-BAS-PIP-B04-W-DN100-8 | SOHO-BAS-PIP-B04-ZP-DN150-3 |	| 0008-PIP&PIP-W&ZP
0009-PIP&PIP-W&YW	7-SOHO-BAS-PIP-B04-W-DN80 | SOHO-BAS-PIP-B04-YW-DN80-5 |	| 0009-PIP& PIP-W&YW
0010-PIP&PIP-W&YW	8-SOHO-BAS-PIP-B04-W-DN80-3 | SOHO-BAS-PIP-B04-YW-DN80-2 |	| 0010-PIP& PIP-W&YW
0011-PIP&PIP-W&YW	9-SOHO-BAS-PIP-B04-W-DN80-4 | SOHO-BAS-PIP-B04-YW-DN80-3 |	| 0011-PIP& PIP-W&YW
0012-PIP&PIP-W&YW	10-SOHO-BAS-PIP-B04-W-DN80-6 | SOHO-BAS-PIP-B04-YW-DN80-3 |	| 0012-PIP&PIP-W&YW
0013-PIP&PIP-W&YW	11-SOHO-BAS-PIP-B04-W-DN80-8 | SOHO-BAS-PIP-B04-YW-DN80-1 |	| 0013-PIP&PIP-W&YW
0014-PIP&PIP-XH&ZP	3-SOHO-BAS-PIP-B04-XH-DN200-3 | SOHO-BAS-PIP-B04-ZP-DN200-3 |	| 0014-PIP& PIP-XH&ZP

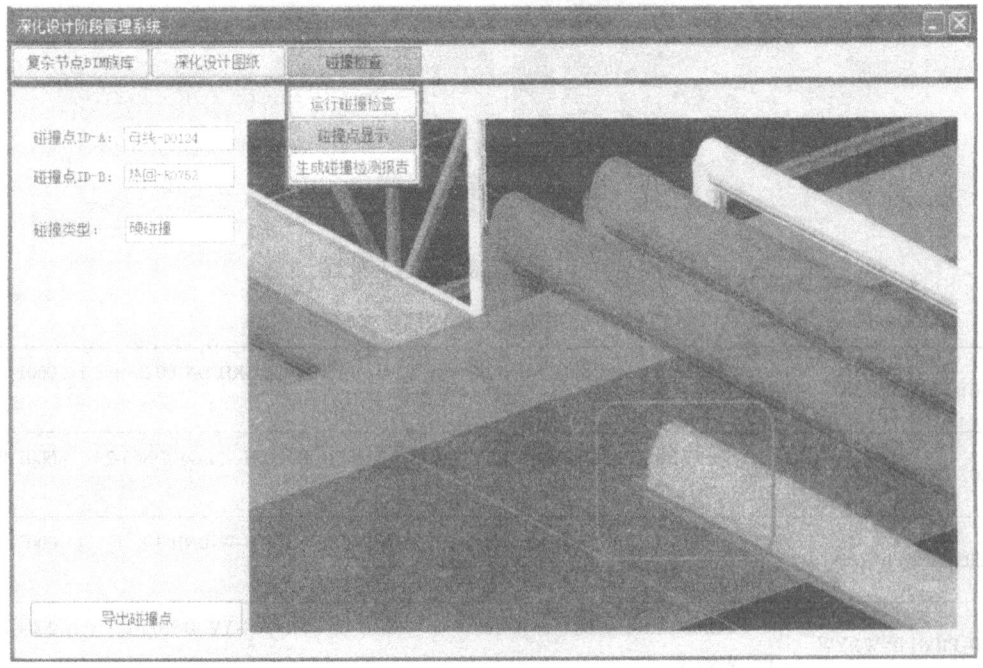

图 9-3 某工程碰撞检测及碰撞点显示

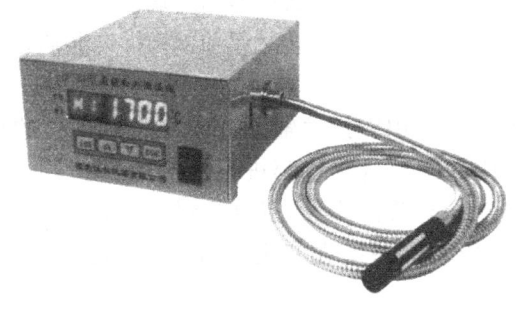

温度场分布图

图 9-4 基于 BIM 的大体积混凝土温度检测

二、BIM 质量应用管理案例

为了适应国家发展和人民物质生活水平的需要，大型综合体育场馆、会展中心等项目的建设日渐增多。而这类项目通常空间跨度大、悬挑长，体系受力复杂，形体关系相对复杂，常采用钢结构体系并配合预应力技术。大体量钢结构或预应力钢结构项目施工时存在很多难点和关键问题，如：由于施工过程是不可逆的，如何合理地安排施工进度；安装数量大，如何控制安装质量；如何控制施工过程中结构应力状态，使变形状态始终处于安全范围内等，这些都是传统的施工技术难以解决的。而为了满足预应力空间结构的施工需求，把 BIM 技术、仿真分析技术和监测技术结合起来，实现学科交叉，建立一套完整的全过程施工控制及监测技术，并运用到此类工程的建设和施工项目管理中，以保证结构施工的质量，是目前 BIM 应用中崭新的课题。

1. 项目背景及应用目标

（1）项目特点。某体育中心项目集体育竞赛、大型集会、国际展览、文艺演出、演唱会、音乐会、演艺中心等功能于一体，是某市建设的 7 个大型公共建筑之一。其占地面积 94360m^2，总建筑面积 20 万 m^2。可以容纳 3.5 万人观看比赛。体育中心结构形式为超大规模复杂索承网格结构，平面外形接近圆形，结构尺寸约为 263m×243m，中间有椭圆形大开口，开口尺寸约为 200m×129m。

体育场结构最大标高约为 45.2m，雨篷共 42 榀带拉索的悬挑刚架，体育场雨篷最大悬挑长度约为 39.9m，最小悬挑长度约为 16m，下弦采用了 1 圈环索和 42 根径向拉索，环索规格暂定为 6ϕ121，长度约为 587m；径向索规格为 ϕ90、ϕ100 和 ϕ127，另外在短轴方向中间各布置了 4 根斜拉索，斜拉索规格为 ϕ70，拉索采用锌-5%铝-混合稀土合金镀层钢索。

（2）BIM 期望应用效果。该项目属索承网格结构并且跨度大，在国内的体育场馆中实属首例，在对预应力索体的吊装和安装方面对施工的质量要求高，对钢结构构件的应力、应变有严格的控制，如处理不当将造成整个体系的失稳倾覆。所以在场馆的受力、位移监测方面采用全新的 BIM 技术进行配合及辅助，利用三维可视化的动态监测手段对体育中心的结构的应力、应变数据进行采集、汇总并实时反馈，确保预应力索体的工程质量，保证施工能顺利完成。

2. BIM 应用概况及实施路线

（1）BIM 平台建设总体框架。该项目采用 Revit 平台建立模型并结合 VDC 技术对项目的施工质量及应力、应变进行监测。通过二次开发生成相应的数据传输终端，利用模型直观展示施工过程中的应力、应变数据，对预应力钢结构构件的吊装过程和钢构件安装质量进行监控。

（2）实施路线。该项目在实施初期，就进行了 BIM 技术辅助的规划，从工程的设计阶段就利用 BIM 技术进行相应的辅助，对相应的钢结构构件都进行了参数化设计，并在工程施工的各个阶段不同程度地利用 BIM 技术参与项目建设，利用虚拟场景直观展示施工过程的各个环节，为项目的质量控制和顺利完工提供强有力的保障。实施基本路线如下：

①制定 BIM 实施标准。
②建立参数化族库。
③建模前期协同设计。
④构件碰撞检测。
⑤施工工序管理。
⑥施工深化设计。
⑦施工动态模拟及施工方案优化。
⑧安装质量管控及数据三维动态监测。
⑨三维扫描复查施工质量。

3. BIM 应用内容及实施成果

（1）BIM 标准制定。对于预应力钢结构来说，施工中构件的准确下料、各构件的施工顺序、索的张拉顺序严重影响着结构最后的成形及受力，决定着结构最后是否符合建筑设计与结构设计的要求。预应力钢结构的施工难度大，施工质量要求高，因此基于 BIM 软件技术进行项目模型的建立时族包含的信息就更多。该项目在预应力钢结构相关族建立时主要考虑了施工深化图出图的需要，模型的参数驱动需求以及体现公司特色的目标，因此在建立预应力钢结构族库的时候，运用企业自定义的族样板，在 Revit Structure 的原有族样板的基础上结合公司深化的经验与习惯，创建了适应公司预应力结构施工及日后维护的族样板作为族库建立的标准样板，在此标准样板中包含了尺寸、应力、价格、材质、施工顺序等在施工中必需的参数。

（2）相应参数化族库。体育场结构复杂，预应力钢结构族库建立是至关重要的步骤。根据项目的需求主要建立了耳板族、索夹族、索头族、索体族，及××体育场特有的复杂节点族，所建立的族如图 9-5、图 9-6 所示。图中的所建立的族具有高度的参数化性质，可以根据不同的工程项目来改变族在项目中的参数，通用性和拓展性强。

（3）建模前期协同设计。在建模前期，利用 BIM 技术的协同功能，对本工程的建筑、结构和机电等专业进行设计，确定钢构件，与下部混凝土看台的连接形式，确定钢网格单元的各方向的尺寸，确定索夹的安装位置和安装间距，避免在整体索体吊装时出现的索体位置变化。

同时利用协同，可以对场馆的结构和机电设备进行预先的定位，协调出二维局部剖面图，确定结构顶高及结构梁高度。建模前期协同设计的目的是，在建模前期就解决部分潜在的管线碰撞问题，对潜在质量问题预知。

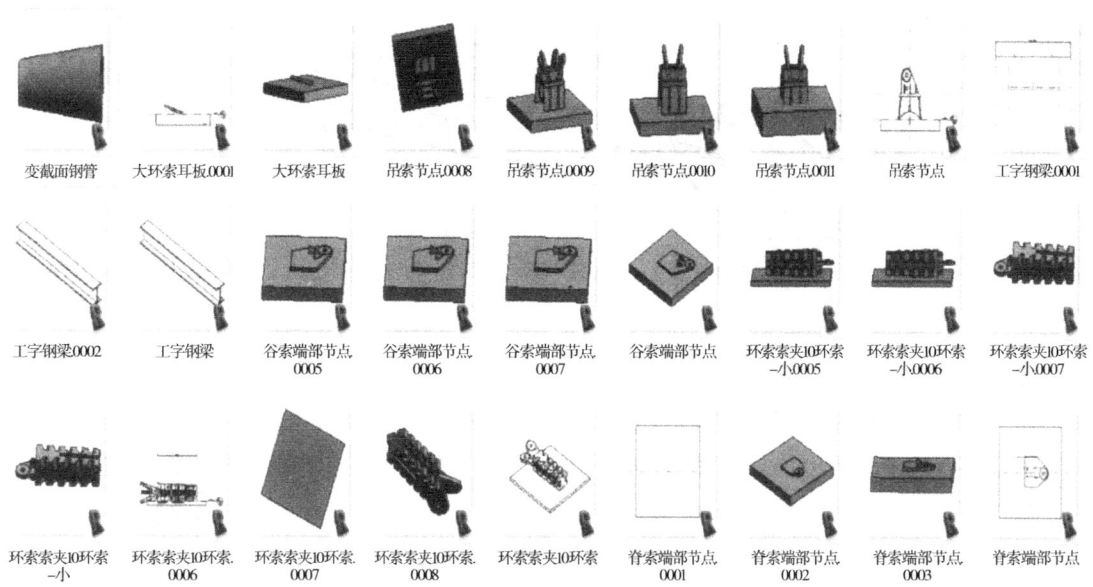

图 9-5 参数化族库

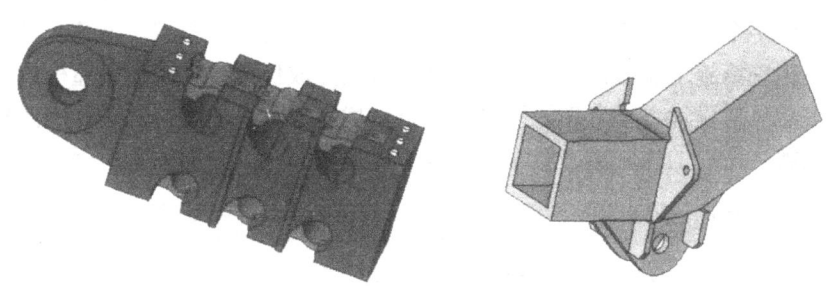

图 9-6 建立的参数化构件

从结构的剖面图（图 9-7）和平面图等可看出，该项目的结构形式复杂，而构件的准确安装定位是施工中最关键的一步，因此，如何准确地进行模型的定位也是 BIM 建模的关键技术。在模型定位上大体有两种思路可以使用：根据计算分析软件 Midas 或 Ansys 中的节点和构件坐标在 Revit Structure 中进行节点的准确定位，这样比较费时；根据 Autocad 中的模型进行定位，将 CAD 中的模型轴线作为体量导入 Revit Structure 中，导入前在 Revit Structure 中定好所要导入的轴线体量的标高，所导入的轴线体量即构件的定位线。该体育场所用的方法为先在 Revit Structure 中定好标高，然后导入 Autocad 中的轴线，以导入的轴线作为定位线，这样既快捷又准确。

（4）构件碰撞检测。传统二维图设计中，在结构、水暖电力等各专业设计图汇总后，由总工程师人工发现和协调问题，人为的失误在所难免，使施工中出现很多冲突，造成建设投资巨大浪费，并且还会影响施工进度。施工过程中，这些碰撞的解决方案，往往受限于现场已完成部分，大多只能牺牲某部分利益、效能，而被动地变更。

在对项目进行碰撞检测时，要遵循如下检测优先级顺序：首先，进行土建碰撞检测；然后，进行设备内部各专业碰撞检测；之后，进行结构与给水排水、暖、电专业碰撞检测等；

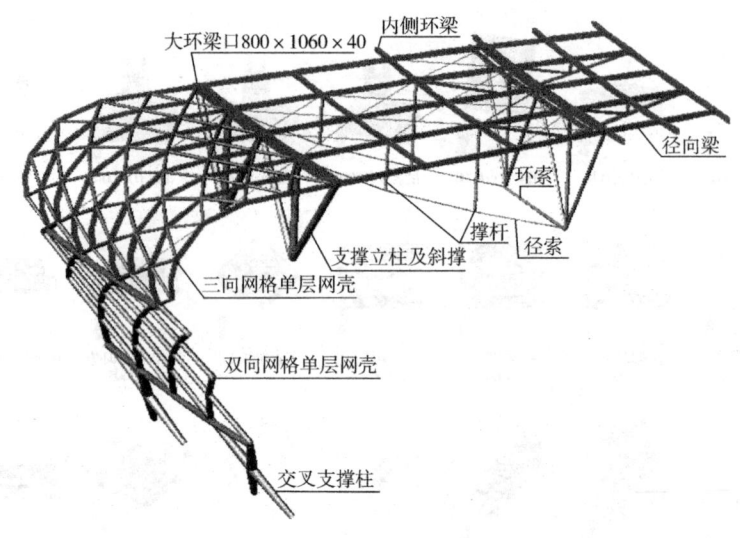

图 9-7 体育场钢结构剖面

最后，解决各管线之间交叉问题。其中，全专业碰撞检测的方法如下：完成各专业的精确三维模型建立后，选定一个主文件，以该文件轴网坐标为基准，将其他专业模型链接到该主模型中，最终得到一个包括土建、管线、工艺设备等全专业的综合模型。该综合模型真正地为设计提供了模拟现场施工碰撞检查平台，在该平台上完成仿真模式现场碰撞检查，并根据检测报告及修改意见对设计方案合理评估并做出设计优化决策，然后再次进行碰撞检测……如此循环，直至解决所有的硬碰撞、软碰撞，剩下可接受的范围，如图 9-8 所示。

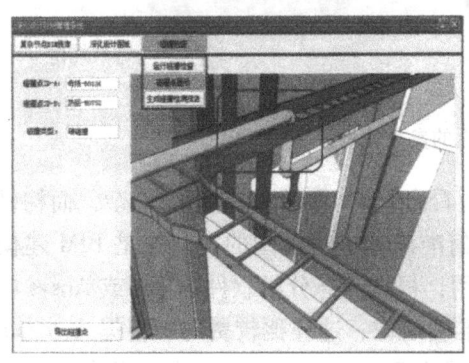 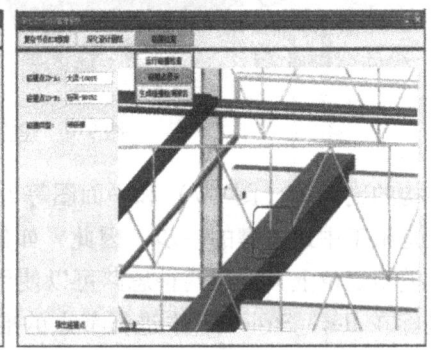

图 9-8 碰撞点查找

在读取并定位碰撞点后，为了更加快速地给出针对碰撞检测中出现的"软""硬"碰撞点的解决方案，我们可以将碰撞问题划分为以下几类：

①重大问题，需要业主协调各方共同解决。
②由设计方解决的问题。
③在施工现场解决的问题。
④因未定因素（如设备）而遗留的问题。
⑤因需求变化而带来新的问题。

针对由设计方解决的问题，可以通过多次召集各专业骨干参加三维可视化协调会议的办法，把复杂的问题简单化，同时将责任明确到个人，从而顺利地完成管线综合设计、优化设计，得到业主的认可。针对其他问题，则可以通过三维模型截图、漫游文件等协助业主解决。另外，管线优化设计应遵循以下原则：

①在非管线穿梁、碰柱、穿吊顶等必要情况下，尽量不要改动。

②只需调整管线安装方向即可避免的碰撞，属于软碰撞，可以不修改，以减少设计人员的工作量。

③需满足建筑业主要求，对没有碰撞，但不满足净高要求的空间，也需要进行优化设计。

④管线优化设计时，应预留安装、检修空间。

⑤管线避让原则如下：有压管让无压管；小管线让大管线；施工简单管让施工复杂管；冷水管道避让热水管道；附件少的管道避让附件多的管道；临时管道避让永久管道。

（5）施工工序管理。工序质量控制就是对工序活动条件即工序活动投入的质量和工序活动效果的质量及分项工程质量的控制。在利用 BIM 技术进行工序质量控制时能够着重于以下几方面的工作：

①利用 BIM 技术能够更好地确定工序质量控制工作计划。一方面要求对不同的工序活动制定专门的保证质量的技术措施，做出物料投入及活动顺序的专门规定；另一方面要规定质量控制工作流程、质量检验制度。

②利用 BIM 技术主动控制工序活动条件的质量。工序活动条件主要指影响质量的五大因素，即人、材料、机械设备、方法和环境等。

③能够及时检验工序活动效果的质量。主要是实行班组自检、互检、上下道工序交接检，特别是对隐蔽工程和分项（部）工程的质量检验。

④利用 BIM 技术设置工序质量控制点（工序管理点），实行重点控制。工序质量控制点是针对影像质量的关键部位或薄弱环节确定的重点控制对象。正确并严格设置控制点是进行工序质量控制的重点。

（6）施工深化设计。该工程中预应力索体是通过索夹节点传递到结构体系中去的，所以索夹节点设计的好坏直接决定了预应力施加的成败。而本工程的钢拉索索力较大，需对其进行二次验算以确保结构的安全。将已建立好的环索索夹模型导入 Ansys 有限元软件中对其进行弹塑性分析，可以在保证力学分析模型与实际模型相一致的同时节省二次建模的时间，如图 9-9 所示。

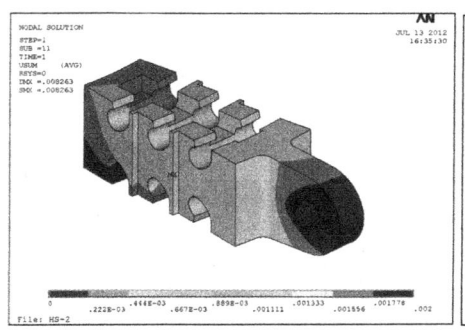 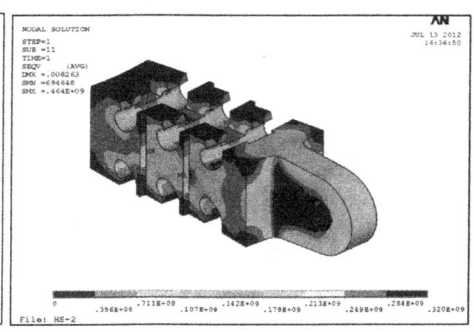

图 9-9　环索索夹弹塑性分型结果

(7) 施工动态模拟及施工方案优化。该工程规模大、复杂程度高、预应力施工难度大，为了寻找最优的施工方案、为施工项目管理提供便利，采用了基于 BIM 技术的 4D 施工动态模拟，测试和比较不同的施工方案并对施工方案进行优化，可以直观、精确地反映整个建筑的施工过程，有效缩短工期、降低成本、提高质量。

实现施工模拟的过程就是将 Project 施工计划书、Revit 三维模型与 Navisworks 施工动态模拟软件加以时间（时间节点）、空间（运动轨迹）及构件属性信息（材料费、人工费等）的过程，如图 9-10 所示。

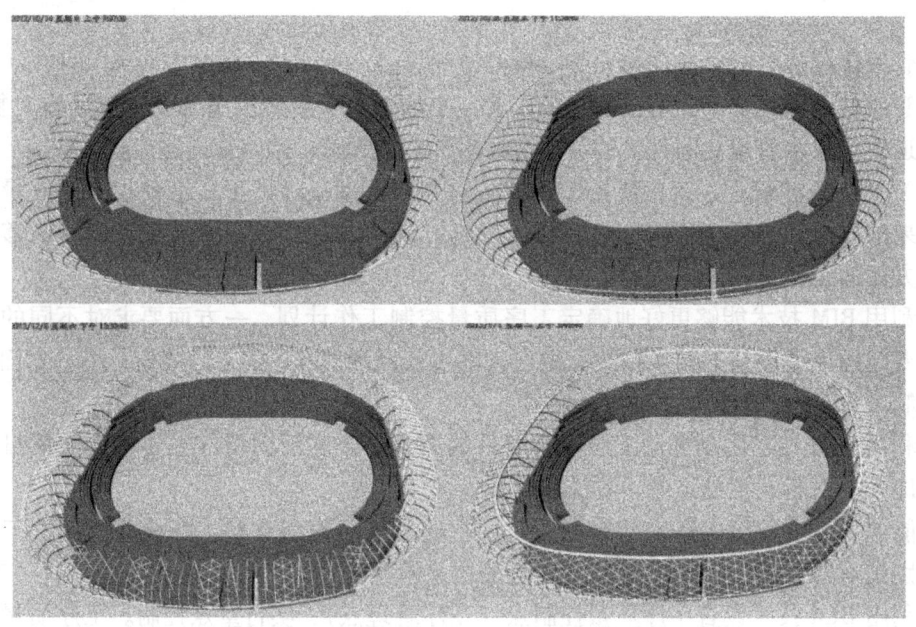

图 9-10　施工模拟各个过程截图

(8) 安装质量管控及三维动态化监测。对预应力钢结构而言，预应力关键节点的安装质量至关重要。安装质量不合格，轻者将造成预应力损失、影响结构受力形式，重者将导致整个结构的破坏。

BIM 技术在该工程安装质量控制中的应用主要体现在以下两点：一是对关键部位的构件，如索夹、调节端索头等的加工质量进行控制；二是对安装部位的焊缝是否符合要求、螺钉是否拧紧、安装位置是否正确等施工质量进行控制。将关键部位的族文件与工厂加工构件进行对比，检查加工构件的外形、尺寸等是否符合加工要求。

(9) 三维扫描复查施工质量。在场馆施工中，利用三维数字激光扫描仪，对在施及已施的建筑进行三维扫描。在场馆的不同方位架设扫描仪对场地中的建筑、结构实体进行扫描。扫描后将形成建筑及结构的点云模型，接着对生成的点云模型进行拼合，将各角度扫描的模型，拼接成完整的场馆模型，再将前期建立的 BIM 导入点云模型中，对比实际建立的钢结构网格、索体与混凝土看台的相应位置是否存在偏差，各构件的垂直、水平、角度是否满足要求。如有不符合要求的位置，及时进行整改，确保后续的施工质量。

利用三维扫描校核施工质量，能对前期建立的 BIM 进行更充分的利用，同时也避免了 BIM 与实际建筑构件的不一致，从而将 BIM 技术的作用更好地发挥出来。

4. 项目实施经验总结

施工质量管理一直是施工单位工作的难点，在传统的施工项目管理中结合 BIM 技术能为施工提供新的安全技术手段和管理工具，提高建筑施工安全管理水平，促进和适应新兴建筑结构的发展。在该项目中所创建的预应力钢结构构件族具有参数化的特点，可以反复应用在类似施工项目中；参数化预应力钢结构施工深化设计方法不但能提高效率，还能降低出错率；施工模拟的技术也给企业带来了效益；所开发的三维可视化动态监测系统具有很大的拓展空间，值得推广应用。

总的来说，BIM 技术在该体育场施工项目管理上的成功应用，为后期同类型工程积累了结构建模、深化设计、施工模拟和动态监测的宝贵经验，对以后预应力钢结构施工项目管理应用 BIM 技术具有参考价值。

第十章　BIM 项目安全应用管理

第一节　BIM 项目安全管理现有问题及 BIM 项目安全管理的优势

科学技术和经济的发展让建筑行业越来越意识到建筑施工安全管理的重要性，开展建筑施工安全管理不仅能保障施工安全，更能保障建筑的质量和延长使用年限。同时，开展建筑施工安全管理是国家要求，也是对建筑行业负责。但是，即使越来越多的建筑企业意识到建筑施工安全管理的重要性，仍有部分建筑企业片面追求经济效益和节约成本，不顾施工安全和施工质量，导致了大量的建筑施工事故发生，这些事故给人民生命财产造成重大损失，产生了不良的社会影响，也阻碍了企业的经营和发展。在这样的前提下，BIM 技术应运而生，将 BIM 技术运用于建筑工程中，不仅能保障施工安全，更能保障建筑质量。

在建筑施工项目中，安全管理和其他方面的管理存在的差异在于，安全管理贯穿整个建筑施工过程，从内容上看，它包括建筑图绘制、材料采购、质量控制、进度控制等几个方面，从合作单位上看，安全管理涉及项目设计方、施工方、建设方等。安全管理是建筑施工过程中最基本也是最重要的要求，一旦某项建筑施工项目离开了安全管理，那么这项建筑施工项目的质量和安全就得不到保障。由此可知，建筑施工安全管理在建筑施工项目中是非常重要的。

一、传统安全管理现有问题

建筑业是我国"五大高危行业"之一，《安全生产许可证条例》规定建筑企业必须实行安全生产许可证制度。但是为何建筑业的"五大伤害"事故的发生率并没有明显下降？从管理和现状的角度，主要有以下几种原因，见表 10-1。

表　10-1

类　别	内　容
（1）企业责任主体意识不明确	企业对法律法规缺乏应有的了解和认识，上到企业法人，下到专职安全生产管理人员，对自身安全责任及工程施工中所应当承担的法律责任没有明确的了解，误认为安全管理是政府的职责，造成安全管理不到位
（2）政府监管压力过大，监管机构和人员严重不足	为避免安全生产事故的发生，政府监管部门按例进行建筑施工安全检查。由于我国安全生产事故追究实行"问责制"，一旦发生事故，监管部门的管理人员需要承担相应责任，而由于有些地区监管机构和人员严重不足，造成政府监管压力过大，加之检查人员的业务水平不足等因素，很容易使事故隐患没有及时发现

(续)

类　别	内　容
（3）企业重生产，轻安全，"质量第一、安全第二"	一方面，造成事故的发生，潜伏性和随机性，安全管理不合格是安全事故发生的必要条件而非充分条件，造成企业存在侥幸心理，疏于安全管理；另一方面，由于质量和进度直接关系到企业效益，而生产能给企业带来效益，安全则会给企业增加支出，所以很多企业重生产而轻安全
（4）"垫资""压价"等不规范的市场主体行为直接导致施工企业削减安全投入	"垫资""压价"等不规范的市场行为一直压制企业发展，造成企业无序竞争。很多企业为生存而生产，有些项目零利润甚至负利润。在生存与发展面前，很多企业的安全投入就成了一句空话
（5）安全评估资料提供困难	建筑业企业资质申报要求提供安全评估资料，这就要求独立于政府和企业之外的第三方建筑业安全咨询评估中介机构大量存在，安全咨询评估中介机构所提供的评估报告可以作为政府对企业安全生产现状采信的证明。而安全咨询评估、安全服务中介机构的缺少，造成无法给政府提供独立可供参考的第三方安全评估报告
（6）工程监理管安全，"一专多能"起不到实际作用	建筑安全是一个多学科系统，在我国属于新兴学科，同时也是专业性很强的学科。而监理人员多从施工员、质检员过渡而来，对施工质量很专业，但对安全管理并不专业。相关的行政法规却把施工现场安全责任划归监理，并不十分合理

二、技术安全管理优势

基于BIM的管理模式是创建信息、管理信息、共享信息的数字化方式，在工程安全管理方面具有很多优势，如基于BIM的项目管理，工程基础数据如量、价等，数据准确、数据透明、数据共享，能完全实现短周期、全过程对资金安全的控制；基于BIM技术，可以提供施工合同、支付凭证、施工变更等工程附件管理，并为成本测算、招投标、签证管理、支付等全过程造价进行管理；BIM数据模型保证了各项目的数据动态调整，可以方便统计，追溯各个项目的现金流和资金状况；基于BIM的4D虚拟建造技术能提前发现在施工阶段可能出现的问题，并逐一修改，提前制定应对措施；采用BIM技术，可实现虚拟现实和资产、空间等管理，建筑系统分析等技术内容，从而便于运营维护阶段的管理应用；运用BIM技术，可以对火灾等安全隐患进行及时处理，从而减少不必要的损失，对突发事件进行快速应变和处理，快速准确掌握建筑物的运营情况。

BIM优势总结为以下几点：

（1）危险洞口自动查找和自动布置防护栏杆。BIM系统，通过对各楼层的结构空间形体的自动计算分析，可以主动查找到各个需采取安全措施的洞口，提升预警报告，并自动布置安全防护栏杆；标明部位、位置；方便施工布置任务；自动计算防护工程量。

（2）BIM移动应用及时报告反映现场安全问题。智能终端与BIM系统结合的专门现场管理应用。现场人员一发现问题，即可拍照上传系统，系统向相关领导报告。照片有多个参数和定位功能，照片数据更加有效。

(3) 视频系统与 BIM 系统的结合，提升可视化管理效果。视频系统采集的图像是何处，过去不好解决。与 BIM 系统关联，图像在建筑中的位置对应问题就解决了。

由此可见，BIM 在施工方面除了可以指导施工，精确算量之外，对人防安全也有着广泛的应用价值。

第二节　BIM 项目安全管理具体应用

一、BIM 项目全过程控制流程

BIM 项目全过程控制流程如图 10-1 所示。

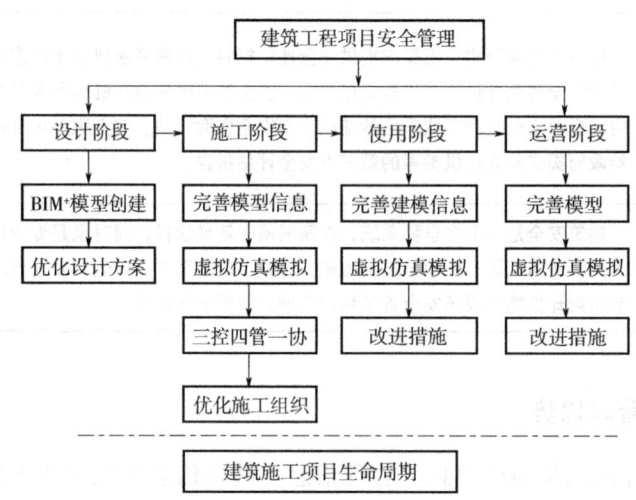

图 10-1　BIM 技术在项目中的安全控制的应用流程

BIM 技术是 CAD 技术之后又一项在建筑行业领域广受关注的计算机应用技术，随着 BIM 技术的推广，它将代替 CAD 技术在建筑工程中普及，并为设计和施工提供使用价值。BIM 技术逐渐取代了 CAD 技术，BIM 技术可以将工程项目的规划、设计、施工等流程通过三维模型实现资源共享，在完成三维模型的过程中，BIM 技术还可以对整个建筑项目进行预算，预测工程项目实施过程中可能存在的问题及风险性，它的这一功能，为工程设计解决方案提供了参考价值，减少了工程施工过程中可能存在的问题及风险性，它的这一功能，为工程设计解决方案提供了参考价值，减少了工程施工过程中可能产生的损失，同时提高了效果，缩短工程流程。由此可知，BIM 技术可以运用到整个工程项目的生命周期，即勘察、设计阶段，运行、维护阶段以及改造、拆除等三个阶段。BIM 技术可以在工程项目的整个生命周期实现建立模型、共享信息以及应用，保持各个施工单位的协调一致。如图 10-1 为 BIM 技术在建筑工程生命周期中应用过程。

二、BIM 项目安全管理具体应用

BIM 项目安全管理具体应用见表 10-2。

表 10-2　BIM 项目安全管理具体应用

类　别	内　容
1. 施工准备阶段安全控制	在施工准备阶段，利用 BIM 进行与实践相关的安全分析，能够降低施工安全事故发生的可能性。如 4D 模拟与管理、安全表现参数的计算可以在施工准备阶段排除很多建筑安全风险；BIM 虚拟环境划分施工空间，排除安全隐患，如图 10-2 所示；基于 BIM 及相关信息技术的安全规划可以在施工前的虚拟环境中发现潜在的安全隐患并予以排除，如图 10-3 所示；采用 BIM 结合有限分析平台，进行力学计算，保障施工安全；通过模型发现施工过程重大危险源并实现水平洞口危险源自动识别
2. 施工过程仿真模拟	仿真分析技术能够模拟建筑结构在施工过程中不同时段的力学性能和变形状态，为结构安全施工提供保障。通常采用大型有限元软件来实现结构的仿真分析，但对于复杂建筑物的模型建立需要耗费较多时间。在 BIM 的基础上，开发相应的有限元软件接口，实现三维模型的传递，再附加材料属性、边界条件和荷载条件，结合先进的时变结构分析方法，便可以将 BIM、4D 技术和时变结构分析方法结合起来，实现基于 BIM 的施工过程结构安全分析，能有效捕捉施工过程中可能存在的危险状态，指导安全维护措施的编制和执行，防止发生安全事故。将某体育场 BIM 导入 Ansys 有限元分析软件的过程如图 10-4 所示，某体育场有限元计算模型如图 10-5 所示，某体育场仿真计算结果如图 10-6 所示
3. 模型试验	对于结构体系复杂、施工难度大的结构，结构施工方案的合理性与施工技术的安全可靠性都需要验证，为此利用 BIM 技术建立试验模型，对施工方案进行动态展示，从而为试验提供模型基础信息。某体育场结构建立的 BIM 缩尺模型与模型试验现场照片对比如图 10-7 所示，缩尺模型连接节点示意如图 10-8 所示
4. 施工动态监测	近年来建筑安全事故不断发生，人们防灾减灾意识也有很大提高，所以结构监测研究已成为国内外的前沿课题之一。对施工过程进行实时施工监测，特别是重要部位和关键工序，可以及时了解施工过程中结构的受力和运行状态。施工监测技术的先进合理与否，对施工控制起着至关重要的作用，这也是施工过程信息化的一个重要内容。为了及时了解结构的工作状态，发现结构未知的损伤，建立工程结构的三维可视化动态监测系统（图 10-9），就显得十分迫切 三维可视化动态监测技术较传统的监测手段具有可视化的特点，可以人为操作在三维虚拟环境下漫游来直观、形象提前发现现场的各类潜在危险源，提供更便捷的方式查看监测位置的应力应变状态，在某一监测点应力或应变超过拟定的范围时，系统将自动采取报警给予提醒。某工程三维可视化动态监测系统界面如图 10-10 所示，其对应的预警服务软件如图 10-11 所示 使用自动化监测仪器进行基坑沉降观测，通过将感应元件监测的基坑位移数据自动汇总到基于 BIM 开发的安全监测软件上。通过对数据的分析，结合现场实际测量的基坑坡顶水平位移和竖向位移变化数据进行对比，形成动态的监测管理，确保基坑在土方回填之前的安全稳定性。某工程基于 BIM 的基坑沉降安全监测如图 10-12 所示 通过信息采集系统得到的结构施工期间不同部位的监测值，根据施工工序判断每时段的安全等级，并在终端上实时显示现场的安全状态和存在的潜在威胁，给予管理者直观的指导。某工程监测系统前台对不同安全等级的显示规则见表 10-3
5. 防坠落管理	坠落危险源包括尚未建造的楼梯井和天窗等，通过在 BIM 中的危险源存在部位建立坠落防护栏杆构件模型，研究人员能够清楚地识别多个坠落风险；且可以向承包商提供完整且详细的信息，包括安装或拆卸栏杆的地点和日期等。某工程防护栏杆模型及防坠落设置如图 10-13 所示

（续）

类别	内容
6. 塔式起重机安全管理	大型工程施工现场需布置多个塔式起重机同时作业，因塔式起重机旋转半径不足而造成的施工碰撞也屡屡发生。确定塔式起重机回转半径后，在整体 BIM 施工模型中布置不同型号的塔式起重机，能够确保其同电源线和附近建筑物的安全距离，确定哪些员工在哪些时候会使用塔式起重机。在整体施工模型中，用不同颜色的色块来表明塔式起重机的回转半径和影响区域，并进行碰撞检测来生成塔式起重机回转半径计划内的任何非钢安装活动的安全分析报告。该报告可以用于项目定期安全会议中，减少由于施工人员和塔式起重机缺少交互而产生的意外风险。某工程基于 BIM 的塔式起重机安全管理如图 10-14 所示，说明了塔式起重机管理计划中钢桁架的布置，黄色块状表示塔式起重机的摆动臂在某个特定的时间可能达到的范围
7. 灾害应急管理	随着建筑设计的日新月异，规范已经无法满足超高型、超大型或异型建筑空间的消防设计。利用 BIM 及相应灾害分析模拟软件，可以在灾害发生前，模拟灾害发生的过程，分析灾害发生的原因，制定避免灾害发生的措施，以及发生灾害后人员疏散、救援支持的应急预案，发生意外时减少损失并赢得宝贵时间。BIM 能够模拟人员疏散时间、疏散距离、有毒气体扩散时间、建筑材料耐燃烧极限、消防作业面等，主要表现为：4D 模拟、3D 漫游和 3D 渲染能够标识各种危险，且 BIM 中生成的 3D 动画、渲染能够用来同工人沟通应急预案计划方案。应急预案包括五个子计划：施工人员的人口/出口、建筑设备和运送路线、临时设施和拖车位置、紧急车辆路线、恶劣天气的预防措施；利用 BIM 数字化模型进行物业沙盘模拟训练，训练保安人员对建筑的熟悉程度，再模拟灾害发生时，通过 BIM 数字模型指导大楼人员进行快速疏散；通过对事故现场人员感官的模拟，使疏散方案更合理；通过 BIM 判断监控摄像头布置是否合理，与 BIM 虚拟摄像头关联，可随意打开任意视角的摄像头，摆脱传统监控系统的弊端 某工程应急预案及火灾疏散模拟截图如图 10-15 和图 10-16 所示 另外，当灾害发生后，BIM 可以提供救援人员紧急状况点的完整信息，配合温感探头和监控系统发现温度异常区，获取建筑物及设备的状态信息，通过 BIM 和楼宇自动化系统的结合，使得 BIM 能清晰地呈现出建筑物内部紧急状况的位置，甚至到紧急状态点最合适的路线，救援人员可以由此做出正确的现场处置，提高应急行动的成效

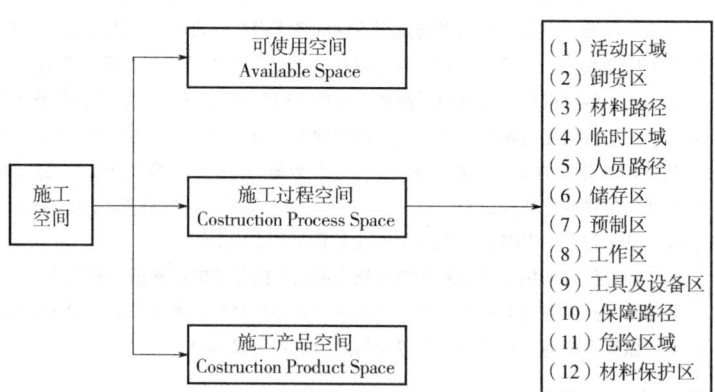

图 10-2　施工空间划分

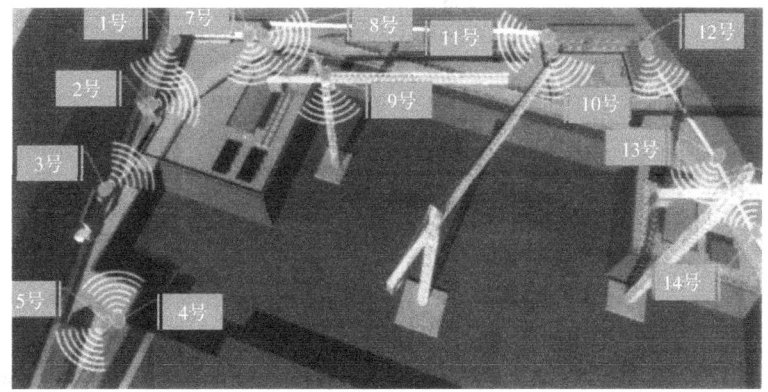

图 10-3　利用 BIM 对危险源进行辨识后自动防护

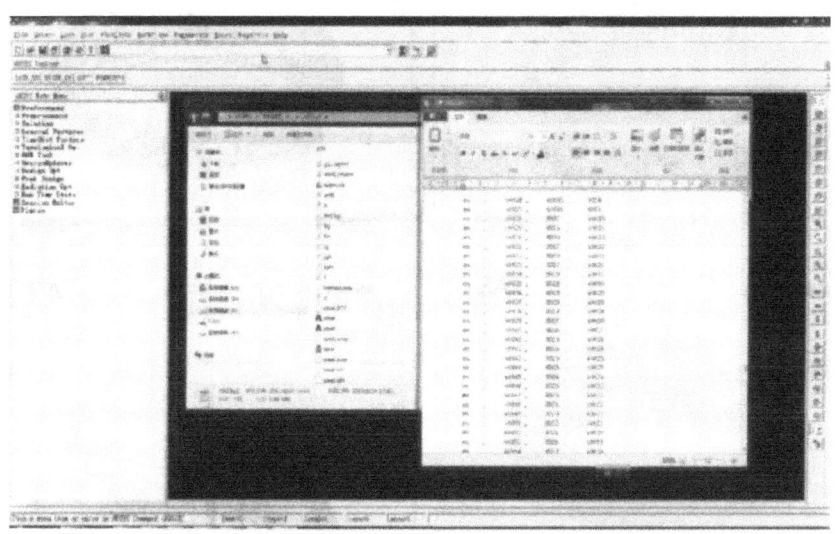

图 10-4　BIM 与有限元模型的快速传递

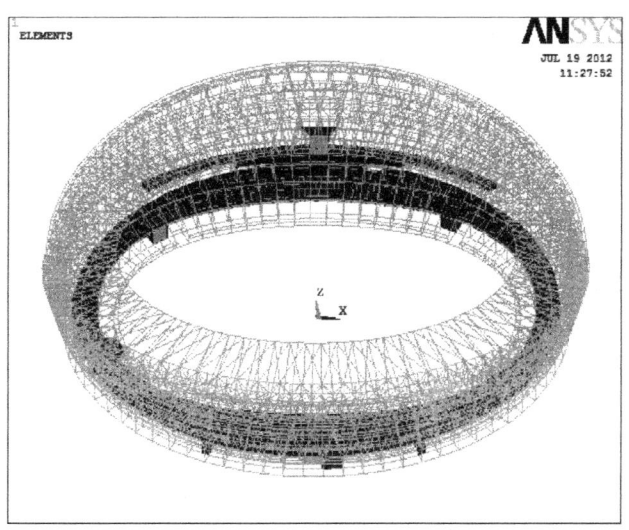

图 10-5　某体育场有限元计算模型

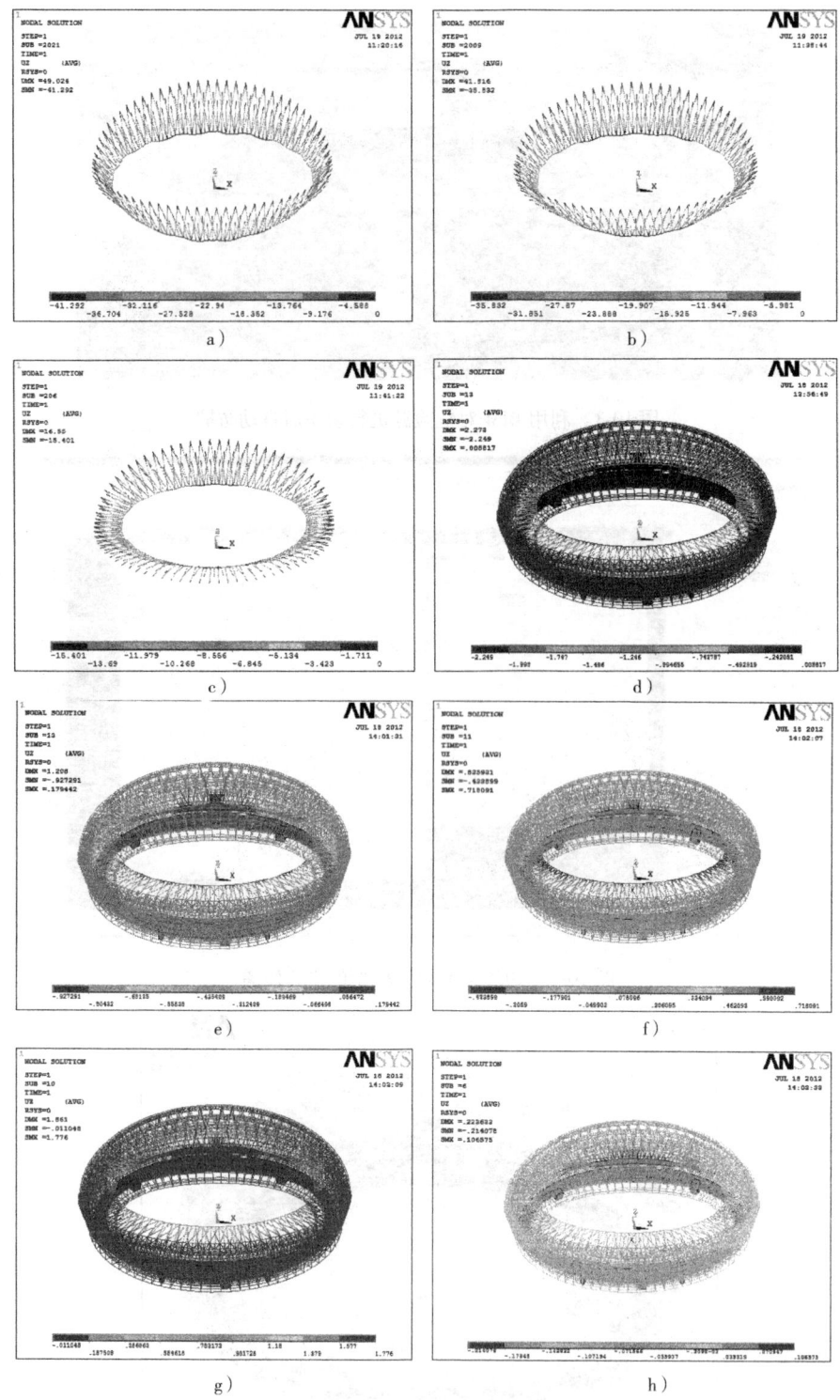

图 10-6　某体育场施工全过程仿真分析位移云图

a）离地 0.5m　b）离地 10m　c）离地 30m　d）销轴离耳板销轴孔 2.0m　e）第 1 批吊索安装就位
f）第 2 批吊索离耳板 0.05m　g）第 2 批吊索安装就位　h）吊索安装就位

图 10-7 BIM 缩尺模型与模型试验现场照片对比

图 10-8 某体育场缩尺模型连接节点示意

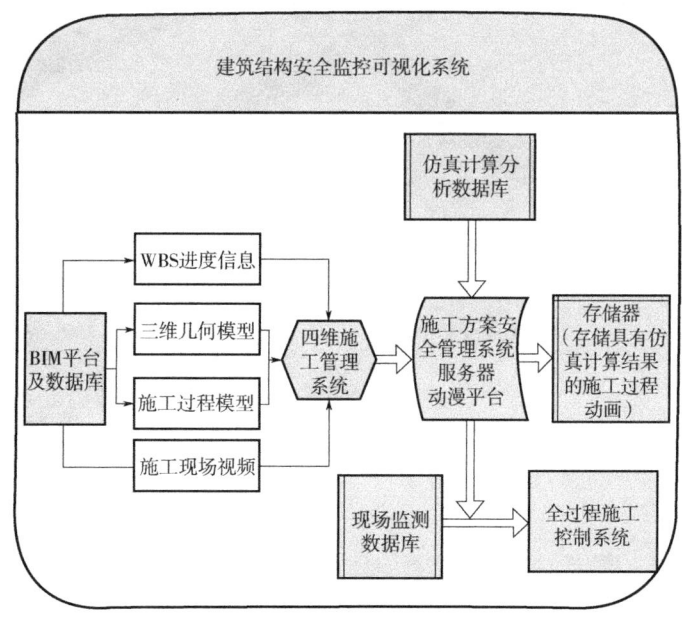

图 10-9 三维可视化动态监测系统

图 10-10 某工程三维可视化动态监测系统界面

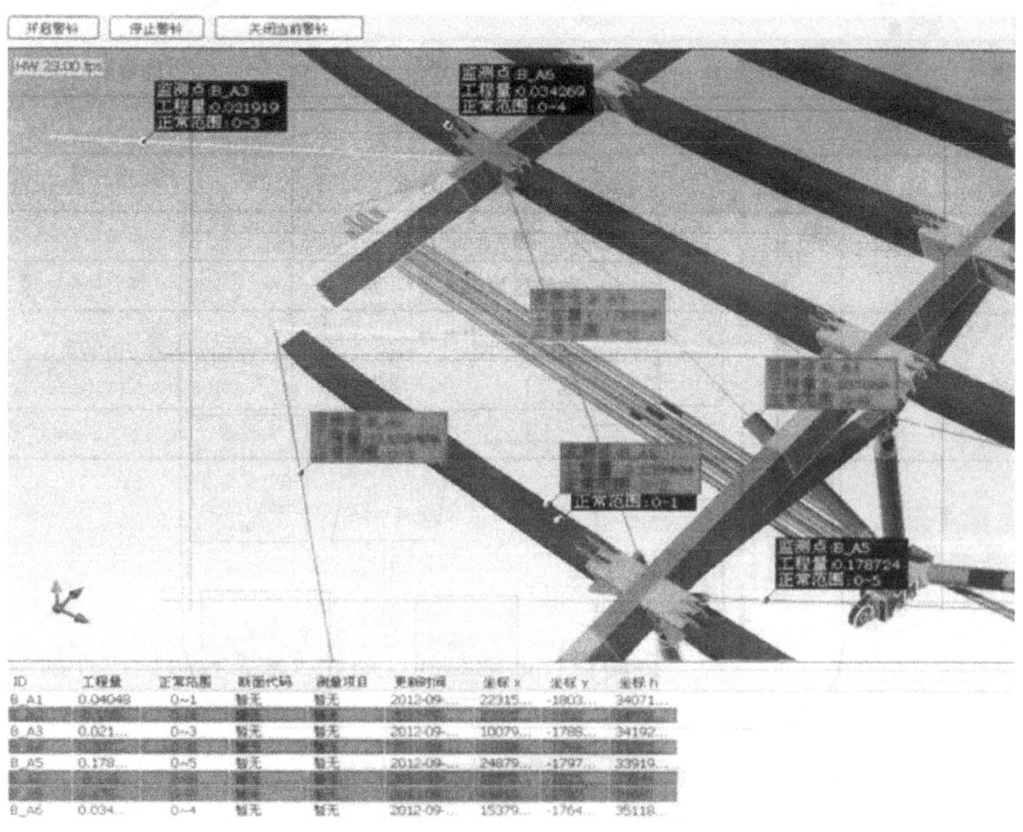

图 10-11 预警服务软件

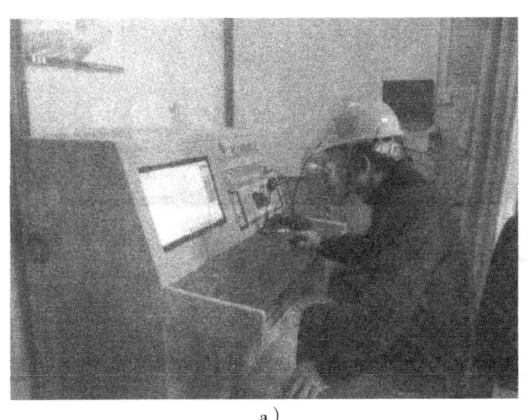 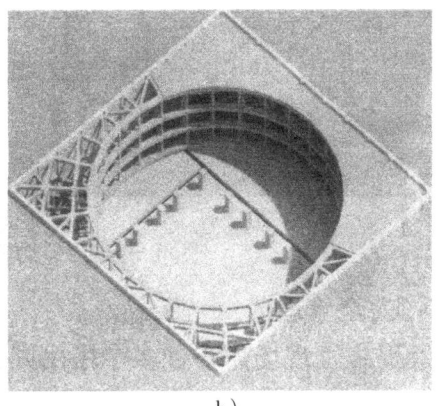

a) b)

图 10-12　基于 BIM 的基坑沉降安全监测

a）监测数据采集　b）前台显示三维基坑监测模型

表 10-3　监测系统前台对不同安全等级的显示规则

级　别	对应颜色	禁止工序	可能造成的结果
一级	绿色	无	无
二级	黄色	机械进行、停放	坍塌
三级	橙色	机械进行、停放	坍塌
		危险区域内人员活动	坍塌、人员伤害
四级	红色	基坑边堆载	坍塌
		危险区域内人员活动	坍塌、人员伤害
		机械进行、停放	坍塌、人员伤害

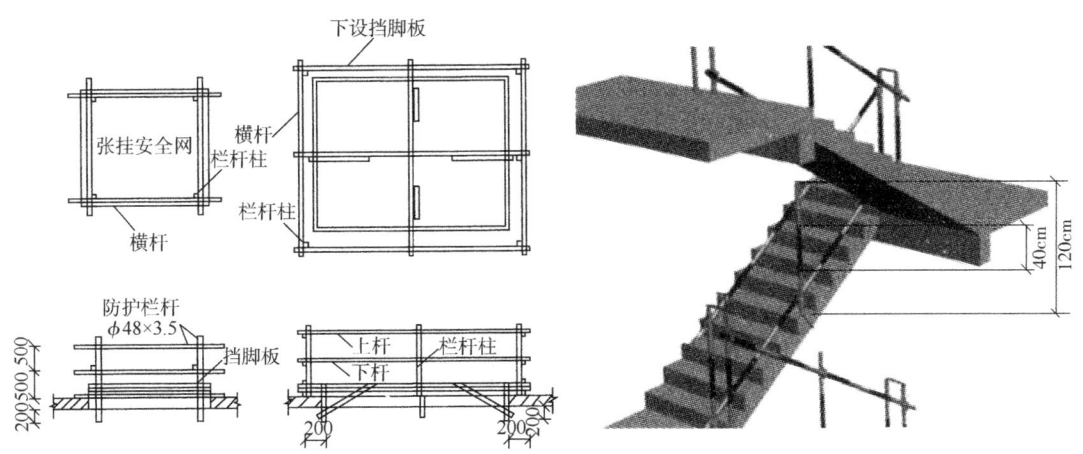

图 10-13　防护栏杆模型及防坠落设置

图 10-14　塔式起重机安全管理

图 10-15　应急预案

图 10-16　消防预演系统

第十一章 BIM 物料及成本应用管理

第一节 BIM 物料管理

BIM 物料管理见表 11-1。

表 11-1 BIM 物料管理

类 别	内 容
1. 安装材料 BIM 数据库	项目部拿到机电安装各专业施工图后，由 BIM 项目经理组织各专业机电 BIM 工程师进行三维建模，并将各专业模型组合到一起，形成安装材料 BIM 数据库，该数据库以创建的 BIM 机电模型和全过程造价数据为基础，把原来分散在安装各专业手中的工程信息模型汇总到一起，形成一个汇总的项目级基础数据库。安装材料 BIM 数据库建立与应用流程如图 11-1 所示，数据库运用构成如图 11-2 所示
2. 安装材料分类控制	材料的合理分类是材料管理的一项重要基础工作，安装材料 BIM 数据库的最大优势是包含材料的全部属性信息。在进行数据建模时，各专业建模人员对施工所使用的各种材料属性，按其需用量的大小、占用资金多少及重要程度进行"星级"分类，科学合理地控制 安装工程材料的特点，安装材料属性分类及管理原则见表 11-2，某工程根据该原则对 BIM 进行安装材料分类见表 11-3 某项目对 BF-5 及 PF-4 两个风系统的材料分类控制见表 11-3
3. 用料交底	BIM 与传统 CAD 相比，具有可视化的显著特点。设备、电气、管道、通风空调等安装专业三维建模并碰撞后，BIM 项目经理组织各专业 BIM 项目工程师进行综合优化，提前消除施工过程中各专业可能遇到的碰撞。项目核算员、材料员、施工员等管理人员应熟读施工图、透彻理解 BIM 三维模型、吃透设计思想，并按施工规范要求向施工班组进行技术交底，将 BIM 中用料意图灌输给班组，用 BIM 三维图、CAD 图或者表格下料单等书面形式做好用料交底，防止班组"长料短用、整料零用"，做到物尽其用，减少浪费及边角料，把材料消耗降到最低限度。无锡某项目 K-1 空调送风系统平面图、BIM 三维模型如图 11-3、图 11-4 所示，下料清单见表 11-4
4. 物资材料管理	安装材料的精细化管理一直是项目管理的难题，施工现场材料的浪费、积压等现象司空见惯，运用 BIM，结合施工程序及工程形象进度周密安排材料采购计划，不仅能保证工期与施工的连续性，而且能用好用活流动资金、降低库存、减少材料二次搬运。同时，材料员根据工程实际进度，方便地提取施工各阶段材料用量。在施工任务书中，附上完成该项施工任务的限额领料单，作为发料部门的控制依据，实行对各班组限额发料，防止错发、多发、漏发等无计划用料，从源头上做到材料的"有的放矢"，减少施工班组对材料的浪费。某工程 K-1 送风系统部分规格材料申请清单如图 11-5 所示
5. 材料变更清单	工程设计变更和增加签证在项目施工中会经常发生。项目经理部在接收工程变更通知书执行前，应有因变更造成材料积压的处理意见，原则上要由业主收购，否则，如果处理不当就会造成材料积压，无端地增加材料成本。BIM 在动态维护工程中，可以及时地将变更图三维建模，将变更发生的材料、人工等费用准确、及时地计算出来，便于办理变更签证手续，保证工程变更签证的有效性。某工程二维设计变更图及 BIM 如图 11-6 所示，相应的变更工程量材料清单见表 11-5

图 11-1 安装材料 BIM 数据库建立与应用流程

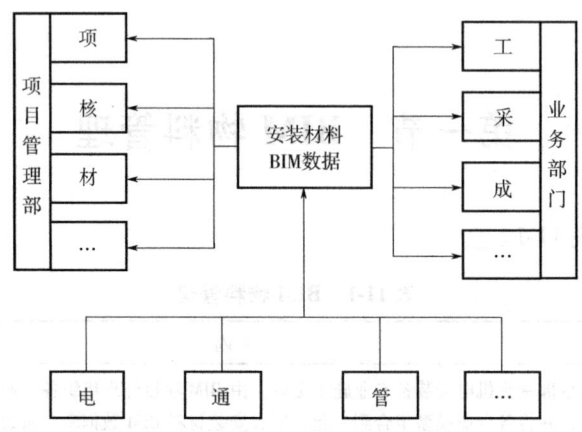

图 11-2 安装材料 BIM 数据库运用构成

表 11-2 安装材料属性分类及管理原则

等级	安装材料	管理原则
★★★	需用量大、占用资金多、专用或备料难度大的材料	严格按照设计施工图及 BIM 机电模型，逐项进行认真仔细的审核，做到规格、型号、数量完全准确
★★	管道、阀门等通用主材	根据 BIM 提供的数据，精确控制材料及使用数量
★	资金占用少、需用量小、次要的辅助材料	采用一般常规的计算公式及预算定额含量确定

表 11-3 某工程 BIM 安装材料分类

构件信息	计算式	单位	工程量	等级
送风管 400mm×200mm	风管材质：普通钢管	m^2	31.14	★★
送风管 500mm×250mm	风管材质：普通钢管	m^2	12.68	★★
送风管 1000mm×400mm	风管材质：普通钢管	m^2	8.95	★★
单层百叶风口 800mm×320mm	风口材质：铝合金	个	4	★★
单层百叶风口 630mm×400mm	风口材质：铝合金	个	1	★★
对开多叶调节阀	构件尺寸：800mm×400mm×210mm	个	3	★★
防火调节阀	构件尺寸：200mm×160mm×150mm	个	2	★★
风管法兰 25mm×3mm	角钢规格：30mm×3mm	m	78.26	★★★
排风机 PF-4	规格：DEF-I-100AI	台	1	★

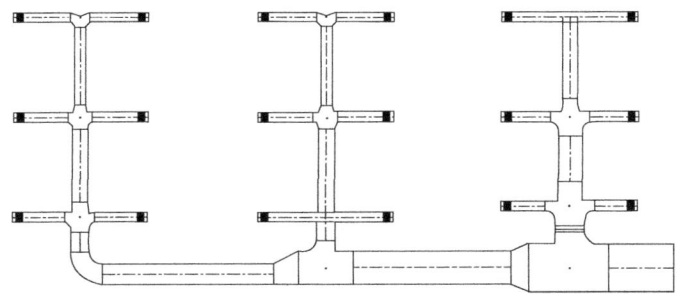

图 11-3 K-1 空调送风系统平面图

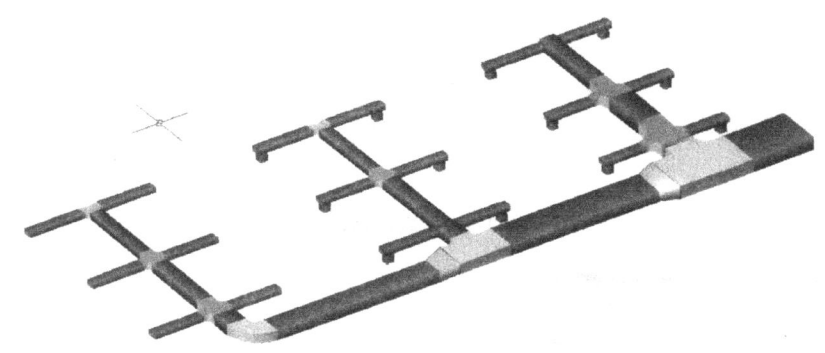

图 11-4 K-1 空调送风系统 BIM 三维模型

表 11-4 K-1 空调送风系统直管段下料清单

序号	风管规格/ (mm×mm)	下料规格/mm	数量/节	序号	风管规格/ (mm×mm)	下料规格/mm	数量/节
1	2400×500	1160	19	8	1250×500	600	1
		750	1	9	1000×500	1160	2
2	2000×500	1000	1			600	1
3	1400×400	1160	8	10	900×500	1160	2
		300	1			800	1
4	900×400	1160	8	11	800×400	1160	10
		300	1			600	1
5	800×320	1000	1	12	400×200	1160	32
		500	1			1000	14
6	630×320	1160	4			800	18
		1000	3				
7	500×250	1160	21				
		1000	6				
		500	1				

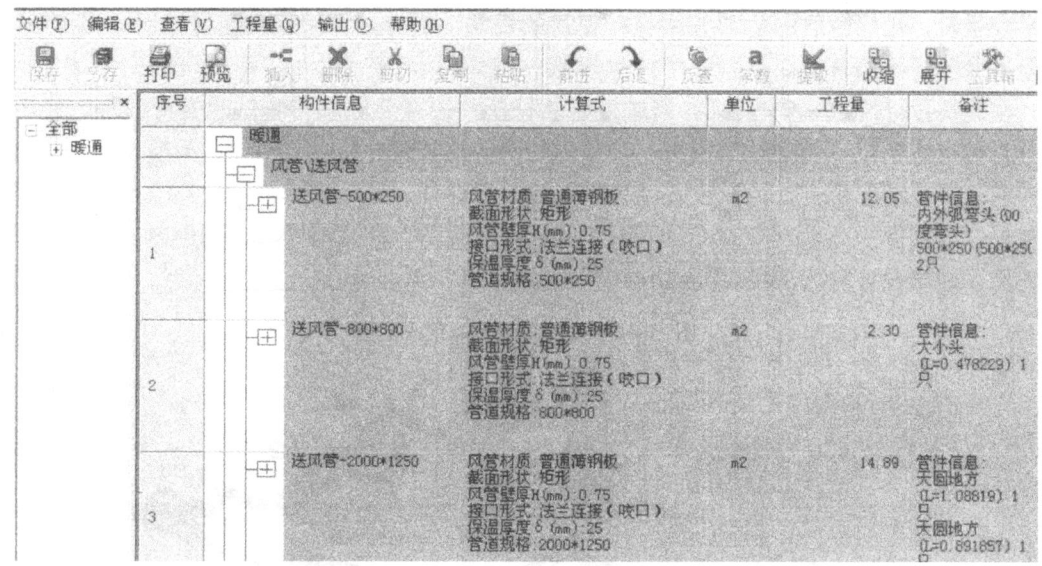

图 11-5　材料申请清单

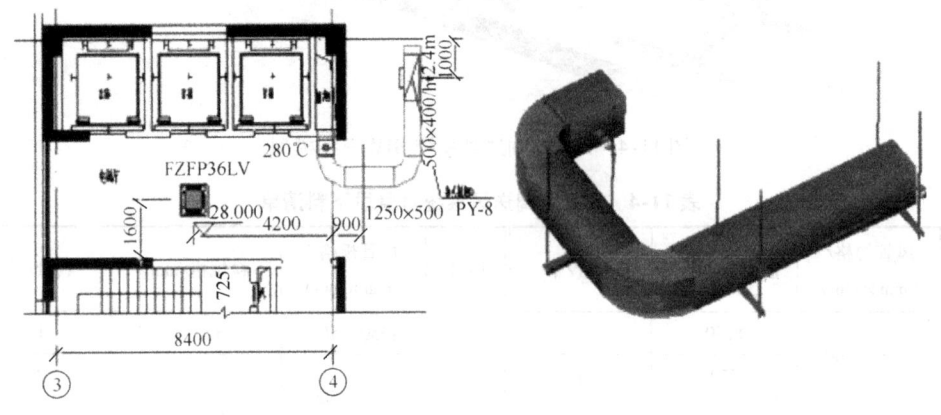

图 11-6　四至十八层排烟管道变更图及 BIM 模型

表 11-5　变更工程量材料清单

构件信息	计 算 式	单 位	工 程 量	控制等级
排风管 500mm×400mm	普通薄钢板风管	m²	179.85	★★
板式排烟口 1250mm×500mm	防火排烟风口材质：铝合金	只	15.00	★★
风管防火阀	风管防火阀：500mm×400mm×220mm	台	15.00	★★
风法兰	风法兰规格：角钢 30mm×3mm	m	84.00	★
风管支架	构件类型：吊架，单体质量：1.2kg	只	45.00	★

第二节　BIM 项目成本管理

成本管理，是企业根据一定时期预先建立的成本管理目标，由成本控制主体在其职权范围内，在生产耗费发生以前和成本控制过程中，对各种影响成本的因素和条件采取的一系列预防和调节措施，以保证成本管理目标实现的管理行为。

一、传统成本管理特点

成本费用管理是项目管理三大目标之一，成本控制的好坏直接关系到各参与方的直接利益，所以尤其重要。随着社会发展和进步，现代建设项目的规模变得越来越大，建设项目日趋大型化、复杂化，传统的造价管理软件和方法存在体制落后、开展方式过于局限、技术不够完善等问题，已逐渐不能满足现代社会大型建设项目的管理要求。因此，在项目管理过程中将建设领域革命性的技术——建筑信息模型（BIM）引入十分有必要。BIM应用实现了对工程设计、施工，以及后期运营维护全方面的控制，有助于降低工程造价，提升造价管理效应，提高工程管理与建设的进度要求及质量要求，为项目顺利进行提供保障。

1. 成本管理协调方式不完善

造价管理是一项复杂的工作，需要各部门配合完成。需要把设计、施工、运营、维护和拆除等各个环节的所有参与部门的数据都联系起来，目前的管理方式是由统一部门管理，根据工程进展各阶段对造价管理人员任务进行划分，深入到基层开展工作。建设工程各个项目的建设内容不同，但是由于管理人员对施工内容不了解，在资源共享的过程中会因为时间、空间上的差异而使资源出现偏差，工作开展时会浪费大量时间，各部门负责人由于缺少制度约束也不能高效地完成工作任务。

2. 成本确定方法静态滞后

工程概预算是基于工程项目不同阶段所能提供的工程图，将图样计算出的的工程材料使用量结合人、材、机等价格做出计算完成的，施工周期、雇工费用以及设备使用情况也都是结合图样计算的。工程图自身理论性很强，造价管理依据过于静态，尤其是大型的工程项目施工工期跨度较大，虽然已考虑暂估费，但静态方法并不能将施工过程中可能遇到的环境问题全部考虑引入其中，不具备很好的风险抵御能力。定额管理在小规模建筑工程中能够发生良好效果，对施工各个环节都能起到约束作用，但大规模工程则需要静态与动态方法结合使用，制定出具有长期发展潜质的造价管理方案。

3. 成本模型建立不便捷

目前虽然已告别传统的人手算量时代，较为先进的造价软件均提供识别CAD图进行建模的功能，但是仍然需要造价人员导入设计人员的二维CAD图然后进行识别翻模，在这个过程中，常常由于图层的设置问题、构件参数设置问题等导致模型识别不了或者识别错误。需要后续进行检查和修改，甚至需要造价人员对二维图重新建模，仍然需要花费一定量时间在算量上面，效率仍有待提高。

二、成本管理的难点

成本管理的过程是运用系统工程的原理对企业在生产经营过程中发生的各种耗费进行计算、调节和监督的过程，也是一个发现薄弱环节，挖掘内部潜力，寻找一切可能降低成本途径的过程。科学地组织实施成本控制，可以促进企业改善经营管理，转变经营机制，全面提高企业素质，使企业在市场竞争的环境下生存、发展和壮大。然而，工程成本控制一直是项目管理中的重点及难点，主要难点有：

（1）牵涉部门和岗位众多。实际成本核算，传统情况下需要预算、材料、仓库、施工、财务多部门多岗位协同分析汇总数据，才能汇总出完整的某时点实际成本。某个或某几个部门不实行，整个工程成本汇总就难以做出。

（2）对应分解困难。材料、人工、机械甚至一笔款项往往用于多个成本项目，拆分分解对应好对专业的要求相当高，难度也非常高。

（3）消耗量和资金支付情况复杂。对于材料而言，部分进库之后并未付款，部分付款之后并未进库，还有出库之后未使用完以及使用了但并未出库等情况；对于人工而言，部分干活但并未付款，部分已付款并未干活，还有干完活仍未确定工价；机械周转、材料租赁以及专业分包也有类似情况。情况如此复杂，成本项目和数据归集在没有一个强大的平台支撑情况下，不漏项做好三个维度（时间、空间、工序）的对应很困难。

（4）数据量大。每一个施工阶段都牵涉大量材料、机械、工种、消耗和各种财务费用，人、材、机和资金消耗都要统计清楚，数据量十分巨大。随着工程进展，应付进度工作自顾不暇，过程成本分析、优化管理就只能搁在一边。

三、基于 BIM 的工程成本管理简介

1. 实现全员、全过程的成本管理

正如前文所说，BIM 技术作为一个协同的信息数据库技术，包括设计、施工、运营等建设项目全生命周期完整的数据信息流，作为一种信息技术，BIM 以三维数字技术为基础，可以将施工过程中的相关工程数据模拟成模型，从而方便设计者进行建筑设计，方便施工者进行施工，方便运营者进行运营。

BIM 技术下的成本计划的编制就是以业主为主导，设计单位、施工单位、建设单位、监理单位和材料供应商共同组成的。通过前期建筑信息模型的搭建，各单位根据自身要求，在模型搭建阶段沟通交流，能够提早发现现场施工时可能会出现的问题，提早解决，从而制定出合理优化后的进度计划指导项目顺利进行，从而对成本计划进行优化。

BIM 技术能够把工程项目设计、施工、运营、维护和拆除等各个环节的所有参与部门的数据都联系起来，从而实现对工程的精细化管理。这就需要 BIM 技术的信息是联系协调一致的，而且在资源共享的过程中不会因为时间空间上差异而使资源出现偏差。

2. 优化项目人、材、机成本管理

在工程造价控制环节中引入 BIM 理念，在 BIM 技术下建立的三维模型，对时间成本进行实时监督、控制。这样，可以使资金计划、人员安排，以及设备管理等更加科学化、合理化。在三维模型下，能够提前计算出每个时间段的工作量，然后在核算的基础上，对资金计划以及工作计划做出调整。通过 BIM 技术对施工进行的模拟，建设单位及供应商可以较为准确地知悉材料供应的数量和时间，包括施工所用方案以及材料用量，以模型为基准开展的管理工作不会与实际情况相脱离，材料供应计划更加准确，保证材料设备供应不影响工期并节省运输、仓储成本。同时，BIM 可以根据工程进展情况对建模形式做出优化，具有可协调性，造价管理人员能够直观地观察到各项目建设所需资金，为实现精细化造价打好了基础。

3. 减少变更的成本管理

在传统的设计方式下，常常由于考虑角度不同，专业技术水平不同，造成业主方和设计方或者施工方信息不对称。很多时候常常出了图之后才发现需要变更的地方，甚至于现场施

工方才发现不是当初所希望的样子，然后再砸掉重做。这样就会大大增加项目的施工成本。

BIM 技术具有极强的可视性，因此 BIM 技术是业主理解工程质量的有效手段，可以提前理解工程设计效果、施工技术质量等。业主方能够更加清晰明了地表达意愿和想法，设计方能更加明确业主方想要的效果，减少业主"改改改"的常态，而通过模拟全过程的建设施工，发现施工中可能考虑不周的地方，从而进行优化改正，减少实际施工中造成的返工，避免不必要的成本浪费。

同时，全方位立体建模技术，在传统二维技术基础上做出整改，融入现代科技理念，不但图形更立体，所表述的内容也更加全面。非专业造价管理人员，例如图样设计师，通过观察模型也能直观地了解到工程建设所用成本，从而根据预算成本对设计进行优化。传统二维的图表总会使具体施工人员产生误解，而且由于各个建设项目并不完全相同，实际施工工艺也会千差万别，在施工之前不能详细地了解相关知识往往会造成返工现象的产生，因此可视化的施工过程的培训加上传统进度计划图表的辅助是向建设项目具体执行层表达的必然选择。有利于项目的顺利进行从而更好地控制项目成本。

4. 加快项目造价流程进度

在现阶段，Revit 直接算量运用得相对较少，还不成熟，但是各大造价软件运营商均已开发相关 BIM 工程量计算模块，通过 Revit 模型导入，可以节省大量的图样翻模时间，相对于传统二维图导入造价软件翻模的方式能够避免一些图样识别不了、识别错误的问题，大大地提升效率。在全 BIM 时代，从设计人员开始使用 BIM 直接进行设计，各造价人员运用同一个平台的 BIM，应用模型提供的工程量数据进行概预结算，让造价人员从繁复的工程翻模、工程量计算、工程量对数等当中解放出来，更多地是进行工程经济分析，而不是将时间主要运用在工程量计算上。

同时，从项目开始到项目结算阶段，有各个不同的造价部门和造价人员，由于各参与方都使用基于同一平台的 BIM，工程量计算及价格均统一，变更管理更为清晰，对于数据争议将会大幅减少。从项目开始的概算审批到项目最后的结算都能更快速、更准确地进行，优化流程，节省时间，为项目的顺利进行提供了支持。

BIM 技术在处理实际工程成本核算中有着巨大的优势。建立 BIM 的 5D 施工资源信息模型（3D 实体、时间、工序）关系数据库，让实际成本数据及时进入 5D 关系数据库，成本汇总、统计、拆分对应瞬间可得。建立实际成本 BIM，周期性（月、季）按时调整维护好该模型，统计分析工作就很轻松，软件强大的统计分析能力可轻松满足我们的各种成本分析需求。基于 BIM 的实际成本核算方法，较传统方法具有极大优势：

（1）快速。由于建立基于 BIM 的 5D 实际成本数据库，汇总分析能力大大加强，速度快，短周期成本分析不再困难，工作量小、效率高。

（2）准确。成本数据动态维护，准确性大为提高，通过总量统计的方法，消除累积误差，成本数据随进展准确度越来越高。另外通过实际成本 BIM，很容易检查出哪些项目还没有实际成本数据，监督各成本实时盘点，提供实际数据。

（3）分析能力强。可以多维度（时间、空间、WBS）汇总分析更多种类、更多统计分析条件的成本报表。

（4）提升企业成本控制能力。将实际成本 BIM 通过互联网集中在企业总部服务器上。企业总部成本部门、财务部门就可共享每个工程项目的实际成本数据，实现了总部与项目部的信息对称，总部成本管控能力大为加强。

总之"BIM成本控制解决方案"，其核心内容是利用BIM软件技术、造价软件、项目管理软件、FM软件，创造出一种适合于中国现状的成本管理解决方案。整体解决方案包含了设计概算、施工预算、竣工决算、项目管理、运营管理等所有环节成本管理的模块，构成项目总成本控制体系。

四、建筑信息模型（BIM）在成本管理中的应用

BIM作为最能推动建设管理方式改革的理念，针对目前成本管理存在的问题，有较好的应用前景，也能够有效地改进成本管理存在的问题。

1. 快速精确的成本核算

BIM是一个强大的工程信息数据库。进行BIM建模所完成的模型包含二维图中所有的位置、长度等信息，并包含了二维图中不包含的材料等信息，而这些的背后是强大的数据库支撑。因此，计算机通过识别模型中的不同构件及模型的几何和物理信息（时间维度、空间维度等），对各种构件的数量进行汇总统计。这种基于BIM的算量方法，将算量工作大幅度简化，减少了因人为原因造成的计算错误，大量节约了人力的工作量和花费时间。有研究表明，工程量计算的时间在整个造价计算过程中占到了50%~80%，而运用BIM算量方法会节约近90%的时间，而误差也控制在1%的范围之内。

2. 虚拟施工及碰撞检查减少设计错误

BIM的一个重要的应用点就是建模完成后的碰撞检查。通常在一般工程中，在建筑、结构、水暖电等各专业二维图设计汇总后，各方及总图工程师人工会审发现和解决不协调问题，该过程花费大量时间并且不能保证完全无失误。未发现的错误设备管线碰撞等引起的拆装、返工和浪费是成本大量花费的重要原因。而BIM技术中整合建筑、结构和设备水暖电等模型信息，能够彻底消除硬碰撞、软碰撞，检查和解决各专业的矛盾以及同专业间存在的冲突。减少额外的修正成本，避免成本的增加。另外施工人员可以利用碰撞优化后的设计方案，进行施工交底、施工模拟，业主能够更真实地了解设计方案，提高了与业主沟通的效率。

3. 设计优化与变更成本管理、造价信息实时追踪

在传统的成本核算方法下，一旦发生设计优化或者变更，变更需要进行审批、流转，造价工程师需要手动检查设计变更，更改工程造价，这样的过程不仅缓慢，而且可靠性不强。建筑信息模型依靠强大的工程信息数据库，实现了二维施工图与材料、造价等各模块的有效整合与关联变动，使得设计变更和材料价格变动可以在BIM中进行实时更新。变更各环节之间的时间被缩短，效率提高，更加及时准确地将数据提交给工程各参与方，以便各方做出有效的应对和调整。目前BIM的建造模拟职能已经发展到了5D。5D模型集三维建筑模型、施工组织方案、成本及造价等部分于一体，能实现对成本费用的实时模拟和核算，并为后续建设阶段的管理工作所利用，解决了阶段割裂和专业割裂的问题。BIM通过信息化的终端和BIM数据后台将整个工程的造价相关信息顺畅地流通起来，从企业级的管理人员到每个数据的提供者都可以监测，保证了各种信息数据及时准确的调用、查阅、核对。

4. 结论与展望

BIM技术正在引领建筑业的变革，以软件和信息为载体，形成完整的工程数据库，改变

项目参与各方的协作方式，提高项目整合度。在工程成本管理中的应用可以很大程度上解决管理低效、体系混乱等问题，更高效地进行项目全过程成本管理。

但在国内的 BIM 实践中，成本管理应用的案例非常少，主要原因是国内目前使用的造价软件与 BIM 三维模型之间不能实现较顺畅的连接，而国内技术人员也无法达到全部使用 BIM 技术进行设计和算量的程度。随着 BIM 的推广，建设工程成本管理也要从技术变革、人才培养等多个方面进行转变，才能实现真正的信息化的成本管理。

五、BIM 项目成本案例应用

以某邮轮中心为例，此邮轮中心位于海子湾片区，是集海陆交通快捷集散、国际滨海休闲、通关服务、办公、商业配套及餐饮于一体的口岸城市综合体。总建筑面积 138169m^2，其中地上建筑面积 81999m^2，地下建筑面积 56170m^2，计容建筑面积 78000m^2，建筑基底面积 17285.93m^2，平面尺寸：长 297m，宽 192m，屋面高度：64m。

通过运用 BIM 技术，建立 Revit 模型，对各专业图进行翻模，提前检查是否存在管道碰撞、各专业图不一致等错误，并模拟施工过程，对施工方的进度计划进行优化，以保证后期施工的顺利进行。同时，基于 BIM 运用造价软件对项目进行概算编制，为项目成本管理提供了很好的依据，最终项目顺利落成（图 11-7）。

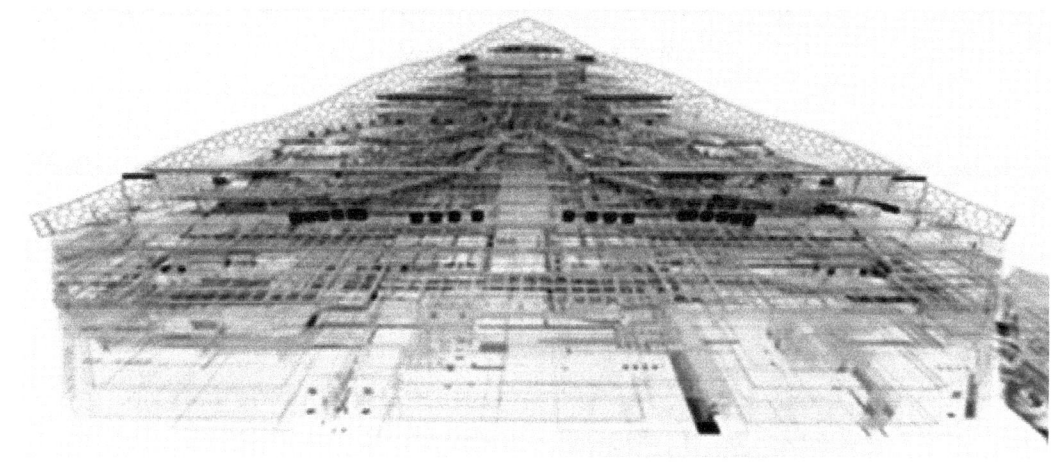

图 11-7　某邮轮中心项目

成本管理是整个工程建设的重要环节。随着工程建设规模的不断扩大，由于人员、技术方面的原因，给工程造价控制带来了很大困难。与此同时，传统的成本管理方法过于死板，不能准确控制成本，从而存在很大的局限性。由于 BIM 在成本管理中具有工作效率高、节省成本等优势，将会是未来的趋势。

某工程采用 BIM 所显示的不同构件的信息如图 11-8 所示。

某工程首层外框型钢柱钢筋用量统计如图 11-9 所示。

某工程通过三量对比分析进行动态成本控制如图 11-10 所示。

给水排水、电气、暖通专业可以根据设备的型号、外观及各种参数分别显示设备，方便计算材料用量，如图 11-11 所示。

某工程指定施工区域的材料用量统计如图 11-12 所示。

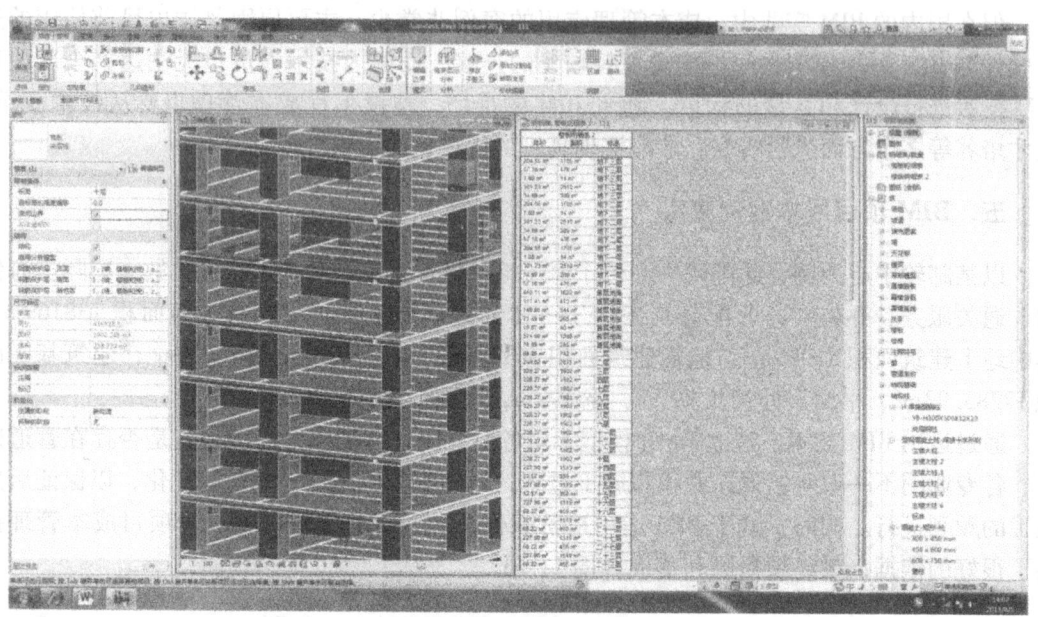

图 11-8　BIM 生成构件数据

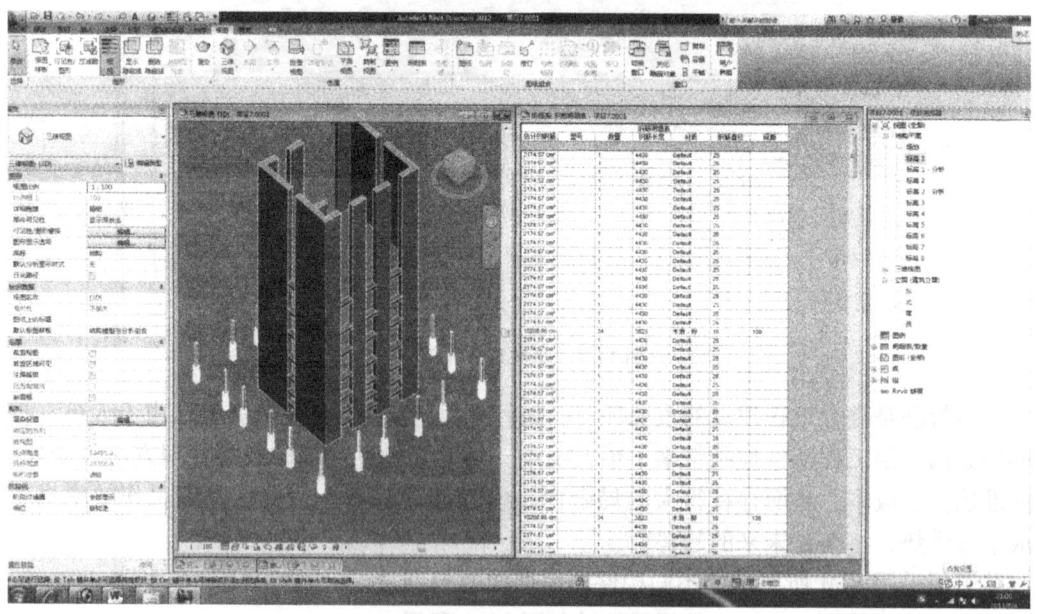

图 11-9　首层外框型钢柱钢筋用量统计

第十一章　BIM 物料及成本应用管理　·215·

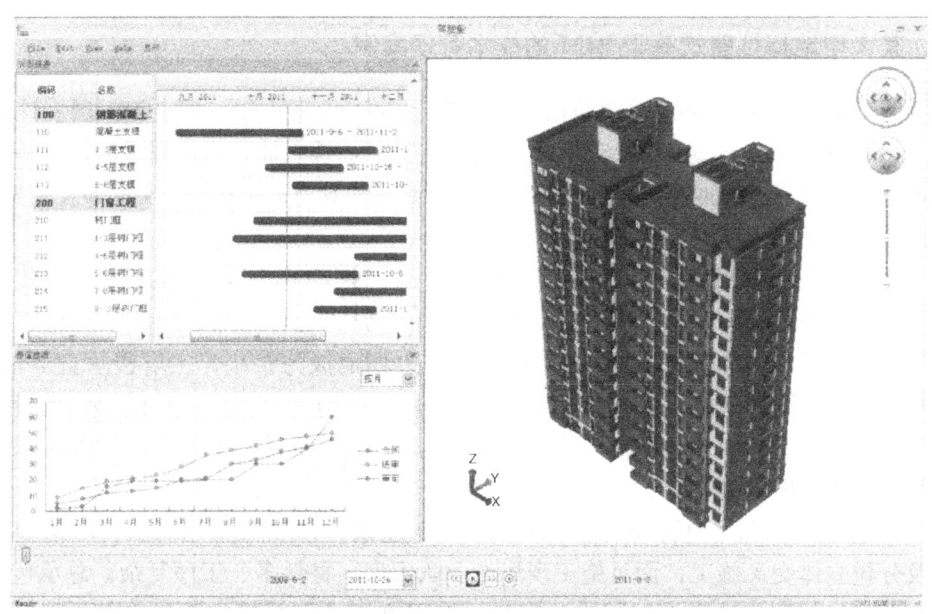

图 11-10　基于 BIM 的三量对比分析

图 11-11　暖通与给水排水及消防局部综合模型

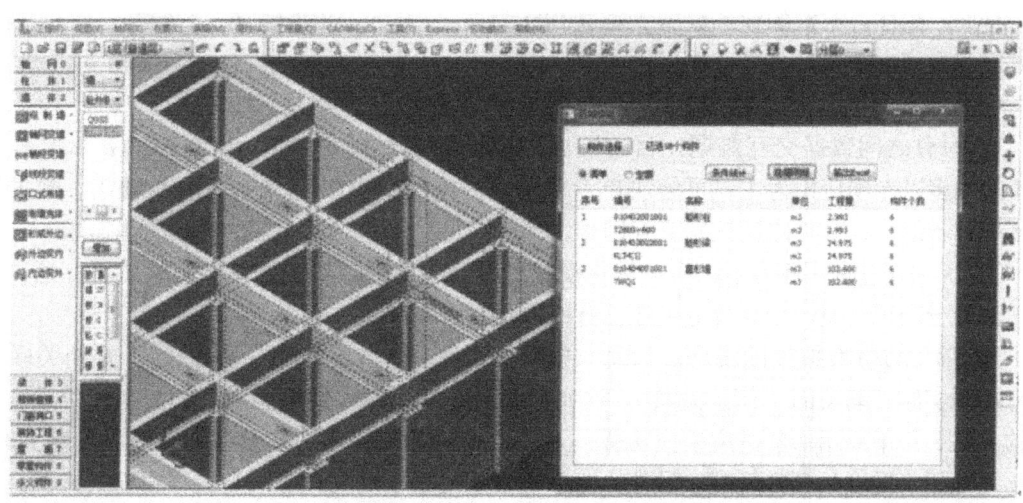

图 11-12　指定施工区域的材料用量统计

六、某大型地标性建筑基于 BIM 的成本管理案例

某项目工程总高度 530m，总建筑面积 50.77 万 m^2，地下 5 层，地上 111 层。该项目于 2012 年 8 月 8 日开工，计划于 2016 年 11 月 6 日完工。塔楼主体是带加强层的框架—筒体结构，具体由 8 根箱形钢管混凝土巨柱、112 层楼层钢梁和 6 道环形桁架、4 道伸臂桁架组成。

项目存在以下突出难点和关键点：

（1）工程复杂，体量大。混凝土用量 28.8 万 m^3，钢筋 6.5 万 t，核心筒首次使用双层劲性钢板剪力墙配以 C80 高强混凝土，墙内钢筋、栓钉、埋件密布，对混凝土施工提出全新的严苛要求；钢结构 9.7 万 t，用钢量巨大；周边场地极为狭小，主塔楼垂直运输量大。预计高峰期主塔楼同时间施工人数最多约为 3000 人；钢构件尺寸大，单件重，数量多，其中巨柱截面尺寸 3.5m×5.6m，单件最重达到 69t。存在超高测量难度大、技术要求高、超高层安全消防体系庞大等难点。

（2）分包众多，总承包管理及协调工作繁重、复杂。该项目为超高层，不但涉及数十个专业及分包立体交叉施工，而且施工现场专业队伍多、材料多、工序复杂，总承包管理难点多。专业交叉频繁，进度编制困难，跟踪预控困难。成本管控方面，成本预算、成本核算、变更计算等工作量巨大，做好成本预控，避免成本管控以及事后核算分析的过往失误。各种合同、图样、申报材料、洽商函等文件数量庞大，状态查询、汇总管理工作十分困难，做好杜绝各种风险项遗漏申报导致的经济损失。

基于上述原因，该项目希望建立一套基于 BIM 的数字化施工技术和管理系统，利用数据化的 BIM，实现项目精细化、数字化的技术与经济的管理。

1. BIM 应用内容

（1）BIM 应用目标。该项目 BIM 系统的总体应用思路为建立以 BIM 为基础的信息化平台，实施数字化的技术、经济管理，具体描述如图 11-13 所示。

BIM 不仅仅包括三维模型，还包含进度、成本、合同、图样等丰富的业务数据，通过 BIM 为技术方面和经济方面及时、准确地提供关键数据。

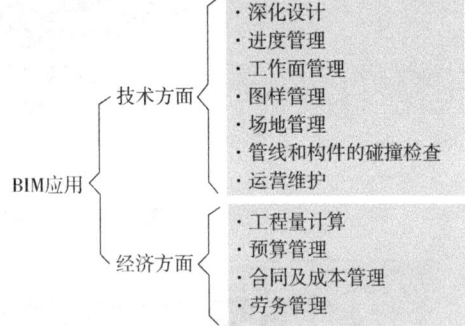

图 11-13 BIM 应用内容

（2）本项目 BIM 应用挑战。

1）软件之间数据交互难题。目前国内外主流 BIM 软件多以专项应用为主，可解决单专业单业务问题；由于 BIM 数据标准缺乏，数据格式多样、不统一，软件之间数据交互困难，无法满足总承包对各专业的综合管理需求。

2）无法充分利用各专业已有的深化模型。由于建模规则不统一，数据格式不互通，导致无法充分利用机电、钢结构等专业已有的深化模型。

3）信息与模型挂接的难题。信息与模型关联难度大，仅实现一次性的"文档关联"，没有实现实时、动态的"信息关联"。比如：施工进度模拟软件只能实现模型与一份进度计划的关联，用于展示形象进度模拟功能，无法做到动态进度计划与模型的实时、自动关联，因此无法用于进度的日常管理。另外，清单与模型关联难度大，合同与图样目前只能做到整份文档与模型的关联。

4) 目前市场上没有成熟的、适合中国国情、应用于施工管理的 BIM 软件。

5) 对于体量巨大的超高层建筑，各专业 BIM 集成后数据量巨大，目前软硬件很难一次性加载运行成功。

(3) BIM 应用方案策划。

1) 建立统一的 BIM 规范及信息关联规则。

2) 用各专业软件分别进行深化设计及建模；针对各 BIM 应用产品专长不同的情况，该项目在广泛市场调研基础上，各专业选用适合专业情况的建模软件进行建模。土建专业主要应用广联达 GCL、GGJ；机电专业主要应用 MagiCAD；钢结构专业主要应用 Tekla。

3) 依照规则将各专业模型集成到统一平台。

4) 在项目管理系统中维护进度、合同、成本、变更、图样等信息，按照预设的规则与模型进行信息关联。

5) 按照现场施工管理要求，系统从工作面、时间段等多角度为项目人员提供进度、集成模型、图样、工程量、合同等全面信息及模拟，帮助管理人员进行决策。

(4) BIM 综合应用内容。该项目与国内 BIM 软件公司合作开发了"BIM 集成信息平台"。该平台具有开放的接口，可集成不同 BIM 工具软件模型，以及 Project、Word、Excel 等办公软件的数据。信息集成后可通过模型查询任意模型构件的进度、图样、清单、合同条款等信息。基于该平台，结合施工现场项目管理业务需求，与项目管理系统实现数据互通（图 11-14）。

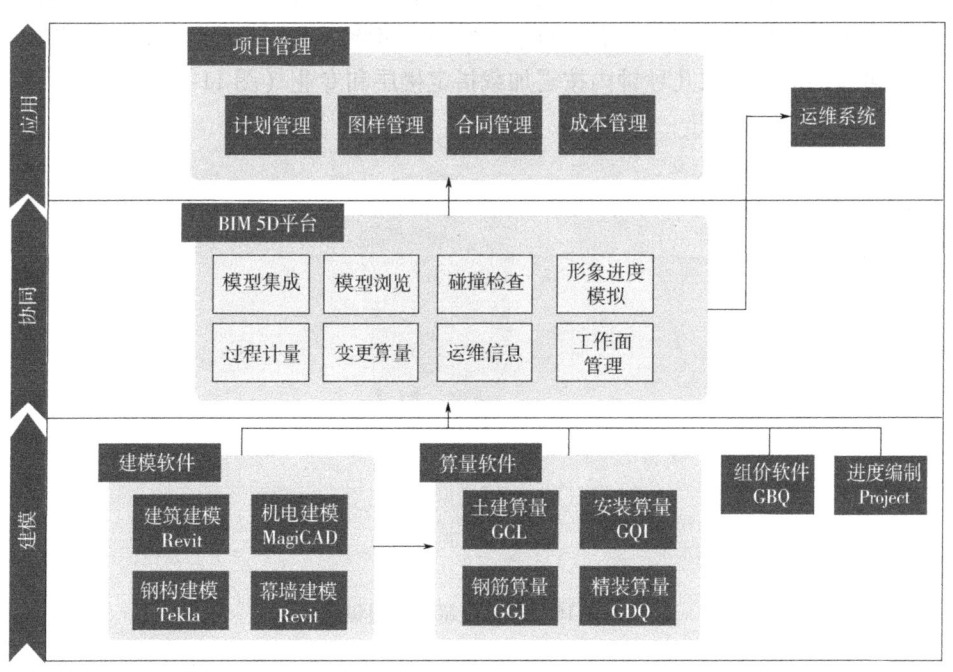

图 11-14　BIM 整体解决方案

1) BIM 规范及模型集成。制定符合项目需求的统一的土建、钢构、机电等各专业建模规则，不同专业建模软件可以建立模型，并能集成到统一的平台（图 11-15）。深化设计模型可为后续工程量统计、进度管理过程使用，解决各专业模型无法融合的难题。

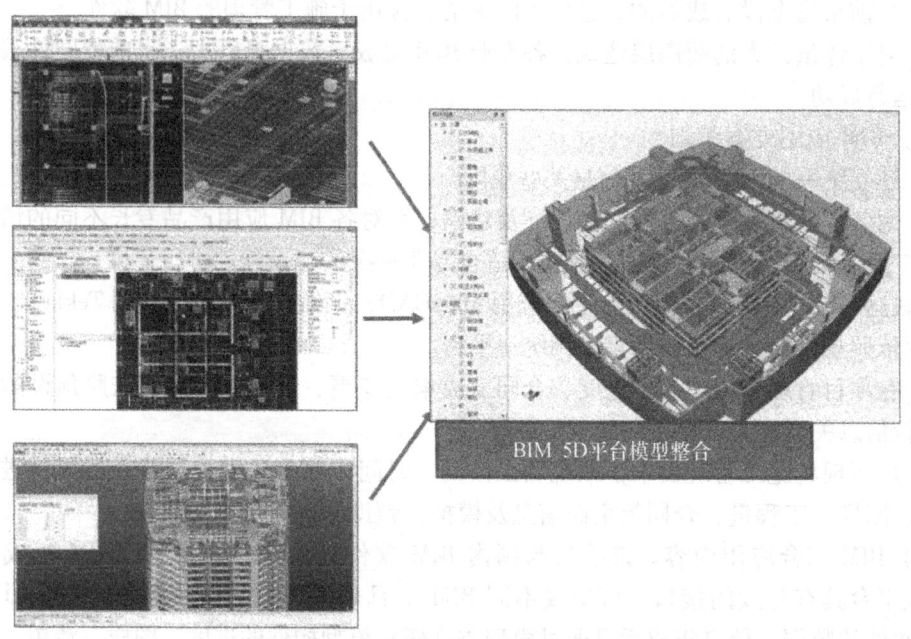

图 11-15　建模规范及多专业模型集成

2）模型集成。各专业、各层的模型集成到 BIM 5D 平台中，平台使用模型服务器技术，在大模型显示方式、加载效率等方面取得重大突破，可将十个专业的整楼模型加载到一个平台中，并且可按照应用要求几秒钟内按需加载指定楼层和专业（图 11-16）。

图 11-16　多专业超大模型集成

3）碰撞检查。项目将不同专业的模型集成到统一平台并进行自动的碰撞检查，帮助进行预留预埋、管线综合等多项深入优化（图 11-17）。

4）模型与进度、图样、清单、合同条款按照属性关联。通过预设置的属性，将模型与项目管理系统的进度、图样、清单、合同条款等进行自动关联，解决手动关联工作量极为繁杂的难题，可按模型查看相关信息，很好地解决数据交互问题（图 11-18）。

第十一章 BIM 物料及成本应用管理 ·219·

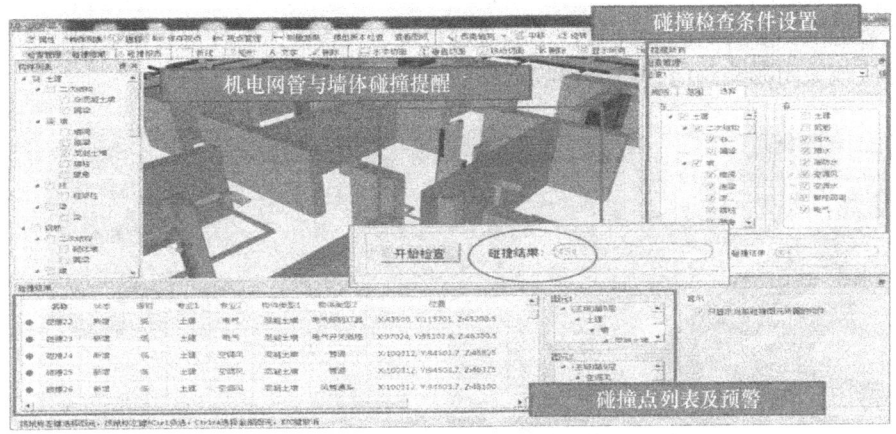

图 11-17 多专业模型碰撞检查

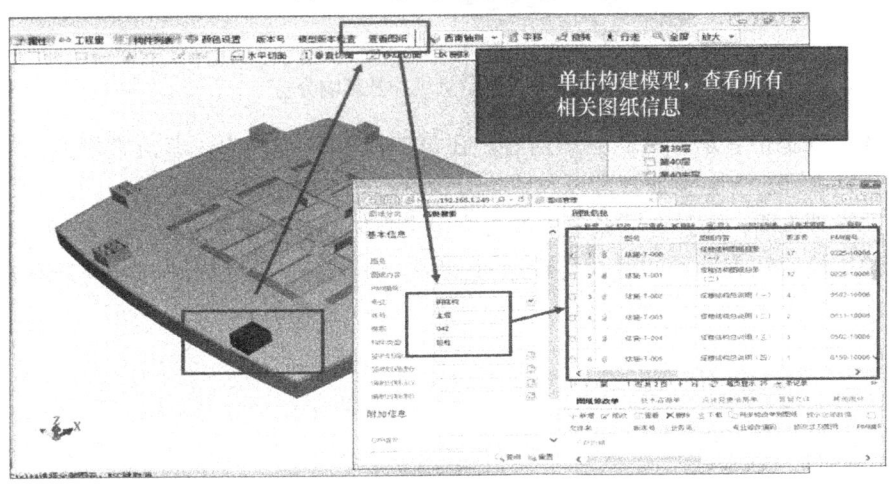

图 11-18 模型与其他信息关联

5）工程量自动计算及各维度（时间、部位、专业）的工程量汇总。按照时间段、部位及流水段、专业等不同角度，对工程量进行统计，实现物资计划、备料、现场加工、垂直运输等精细管理（图 11-19）。

图 11-19 工程量统计

6) 设备信息维护及影响分析。系统可通过 Excel 批量导入设备的供应商、电话等信息，可查找设备的维护手册、维修计划，还能通过管线、设备的关联性分析水、电等系统，在管道损坏时应该关闭哪些阀门，将会影响到哪些房间（图 11-20）。

图 11-20　运维信息维护及影响分析

（5）BIM 在造价管理方面的应用内容。在该项目 BIM 系统中，造价管理方面的应用主要体现在合同管理、变更签证管理以及成本分析这三个方面。

在合同管理方面，通过合同条款的拆分，定义具体的合同条款分类和关键词，实现总分包合同的快速检索和查询。同时，实现通过 BIM，快速获取指定构件的合同条款内容（图 11-21）。

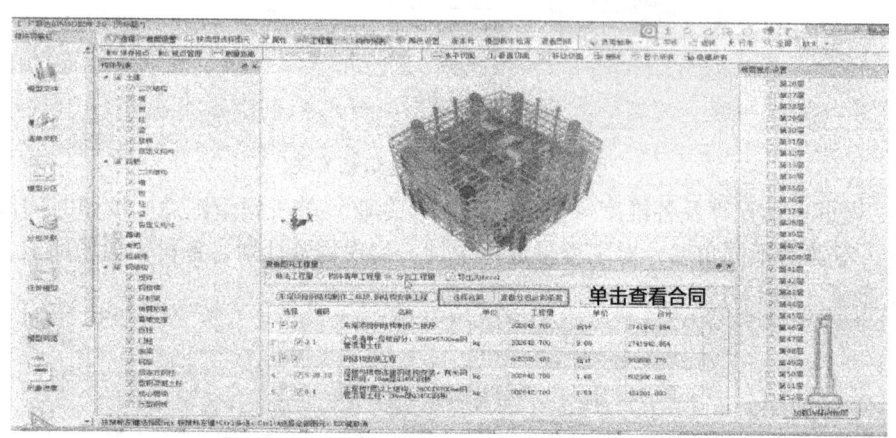

图 11-21　通过 BIM 查看合同信息

在 BIM 系统合同管理模块中，根据收入和支出两条线，对各类合同的登记、变更签证、报量、结算的全过程执行情况进行管控。同时，可添加合同相关辅助工作，具体提醒相关部门开展与合同相关的工作，并可设置具体的预警机制，针对每份合同的风险条款设置预警条件、预警等级、责任人、通知人，自动对相关责任人发送预警，避免人为疏漏所引起的损失。

在合同履约过程中，跟踪具体变更情况，在各类合同对应的变更、签证登记界面中编辑每份合同变更的时间、内容、量价等相关信息；并可上传相关附件，为变更索偿提供依据。同时，根据变更前后两个版本的模型文件，系统分析计算出清单工程量的变化，如新增、删除、调整等，并给出具体清单明细，用户根据系统提供的结果编制所需的预算文件（图 11-22）。

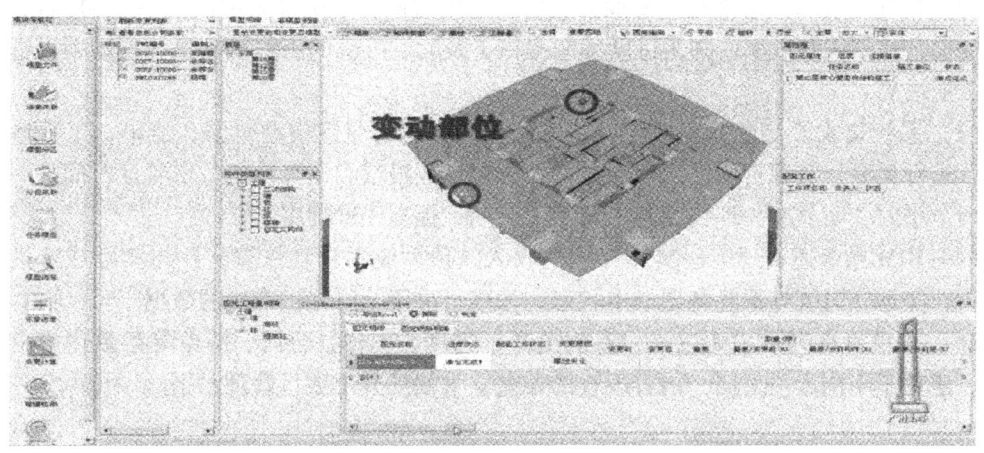

图 11-22　通过 BIM 提示不变更部位并自动计算变更工程量

在向业主报量或审核分包报量的过程中，通过模型可自动获取每期进度的工程量，结合与模型具体构件关联清单的单价数据，可快速获得对应总费用；同时，亦可直接从 Excel 表格中导入已编制完成的每期工程量价信息。最后，在各类合同的结算页面中，可详细记录每份合同各期结算的具体日期、金额等信息。

基于上述数据信息，建立合同台账，可查看指定合同的详细执行情况及收支对比。在成本核算中，首先通过清单与模型的自动关联，实现以模型为载体，各构件价格和工程量数据的对应，进而实现实际收入的快速核算。通过模型工程量、分包报量与合同价格的对应，实现项目实际成本和预算成本的快速核算。在此成本核算的基础上，BIM 系统即可按时间对比分析整个项目的核算成本情况，并可对比分析某一成本项目的成本核算情况，为项目成本控制提供数据支撑（图 11-23）。

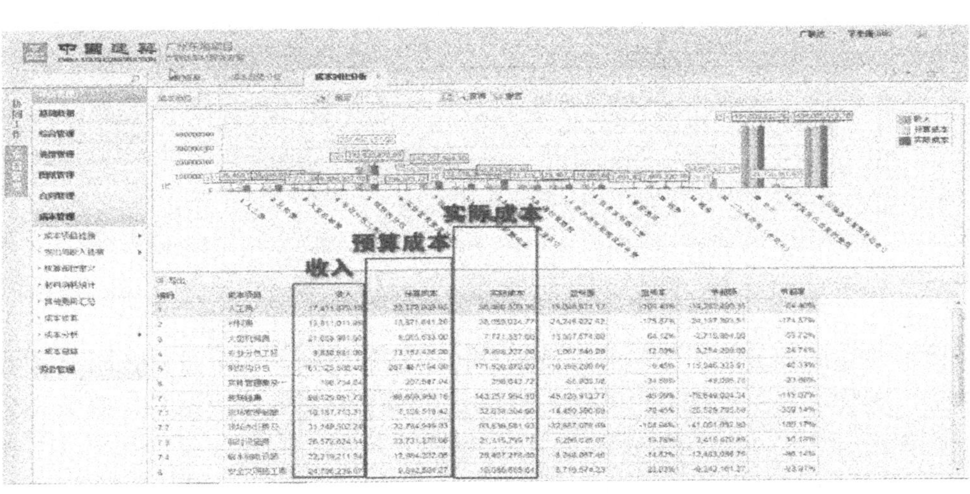

图 11-23　BIM 系统实现快速成本三算对比分析

2. 应用成效及价值分析

（1）该项目 BIM 应用实现了一个项目的大数量信息集成并提取应用，研发成果有效地提高了建筑施工信息传递的准确率和时效性。

（2）BIM 系统通过总承包、专业分包协同进度编制，解决计划编制多专业协同难问题，大幅度提升计划编制效率，并为进度编制提供了及时、准确的工程量信息，帮助项目进行准确的工期估算。

（3）系统集成了 BIM 算量成果，将实际施工内容，包括模型范围、清单、工程量与合同条款进行关联，实现自动汇总中期报量、分包签证报量和结算，把每份签证时间从一天缩短到两个小时，明显减少现场商务人员手工劳动，提高了准确率。

（4）BIM 系统还实现工程实体部分的收入、预算成本自动核算，并与实际成本进行对比分析，实现实时统计系统各项成本状态，为项目决策及时提供准确的数据。

（5）该项目自应用 BIM 以来，有效提高了进度、图样、合同、清单等条款内容交底的效率，避免了不同人员对同一内容理解的偏差，大幅提升了项目管理水平。

第十二章　BIM 项目变更应用管理

第一节　传统工程项目变更管理简介

工程变更指的是针对已经正式投入施工的工程进行的变更。在工程项目实施过程中，按照合同约定的程序对部分或全部工程在材料、工艺、功能、构造、尺寸、技术指标、工程数量及施工方法等方面做出的改变。工程变更主要是工程设计变更，但施工条件变更、进度计划变更等也会引起工程变更。

设计变更是指设计部门对原施工图和设计文件中所表达的设计标准状态的改变和修改。设计变更和现场签证两者的性质是截然不同的，现场签证（site visa）是指业主与承包商根据合同约定，就工程施工过程中涉及合同价之外的实施额外施工内容所作的签认证明，具有临时性和无规律性等特点，涉及面广，如设计变更、隐蔽工程、材料代用、施工条件变化等，它是影响工程造价的关键因素之一。凡属设计变更的范畴，必须按设计变更处理，而不能以现场签证解决。

一、决定是否变更的标准

（1）实施变更给项目带来的风险。
（2）不实施变更给项目带来的风险。
（3）实施变更对项目产生的影响（进度、造价、质量方面）。

二、工程变更的内容

（1）更改工程有关部位的标高、位置和尺寸。
（2）增减合同中约定的工程量。
（3）增减合同中约定的工程内容。
（4）改变工程质量、性质或工程类型。
（5）改变户型布局、建筑高度、层高等。
（6）改变有关工程的施工顺序和时间安排。
（7）图样会审、技术交底会上提出的工程变更。
（8）为使工程竣工而必需实施的任何种类的附加工作。

三、工程变更的原则

（1）设计文件是安排建设项目和组织施工的主要依据，设计一经批准，不得随意变更，不得任意扩大变更范围。

（2）工程变更对改善功能、确保质量、降低造价、加快进度等方面要有显著效果。

（3）工程变更要有严格的程序，应申述变更理由、变更方案、与原设计的技术经济比较，报请审批，未经批准的不得按变更设计施工。

（4）工程变更的图样设计要求和深度等同原设计文件。

四、工程变更的因素

（1）发包方原因：业主本身的需求发生变化，工程规模、使用功能、工艺流程、质量标准的变化，以及工期改变等合同内容的调整。变更是必然的，特别是精装。业主看到的施工结果与他想要的东西发生偏差，业主看图样、看模型感觉不出好坏，做了样板房必然会有更改。甚至是正式工程因为效果不理想不满意而推倒重来，这种更改的时间是无法掌控的。

有些业主有"变更癖"，有时心血来潮要求拆掉重做，施工人员看到这些业主来就诚惶诚恐。还有些政府重点项目，市领导经常前呼后拥光顾这些工程项目，凡不合他的喜好趣味和审美标准就得修改，工程变更是在贯彻领导的个人意志，经常改得面目全非，设计师和施工人员苦不堪言。

（2）设计方原因：设计错漏、设计不到位、设计调整，或规范标准修改了，或因自然因素及其他因素而进行的设计改变，或与现场不符无法施工非改不可等。

（3）承包商原因：因施工质量或安全需要变更施工方法、作业顺序和施工工艺等，有时遇到突发情况和特殊地质情况，有时纯粹是为了方便施工节约人工，有的则是通过设计变更而进行重新报价以弥补低投标报价的损失，更有甚者，一些不良承包商买通设计，在竣工图上作有利于承包商的修改以谋取不当利益，有时则是施工错误而不得已要求设计变更，使错误具有合法性。

（4）监理方原因：监理工程师出于工程协调和对工程目标控制有利的考虑，而提出的施工工艺、施工顺序的变更。

（5）其他原因：不可预见自然因素、工程外部环境和建筑风格潮流时尚变化导致工程变更，原订合同部分条款因客观条件变化，需要结合实际修正和补充，如地质原因引起的设计更改。

五、工程变更分析

工程变更已成常态，几乎所有的工程项目都可能发生变更甚至是频繁的变更。有些变更是有益的必要的，有些则是非必要和破坏性的，如果变更过程管理不当将会产生很高的代价。作为变更管理，工程前期制定一套完整、严密的变更流程来把关所有施工及设计变更引起的经济变更。

设计变更应尽量提前，变更发生得越早则损失越小，反之就越大。如在设计阶段变更，则只须修改图样，其他费用尚未发生，损失有限；如果在采购阶段变更，不仅需要修改图样，而且设备、材料还须重新采购；若在施工阶段变更，除上述费用外，已施工的工程还须增加拆除费用，势必造成重大变更损失。设计变更费用一般应控制在建安工程总造价的5%以内，由设计变更产生的新增投资额不得超过基本预备费的三分之一。

变更往往是修正性变更居多，即对以前设计缺陷和错误的一种纠错，它是由于各专业各成员之间沟通不当或设计师专业局限性所致，这是由于没有一个好的交流平台所致，BIM技术的应用有望改变这些弊端。有的变更则是需求和功能的改善，无计划的变更是项目中引起工程的延期和成本增加的主要原因。

六、工程变更对策

造价师应在变更前对变更内容进行测算和造价分析，即使没有蓝图也能根据概念和说明进行专业判断、变更必要性分析和综合平衡，即功能增加与造价增加之间寻求新的平衡。评估设计变更的成本效应，对设计变更提供工程造价费用增减估算给集团合约采购部，为询标人事先的变更决定及变更后的预算调整提供依据。根据实际情况和地方法规标准及定额标准配合甲方做好项目施工索赔内容合情合理的裁决、判断、审定、最终测算及核算。审核、评估承包商、供货商提出的索赔，分析、评估合同中甲方提出的反索赔。

第二节　BIM在工程变更中的应用

更改的时间和因素可能是无法掌控的，但变更管理可以减少变更带来的工期和成本的增加。

设计变更直接影响工程造价，施工过程中反复变更待图导致工期和成本的增加，而变更管理不善导致进一步的变更，使得成本和工期目标处于失控状态。BIM应用有望改变这一局面。

美国斯坦福大学整合设施工程中心（CIFE）根据对32个项目的统计分析总结了使用BIM技术后产生的效果，认为它可以消除40%预算外更改。即从根本上从源头上减少变更的发生。可视化建筑信息模型更容易在形成施工图前修改完善，设计师直接用三维设计可以更容易发现设计错误，修改也更容易。三维可视化模型能够准确地再现各专业系统的空间布局、管线走向，专业冲突一览无遗，可提高设计深度，实现三维校审，大大减少"错、碰、漏、缺"现象，在设计成果交付前消除设计错误可以减少后续的设计变更。而传统的二维设计"错、碰、漏、缺"几乎是不可避免的。使用2D图进行协调综合的时候，往往是事倍功半，需要花费大量的时间去发现问题，却往往只能发现部分表面的问题，很难发现深层次隐蔽性和根本性问题，那么，必然会带来工程后续的大量设计变更。

BIM能增加设计协同能力，更容易发现问题，从而减少各专业间冲突。一个工程项目设计涉及总图、建筑、结构、给水排水、电气、暖通、动力，除此之外包括许多专业分包如幕墙、网架、钢结构、智能化、景观绿化等，他们之间如何交流协调协同？用BIM协调流程进行协调综合，那么协调综合过程中的不合理方案或问题方案也就不会出现了，使设计变更大大减少。BIM技术可以做到真正意义上的协同修改，大大节省开发项目的成本。BIM技术改变以往"隔断式"设计方式、依赖人工协调项目内容和分段交流的合作模式而变成平行、交互的方式。我们发现单个专业自己的图样本身发生错误的比例较小，设计各专业之间的不协调、设计和施工之间的不协调是设计变更的主要原因。而通过BIM应用的协调综合功能可以解决掉这些问题。

在施工阶段，即使发生变更，如果是共享BIM，用BIM进行管理，就可以实现对设计变更的有效管理和动态控制。通过设计模型文件数据关联和远程更新，建筑信息模型随设计变更而即时更新，消除信息传递障碍，减少设计师与业主、监理、承包商、供应商间的信息传输和交互时间，从而使索赔签证管理更有时效性，实现造价的动态控制和有序管理。

第十三章　BIM 运维应用管理

建筑运维管理近年来在国内又被称为 FM（Facility Management，设施管理）。根据 IFMA（International Facility Management Association，国际设施管理协会）对其的最新定义，FM 是运用多学科专业，集成人、场地、流程和技术来确保楼宇良好运行的活动。人们通常理解的建筑运维管理，就是物业管理。但是现代的建筑运维管理（FM）与物业管理有着本质的区别，其中最重要的区别在于：面向的对象不同。物业管理面向建筑设施，而现代建筑运维管理面向的则是企业的管理有机体。

FM 最早兴起于 20 世纪 80 年代初，是项目生命周期中时间跨度最大的一个阶段。在建筑物平均长达 50~70 年的运营周期内，可能发生建筑物本身的改扩建、正常或应急维护，人员安排，室内环境及能耗控制等多个功能。因此，FM 也是建筑生命周期内职能交叉最多的一个阶段。

在我国，FM 行业的兴起较晚。伴随着 20 世纪 90 年代大量的外资企业组织进入我国，FM 需求的产生和迅速增加最早催生了我国的 FM 行业。到目前，我国本土的许多组织在认识到专业化高水平的 FM 服务所能带来的收益后，也越来越多地建立了系统的 FM 制度。

第一节　BIM 运维管理的特点及优势

一、运维与设施管理的内容

运维与设施管理的内容主要可分为空间管理、资产管理、维护管理、公共安全管理和能耗管理等方面（图 13-1）。

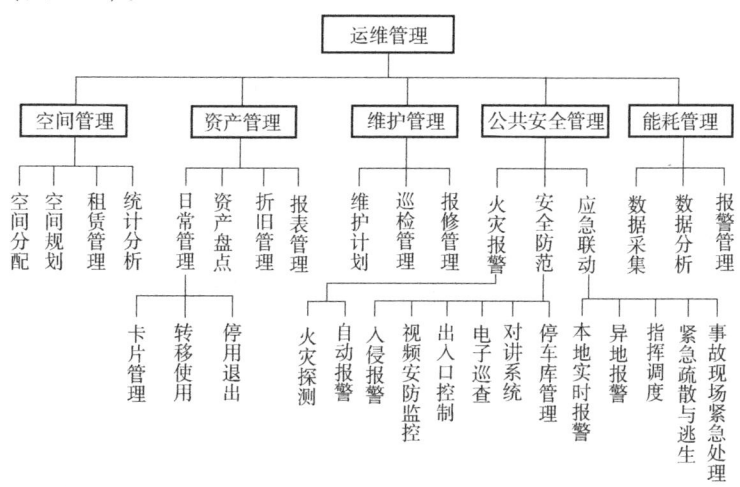

图 13-1　运维管理范畴图

二、运维与设施管理的特点

1. 专业性

无论是机电设备、设施的运营、维护，结构的健康监控，建筑环境的监测和管理都需要 FM 人员具有一定水平的专业知识。一定的专业知识有助于 FM 人员对所管理建筑的未来需求有一定的预见性，并能更有效地定义这些需求，并获得各方面专业技术人才的高效服务。

2. 多职能性

传统的 FM 往往被理解为物业管理。而随着管理水平和企业信息化的进程，FM 逐渐演变成综合性、多职能的管理工作。其服务范围既包括对建筑物理环境的管理、维护，也包括对建筑使用者的管理和服务，甚至包括对建筑内资产的管理和监测。现今的 FM 职能可能跨越组织内多个部门，而不同的部门因为职能、权限等原因，在传统的企业信息管理系统中，往往存在诸多的信息孤岛，造成 FM 这样的综合性管理工作的程序过于复杂、处理审批时间过长，导致决策延误、工作低效，造成不必要的损失。

3. 服务性

FM 的多个职能归根到底都是给所管理建筑的使用者、所有者提供满意的服务。这样满意的服务对建筑所有者来说包括建筑的可持续运营寿命长、回报率高；对建筑使用者来说包括舒适安全的使用环境，即时的维修、维护等需求的响应，以及其他建筑使用者为提高其组织运行效率可能需要的增值服务。正因如此，传统的 FM 行业中存在系统、完备的服务评价指数，如客户满意程度（CRM）指数等，用于评价 FM 的服务水平。

4. 可持续性

建筑及其使用者的日常活动是全球范围内能耗最大的产业。无论是组织自持的不动产性质的建筑，还是由专业 FM 机构运营管理的建筑，其能耗管理都是关系到组织经济利益和社会环境可持续性发展的重大课题。而当紧急情况发生时，如水管破裂或大规模自然灾害侵袭时，FM 人员有责任为建筑内各组织日常商务运营受损最小化提供服务。这也是 FM 在可持续性方面的多重职责。

三、传统运维管理存在的问题

传统项目运维管理存在的问题见表 13-1。

表 13-1 传统项目运维管理存在的问题

类 别	内 容
1. 运维与设施管理成本高	设施管理中很大一部分内容是设备的管理，设备管理的成本在设施管理成本中占有很大的比重。设备管理的过程包括设备的购买、使用、维修、改造、更新、报废等。设备管理成本主要包括购置费用、维修费用、改造费用以及设备管理的人工成本等。由于当前的设备管理技术落后，往往需要大量的人员来进行设备的巡视和操作，而且只能在设备发生故障后进行设备维修，不能进行设备的预警工作，这就大大增加了设备管理的费用
2. 运维与设施管理信息不能集成共享	传统的设施管理大部分采用手写记录单，既浪费时间，又容易造成错误，而且纸质记录单容易丢失和损坏。同时，在设备基本信息查询、维修方案和检测计划的确定，以及对紧急事件的应急处理时，往往需要从大量纸质的图样和文档中寻找所需的信息，无法快速地获取有关该设备的信息，从而达不到设施管理的目的。而且传统的设施管理往往采用纸质档案，纸

(续)

类　别	内　　容
2. 运维与设施管理信息不能集成共享	质档案都是采用手工方式来整理，这对处理设施信息是非常低效率的。而且设施资料往往以一种特定的形式固定下来，这样难以满足不同用户对资料进行自由组合分类的需求。虽然一些设施管理采用了电子档案，但由于这些电子文件生成于不同的软件系统，其存储方式处于不同格式，使得绝大部分电子文件之间不能兼容，从而无法相互采集、收集和利用。同时由于这些简易电子档案没有很好地归档，在设施发生故障时，不能快速找到该设备的相关信息，达不到设施管理的要求
3. 当前运维与设施管理信息化技术低下	当前的信息沟通方式落后、信息传递不及时。传统的信息沟通大都采用点对点的形式，也就是参与方之间两两进行信息沟通，不能保证多个参与方同时进行沟通和协调，设施管理方要与业主、设计方、施工方、总包方和分包方等各个参与方分别进行沟通来获得想要的信息，既浪费时间，又不能保证信息的准确性，不利于设施的有效管理

四、BIM 技术在项目运维管理中的优势

BIM 技术可以集成和兼容计算机化的维护管理系统（CMMS）、电子文档管理系统（EDMS）、能量管理系统（EMS）和楼宇自动化系统（BAS）。虽然这些单独的 FM 信息系统也可以实施设施管理，但各个系统中的数据是零散的；更糟的是，在这些系统中，数据需要手工输入到建筑物设施管理系统中，这是一种费力且低效的过程。在设施管理中使用 BIM 可以有效地集成各类信息（图 13-2），还可以实现设施的三维动态浏览。

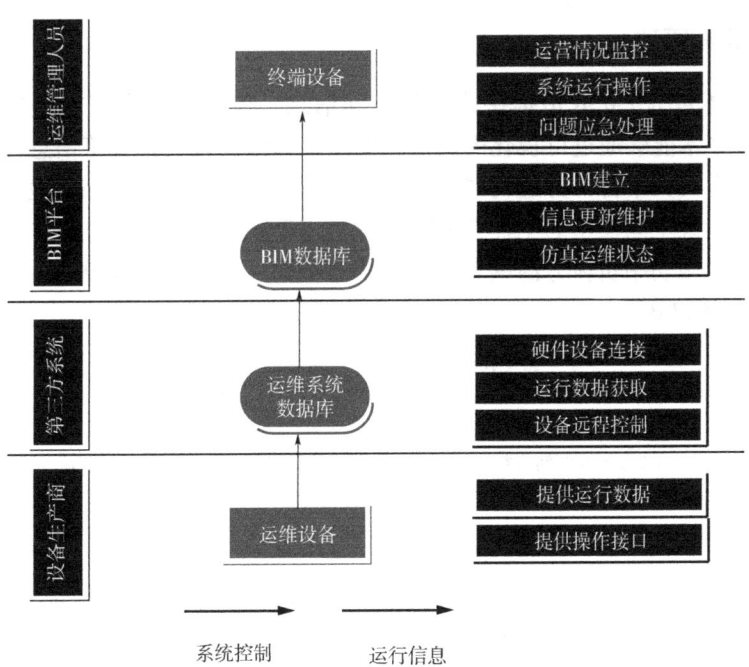

图 13-2　基于 BIM 的运维系统架构图

BIM 技术相较于之前的设施管理技术优势见表 13-2。

表 13-2　BIM 技术相较于之前的设施管理技术优势

类别	内容
1. 实现信息集成和共享	BIM 技术可以整合设计阶段和施工阶段的时间、成本、质量等不同时间段、不同类型的信息，并将设计阶段和施工阶段的信息高效、准确地传递到设施管理中，还能将这些信息与设施管理的相关信息相结合
2. 实现设施的可视化管理	BIM 三维可视化的功能是 BIM 最重要的特征，BIM 三维可视化将过去的二维 CAD 图以三维模型的形式展现给用户。当设备发生故障时，BIM 可以帮助设施管理人员三维、直观地查看设备的位置及设备周边的情况。BIM 的可视化功能在翻新和整修过程还可以为设施管理人员提供可视化的空间显示，为设施管理人员提供预演功能
3. 定位建筑构件	设施管理中，在进行预防性维护或是设备发生故障进行维修时，首先需要维修人员找到需要维修构件的位置及其相关信息，现在的设备维修人员常常凭借图样和自己的经验来判断构件的位置，而这些构件往往在墙面或地板后面等看不到的地方，位置很难确定。准确的定位设备对新员工或紧急情况是非常重要的。使用 BIM 技术不仅可以直接三维定位设备还可以查询该设备的所有基本信息及维修历史信息。维修人员在现场进行维修时，可以通过移动设备快速地从后台技术知识数据库中获取所需的各种指导信息，同时也可以将维修结果信息及时反馈到后台中央系统中，对提高工作效率很有帮助

第二节　BIM 技术在运维与设施管理中的应用

一、BIM 空间管理

基于 BIM 技术可为 FM 人员提供详细的空间信息，包括实际空间占用情况、建筑对标等。同时，BIM 技术能够通过可视化的功能帮助跟踪部门位置，将建筑信息与具体的空间相关信息勾连，并在网页中打开并进行监控，从而提高了空间利用率。根据建筑使用者的实际需求，提供基于运维空间模型的工作空间可视化规划管理功能，并提供工作空间变化可能带来的建筑设备、设施功率负荷方面的数据作为决策依据，以及在运维单位方案中快速更新三维空间模型，见表 13-3。

表 13-3　快速更新三维空间模型

类别	内容
1. 租赁管理	应用 BIM 技术对空间进行可视化管理，分析空间使用状态、收益、成本及租赁情况，判断影响不动产财务状况的周期性变化及发展趋势，帮助提高空间的投资回报率，并能够抓住出现的机会及规避潜在的风险 通过查询定位可以轻易查询到商户空间，并且查询到租户或商户信息，如客户名称、建筑面积、租约区间、租金、物业费用；系统可以提供收租提醒等客户定制化功能。同时还可以根据租户信息的变更，对数据进行实时调整和更新，形成一个快速共享的平台，如图 13-3 所示 另外，BIM 运维平台不仅提供了对租户的空间信息管理，还提供了对租户能源使用及费用情况的管理（图 13-4）。这种功能同样适用于商业信息管理，与移动终端相结合，商户的活动情况、促销信息、位置、评价可以直接推送给终端客户，在提高租户使用程度的同时也为其创造了更高的价值

(续)

类 别	内 容
2. 垂直交通管理	3D 电梯模型能够正确反映所对应的实际电梯空间位置以及相关属性等信息。电梯的空间相对位置信息包括门口电梯、中心区域电梯、电梯所能到达楼层信息等；电梯的相关属性信息包括直梯、扶梯、电梯型号、大小、承载量等。3D 电梯模型中采用直梯实体形状图形表示直梯，并采用扶梯实体形状图形表示扶梯（图 13-5）。BIM 运维平台对电梯的实际使用情况进行了渲染，物业管理人员可以清楚直观地看到电梯的能耗及使用状况，通过对人行动线、人流量的分析，可以帮助管理者更好地对电梯系统的策略进行调整
3. 车库管理	目前的车库管理系统基本都是以计数系统为主，只显示空车位的数量，对空车位的位置却没法显示。在停车过程中，车主随机寻到车位，缺乏明确的路线，容易造成车道堵塞和资源浪费（时间、能源）。应用无线射频技术将定位标识标记在车位卡上，车子停好之后自动知道某车位是否已经被占用。通过该系统就可以在车库入口处通过屏幕显示出所有已经占用的车位和空着的车位。通过车位卡还可以在车库监控大屏幕上查询车所在的位置，这对于方向感较差的车主来说，是个非常贴心的导航功能
4. 办公管理	基于 BIM 可视化的空间管理体系，可对办公部门、人员和空间实现系统性、信息化的管理。如图 13-6 所示，某工作空间内的工作部门、人员、部门所属资产、人员联系方式等都与 BIM 中相关的工位、资产相关联，便于管理和信息的及时获取

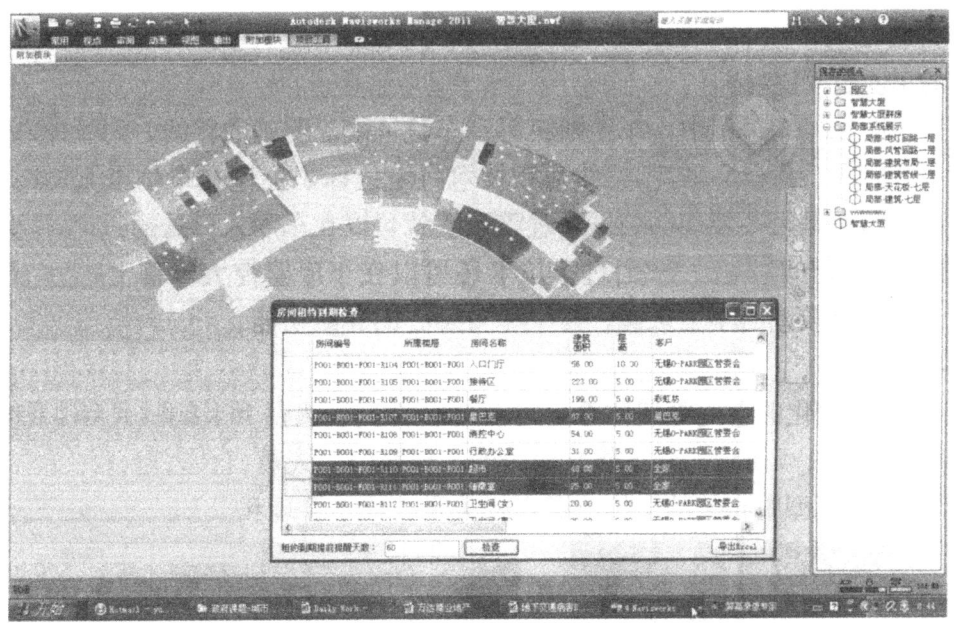

图 13-3 租赁管理平台图

图 13-4 BIM 运维平台

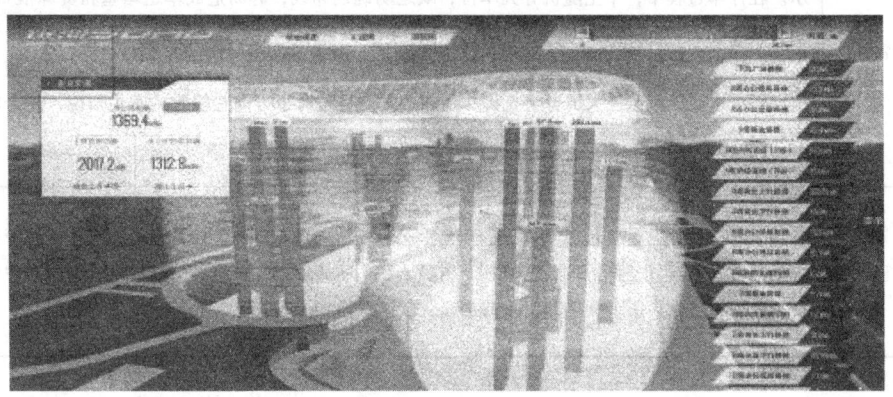

图 13-5 3D 电梯管理平台图

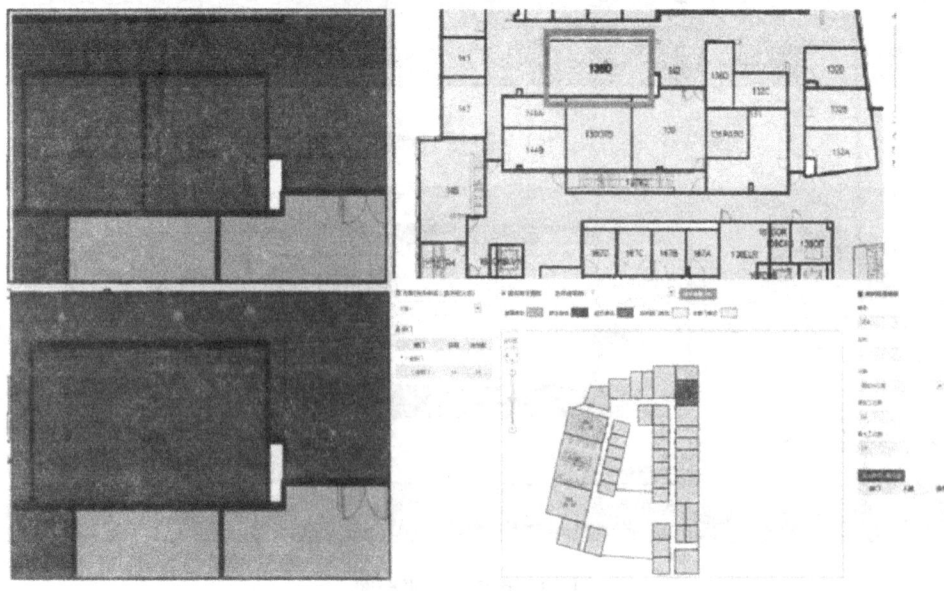

图 13-6 工作空间管理图

二、资产管理

BIM 技术与互联网的结合将开创现代化管理的新纪元。基于 BIM 的互联网管理实现了在三维可视化条件下掌握和了解建筑物及建筑中相关人员、设备、结构、资产、关键部位等信息，尤其对于可视化的资产管理可以达到减少成本、提高管理精度、避免损失和资产流失的重大意义，见表13-4。

表13-4 资产管理的意义

类别	内容
1. 可视化资产信息管理	传统资产信息整理录入主要是由档案室的资料管理人员或录入人员采取纸媒质的方式进行管理，这样既不容易保存更不容易查阅，一旦人员调整或周期较长会出现遗失或记录不可查询等问题，造成工作效率降低和成本提高 由于上述原因，公司、企业或个人对固定资产信息的管理已经逐渐脱离传统的纸质方式，不再需要传统的档案室和资料管理人员。信息技术的发展使基于 BIM 的互联网资产管理系统可以通过在 RFID 的资产标签芯片中注入依据用户需要的详细参数信息和定期提醒设置，同时结合三维虚拟实体的 BIM 技术使资产在智慧建筑物中的定位和相关参数信息一目了然，可以精确定位、快速查阅 新技术的产生使二维的、抽象的、纸媒质的传统资产信息管理方式变得鲜活生动。资产的管理范围也从以前的重点资产延伸到资产的各个方面。例如，对于机电安装的设备、设施，资产标签中的报警芯片会提醒设备需要定期维修的时间以及设备维修厂家等相关信息，同时可以报警设备的使用寿命，以及时地更换，避免发生伤害事故和一些不必要的麻烦
2. 可视化资产监控、查询、定位管理	资产管理的重要性就在于可以实时监控、实时查询和实时定位，然而现在的传统做法很难实现。尤其对于高层建筑的分层处理，资产很难从空间上进行定位。BIM 技术和互联网技术的结合完美地解决了这一问题 现代建筑通过 BIM 系统把整个物业的房间和空间都进行划分，并对每个划分区域的资产进行标记。我们的系统通过使用移动终端收集资产的定位信息，并随时和监控中心进行通信联系 （1）监视：基于 BIM 的信息系统完全可以取代和完善视频监视录像，该系统可以追踪资产的整个移动过程和相关使用情况。配合工作人员身份标签定位系统，可以了解到资产经手的相关人员，并且系统会自动记录，方便查阅。一旦发现资产位置在正常区域之外、由无身份标签的工作人员移动或定位信息等非正常情况，监控中心的系统就会自动报警，并且将建筑信息模型的位置自动切换到出现报警的资产位置 （2）查询：该资产的所有信息包括名称、价值和使用时间都可以随时查询 （3）定位：随时定位被监视资产的位置和相关状态情况
3. 可视化资产安保及紧急预案管理	传统的资产管理安保工作无法对被监控资产进行定位，只能够对关键的出入口等处进行排查处理。有了互联网技术后虽然可以从某种程度上加强产品的定位，但是缺乏直观性，难以提高安保人员的反应速度，经常发现资产遗失后没有办法及时追踪，无法确保安保工作的正常开展。基于 BIM 技术的互联网资产管理可以从根本上提高紧急预案的管理能力和资产追踪的及时性、可视性 对于一些比较昂贵的设备或物品可能会有被盗窃的危险，等工作人员赶到事发现场，犯罪分子有足够的时间逃脱。然而使用无线射频技术和报警装置可以及时了解到贵重物品的情况，因此 BIM 信息技术的引入变得至关重要，当贵重物品发出报警后其对应的 BIM 追踪器随即启动。通过 BIM 三维模型可以清楚分析出犯罪分子所在的精确位置和可能的逃脱路线，BIM 控制中心只需要在关键位置及时布置工作人员进行阻截就可以保证贵重物品不会遗失，同时将犯罪分子绳之以法

(续)

类别	内容
3. 可视化资产安保及紧急预案管理	BIM 控制中心的建筑信息模型与互联网无线射频技术的完美结合彻底实现了非建筑专业人士或对该建筑物不了解的安保人员正确了解建筑物安保关键部位。指挥官只需给进入建筑的安保人员配备相应的无线射频标签，并与 BIM 系统动态连接，根据 BIM 三维模型可以直观察看风管、排水通道等容易疏漏的部位和整个建筑三维模型，动态地调整人员部署，对出现异常情况的区域第一时间作出反应。从而为资产的安保工作提供了巨大的便捷，以真正实现资产的安全保障管理 信息技术的发展推动了管理手段的进步。基于 BIM 技术的物联网资产管理方式通过最新的三维虚拟实体技术使资产在智慧的建筑中得到合理的使用、保存、监控、查询、定位。资产管理的相关人员以全新的视角诠释资产管理的流程和工作方式，使资产管理的精细化程度得到很大提高，确保了资产价值最大化

三、维护管理

维护管理主要是指设备的维护管理。通过将 BIM 技术运用到设备管理系统中，使系统包含设备所有的基本信息，也可以实现三维动态地观察设备实时状态，从而使设施管理人员了解设备的使用状况，也可以根据设备的状态预测设备将要发生的故障，从而在设备发生故障前就对设备进行维护，降低维护费用。将 BIM 运用到设备管理中，可以查询设备信息、设备运行和控制、自助进行设备报修，也可以进行设备的计划性维护等（图 13-7）。

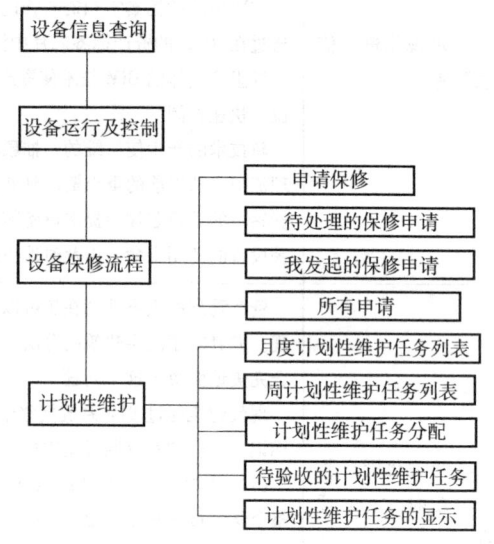

图 13-7 设备维护流程图

1. 设备信息查询

基于 BIM 技术的管理系统集成了对设备的搜索、查阅、定位功能。通过单击 BIM 模型中的设备，可以查阅所有设备信息，如供应商、使用期限、联系电话、维护情况、所在位置等（图 13-8）；该管理系统可以对设备生命周期进行管理，比如对寿命即将到期的设备及时预警和更换配件，防止事故发生；通过在管理界面中搜索设备名称，或者描述字段，可以查询所有相应设备在虚拟建筑中的准确定位；管理人员或者领导可以随时利用四维 BIM，进行建筑设备实时浏览。

另外，在系统的维护页面中，用户可以通过设备名称或编号等关键字进行搜索（图 13-9）。并且用户可以根据需要打印搜索的结果，或导出 Excel 列表。

2. 设备运行和控制

所有设备是否正常运行在 BIM 上直观显示（图 13-10），例如绿色表示正常运行，红色表示出现故障；对于每台设备，可以查询其历史运行数据；另外可以对设备进行控制，例如某一区域照明系统的打开、关闭等。

第十三章 BIM 运维应用管理 ·235·

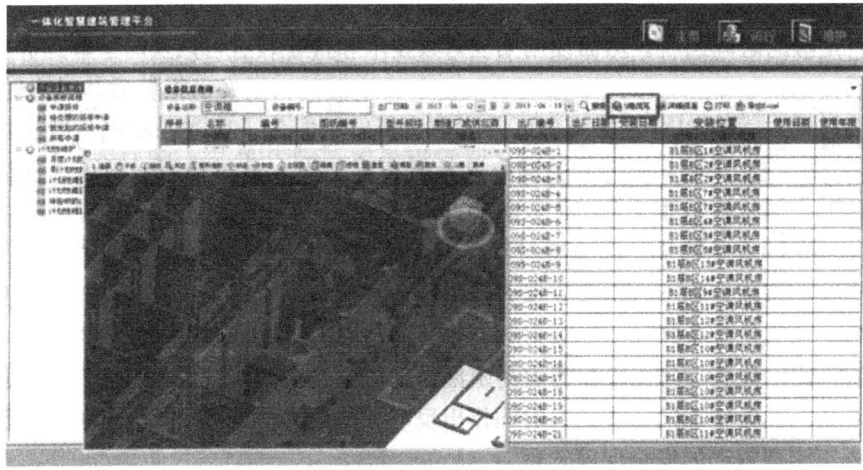

图 13-8 设备信息查询平台

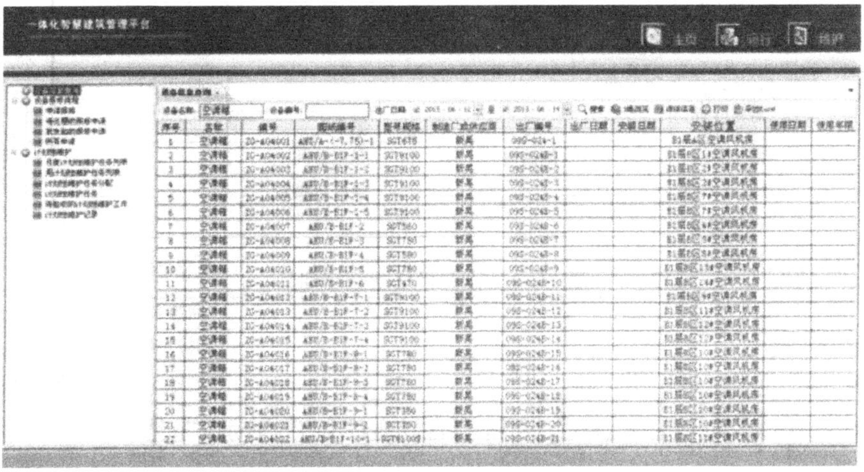

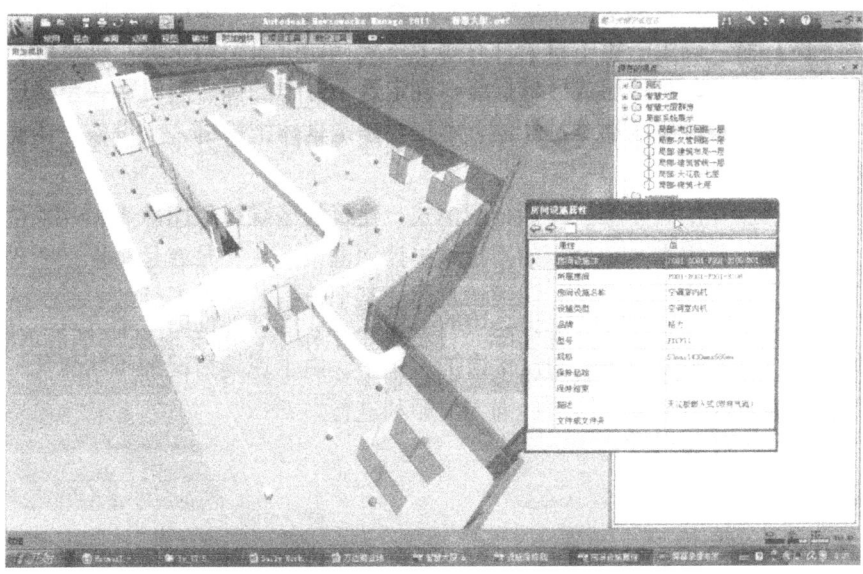

图 13-9 设备信息搜寻图

图 13-10 设备运行和控制图

3. 设备报修流程

在建筑的设施管理中，设备的维修是最基本的，该系统的设备报修管理功能如图13-11所示。所有的报修流程都是在线申请和完成的，用户填写设备报修单，经过工程经理审批，然后进行维修；修理结束后，维修人员及时将信息反馈到BIM中，随后会有相关人员进行检查，确保维修已完成，等相关人员确认该维修信息后，将该信息录入、保存到BIM数据库中。日后，用户和维修人员可以在BIM中查看各设备的维修记录，也可以查看本人发起的维修记录。

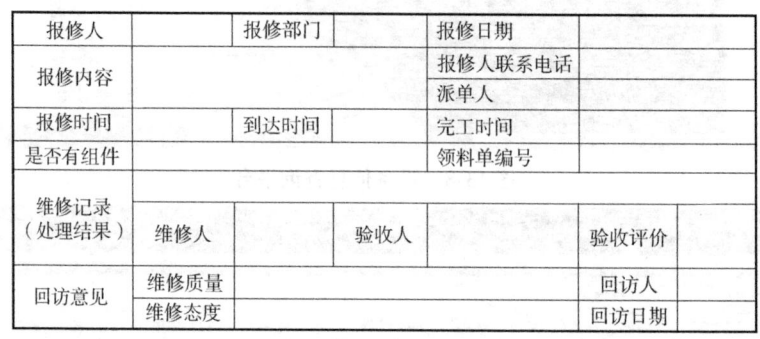

图13-11 设备报修功能管理图

4. 计划性维护

计划性维护的功能是让用户依据年、月、周等不同时间节点来确定，当设备的维护计划达到维护计划所确定的时间节点时，系统会自动提醒用户启动设备维护流程，对设备进行维护。

设备维护计划的任务分配按照逐级细化的策略来确定。一般情况下年度设备维护计划只分配到系统层级，确定一年中哪个月对哪个系统（如中央空调系统）进行维护；而月度设备维护计划，则分配到楼层或区域层级，确定这个月中的哪一周对哪一个楼层或区域的设备进行维护；而最详细的周维护计划，不仅要确定具体维护哪一台设备，还要明确在哪一天具体由谁来维护。

通过这种逐级细化的设备维护计划分配模式，建筑的运维管理团队无须一次性制订全年的设备维护计划，只需有一个全年的系统维护计划框架，在每月或是每周，管理人员可以根据实际情况再确定由谁在什么时间维护具体的某台设备。这种弹性的分配方式，其优越性是显而易见的，可以有效避免在实际的设备维护工作中，由于现场情况的不断变化，或是因为某些意外情况，而造成整个设备维护计划无法顺利进行。

四、公共安全管理

公共安全管理见表13-5。

表 13-5 公共安全管理

类　别	内　容
1. 安保管理	（1）视频监控 目前的监控管理基本是显示摄像视频为主，传统的安保系统相当于有很多双眼睛，但是基于 BIM 的视频安保系统不但拥有了"眼睛"，而且也拥有了"脑子"。摄像视频管理是运维控制中心的一部分，也是基于 BIM 的可视化管理。通过配备监控大屏幕可以对整个广场的视频监控系统进行操作（图 13-12）；当我们用鼠标选择建筑某一层，该层的所有视频图像立刻显示出来；一旦发生突发事件，基于 BIM 的视频安保监控就能与协作 BIM 的其他子系统结合进行突发事件管理 （2）可疑人员的定位 利用视频识别及跟踪系统，对不良人员、非法人员，甚至恐怖分子等进行标识，利用视频识别软件使摄像头自动跟踪及互相切换，对目标进行锁定 在夜间设防时段还可利用双鉴、红外、门禁、门磁等各种信号一并传入 BIM 的大屏幕中。当然这一系统不但要求 BIM 的配合，更有多种联动软件及相当高的系统集成才能完成 （3）安保人员位置管理 对于保安人员，可以通过将无线射频芯片植入工卡，利用无线终端来定位保安的具体方位（图 13-13）。对于商业地产，尤其是大型商业地产中人流量大、场地面积大、突发情况多，这类安全保护价值更大。一旦发现险情，管理人员就可以利用这个系统来指挥安保工作 （4）人流量监控（含车流量） 利用视频系统+模糊计算，可以得到人流（人群）、车流的大概数量，在 BIM 上了解建筑物各区域出入口、电梯厅、餐厅及展厅等区域以及人多的步梯、步梯间的人流量（人数/m^2）、车流量。当大于 5 人/m^2 时，发出预警信号，当大于 7 人/m^2 时发出警报。从而做出是否要开放备用出入口，投入备用电梯及人为疏导人流以及车流的应急安排。这对安全工作是非常有用的
2. 火灾消防管理	在消防事件管理中，基于 BIM 技术的管理系统可以通过喷淋感应器感应信息，如果发生着火事故，在商业广场的信息模型界面中，就会自动进行火警报警，对着火的三维位置和房间立即进行定位显示，并且控制中心可以及时查询相应的周围情况和设备情况，为及时疏散和处理提供信息，如图 13-14 所示 （1）消防电梯 按目前规范，普通电梯及消防电梯不能供消防疏散使用（其中消防梯仅可供消防队员使用）。有了 BIM 并且 BIM 具有上述的动态功能，就有可能使电梯在消防应急救援，尤其是在超高层建筑消防救援中发挥重要作用。要达到这一目的所需条件见表 13-6 当火灾发生时，指挥人员可以在大屏幕前凭借对讲系统或楼（全区）广播系统、消防专用电话系统，根据大屏幕显示的起火点（此显示需是现场视频动画后的图示）、蔓延区及电梯的各种运行数据指挥消防救援专业人员（每部电梯由消防人员操作），帮助群众乘电梯疏散至首层或避难层。哪些电梯可用，哪些电梯不可用，在 BIM 图上可充分显示，帮助决策。这一方案正与消防部门共同研究其可行性 （2）疏散预习 在大型的办公室区域可为每个办公人员的个人计算机安装不同地址的 3D 疏散图，标示出模拟的火源点，以及最短距离的通道、步梯疏散的路线，平时对办公人员进行常规的训练和预习 （3）疏散引导 对于大多数不具备乘梯疏散的情况，BIM 同样发挥着很大作用。凭借上述各种传感器（包括卷帘门）及可靠的通信系统，引导人员可指挥人们从正确的方向由步梯疏散，使火灾抢险发生革命性的变革

(续)

类别	内容
3. 隐蔽工程管理	在建筑设计阶段会有一些隐蔽的管线信息是施工单位不关注的，或者说这些资料信息可能在某个角落里，只有少数人知道。特别是随着建筑物使用年限的增加，人员更换频繁，这些安全隐患日益突出，有时直接酿成悲剧。如2010年南京市某废旧塑料厂在进行拆迁时，因对隐蔽管线信息了解不全，工人不小心挖断地下埋藏的管道，引发了剧烈的爆炸，此次事件引起了社会的强烈关注 基于BIM技术的运维可以管理复杂的地下管网，如污水管、排水管、网线、电线以及相关管井，并且可以在图上直接获得相对位置关系（图13-15）。当改建或二次装修的时候可以避开现有管网位置，便于管网维修、更换设备和定位。内部相关人员可以共享这些电子信息，有变化可随时调整，保证信息的完整性和准确性。同样的情况也适用于室内隐蔽工程的管理。这些信息全部通过电子化保存下来，内部相关人员可以进行共享，有变化可以随时调整，保证信息的完整性和准确性，从而大大降低安全隐患 例如一个大项目，市政有电力、光纤、自来水、中水、热力、燃气等几十个进楼接口，在封堵不良且验收不到位时，一旦外部有水（如市政自来水管爆裂，雨水倒灌），水就会进入楼内。利用BIM可对地下层入口精准定位、验收，方便封堵，质量也易于检查，大大降低了事故概率

图 13-12　视频监控图

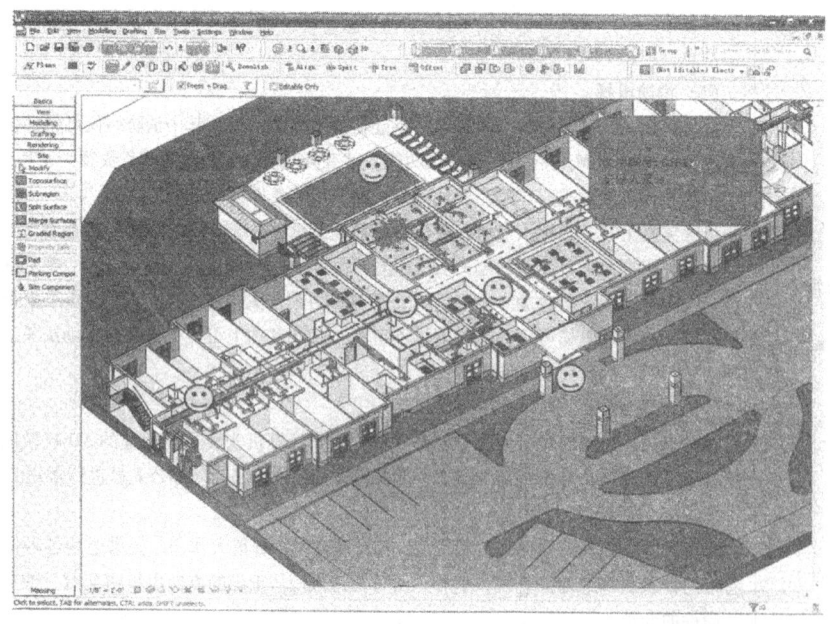

图 13-13　安保人员定位图

第十三章　BIM 运维应用管理　·239·

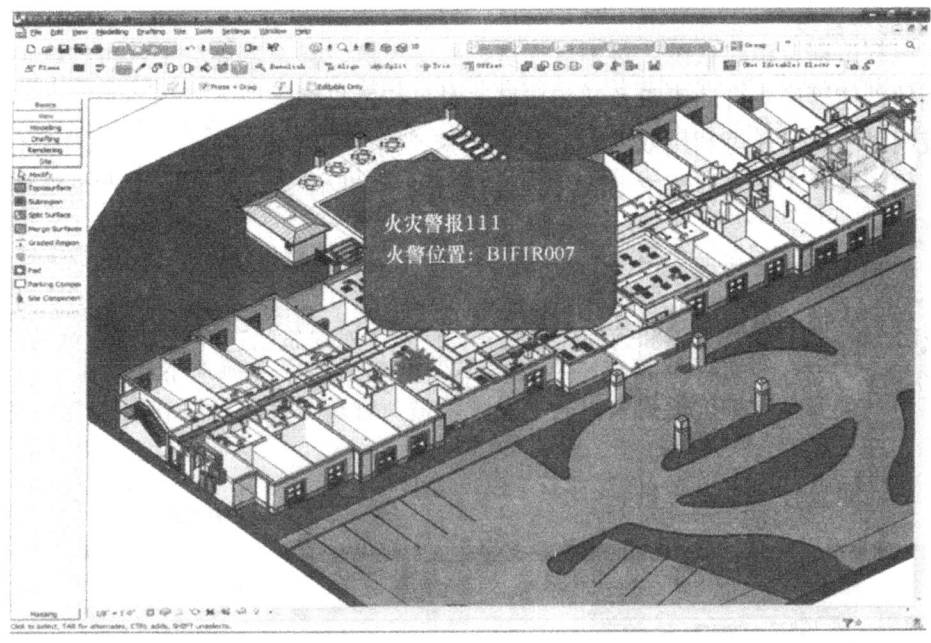

图 13-14　火灾报警图

表 13-6　BIM 模拟消防电梯所需条件

具 体 条 件
具有防火功能的电梯机房、有防火功能的轿厢、双路电源（采用阻燃电缆）或更多如柴油发电机或 UPS（EPS）电源
具有可靠的电梯监控，含音频、视频、数据信号及电梯机房的视频信号，烟感、温感信号
在电梯厅及电梯周边房间具有烟感传感器及视频摄像头
可靠的无线对讲系统（包括基站的防火、电源的保障等条件）或大型项目驻地消防队专用对讲系统
在中控室或应急指挥大厅、数据中心 ECC 大厅等处的大屏幕
可靠的全楼广播系统
电梯及环境状态与 BIM 的联动软件

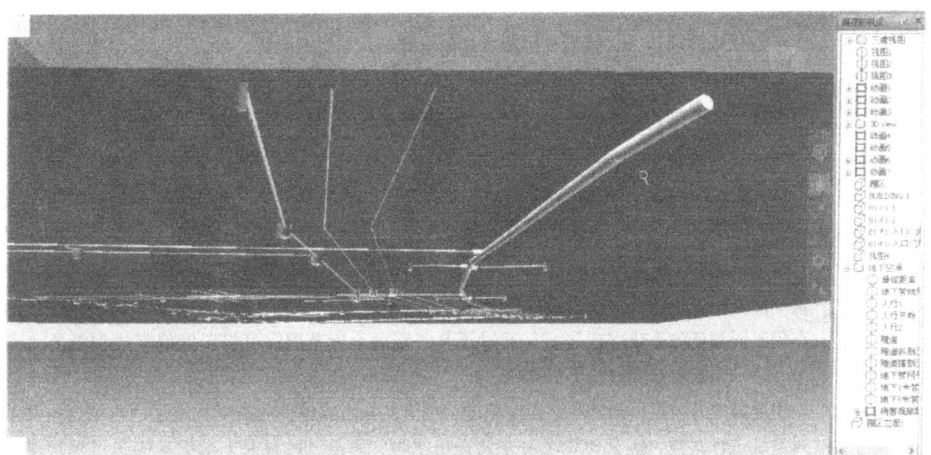

图 13-15　地下管网定位图

五、能耗管理

基于 BIM 的运营能耗管理可以大大减少能耗。BIM 可以全面了解建筑能耗水平,积累建筑物内所有设备用能的相关数据,将能耗按照树状能耗模型进行分解,从时间、分项等不同维度剖析建筑能耗及费用,还可以对不同分项对比分析,并进行能耗分析和建筑运行的节能优化,从而促使建筑在平稳运行时达到能耗最小。BIM 还通过与互联网云计算等相关技术相结合,将传感器与控制器连接起来,对建筑物能耗进行诊断和分析,当形成数据统计报告后可自动管控室内空调系统、照明系统、消防系统等所有用能系统,它所提供的实时能耗查询、能耗排名、能耗结构分析和远程控制服务,使业主对建筑物达到最智能化的节能管理,摆脱传统运营管理下由建筑能耗大引起的成本增加,如图 13-16 所示,内容见表 13-7。

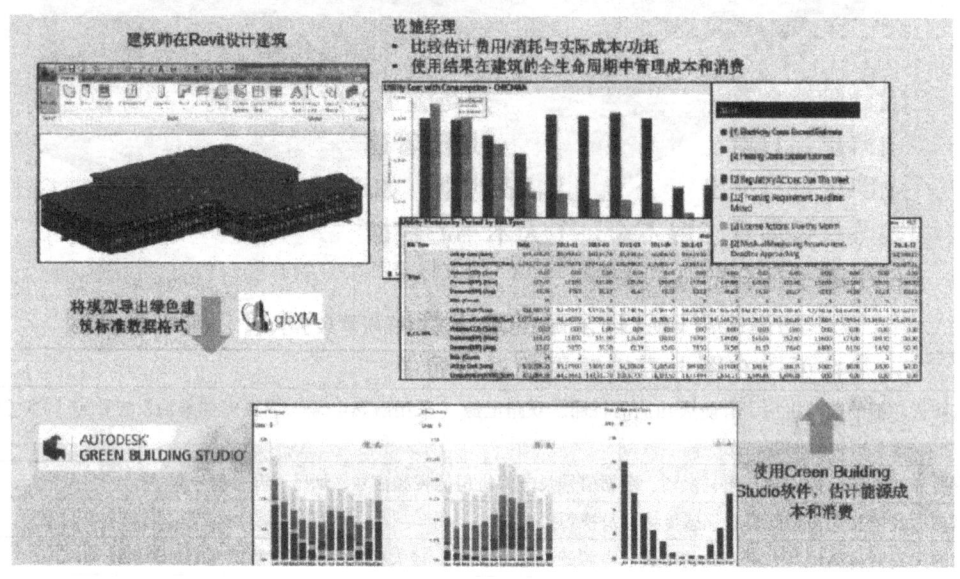

图 13-16 能耗分析图

表 13-7 能耗管理内容

类 别	内 容
1. 电量监测	基于 BIM 技术通过安装具有传感功能的电能表,在管理系统中可以及时收集所有能源信息,并且通过开发的能源管理功能模块,对能源消耗情况自动统计分析,比如各区域、各个租户的每日用电量、每周用电量等(图 13-17);并对异常能源使用情况进行警告或者标识
2. 水量监测	通过与水表进行通信,BIM 运维平台可以清楚显示建筑内水网位置信息的同时,更能对水平衡进行有效判断。通过对整体管网数据的分析,可以迅速找到渗漏点,及时维修,减少浪费。而且当物业管理人员需要对水管进行改造时,无须为隐蔽工程而担忧,每条管线的位置都清楚明了
3. 温度监测	BIM 运维平台中可以获取建筑中每个温度测点的相关信息数据(图 13-18),同样,还可以在建筑中接入湿度、二氧化碳浓度、光照度、空气洁净度等信息。温度分布页面将公共区域的温度测点用不同颜色的小球直观展示,通过调整观测的温度范围,可将温度偏高或偏低的测点筛选出来,进一步查看该测点的历史变化曲线,室内环境温度分布尽收眼底 物业管理者还可以调整观察温度范围,把温度偏高或偏低的测点找出来,再结合空调系统和通风系统进行调整。基于 BIM 可对空调送出水温、风量、风温及末端设备的送风温湿度、房间温度、湿度均匀性等参数进行相应调整,方便运行策略研究、节约能源

(续)

类别	内容
4. 机械通风管理	机械通风系统通过与 BIM 技术相融合,可以在 3D 基础上更为清晰直观地反映每台设备、每条管路、每个阀门的情况。根据应用系统的特点分级、分层次,可以使用其整体空间信息,或是聚焦在某个楼层或平面局部,也可以利用某些设备信息,进行有针对性的分析(图 13-19) 管理人员通过 BIM 运维界面的渲染即可以清楚地了解系统风量和水量的平衡情况(图 13-20),各个出风口的开启状况。特别当与环境温度相结合时,可以根据现场情况直接进行风量、水量调节,从而达到调整效果实时可见。在进行管路维修时,物业人员也无须为复杂的管路发愁,BIM 系统清楚地标明各条管路的情况,为维修提供了极大的便利

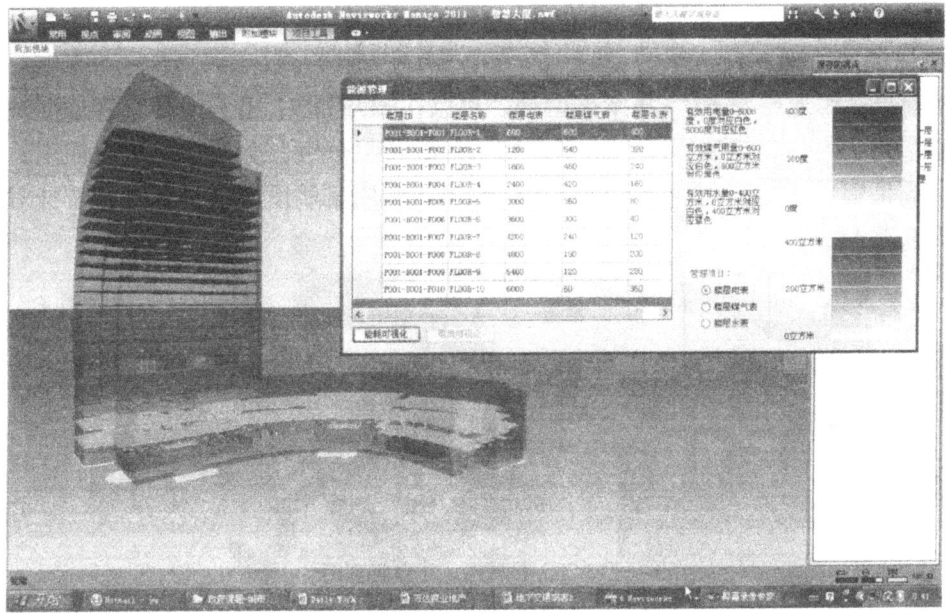

图 13-17 电量监测平台图

图 13-18 温度监测平台图

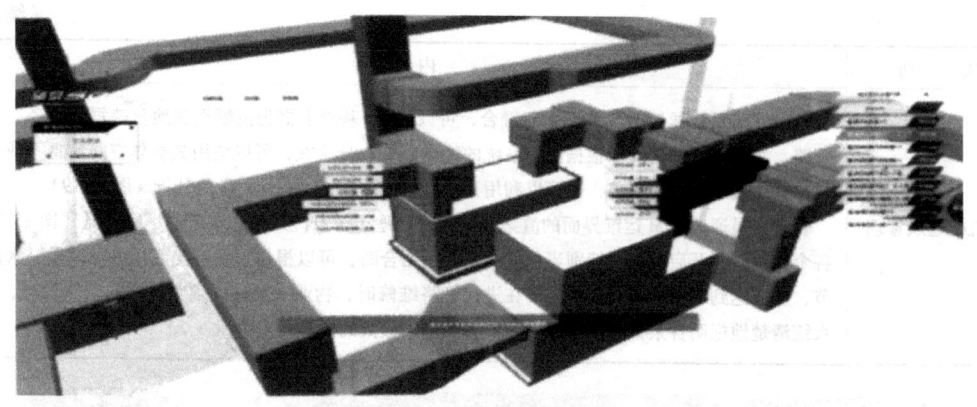

图 13-19　机械通风分析图

图 13-20　机械通风平台管理图

第三节　BIM 项目的综合管理案例

工程项目管理周期长，包含的信息量大，传统的管理手段不能满足企业项目化、信息化的要求。项目的综合管理就是确保对项目中涉及的各种要素进行正确、科学的协调。对工程项目进行综合管理的目的是保证项目的整体性，统筹、沟通、协调各方面的要求，解决项目实施过程中的各种矛盾冲突，并通过对工程项目的质量、进度、费用、安全等目标进行综合管理，确保工程项目总体目标的顺利实现。工程信息的创建与补充贯穿于建设工程的全过程，包含各个工程阶段和各参与方。项目综合管理系统以所建项目为管理对象，通过集中共享的多项管理平台，实施不同参与方、不同层级人员对项目集成化的职能管理，从而实现项目管理的标准化、规范化，提高项目管理工作的效率和效益。本案例探讨了工程项目综合管理的原则，提出了工程项目综合管理的方法，即沟通与协调，阐述了工程项目综合管理的内容，以保证项目的整体性，解决项目实施过程中的各种矛盾，确保工程项目总体目标的顺利实现。通过本案例学习，学员要熟悉工程项目综合管理的概念、基本原则；熟悉传统项目管理的不足,基于 BIM 项目管理的优势;掌握工程项目综合管理的过程,项目计划的制订、实施和控制;应用 BIM 技术进行全过程项目管理的步骤。

1. 项目背景

工程地点位于某省某市市政府正对面;是集商业、酒店、办公、居住为一体的大型城市综合体,占地 418 亩(1 亩 = 666.7m^2),总建筑面积达 112014.2m^2。

该工程总建筑面积为 112014.2m^2;地下 3 层,建筑面积为 35059.92m^2;地上 35 层,总建筑面积为 76954.28m^2。项目采用建筑信息模型(又称 BIM 技术),提高施工的效率,保证项目施工的准确性和协调性。

2. BIM 应用内容

(1) 模型要求。

①BIM 应能用于定义各方工作界面。

②BIM 需合理组织和规划,确保能被各方应用。

③BIM 应与项目实际一致,包含必要的钢结构构件数据,比如名称、构件编号、几何尺寸、材料规格、材质、横截面、节点类型等。

(2) 传统项目管理存在的不足。

①二维 CAD 设计图形象性差,二维图不方便各专业之间的协调沟通,传统方法不利于规范化和精细化管理。

②我国项目管理处于初级水平,参与各方对此没有足够的重视。精细化管理需要细化到不同时间、构件、工序等,难以实现过程管理。

③项目全寿命没有系统管理,各阶段分离脱节。前期的开发管理、过程中的施工管理和后期运维管理的分离造成的弊病,如仅从各自的工作目标出发,而忽视了项目全寿命的整体利益。

④由多个不同的参与方从各自角度出发,对项目进行管理,组织实施,造成信息"孤岛",会影响相互间的信息交流,也就影响了项目全寿命的信息管理等。

因此,我国的项目管理需要信息化技术弥补现有项目管理的不足,而 BIM 技术正符合目前的应用潮流。

(3) 基于 BIM 技术的项目管理的优势。

①基于 BIM 的项目管理:工程基础数据如量、价等数据信息可随时查询调用,数据实现共享,更重要的是增强了项目相关方的信息共享,促进更有效的互动。三维信息模型 BIM 的表达形式更加直观、易读,建设方、设计方、施工方、监理方、使用方等都能比较直观地掌握项目的全貌。降低了非专业人士对项目的理解难度,提升了不同专业间、不同参与方对项目的协同能力。

②风险前置。二维设计由于其本身设计手段的局限,错漏碰缺在所难免,人们更多的是根据以往项目的经验总结来进行弥补。而后期运维中这些"隐形风险",往往更加难以被及时发现,风险前置是 BIM 对项目管理最直接的优势。

③三维渲染动画,给人以真实感和直接的视觉冲击。建好的 BIM 可以作为二次渲染开发的模型基础,大大提高了三维渲染效果的精度与效率,给业主更为直观的宣传介绍,提升中标概率。根据各项目的形象进度进行筛选汇总,可为领导层更充分地调配资源、进行决策创造条件。

(4) 本项目 BIM 应用。

1) 模型概况。使用基于 BIM 技术的 Revit 系列软件进行 BIM 的搭建，采用分部分项建模，确保模型整体化、细致化，最终建立三维模型（图 13-21~图 13-25）。

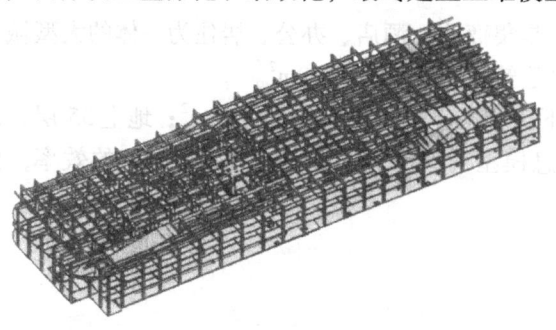

图 13-21 地下 3 层基础模型

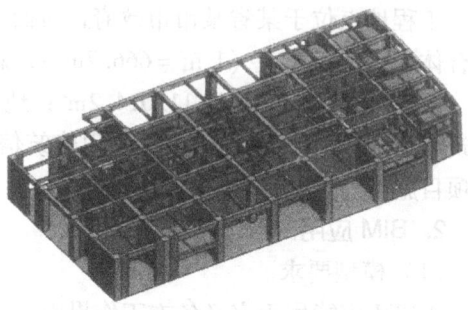

图 13-22 避难层模型

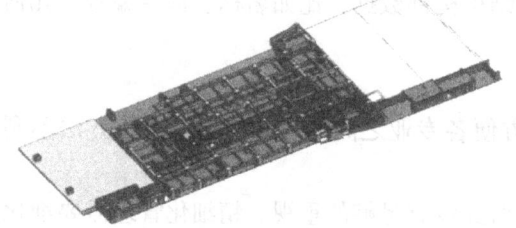

图 13-23 设备层模型

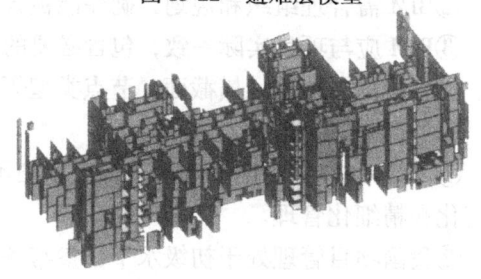

图 13-24 裙楼建筑模型

在建立以上各专业的三维模型之后，就可对项目整体进行 Revit 模型构建，从而可以生成平面区域布置图（图 13-26、图 13-27）。

2) 工程项目综合管理的基本原则。

①实现总目标是综合管理工作的准绳。

②沟通是工程项目综合管理的基本理念。

③保持工程项目各项工作的整体协调，有序运行。

3) BIM 的深化应用与综合管理。

①BIM 深化应用。

a. 机电深化设计。项目涉及许多的专业计算和分析，利用建立好的三维 BIM，可以进行多方面的计算和分析，从而有针对性地进行优化设计。由于空间布局复杂、系统繁多，对设备管线的布置要求高，设备管线之间或管线与结构构件之间容易发生碰撞，给施工造成困难，无法满足建筑室内净高，造成二次施工，增加项目成本。基于 BIM 技术可将建筑、结构、机电等专业模型

图 13-25 标准层结构框架

整合，再根据各专业要求及净高要求将综合模型导入相关软件进行碰撞检查，根据碰撞报告结果对管线进行调整、避让，对设备和管线进行综合布置，从而在实际工程开始前发现问题（图 13-28）。

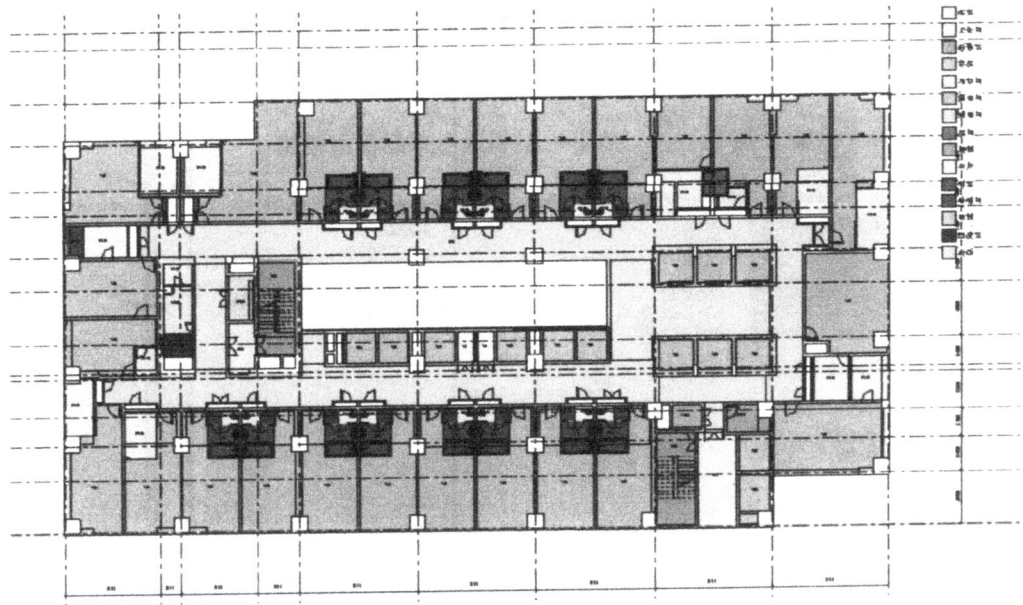

图 13-26　平面区域布置图

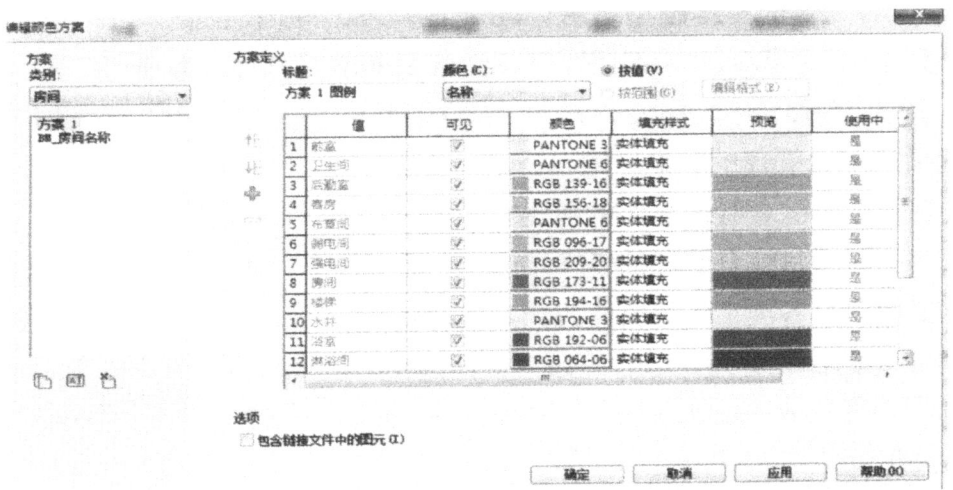

图 13-27　颜色布置方案

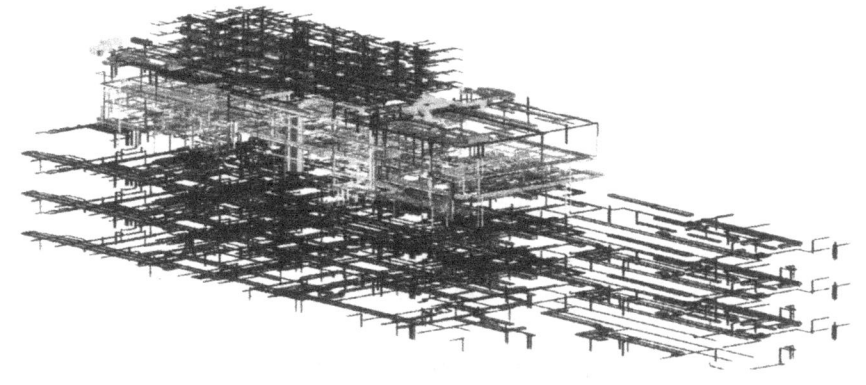

图 13-28　地下一层到地上十层机电模型

结合收集的 Revit 模型信息，导出该项目的碰撞报告，统计碰撞个数，提出图样疑问单（图 13-29 ~ 图 13-31）。

名称	碰撞1
距离	-0.255m
说明	硬碰撞
状态	新建
碰撞点	117.220m, 32.046m, -1.066m
网格位置	P-18 : B1
创建日期	2015/7/9 05:01:22

项目 1

元素 ID	846826
图层	暖通水-F1
项目 名称	矩形风管
项目 类型	实体

项目 2

元素 ID	848369
图层	B1
项目 名称	带配件的电缆桥架
项目 类型	实体

图 13-29　项目碰撞报告

715	电缆桥架 : 带配件的电缆桥架 : 强电系统（槽式电缆桥架） - 标记 39 : ID 848367
716	电缆桥架 : 带配件的电缆桥架 : 强电系统（槽式电缆桥架） - 标记 39 : ID 848367
717	电缆桥架配件 : 槽式电缆桥架水平弯通 : 强电系统 - 标记 396 : ID 848370
718	电缆桥架 : 带配件的电缆桥架 : 强电系统（槽式电缆桥架） - 标记 44 : ID 848375
719	电缆桥架 : 带配件的电缆桥架 : 强电系统（槽式电缆桥架） - 标记 44 : ID 848375
720	电缆桥架配件 : 槽式电缆桥架水平弯通 : 强电系统 - 标记 443 : ID 848377
721	电缆桥架配件 : 槽式电缆桥架水平弯通 : 强电系统 - 标记 443 : ID 848377
722	电缆桥架 : 带配件的电缆桥架 : 强电系统（槽式电缆桥架） - 标记 46 : ID 848378
723	电缆桥架 : 带配件的电缆桥架 : 强电系统（槽式电缆桥架） - 标记 46 : ID 848378
724	电缆桥架 : 带配件的电缆桥架 : 强电系统（槽式电缆桥架） - 标记 46 : ID 848378
725	电缆桥架 : 带配件的电缆桥架 : 强电系统（槽式电缆桥架） - 标记 46 : ID 848378
726	电缆桥架 : 带配件的电缆桥架 : 强电系统（槽式电缆桥架） - 标记 47 : ID 848379
727	电缆桥架 : 带配件的电缆桥架 : 强电系统（槽式电缆桥架） - 标记 52 : ID 848387
728	电缆桥架 : 带配件的电缆桥架 : 强电系统（槽式电缆桥架） - 标记 52 : ID 848387
729	电缆桥架 : 带配件的电缆桥架 : 强电系统（槽式电缆桥架） - 标记 52 : ID 848387
730	电缆桥架 : 带配件的电缆桥架 : 强电系统（槽式电缆桥架） - 标记 57 : ID 848396
731	电缆桥架配件 : 槽式电缆桥架水平弯通 : 强电系统 - 标记 621 : ID 848419
732	电缆桥架配件 : 槽式电缆桥架水平弯通 : 强电系统 - 标记 630 : ID 848421
733	电缆桥架配件 : 槽式电缆桥架水平弯通 : 强电系统 - 标记 642 : ID 848428

图 13-30　项目碰撞个数统计

给水排水疑问单

序号	位置	问题描述	解答
1	给水排水B1	平面图上有很多HYL系列雨水立管，且未标明管径，例如“HYL-1”，但是在系统图上找不到该系列立管，管径无法查明	
	给水排水B1	“ZPL-5”平面图上未标明管径，系统图上有两根“ZPL-5”立管，且管径均未标明	
	给水排水B1	“ZPL-4”“ZPL-6”“ZPL-7”平面图上未标明管径，系统图上找不到该立管	
	给水排水B1	YL-1（DN100）、YL-2（DN100）、YL-3（DN100）和之后的水平管道管径DN150，墙上预留套管也是DN150，是否应改为DN200套管	
	给水排水B1	YL-4（DN100）、YL-7（DN100）和之后的水平管道管径DN150，墙上预留套管也是DN150，是否应改为DN200套管	
	给水排水B1	YL-26管径DN150，墙上预留套管也是DN150，是否应改为DN200套管	
	给水排水B1	YWL-20、YWL-24、YWL-25管径DN150，墙上预留套管也是DN150，是否应改为DN200套管	

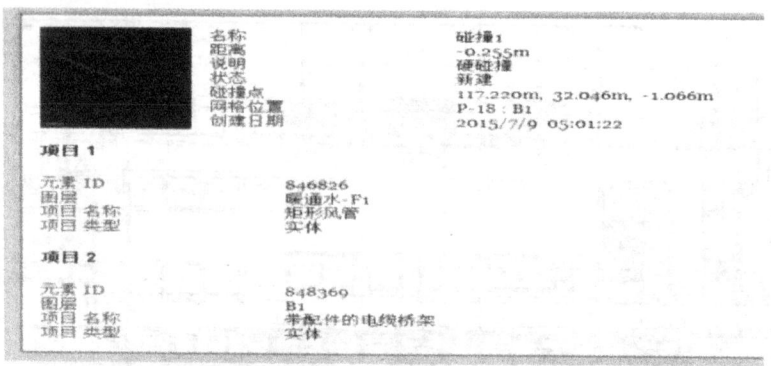

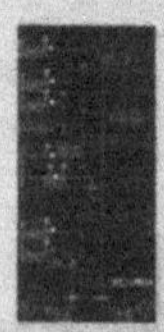

图 13-31　提出给水排水疑问单

利用 Revit 软件可以出管线综合报告。项目建设的管线综合平衡设计必不可少，为确保工程工期和工程质量，避免因各专业设计不协调和设计变更产生的"返工"等经济损失，通过对设计图的综合考虑及深化设计，在施工前先根据所要施工的图样利用 BIM 技术进行图样"预装配"（图 13-32）。

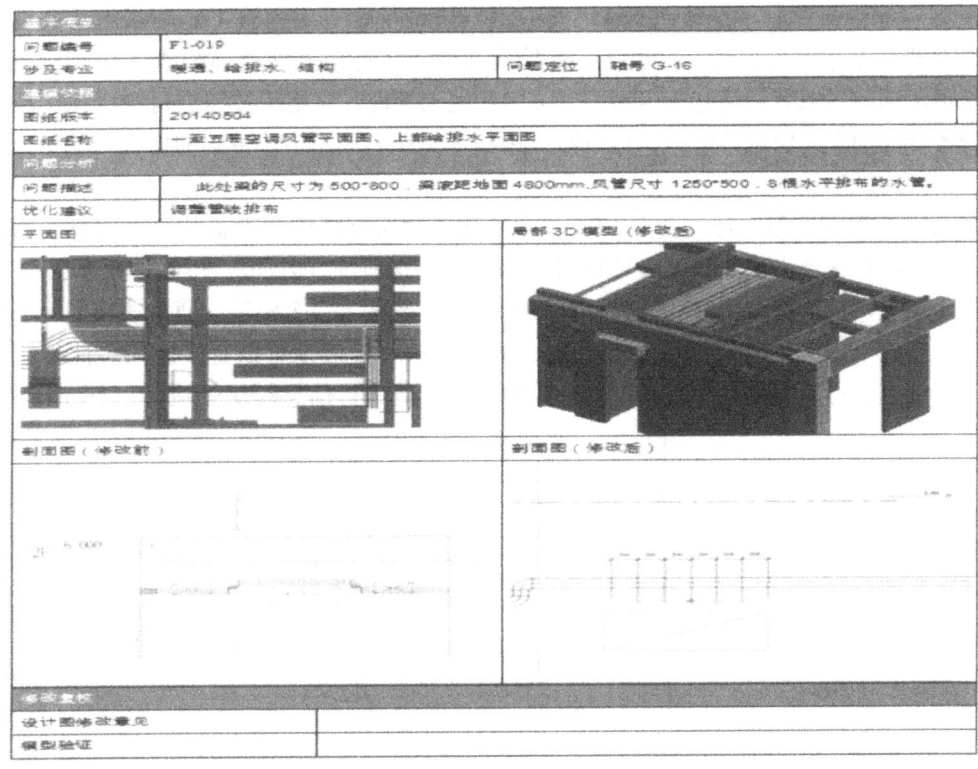

图 13-32　比较综合前、综合后的管线排布

b. 结构深化设计。通过完整的项目三维模型，可以进行基于施工的深化应用。首先，利用 Revit 软件制作项目的结构模型并搜集 BIM 信息。具体表现为：利用结构 BIM，在结构加工前对具体构件、节点的构造方式、工艺做法和工序安排进行优化调整，有效指导制造厂工人采取合理有效的工艺加工，提高施工质量和效率，降低施工难度和风险（图 13-33）。

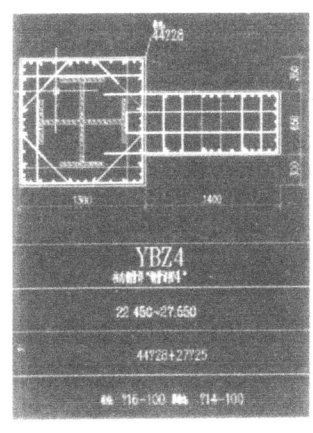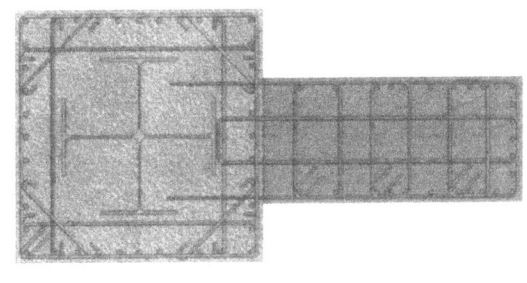

图 13-33　结构模型

结构构件钢筋建模，利用三维可视化对钢筋排布密集区域进行检查，优化钢筋排布。BIM 借助 Tekla 软件进行钢结构连接节点模拟来解决专业交叉问题。使用 Tekla Structure 软件对深化设计模型进行碰撞校核，检测结构节点碰撞、预留管洞碰撞等信息。在检测出碰撞后，经过与结构设计沟通和二次优化，加以合理调整。

c. 多专业协调管理。各专业分包之间的组织协调是建筑工程施工顺利实施的关键。本项目通过 BIM 技术的可视化、参数化、智能化特性，进行多专业碰撞检查、净高控制检查和精确预留预埋，或者利用基于 BIM 技术的 4D 施工管理，对施工过程进行预模拟，根据问题进行各专业的事先协调等措施，可以减少因技术错误和沟通错误带来的协调问题，大大减少返工，节约施工成本。

d. 设备材料工程量统计。由于 BIM 包含了建筑物所有结构和设备的全部信息，因此能够准确、便捷地统计出建筑物的设备材料数据。设计材料统计方面，本项目利用 Revit 软件本身的明细表进行了很多研究和探索，在设计材料方面做了一个模板，通过该模板可以直接统计出建立施工方案的人想要的材料数据，同时，这些模板也可以直接应用。此外，Revit 软件的明细表还可以直接导入 Excel 表，帮助相关人员进行信息模块的梳理（图 13-34 ~ 图 13-37）。

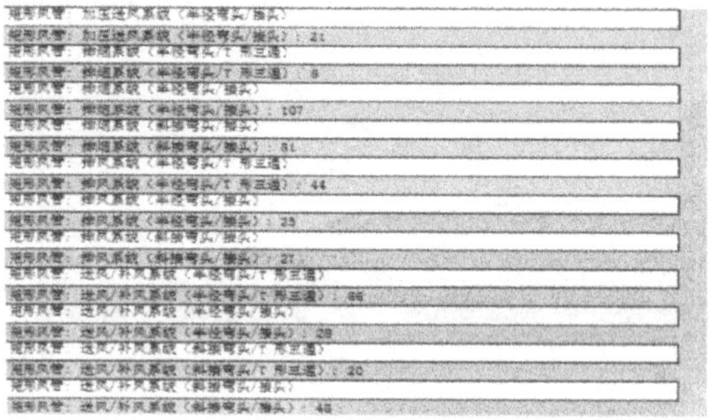

图 13-34　各专业风管数量统计

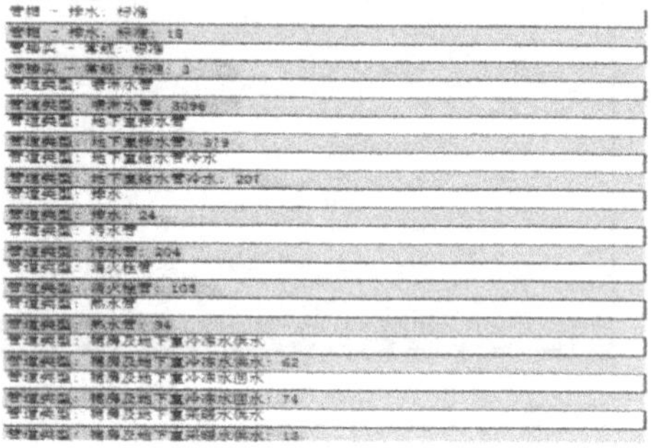

图 13-35　各专业水管数量统计

〈风道末端明细表〉

A	B	C	D	E
尺寸	族与类型	最大流量	流量	合计
210x60	送风口 - 单层	945.0 m^3/h	90.0 m^3/h	37
250x250	排风格栅 - 矩	1245.0 m^3/h	1245.0 m^3/h	39
320x320	排风格栅 - 矩	1245.0 m^3/h	2520.0 m^3/h	32
360x240	送风散流器 -	1945.0 m^3/h	624.0 m^3/h	80
410x210	送风口 - 单层	540.0 m^3/h	741.6 m^3/h	20
420x240	送风散流器 -	1945.0 m^3/h	1092.0 m^3/h	50
420x300	送风散流器 -	2800.0 m^3/h	1931.8 m^3/h	57
480x240	送风散流器 -	2800.0 m^3/h	1766.2 m^3/h	51
480x300	送风散流器 -	3810.0 m^3/h	2591.8 m^3/h	50
480x360	送风散流器 -	3810.0 m^3/h	3732.2 m^3/h	57
600x300	回风口 - 矩形	2700.0 m^3/h	2599.2 m^3/h	63
总计：536				

图 13-36　风道末端数量统计

〈风管附件明细表〉

A	B	C
尺寸	族与类型	合计
250x200-	排烟阀 - 矩形	123
250x200-250x20	蝶阀 - 矩形 -	71
250x320-250x32	对开多叶调节	192
300x200-300x20	定风量阀 - 矩	41
500x400-500x40	电动风阀 - 矩	24
总计：451		

图 13-37　风道附件数量统计

e. 工作平台库的完善与补充。企业工作库建立可以为投标报价、成本管理提供计算依据。打造结合自身企业特点的工作库，是施工企业取得管理改革成果的重要体现。针对本工程完善数据，最终形成企业工作库（图 13-38 ~ 图 13-40）。

图 13-38　工作平台库

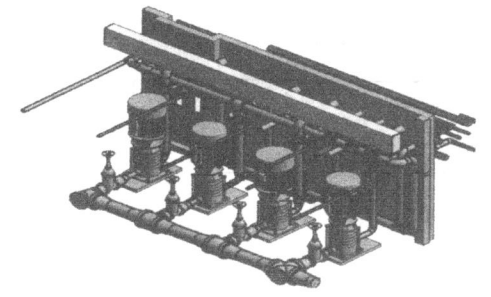

图 13-39　泵房模型

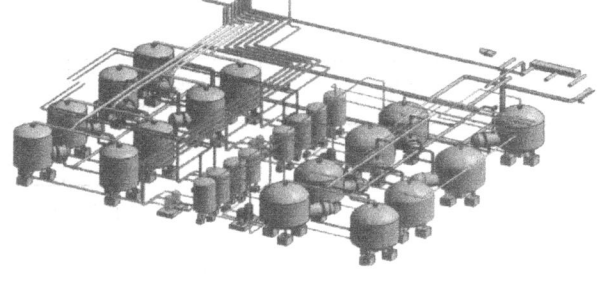

图 13-40　锅炉房模型

②项目综合管理。应用 BIM 技术进行全过程项目管理的步骤：招标、采购、合同管理、成本控制、风险管理（图 13-41）。

借助 BIM 技术和常用的项目管理理念，项目工程师能够编制招标采购计划和相关的合同，并进行有效的成本控制和风险管理。

a. 造价管理。BIM 能够自动生成材料和设备明细表，为造价人员编制工程量清单提供依据。目前，Revit 等 BIM 软件在造价方面的功能尚有待完善，与广联达等造价软件也无法有效对接。BIM 在造价管理领域的发展空间和市场潜力很大。

b. 设计管理。

结构：Revit 目前与 PKPM 和 Midas 尚无法实现数据互换（不确定），因此需要借助国外的软件进行结构分析，如 Etabs、SAP2000 等。这些软件的计算方法不符合我国规范，需根据我国规范进行校核。

专业协同，碰撞检查：模型数据以 dwf 格式传给 Navisworks Manage 软件，对 BIM 的建筑构件、结构构件、设备、管线进行综合，并进行软碰撞、硬碰撞和净空检查，可以帮助业主出如下图样：

a）综合管线图（经过碰撞检查和设计修改，消除了相应错误以后）。

b）综合结构留洞图（预埋套管图）。

c）碰撞检查侦错报告和建议改进方案。能有效提高设计阶段各专业之间的协同，减少碰撞的产生，提高效率。

d）效果图、漫游动画、建筑性能与环境分析、人流疏散分析、室外空间舒适度和行人

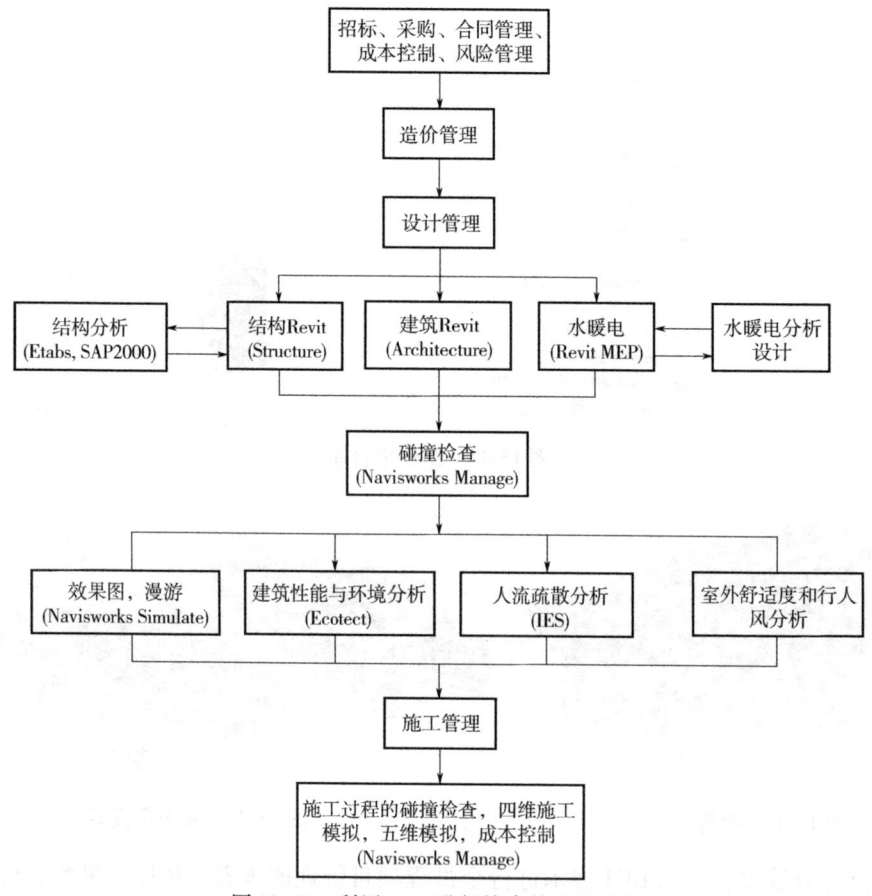

图 13-41 利用 BIM 进行综合管理的步骤

风分析。

c. 施工管理。借助 Navisworks 软件，在三维模型中添加时间信息，进行四维施工模拟，将建筑模型与现场的设施、机械、设备、管线等信息加以整合，检查空间与空间，空间与时间之间是否冲突，以便于在施工开始之前就能够发现施工中可能出现的问题，来提前处理；也能作为施工的可行性指导，帮助确定合理的施工方案、人员设备配置方案等。在模型中加入造价信息，可以进行 5D 模拟，实现成本控制。另外，BIM 使施工的协调管理更加便捷。信息数据共享和施工远程监控，使项目各参与方建立了信息交流平台。有了这样一个平台，各参与方沟通更为便捷、协作更为紧密、管理更为有效。

(5) 本项目综合管理框架。工程项目综合管理是把工程项目各阶段工作的具体目标和任务同管理目标结合在一起进行的综合管理。工程项目综合管理的过程是按计划实施的动态管理过程，包括项目计划的制订、项目计划的实施和项目计划的变更控制。

本项目层数为地上 35 层，地下 3 层。管线模型多。本项目由于空间的限制，使得机电管线之间的错漏碰缺的现象比较多。机电模型在该项目中主要有两处比较复杂：一是屋架内各种管线的安装；二是机房内管线密集，设备管线难以协调。利用三维软件 Autodesk Navisworks 软件进行碰撞检测，使得进行管线综合的效率大大提升，并且能够直接用于指导施工。

1) 机电管线种类较多，涉及专业多，施工工种多。一般包含通风空调系统、空调水系统、给水排水系统、消防水系统、动力系统、供配电系统、弱电系统等。BIM 可以反映所有管线和设备在建筑内的信息和情况。例如，在关键的大厅、路口，利用 BIM 不仅仅可以进行碰撞检测，还可以实现空间优化。

解决方法：分层建立机电模型，然后汇总进行碰撞数量统计。

2）机房设备多，需要各类不同型号族。利用三维模型可使各类族根据形状进行深化，进而设计出合理的族。Revit 软件所反映出来的三维模型逼真、直观，即使遇到变更情况，也可以非常便利地对结构重新进行调整（图 13-42）。

[illegible]	[illegible]	[illegible]	[illegible]	(m³/h)	(m³/h)	(Pa)	(kW)	(DB ℃)	(WB ℃)	(DB ℃)	(WB ℃)	(℃)
1	AHU-B1-1	卧式组合空调机组	地下一层	6000	3000	600	51.95	26.5	20.7	19.2	17.6	7/12
2	AHU-B1-2	卧式组合空调机组	地下一层	10000	4200	600	56.69	26.5	20.7	19.2	17.5	7/12
3	AHU-B1-3	卧式组合空调机组	地下一层	22000	9400	600	125.34	26.5	20.7	19.2	17.5	7/12
4	AHU-B1-4	卧式组合空调机组	地下一层中庭	12000	2000	600	72.82	26.5	20.7	19.2	17.6	7/12
5	AHU-B1-5	卧式组合空调机组	地下一层	22000	9400	600	125.34	26.5	20.7	19.2	17.6	7/12
6	AHU-B1-6	卧式组合空调机组	地下一层	22000	9400	600	125.34	26.5	20.7	19.2	17.5	7/12
7	AHU-L1-1	卧式组合空调机组	大厅预备室	10500	4200	570	74.2	28.3	23.0	17.2	15.5	7/12
8	AHU-L2-1	卧式组合空调机组	二层多功能厅	13000	5400	500	110	28.6	23.2	16.5	15.5	7/12
9	AHU-L2-2	卧式组合空调机组	二层多功能厅	13000	5400	500	110	28.6	23.2	16.5	15.5	7/12
10	AHU-L2-3	卧式组合空调机组	二层中庭	24000	1800	600	90	26.6	19.5	15.8	14.5	7/12
11	AHU-L2-4	卧式组合空调机组	二层中庭	24000	1800	600	90	26.8	19.5	15.8	14.5	7/12
12	AHU-L6-1	卧式组合空调机组	七层主工作室	24000	3000	500	148.8	27.0	21.0	18.0	17.4	7/12
13	AHU-L9-1	卧式组合空调机组	九层多功能厅	10500	4200	570	74.2	28.3	23.0	17.2	15.5	7/12

图 13-42 CAD 图中的机房设备

解决方法：建立参数化族，一族多用，简化修改族的过程（图 13-43）。

尺寸标注			
送风口宽度	404.0 mm	=	☑
送风口高度	404.0 mm	=	☑
送风口法兰宽度	476.0 mm	=	☑
回风口宽度	1058.0 mm	=	☑
回风口高度	743.0 mm	=	☑
出口半径	20.0 mm	=	☑
出口直径	40.0 mm	= 出口半径×2	☑
进口半径	20.0 mm	=	☑
进口直径	40.0 mm	= 进口半径×2	☑

图 13-43 机房设备族

3）管线碰撞多，单层多达 1000 多个碰撞。碰撞检测与管线综合的目标是避免碰撞、解决吊顶冲突、明确管线位置标高以及辅助确定施工工艺等。利用 BIM 能够更直观地反映这些问题，提高此过程的效率（图 13-44）。

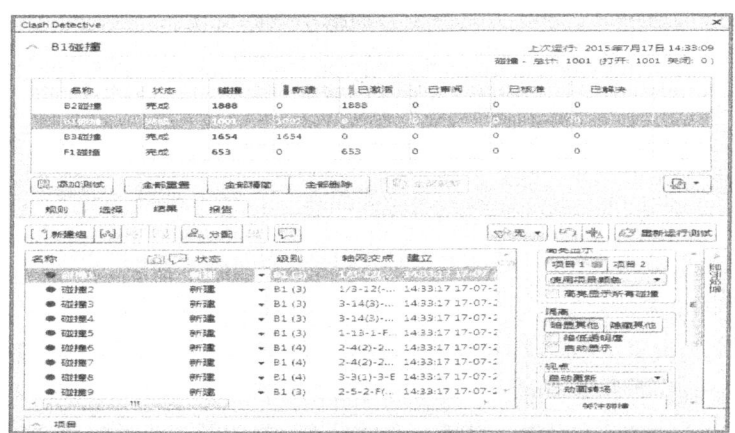

图 13-44 管线碰撞

解决方法：利用剖面框进行局部区域框选，增加机器运行速度，提高管线综合效率。

4）项目难点在于幕墙专业节点的深化。幕墙的布置与幕墙节点分析属于重点、难点，在 BIM 三维建模过程中既要考虑到项目施工阶段的流程，同时三维建模的难点也是技术上的一个难题（图 13-45 ~ 图 13-47）。

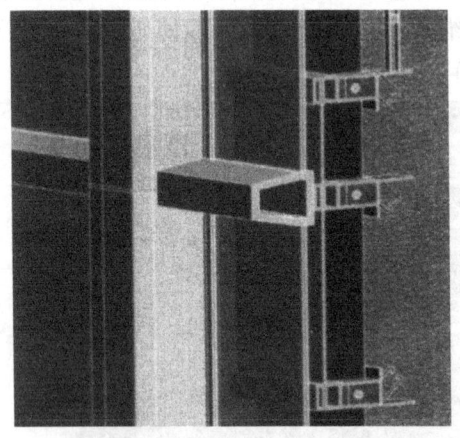

图 13-45　横向龙骨节点三维模型

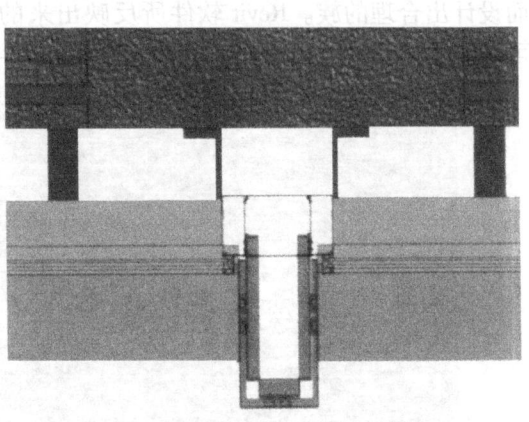

图 13-46　竖向龙骨节点三维模型

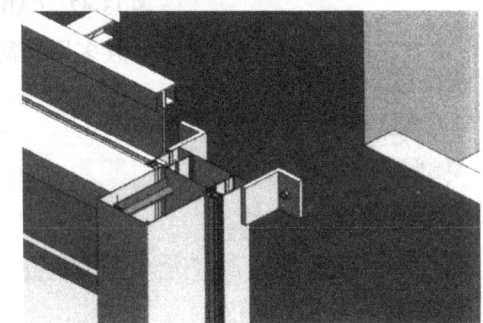

图 13-47　幕墙节点细节展示

根据说明，将墙面、地面分层添加材质，确保模型内外兼优。应用 BIM 对建设项目进行实体对象实施过程化的集中管理，可以克服传统的管理模式和技术在很多方面存在的问题，实现如信息的传递渠道、累积方式等多方面根本性的变化。

参 考 文 献

[1] 金睿.建筑施工企业 BIM 应用基础教程［M］.杭州：浙江工商大学出版社，2016.
[2] 金永超.BIM 模型［M］.西安：西安交通大学出版社，2017.
[3] 刘占省，等.BIM 技术在我国的研究及应用［J］.工业建筑，2013（增刊）：806-815.
[4] 尹航.基于 BIM 的建筑工程设计管理初步研究［D］.重庆：重庆大学，2013.
[5] 张建平，等.建筑施工现场的 4D 可视化管理［J］.施工技术，2006，35（10）：36-38.
[6] 张建平，等.基于 BIM 的工程项目管理系统及其应用［J］.土木建筑工程信息技术，2012（4）：1-6.
[7] 吴强.BIM 模型在物业管理及设备运维中的应用［J］.中国物业管理，2015（5）：42-43.
[8] 柳建华.BIM 在国内应用的现状和未来发展趋势［J］.安徽建筑，2014，21（6）：15-16.
[9] 王荣香，等.谈施工中的 BIM 技术应用［J］.山西建筑，2015（3）：93-94.
[10] 王刚，高燕辉.BIM 时代的项目管理［J］.建筑经济，2011（S1）：34-37.
[11] 刘占省，等.BIM 技术与施工项目管理［M］.北京：中国电力出版社，2015.
[12] 人力资源和社会保障部职业技能鉴定中心.BIM 应用与项目管理［M］.北京：中国建筑工业出版社，2017.